# ゲッターズ
# タイプと

**<<<< あなたのタイプをチェック！**

タイプはサイトからも調べられます

https://www.asahi-getters.com/2024/

<table>
<tr>
<td>五星三心<br>占い<br>とは？</td>
<td>ゲッターズ飯田が26年間で7万人以上を無償で占い続け、占いの勉強と実践のなかから編み出したもの。6つのタイプがあり、羅針盤座、インディアン座、鳳凰座、時計座、カメレオン座、イルカ座と、実際の星座に由来して名づけています。それぞれに「金」「銀」があり、さらに、もっている欲望をかけ合わせた、全120タイプで細かく性格を分析し、運命を読み解きます。</td>
</tr>
</table>

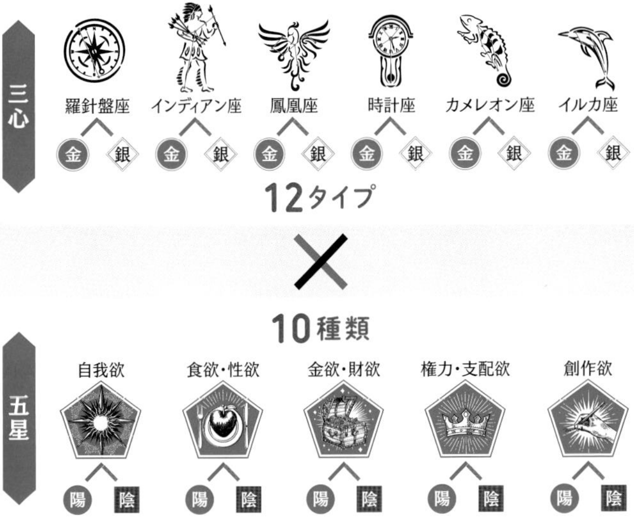

**三心**

|  |  |  |  |  | |
|---|---|---|---|---|---|
| 羅針盤座 | インディアン座 | 鳳凰座 | 時計座 | カメレオン座 | イルカ座 |
| 金 ▶ 銀 | 金 ▶ 銀 | 金 ▶ 銀 | 金 ▶ 銀 | 金 ▶ 銀 | 金 ▶ 銀 |

## 12タイプ

**×**

## 10種類

**五星**

| 自我欲 | 食欲・性欲 | 金欲・財欲 | 権力・支配欲 | 創作欲 |
|---|---|---|---|---|
|  |  |  |  |  |
| 陽 ▶ 陰 | 陽 ▶ 陰 | 陽 ▶ 陰 | 陽 ▶ 陰 | 陽 ▶ 陰 |

## かけ合わせて全120‼

# STEP 1 あなたの【命数】は?

五星三心占いでは、生年月日ごとに【命数】と呼ばれる数字が割り当てられています。

## 命数の調べ方

1 P.18からの「命数表」で「生まれた年」を探す。

2 横軸で「生まれた月」を探す。

3 縦軸で「生まれた日」を探す。

4 2と3が交差したマスにある数字が、あなたの【命数】です。

※命数表の【命数】に、さらに別の数字を足したりかけたりする必要はありません。

### 例 1992年5月8日生まれの場合

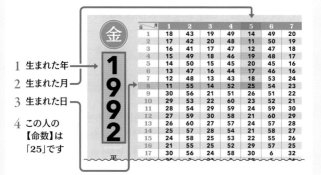

1 生まれた年

2 生まれた月

3 生まれた日

4 この人の【命数】は「25」です

金 1992

| 日＼月 | 1 | 2 | 3 | 4 | 5 | 6 | 7 |
|---|---|---|---|---|---|---|---|
| 1 | 18 | 43 | 19 | 49 | 14 | 49 | 20 |
| 2 | 17 | 42 | 20 | 48 | 11 | 50 | 19 |
| 3 | 16 | 41 | 17 | 47 | 12 | 47 | 18 |
| 4 | 15 | 49 | 18 | 46 | 19 | 48 | 17 |
| 5 | 14 | 50 | 15 | 45 | 20 | 45 | 16 |
| 6 | 13 | 47 | 16 | 44 | 17 | 46 | 16 |
| 7 | 12 | 48 | 13 | 43 | 18 | 53 | 24 |
| 8 | 11 | 55 | 14 | 52 | 25 | 54 | 23 |
| 9 | 30 | 56 | 21 | 51 | 26 | 51 | 22 |
| 10 | 29 | 53 | 22 | 60 | 23 | 52 | 21 |
| 11 | 28 | 54 | 29 | 59 | 24 | 59 | 30 |
| 12 | 27 | 59 | 30 | 58 | 21 | 60 | 29 |
| 13 | 26 | 60 | 27 | 57 | 24 | 57 | 28 |
| 14 | 25 | 57 | 28 | 54 | 21 | 58 | 27 |
| 15 | 24 | 58 | 25 | 53 | 22 | 55 | 26 |
| 16 | 21 | 55 | 25 | 52 | 29 | 57 | 25 |
| 17 | 30 | 56 | 24 | 58 | 30 | 6 | 32 |

命数表の月と日が交わる箇所の数字が**【命数】**です。
1992年5月8日生まれの人は「**25**」になります。

「最高の3年間」
がスタート
する年。

生活習慣を見直す

引っ越しに
いい運気

やり残しがあるなら即着手

相談事は長年
付き合いの
ある人に

夢が叶う

長年欲しかった
ものを買う

小さなことも
本気で取り組む

GOLD INDUS

運も友人も
味方する年

# 金の
# インディアン座

懐かしい
音楽を
聴く

## 2024年のキーワード

好奇心の赴くまま
に行動する

同窓会

偶然の出会いが
頻発する

2023年に
仲よくなった人とは
距離をおく

知り合いの輪を広げる

「忙しい」を楽しむ

# 再挑戦

得意なことを活かす

友人と思っていた
人からの告白

昔から好きだった
アーティストのライブ

## 悪い癖からの卒業

いい思い出のある店や
場所を再訪する

### 転職、起業、独立に
動くのは年末

計画的に行動した人は
いい結果が出る

積み重ねがないなら、
今年から積み重ねる

# 才能と個性が
活きる年

新たな挑戦は
秋〜年末に

2年以上交際した恋人とは結婚しよう

感謝している人に会いに行く　家族旅行

# 簡単に諦めず粘る

家、土地、マンションの購入に最適

付き合いの長い人の頼みはOKする

ずっとやりたかったことをはじめる

片思いの恋が実る　極める

# ‖ C O N T E N T S ‖

第 1 部

金のインディアン座
# 2024年の運気

第 2 部

金のインディアン座 が
さらに運気を上げるために

# この本を手にしたあなたへ

✦ ✦ ✦ ✦ ✦ ✦ ✦ ✦ ✦ ✦ ✦ ✦ ✦ ✦ ✦ ✦ ✦ ✦ ✦ ✦ ✦ ✦ ✦

『ゲッターズ飯田の五星三心占い2024』をご購入いただき、ありがとうございます。占いは「当たった、外れた」と一喜一憂したり、「やみくもに信じるもの」ではなく、人生をよりよくするための道具のひとつ。いい結果なら当てにいき、悪い内容なら外れるよう努力することが重要です。この本を「読んでおしまい」にせず、読んで使って心の支えとし、「人生の地図」としてご活用いただけたら幸いです。

2024年は「金・銀の鳳凰座」「金のインディアン座」「金の羅針盤座」の運気がよく、個の力が強くなるような流れになります。個人の力を育て、しっかり根を張り芽を伸ばす大切な年。また2024年は辰年で、辰は目に見えない龍ですから、どれだけ水面下で頑張り、努力しておくかが重要になります。結果をすぐに出そうと焦らず、じっくりゆっくり力をつける1年を目指してみるといいでしょう。

この本の特長は、2024年の開運3か条(P.74)、毎月の開運3か条(P.96～)、命数別の開運アクション(P.175～)です。これらをできるだけ守って過ごせば開運できるようになっているので、何度も読み返してください。運気グラフ(P.72、94)を見ておくことも大事。大まかな運気の流れがわかると、計画を立てやすくなるでしょう。

また、「占いを使いこなす」には、他人を占い、それに応じた行動をしてこそ。2024年の人間関係をよくするためにも、ほかのタイプや気になる人の命数ページも読んでみるといいでしょう。

2024年の目標を立てる、他人のことを知る、話のネタにする……。自分も周りも笑顔にするために、この本をたくさん使ってください。

金のインディアン座が

# 2024年をよりよく過ごすために

「金のインディアン座」の2024年は、「幸運の年」。
やる気の出なかった2023年とは異なり、求められることややるべきことが増えて慌ただしくなりますが、実力を評価されたり、やりがいを感じられる出来事も増え、楽しい1年になるでしょう。

そのためにも2023年は、現状に不満があったとしてもすぐには動かないようにしましょう。そして下半期のうちに、自分がこれまで何を積み重ねてきたのか、もしくは何が好きで、どんなことで周囲によろこばれたり感謝されてきたかを思い返してみるといいでしょう。そうした自己分析をしっかりしておくことが大切になります。

2024年は、あなたの前向きな発言でいい味方が集まってくるので、信頼できる先輩や上司、尊敬する人に、将来の夢やいま頑張っていることを伝えてみるといいでしょう。周囲への恩返しや、感謝の気持ちも忘れないように。思った以上にいい人間関係に恵まれ、チャンスや縁をつかむこともできるため、持ち前の明るさやパワーで突き進みましょう。

ゲッターズ飯田

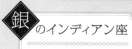

## 銀のインディアン座

マイペースな
中学生タイプ

## 金の鳳凰座

忍耐強い情熱家

いい遊び仲間

協力し合うと強い

## 金のイルカ座

負けず嫌いな
頑張り屋

共通の目的が必要

## 金のインディアン座

好奇心旺盛で
楽観的

興味津々

## 銀のイルカ座

遊び好きで華やか

欠点を補ってくれる

## 金のカメレオン座

学習能力が高く
現実的

あなたを中心とした、2024年の全タイプとの関係を図にしました。
人間関係や付き合い方の参考にしてみてください。

 **金** のインディアン座
（あなたと同じタイプの人）

 **銀** のカメレオン座

冷静沈着で器用

最高の時間を過ごせる

グルメの話で盛り上がれる

語るのが好きな者同士

 **金** の 時計座

平等で人にやさしい

 **銀** の 鳳凰座

意志を貫く信念の塊

ペースは違うが一緒にいると幸運に

 **銀** の 時計座

思いやりがあり
人脈が広い

気分で振り回す

受け入れてリードして

 **金** の 羅針盤座

正義感が強く
礼儀正しい

 **銀** の 羅針盤座

気品があり真面目

協力すると互いにレベルアップ

# 運気記号の説明

本書に出てくる「運気の記号」を解説します。

**運気グラフ**

**ATTENTION**

運気のレベルは、タイプやその年によって変わります。

**運気カレンダー**

| | | |
|---|---|---|
| 10（水） | ◎ | 自信をもって仕事に取り組むことが大切<br>は堂々としておくことでいい結果につな<br>みるとうまくいきそうです。 |
| 11（木） | ☆ | これまでの積み重ねがいいかたちになっ<br>役立つことがありそう。自分のことだけ<br>謝されたり、いつかあなたが困ったとき |
| 12（金） | ▽ | 順調に物事が進む日ですが、終業間際<br>で慌ただしくなったり、残業することがあ<br>や部下の動きをチェックしておきましょう |
| 13（土） | ▼ | うっかり約束を忘れてしまったり、操作<br>思った以上に油断しがちなので、気をつ |
| 14（日） | × | 手先が不器用なことを忘れて細かい作<br>りそう。得意な人にお願いして助けても<br>切ったり、ドアに指をはさんで痛い思い |

## チャレンジ ○

**チャレンジの月**

新しい環境に身をおくことや変化が多くなる月。不慣れなことも増えて苦労を感じる場合も多いですが、自分を鍛える時期だと受け止め、至らない部分を強化するように努めましょう。新しい出会いも増えて、長い付き合いになったり、いい経験ができたりしそうです。

**チャレンジの日**

新しいことへの積極的な挑戦が大事な日。ここでの失敗からは学べることがあるので、まずはチャレンジすることが重要です。新しい出会いも増えるので、知り合いや友人の集まりに参加したり、自ら人を集めたりすると運気が上がるでしょう。

**開運アクション**

- 「新しいこと」に注目する
- 「未体験」に挑む
- 迷ったら行動する
- 遠慮しない
- 経験と人脈を広げる
- 失敗を恐れない

## 健康管理 □

**健康管理の月**

求められることが増え、疲れがドンドンたまってしまう月。公私ともに予定がいっぱいになるので、計画をしっかり立てて健康的な生活リズムを心がける必要があるでしょう。とくに、下旬から体調を崩してしまうことがあるので、無理はしないように。

**健康管理の日**

計画的な行動が大事な日。予定にないことをすると夕方以降に体調を崩してしまうことがあるでしょう。日中は、何事にも積極的に取り組むことが重要ですが、慎重に細部までこだわりましょう。挨拶や礼儀などをしっかりしておくことも大切に。

**開運アクション**

- この先の目標を立てる
- 計画をしっかり立てる
- 軌道修正する
- 向き不向きを見極める
- 健康的な生活リズムをつくる
- 自分磨きをする

## リフレッシュ■

### リフレッシュの月

体力的な無理は避けたほうがいい月。「しっかり仕事をしてしっかり休む」ことが大事です。限界を感じる前に休み、スパやマッサージなどで心身を癒やしましょう。下旬になるとチャンスに恵まれるので、体調を万全にしておき、いい流れに乗りましょう。

### リフレッシュの日

心身ともに無理は避け、リフレッシュを心がけることで運気の流れがよくなる日。とくに日中は疲れやすくなるため、体を休ませる時間をしっかりとり、集中力の低下や仕事の効率の悪化を避けるようにしましょう。夜にはうれしい誘いがありそう。

**開運アクション**

- 無理しない
- 頑張りすぎない
- しっかり休む
- 生活習慣を整える
- 心身ともにケアする
- 不調を放っておかない

## 解放◇

### 解放の月

良くも悪くも目立つ機会が増え、気持ちが楽になる出来事がある月。運気が微妙なときに決断したことから離れたり、相性が悪い人との縁が切れたりすることもあるでしょう。この時期は積極性が大事で、遠慮していると運気の流れも引いてしまいます。

### 解放の日

面倒なことやプレッシャーから解放される日。相性が悪い人と縁が切れて気持ちが楽になったり、あなたの魅力が輝いて、才能や努力が注目されたりすることがあるでしょう。恋愛面では答えが出る日。夜のデートはうまくいく可能性が高いでしょう。

**開運アクション**

- 自分らしさを出す
- 積極的に人と関わる
- 積極的に自分をアピールする
- 勇気を出して行動する
- 執着しない
- 思い切って判断する

## 準備△

### 準備の月

準備や情報の不足、確認ミスなどを自分でも実感してしまう月。事前の準備やスケジュールの確認を忘れずに。ただ、この月は「しっかり仕事をして計画的に遊ぶ」ことも大切。また、「遊び心をもつ」と運気がよくなるでしょう。

### 準備の日

何事にも準備と確認作業をしっかりすることが大事な日。うっかりミスが多いので、1日の予定を確認しましょう。この日は遊び心も大切なので、自分も周囲も楽しませて、なんでもゲーム感覚で楽しんでみると魅力が輝くこともあるでしょう。

**開運アクション**

- 事前準備と確認を怠らない
- うっかりミスに注意
- 最後まで気を抜かない
- 浮ついた気持ちに注意
- 遊び心を大切にする
- 遊ぶときは全力で

| | | | |
|---|---|---|---|
| **幸運 ◎** | 幸運の月 | 努力を続けてきたことがいいかたちとなって表れる月。遠慮せずにアピールし、実力を全力で出し切るといい流れに乗れるでしょう。また、頑張りを見ていた人から協力を得られることもあり、チャンスに恵まれる可能性も高くなります。 | 開運アクション<br><br>◆ 過去の人やものとのつながりを大切にする<br>◆ 新しい人やものより、なじみのある人やものを選ぶ<br>◆ 諦め切れないことに再挑戦する<br>◆ 素直に評価を受け入れる<br>◆ 決断をする<br>◆ スタートを切る |
| | 幸運の日 | 秘めていた力を発揮することができる日。勇気を出した行動でこれまで頑張ってきたことが評価され、幸運をつかめるでしょう。恋愛面では相性がいい人と結ばれたり、すでに知り合っている人と縁が強くなったりするので、好意を伝えるといい関係に進みそう。 | |
| **開運 ☆** | 開運の月 | 運気のよさを感じられて、能力や魅力を評価される月。今後のことを考えた決断をするにも最適です。運命的な出会いがある可能性も高いので、人との出会いを大切にしましょう。幸運を感じられない場合は、環境を変えてみるのがオススメです。 | 開運アクション<br><br>◆ 夢を叶えるための行動を起こす<br>◆ 自分の意見や感覚を大事にする<br>◆ 自分から積極的に人に関わっていく<br>◆ 大きな決断をする<br>◆ やりたいことのスタートを切る<br>◆ 自らチャンスをつかみにいく |
| | 開運の日 | 運を味方にできる最高の日。積極的に行動することで自分の思い通りに物事が運びます。告白、プロポーズ、結婚、決断、覚悟、買い物、引っ越し、契約などをするには最適なタイミング。ここで決めたら簡単に変えないことが大事です。 | |
| **ブレーキ ▽** | ブレーキの月 | 中旬までは積極的に行動し、前月にやり残したことを終えておくといい月。契約などの決断は中旬までに。それ以降に延長される場合は縁がないと思って見切りをつけるといいでしょう。中旬以降は、現状を守るための判断が必要となります。 | 開運アクション<br><br>◆ 朝早くから活動する<br>◆ やるべきことがあるなら明るいうちに済ます<br>◆ 昨日やり残したことを日中に終わらせる<br>◆ 夕方以降はゆったりと過ごす<br>◆ 夜は活動的にならない |
| | ブレーキの日 | 日中は積極的に行動することでいい結果に結びつきますが、夕方あたりから判断ミスをするなど「裏の時期」の影響がジワジワ出てくる日。大事なことは早めに終わらせて、夜はゆっくり音楽を聴いたり、本を読んでのんびりするといいでしょう。 | |

## 開運☆・幸運◎の活かし方

# いい運気を味方につけてスタートを切ることが大事

運気のいい年、月、日には、「何かいいことがあるかも」と期待してしまいますが、**「これまでの積み重ねに結果が出るとき」**です。努力したご褒美として「いいこと」が起きるので、逆に言えば、積み重ねがなければ何も起きず、悪いことを積み重ねてしまったら、悪い結果が出てしまいます。また、**「決断とスタートのとき」**でもあります。運気のいいときの決断やスタートには運が味方してくれ、タイミングを合わせれば力を発揮しやすくもなります。「自分を信じて、決断し、行動する」。この繰り返しが人生ですが、見えない流れを味方につけると、よりうまくいきやすくなります。このいい流れのサイクルに入るには、「いい運気のときに行動する」。これを繰り返してみてください。

大切なのは、行動すること。いくら運気がよくても、行動しなければ何も起きません。運気のいい年、月、日に**タイミングを合わせて動いてみて**ください。

※運気により「☆、◎の月日」がない年もあります。その場合は「◇、○の月日」に行動してみてください。

## 2024年 金のインディアン座

## 運気のいい時期（開運、幸運など）に心がけたい10のこと

1. やさしくしてくれた人に、やさしくする
2. 相手に「また会いたいな」と思われる人を目指す
3. 価値観の異なる人を尊重する
4. 時間と手間を大切にする
5. 「伝える」と「話す」は大きく違うことに気づく
6. 追いかける幸せより、そこにある幸せに目を向ける
7. 「こんにちは」「お疲れさま」は、自分から先に言う
8. 自分だけでなく、周囲を笑顔にすることを忘れない
9. しっかりよろこぶと、さらなる幸運が訪れる
10. 幸せは、自分で選び、自ら行動してつかむもの

| | | | |
|---|---|---|---|
| 乱気▼ | 乱気の月 | 「五星三心占い」でもっとも注意が必要な月。人間関係や心の乱れ、判断ミスが起きやすく、現状を変える決断は避けるべきです。ここでの決断は、幸運、開運の時期にいい結果に結びつかなくなる可能性があります。新しい出会いはとくに注意。運命を狂わせる相手の場合も。 | 開運アクション<br>◆現状を受け入れる<br>◆問題は100%自分の責任だと思う<br>◆マイナス面よりもプラス面を探す<br>◆何事もいい経験だと思う<br>◆周囲からのアドバイスにもっと素直になる<br>◆自分中心に考えない<br>◆流れに身を任せてみる<br>◆何事もポジティブ変換してみる<br>◆自分も他人も許す<br>◆感謝できることをできるだけ見つける |
| | 乱気の日 | 「五星三心占い」でもっとも注意が必要な日。判断ミスをしやすいので、新たな挑戦や大きな決断は避けることが大事。今日の出来事は何事も勉強だと受け止め、不運に感じることは「このくらいで済んでよかった」と考えましょう。 | |
| 裏運気✕ | 裏運気の月 | 裏目に出ることが多い月。体調を崩したり、いまの生活を変えたくなったりします。自分の裏側の才能が出る時期でもあり、これまでと違う興味や関係をもつことも。不慣れや苦手なことを知る経験はいい勉強になるので、しっかり受け止め、自分に課題が出たと思うようにしましょう。 | |
| | 裏運気の日 | 自分の裏の才能や個性が出る日。「運が悪い」のではなく、ふだん鍛えられない部分を強化する日で、自分でも気づかなかった能力に目覚めることもあります。何をすれば自分を大きく成長させられるのかを考えて行動するといいでしょう。 | |
| 整理▲ | 整理の月 | 裏運気から表の運気に戻ってくる月。本来の自分らしくなることで、不要なものが目について片付けたくなります。ドンドン捨てると運気の流れがよくなるでしょう。下旬になると出会いが増え、物事を前向きにとらえられるようになります。 | 開運アクション<br>◆不要なものを手放す<br>◆身の回りの掃除をする<br>◆人間関係を見直す<br>◆去る者を追わない<br>◆物事に区切りをつける<br>◆執着をなくす |
| | 整理の日 | 裏運気から本来の自分である表の運気に戻る日。日中は運気が乱れやすく判断ミスが多いため、身の回りの整理整頓や掃除をしっかりすることが大事。行動的になるのは夕方以降がいいでしょう。恋愛面では失恋しやすいですが、覚悟を決めるきっかけもありそうです。 | |

＝ 運気の影響がない日……良くも悪くも運気に左右されない日

# 乱気▼・裏運気✕の乗りこなし方

## 「裏の欲望」がわかり「裏の自分」に会える

「五星三心占い」では、12年のうちの2年、12か月のうちの2か月、12日のうちの2日を、大きなくくりとして**「裏の時期(乱気+裏運気)」**と呼び、**「裏の欲望(才能)が出てくる時期」**と考えます。人は誰しも欲望をもっていますが、ほしいと思う「欲望の種類」が違うため、「うれしい、楽しい」と感じる対象や度合いは人により異なります。同じ欲望ばかり体験していても、いずれ飽きてしまい、違うものを求めたくなります。そのタイミングが「裏の時期」です。

「裏の時期」には「裏の自分」が出てきます。たとえば、人と一緒にいるのが好きなタイプはひとりの時間が増え、ひとりが心地いい人は、大勢と絡まなくてはならない状況になる。恋愛でも、好みではない人が気になってくる……。本来の「自分らしさ」とは逆のことが起こるので、「慣れなくてつらい」と感じるのです。

しかし、だからこそふだんの自分とは違った体験ができて、視野が広がり学べることも。**この時期を乗り越えると、大きく成長できます。**「悪い運気」というわけではないのです。

## 2024年 金のインディアン座 裏の時期(乱気+裏運気)に心にとどめたい10のこと

1. 他人への協力を惜しまず、誰かの力になる
2. 笑顔を忘れない
3. 頑張ったかどうかは、自分ではなく他人が判断するもの
4. 「楽しい」をサボらず「うれしい」を独り占めしない
5. 「最後の手段」を、試しにやってみる
6. 信用されたいなら、先に相手を信頼する
7. 10年後に笑顔でいるための努力を、積み重ねる
8. どんなことからも学び、成長のきっかけにする
9. 与え、教え、託す。 すると前に進み、変わりはじめる
10. 嫌なことを考えるより、ウソでも明るい未来を想像する

# 命数を調べるときの
## 注意点

## 命数は
## 足したり引いたりしない

「五星三心占い」の基本は「四柱推命」という占いですが、計算が複雑なので、この本の命数表には、先に計算を済ませたものを載せています。ですから、命数表に載っている数字が、そのまま「あなたの命数」になります。生年月日を足したり引いたりする必要はありません。

## 深夜0時～日の出前の
## 時間帯に生まれた人

深夜0時から日の出前の時間帯に生まれた人は、前日の運気の影響を強く受けている可能性があります。本来の生年月日で占ってみて、内容がしっくりこない場合は、生年月日の1日前の日でも占ってみてください。もしかすると、前日の運気の影響を強く受けているタイプかもしれません。

また、日の出の時刻は季節により異なりますので、生まれた季節で考えてみてください。

## 戸籍と本当の
## 誕生日が違う人

戸籍に記載されている日付と、実際に生まれた日が違う人は、「実際に生まれた日」で占ってください。

# 命 数 表

【命数】とはあなたの運命をつかさどる数字です。
生年月日ごとに割り当てられています。

## ─── タイプの区分 ───

生まれた
西暦年 ➤ 偶数年… 金

奇数年… 銀

命数 **1 ~ 10** 羅針盤座

命数 **11 ~ 20** インディアン座

命数 **21 ~ 30** 鳳凰座

命数 **31 ~ 40** 時計座

命数 **41 ~ 50** カメレオン座

命数 **51 ~ 60** イルカ座

詳しい調べ方は、巻頭の折込ページをチェック!

※1930（昭和5）～1938（昭和13）年の命数は『ゲッターズ飯田の「五星三心占い」新・決定版』

銀

# 1939

昭和14年生 ★ 満85歳

| 日＼月 | 1 | 2 | 3 | 4 | 5 | 6 | 7 | 8 | 9 | 10 | 11 | 12 |
|---|---|---|---|---|---|---|---|---|---|---|---|---|
| 1 | 36 | 1 | 40 | 8 | 31 | 10 | 39 | 10 | 32 | 1 | 37 | 1 |
| 2 | 35 | 10 | 37 | 7 | 32 | 7 | 38 | 9 | 39 | 10 | 38 | 2 |
| 3 | 34 | 9 | 38 | 6 | 39 | 8 | 37 | 8 | 40 | 9 | 45 | 19 |
| 4 | 33 | 8 | 35 | 5 | 40 | 5 | 36 | 7 | 47 | 18 | 46 | 20 |
| 5 | 32 | 8 | 36 | 4 | 37 | 6 | 35 | 16 | 48 | 17 | 43 | 17 |
| 6 | 31 | 15 | 33 | 3 | 37 | 13 | 44 | 15 | 45 | 16 | 43 | 18 |
| 7 | 50 | 16 | 34 | 12 | 45 | 14 | 43 | 14 | 46 | 15 | 41 | 15 |
| 8 | 49 | 13 | 41 | 11 | 46 | 11 | 42 | 14 | 43 | 14 | 42 | 16 |
| 9 | 48 | 14 | 42 | 20 | 43 | 12 | 41 | 11 | 44 | 13 | 49 | 13 |
| 10 | 47 | 11 | 49 | 19 | 44 | 19 | 50 | 12 | 41 | 12 | 50 | 14 |
| 11 | 46 | 12 | 50 | 18 | 41 | 20 | 49 | 19 | 42 | 11 | 47 | 11 |
| 12 | 45 | 19 | 47 | 17 | 42 | 17 | 48 | 20 | 49 | 20 | 48 | 12 |
| 13 | 44 | 18 | 48 | 16 | 49 | 18 | 47 | 17 | 50 | 19 | 55 | 29 |
| 14 | 43 | 15 | 45 | 15 | 42 | 15 | 46 | 18 | 57 | 28 | 56 | 30 |
| 15 | 42 | 16 | 46 | 14 | 49 | 16 | 45 | 25 | 58 | 27 | 53 | 24 |
| 16 | 49 | 23 | 43 | 11 | 50 | 23 | 54 | 30 | 55 | 26 | 60 | 28 |
| 17 | 58 | 24 | 43 | 30 | 57 | 25 | 53 | 27 | 56 | 25 | 57 | 25 |
| 18 | 57 | 21 | 52 | 29 | 58 | 24 | 60 | 28 | 53 | 24 | 58 | 26 |
| 19 | 54 | 30 | 51 | 23 | 55 | 23 | 59 | 25 | 53 | 29 | 55 | 24 |
| 20 | 53 | 27 | 60 | 24 | 56 | 22 | 58 | 26 | 52 | 28 | 56 | 23 |
| 21 | 52 | 28 | 59 | 21 | 59 | 21 | 51 | 23 | 51 | 24 | 53 | 22 |
| 22 | 51 | 25 | 58 | 22 | 60 | 30 | 60 | 24 | 59 | 27 | 54 | 21 |
| 23 | 60 | 26 | 57 | 29 | 57 | 29 | 59 | 29 | 59 | 28 | 9 | 40 |
| 24 | 59 | 23 | 56 | 30 | 58 | 28 | 58 | 30 | 8 | 35 | 10 | 39 |
| 25 | 58 | 24 | 55 | 27 | 55 | 27 | 57 | 37 | 7 | 36 | 7 | 38 |
| 26 | 57 | 31 | 54 | 28 | 56 | 36 | 6 | 38 | 6 | 33 | 8 | 37 |
| 27 | 6 | 32 | 53 | 35 | 3 | 33 | 5 | 35 | 5 | 34 | 5 | 36 |
| 28 | 5 | 39 | 2 | 36 | 4 | 32 | 4 | 36 | 4 | 31 | 6 | 35 |
| 29 | 4 |  | 1 | 33 | 1 | 31 | 3 | 33 | 3 | 32 | 3 | 34 |
| 30 | 3 |  | 10 | 34 | 2 | 40 | 2 | 34 | 2 | 39 | 4 | 33 |
| 31 | 2 |  | 9 |  | 9 |  | 1 | 31 |  | 40 |  | 32 |

金

# 1940

昭和15年生 ★ 満84歳

| 日＼月 | 1 | 2 | 3 | 4 | 5 | 6 | 7 | 8 | 9 | 10 | 11 | 12 |
|---|---|---|---|---|---|---|---|---|---|---|---|---|
| 1 | 31 | 16 | 34 | 12 | 45 | 14 | 43 | 14 | 46 | 15 | 41 | 15 |
| 2 | 48 | 15 | 41 | 11 | 46 | 11 | 42 | 13 | 43 | 14 | 42 | 16 |
| 3 | 49 | 14 | 42 | 20 | 43 | 12 | 41 | 12 | 44 | 13 | 49 | 13 |
| 4 | 48 | 13 | 49 | 19 | 44 | 19 | 50 | 11 | 41 | 12 | 50 | 14 |
| 5 | 47 | 11 | 50 | 18 | 41 | 20 | 49 | 20 | 42 | 11 | 47 | 11 |
| 6 | 46 | 12 | 47 | 17 | 42 | 17 | 48 | 19 | 49 | 20 | 48 | 12 |
| 7 | 45 | 19 | 48 | 16 | 49 | 18 | 47 | 18 | 50 | 19 | 55 | 29 |
| 8 | 44 | 20 | 45 | 15 | 50 | 15 | 46 | 18 | 57 | 28 | 56 | 30 |
| 9 | 43 | 17 | 46 | 14 | 47 | 16 | 45 | 25 | 58 | 27 | 53 | 27 |
| 10 | 42 | 18 | 43 | 13 | 48 | 23 | 54 | 26 | 55 | 26 | 54 | 30 |
| 11 | 41 | 25 | 44 | 22 | 55 | 24 | 53 | 23 | 56 | 25 | 51 | 25 |
| 12 | 60 | 26 | 51 | 21 | 56 | 21 | 52 | 24 | 53 | 24 | 52 | 26 |
| 13 | 59 | 21 | 52 | 30 | 53 | 22 | 51 | 21 | 54 | 23 | 59 | 23 |
| 14 | 58 | 22 | 59 | 29 | 56 | 29 | 60 | 22 | 51 | 22 | 60 | 24 |
| 15 | 57 | 29 | 60 | 26 | 53 | 30 | 59 | 29 | 52 | 21 | 53 | 21 |
| 16 | 57 | 30 | 57 | 25 | 54 | 27 | 58 | 24 | 59 | 30 | 54 | 22 |
| 17 | 53 | 27 | 57 | 24 | 51 | 29 | 55 | 21 | 60 | 29 | 1 | 39 |
| 18 | 52 | 28 | 56 | 30 | 52 | 28 | 54 | 22 | 7 | 34 | 2 | 39 |
| 19 | 59 | 25 | 55 | 27 | 59 | 27 | 53 | 39 | 7 | 33 | 9 | 38 |
| 20 | 58 | 24 | 54 | 28 | 60 | 36 | 6 | 40 | 6 | 32 | 10 | 37 |
| 21 | 57 | 31 | 53 | 35 | 3 | 35 | 5 | 37 | 5 | 34 | 7 | 36 |
| 22 | 6 | 32 | 2 | 36 | 4 | 34 | 4 | 38 | 4 | 31 | 6 | 35 |
| 23 | 5 | 39 | 1 | 33 | 1 | 33 | 3 | 33 | 3 | 32 | 3 | 34 |
| 24 | 4 | 40 | 10 | 34 | 2 | 32 | 2 | 34 | 2 | 39 | 4 | 33 |
| 25 | 3 | 37 | 9 | 31 | 9 | 31 | 1 | 31 | 1 | 40 | 1 | 32 |
| 26 | 2 | 38 | 8 | 32 | 10 | 38 | 10 | 32 | 10 | 37 | 2 | 31 |
| 27 | 1 | 35 | 7 | 39 | 7 | 37 | 9 | 39 | 9 | 38 | 19 | 50 |
| 28 | 10 | 36 | 6 | 40 | 8 | 36 | 8 | 40 | 18 | 45 | 20 | 49 |
| 29 | 9 | 33 | 5 | 37 | 5 | 35 | 7 | 47 | 17 | 46 | 17 | 48 |
| 30 | 8 |  | 4 | 38 | 6 | 44 | 16 | 48 | 16 | 43 | 18 | 47 |
| 31 | 7 |  | 3 |  | 13 |  | 15 | 45 |  | 44 |  | 46 |

命数が…… 1～10 羅針盤座　11～20 インディアン座　21～30 鳳凰座

に載っています。

## 銀 1941 昭和16年生 ★ 満83歳

| 日＼月 | 1 | 2 | 3 | 4 | 5 | 6 | 7 | 8 | 9 | 10 | 11 | 12 |
|---|---|---|---|---|---|---|---|---|---|---|---|---|
| 1 | 45 | 20 | 47 | 17 | 42 | 17 | 48 | 19 | 49 | 20 | 48 | 12 |
| 2 | 44 | 19 | 48 | 16 | 49 | 18 | 47 | 18 | 50 | 19 | 55 | 29 |
| 3 | 43 | 18 | 45 | 15 | 50 | 15 | 46 | 17 | 57 | 28 | 56 | 30 |
| 4 | 42 | 18 | 50 | 14 | 47 | 16 | 45 | 26 | 58 | 27 | 53 | 27 |
| 5 | 41 | 25 | 47 | 13 | 43 | 23 | 54 | 25 | 55 | 26 | 54 | 28 |
| 6 | 60 | 26 | 44 | 22 | 52 | 24 | 53 | 24 | 56 | 25 | 51 | 25 |
| 7 | 59 | 23 | 56 | 21 | 56 | 21 | 52 | 21 | 53 | 24 | 52 | 26 |
| 8 | 58 | 24 | 52 | 30 | 53 | 22 | 51 | 21 | 54 | 24 | 59 | 23 |
| 9 | 57 | 21 | 59 | 29 | 54 | 29 | 60 | 22 | 51 | 22 | 60 | 24 |
| 10 | 56 | 22 | 60 | 28 | 51 | 30 | 59 | 29 | 52 | 21 | 57 | 21 |
| 11 | 55 | 29 | 57 | 27 | 52 | 27 | 58 | 30 | 59 | 30 | 58 | 22 |
| 12 | 54 | 21 | 58 | 26 | 59 | 28 | 57 | 27 | 60 | 29 | 5 | 39 |
| 13 | 53 | 25 | 55 | 25 | 60 | 25 | 56 | 28 | 7 | 38 | 6 | 40 |
| 14 | 52 | 26 | 56 | 24 | 59 | 26 | 55 | 35 | 8 | 37 | 3 | 37 |
| 15 | 51 | 33 | 53 | 21 | 60 | 33 | 4 | 36 | 5 | 36 | 4 | 38 |
| 16 | 8 | 34 | 54 | 40 | 7 | 34 | 3 | 37 | 6 | 35 | 7 | 35 |
| 17 | 7 | 31 | 2 | 39 | 8 | 34 | 10 | 38 | 3 | 34 | 8 | 36 |
| 18 | 6 | 32 | 1 | 33 | 5 | 33 | 9 | 35 | 4 | 33 | 5 | 34 |
| 19 | 3 | 37 | 10 | 34 | 6 | 32 | 8 | 36 | 2 | 38 | 6 | 33 |
| 20 | 2 | 38 | 9 | 31 | 3 | 31 | 1 | 33 | 1 | 37 | 3 | 32 |
| 21 | 1 | 35 | 8 | 32 | 10 | 40 | 10 | 34 | 10 | 36 | 4 | 31 |
| 22 | 10 | 36 | 7 | 39 | 7 | 39 | 9 | 31 | 9 | 38 | 11 | 50 |
| 23 | 9 | 33 | 6 | 40 | 8 | 38 | 8 | 40 | 18 | 45 | 20 | 49 |
| 24 | 8 | 34 | 5 | 37 | 5 | 37 | 7 | 47 | 17 | 46 | 17 | 48 |
| 25 | 7 | 41 | 4 | 38 | 6 | 46 | 16 | 48 | 16 | 43 | 18 | 47 |
| 26 | 17 | 42 | 3 | 45 | 13 | 45 | 15 | 45 | 15 | 44 | 15 | 46 |
| 27 | 15 | 49 | 12 | 46 | 14 | 42 | 14 | 46 | 14 | 41 | 16 | 45 |
| 28 | 14 | 50 | 11 | 43 | 11 | 41 | 13 | 43 | 13 | 42 | 13 | 44 |
| 29 | 13 |  | 20 | 44 | 12 | 50 | 12 | 44 | 12 | 49 | 14 | 43 |
| 30 | 12 |  | 19 | 41 | 19 | 50 | 11 | 41 | 11 | 50 | 11 | 42 |
| 31 | 11 |  | 18 |  | 20 |  | 20 | 42 |  | 47 |  | 41 |

## 金 1942 昭和17年生 ★ 満82歳

| 日＼月 | 1 | 2 | 3 | 4 | 5 | 6 | 7 | 8 | 9 | 10 | 11 | 12 |
|---|---|---|---|---|---|---|---|---|---|---|---|---|
| 1 | 60 | 25 | 44 | 22 | 55 | 24 | 53 | 24 | 56 | 25 | 51 | 25 |
| 2 | 59 | 24 | 51 | 21 | 56 | 21 | 52 | 23 | 53 | 24 | 52 | 26 |
| 3 | 58 | 23 | 52 | 30 | 53 | 22 | 51 | 22 | 54 | 23 | 59 | 23 |
| 4 | 57 | 21 | 59 | 29 | 54 | 29 | 60 | 21 | 51 | 22 | 60 | 24 |
| 5 | 56 | 22 | 60 | 28 | 51 | 30 | 59 | 30 | 52 | 21 | 57 | 21 |
| 6 | 55 | 29 | 57 | 27 | 52 | 27 | 58 | 29 | 59 | 28 | 58 | 22 |
| 7 | 54 | 30 | 58 | 26 | 59 | 28 | 57 | 28 | 60 | 29 | 5 | 39 |
| 8 | 53 | 27 | 55 | 25 | 60 | 25 | 56 | 28 | 7 | 38 | 6 | 40 |
| 9 | 52 | 28 | 56 | 24 | 57 | 26 | 55 | 35 | 8 | 37 | 3 | 37 |
| 10 | 51 | 35 | 53 | 23 | 58 | 33 | 4 | 36 | 5 | 36 | 4 | 38 |
| 11 | 10 | 36 | 54 | 32 | 5 | 34 | 3 | 33 | 6 | 35 | 1 | 35 |
| 12 | 9 | 31 | 1 | 31 | 6 | 31 | 2 | 34 | 2 | 34 | 2 | 36 |
| 13 | 8 | 32 | 2 | 40 | 3 | 32 | 1 | 31 | 4 | 33 | 9 | 33 |
| 14 | 7 | 39 | 9 | 39 | 6 | 39 | 10 | 32 | 1 | 32 | 10 | 34 |
| 15 | 6 | 40 | 10 | 36 | 3 | 40 | 9 | 39 | 2 | 31 | 7 | 31 |
| 16 | 3 | 37 | 7 | 35 | 4 | 37 | 8 | 34 | 9 | 40 | 4 | 32 |
| 17 | 2 | 38 | 7 | 34 | 1 | 39 | 7 | 31 | 10 | 39 | 11 | 49 |
| 18 | 1 | 35 | 6 | 40 | 2 | 38 | 4 | 32 | 17 | 48 | 12 | 50 |
| 19 | 8 | 34 | 5 | 37 | 9 | 37 | 3 | 49 | 17 | 43 | 19 | 48 |
| 20 | 7 | 41 | 4 | 38 | 10 | 46 | 12 | 50 | 16 | 42 | 20 | 47 |
| 21 | 16 | 42 | 3 | 45 | 13 | 45 | 15 | 47 | 15 | 41 | 17 | 46 |
| 22 | 15 | 49 | 12 | 46 | 14 | 44 | 14 | 48 | 14 | 41 | 18 | 45 |
| 23 | 14 | 50 | 11 | 43 | 11 | 43 | 13 | 43 | 13 | 42 | 13 | 44 |
| 24 | 13 | 47 | 20 | 44 | 12 | 42 | 12 | 44 | 12 | 49 | 14 | 43 |
| 25 | 12 | 48 | 19 | 41 | 19 | 41 | 11 | 41 | 11 | 50 | 11 | 42 |
| 26 | 11 | 45 | 18 | 42 | 20 | 50 | 20 | 42 | 20 | 47 | 12 | 41 |
| 27 | 20 | 46 | 17 | 49 | 17 | 47 | 19 | 49 | 19 | 48 | 29 | 60 |
| 28 | 19 | 43 | 16 | 50 | 18 | 46 | 18 | 50 | 28 | 55 | 30 | 59 |
| 29 | 18 |  | 15 | 47 | 15 | 45 | 17 | 57 | 27 | 56 | 27 | 58 |
| 30 | 17 |  | 14 | 48 | 16 | 54 | 26 | 58 | 26 | 53 | 28 | 57 |
| 31 | 26 |  | 13 |  | 23 |  | 25 | 55 |  | 54 |  | 56 |

31~40 時計座　41~50 カメレオン座　51~60 イルカ座

## 銀 1943

昭和18年生 ★ 満81歳

| 日＼月 | 1 | 2 | 3 | 4 | 5 | 6 | 7 | 8 | 9 | 10 | 11 | 12 |
|---|---|---|---|---|---|---|---|---|---|---|---|---|
| 1 | 55 | 30 | 57 | 27 | 52 | 27 | 58 | 29 | 59 | 30 | 58 | 22 |
| 2 | 54 | 29 | 58 | 26 | 59 | 28 | 57 | 28 | 60 | 29 | 5 | 39 |
| 3 | 53 | 28 | 55 | 25 | 60 | 25 | 56 | 27 | 7 | 38 | 6 | 40 |
| 4 | 51 | 27 | 56 | 24 | 57 | 26 | 55 | 36 | 8 | 37 | 3 | 37 |
| 5 | 51 | 35 | 53 | 23 | 58 | 33 | 4 | 35 | 5 | 36 | 4 | 38 |
| 6 | 10 | 36 | 54 | 32 | 3 | 34 | 3 | 34 | 6 | 35 | 1 | 35 |
| 7 | 9 | 33 | 1 | 31 | 6 | 31 | 2 | 33 | 3 | 37 | 2 | 36 |
| 8 | 8 | 34 | 2 | 40 | 3 | 32 | 1 | 31 | 4 | 33 | 9 | 33 |
| 9 | 7 | 31 | 9 | 39 | 4 | 39 | 10 | 32 | 1 | 32 | 10 | 34 |
| 10 | 6 | 32 | 10 | 38 | 1 | 40 | 9 | 39 | 2 | 31 | 7 | 31 |
| 11 | 5 | 39 | 7 | 37 | 2 | 37 | 8 | 40 | 9 | 40 | 8 | 32 |
| 12 | 4 | 40 | 8 | 36 | 9 | 38 | 7 | 37 | 10 | 39 | 15 | 49 |
| 13 | 3 | 35 | 5 | 35 | 10 | 35 | 6 | 38 | 17 | 48 | 16 | 50 |
| 14 | 2 | 36 | 6 | 34 | 1 | 36 | 5 | 45 | 18 | 47 | 13 | 47 |
| 15 | 1 | 43 | 3 | 33 | 2 | 43 | 14 | 46 | 15 | 46 | 14 | 48 |
| 16 | 18 | 44 | 4 | 50 | 17 | 44 | 13 | 47 | 16 | 45 | 17 | 45 |
| 17 | 17 | 41 | 12 | 49 | 18 | 44 | 12 | 48 | 13 | 44 | 18 | 46 |
| 18 | 16 | 42 | 11 | 48 | 15 | 43 | 19 | 45 | 14 | 43 | 17 | 45 |
| 19 | 13 | 49 | 20 | 44 | 16 | 42 | 18 | 46 | 12 | 48 | 16 | 46 |
| 20 | 12 | 48 | 19 | 41 | 13 | 41 | 17 | 43 | 11 | 47 | 13 | 43 |
| 21 | 11 | 45 | 18 | 42 | 20 | 50 | 20 | 44 | 20 | 46 | 14 | 44 |
| 22 | 20 | 46 | 17 | 49 | 17 | 49 | 19 | 41 | 19 | 48 | 21 | 51 |
| 23 | 19 | 43 | 16 | 50 | 18 | 48 | 18 | 50 | 28 | 55 | 30 | 60 |
| 24 | 18 | 44 | 15 | 47 | 15 | 47 | 17 | 57 | 27 | 56 | 27 | 57 |
| 25 | 17 | 51 | 14 | 48 | 16 | 56 | 26 | 58 | 26 | 53 | 28 | 58 |
| 26 | 26 | 52 | 13 | 55 | 23 | 55 | 25 | 55 | 25 | 54 | 25 | 55 |
| 27 | 25 | 59 | 22 | 56 | 24 | 52 | 24 | 56 | 24 | 51 | 26 | 55 |
| 28 | 24 | 60 | 21 | 53 | 21 | 51 | 23 | 53 | 23 | 52 | 23 | 54 |
| 29 | 23 | | 30 | 54 | 22 | 60 | 22 | 54 | 22 | 59 | 24 | 53 |
| 30 | 22 | | 29 | 51 | 29 | 59 | 21 | 51 | 21 | 60 | 21 | 52 |
| 31 | 25 | | 28 | | 30 | | 30 | 52 | | 57 | | 51 |

## 金 1944

昭和19年生 ★ 満80歳

| 日＼月 | 1 | 2 | 3 | 4 | 5 | 6 | 7 | 8 | 9 | 10 | 11 | 12 |
|---|---|---|---|---|---|---|---|---|---|---|---|---|
| 1 | 10 | 35 | 1 | 31 | 6 | 31 | 2 | 33 | 3 | 34 | 2 | 36 |
| 2 | 9 | 34 | 2 | 38 | 3 | 32 | 1 | 32 | 4 | 33 | 9 | 33 |
| 3 | 8 | 33 | 9 | 39 | 4 | 39 | 10 | 31 | 1 | 32 | 10 | 34 |
| 4 | 7 | 32 | 10 | 38 | 1 | 40 | 9 | 40 | 2 | 31 | 7 | 31 |
| 5 | 6 | 32 | 7 | 37 | 2 | 37 | 8 | 39 | 9 | 40 | 8 | 32 |
| 6 | 5 | 39 | 8 | 36 | 9 | 38 | 8 | 38 | 10 | 39 | 15 | 49 |
| 7 | 4 | 40 | 5 | 35 | 10 | 35 | 6 | 35 | 17 | 48 | 16 | 50 |
| 8 | 3 | 37 | 6 | 34 | 7 | 36 | 5 | 45 | 18 | 47 | 13 | 47 |
| 9 | 2 | 38 | 3 | 33 | 8 | 43 | 14 | 46 | 15 | 46 | 14 | 48 |
| 10 | 2 | 45 | 4 | 42 | 15 | 44 | 13 | 43 | 16 | 45 | 11 | 45 |
| 11 | 19 | 46 | 11 | 41 | 16 | 41 | 12 | 44 | 13 | 44 | 12 | 46 |
| 12 | 19 | 43 | 12 | 50 | 13 | 42 | 11 | 41 | 14 | 43 | 19 | 43 |
| 13 | 18 | 42 | 19 | 49 | 14 | 49 | 20 | 42 | 11 | 42 | 20 | 44 |
| 14 | 17 | 49 | 20 | 48 | 13 | 50 | 19 | 49 | 12 | 41 | 17 | 41 |
| 15 | 16 | 50 | 17 | 45 | 14 | 47 | 18 | 50 | 19 | 50 | 14 | 42 |
| 16 | 13 | 47 | 18 | 44 | 11 | 48 | 17 | 41 | 20 | 49 | 21 | 59 |
| 17 | 15 | 48 | 16 | 43 | 12 | 48 | 14 | 42 | 27 | 58 | 22 | 60 |
| 18 | 11 | 45 | 15 | 47 | 19 | 47 | 13 | 59 | 28 | 53 | 29 | 58 |
| 19 | 18 | 46 | 14 | 45 | 19 | 56 | 22 | 60 | 26 | 52 | 30 | 57 |
| 20 | 17 | 51 | 13 | 55 | 27 | 55 | 25 | 57 | 25 | 51 | 27 | 56 |
| 21 | 26 | 52 | 22 | 56 | 24 | 54 | 24 | 58 | 27 | 51 | 28 | 55 |
| 22 | 25 | 59 | 21 | 53 | 21 | 53 | 23 | 55 | 23 | 52 | 23 | 54 |
| 23 | 24 | 60 | 28 | 54 | 22 | 52 | 22 | 54 | 22 | 59 | 24 | 53 |
| 24 | 23 | 57 | 29 | 51 | 29 | 51 | 21 | 51 | 21 | 60 | 21 | 52 |
| 25 | 22 | 58 | 28 | 52 | 30 | 60 | 30 | 52 | 30 | 57 | 22 | 51 |
| 26 | 21 | 55 | 27 | 59 | 27 | 59 | 29 | 59 | 29 | 58 | 39 | 10 |
| 27 | 30 | 56 | 26 | 60 | 28 | 56 | 28 | 60 | 38 | 5 | 40 | 9 |
| 28 | 29 | 53 | 25 | 57 | 25 | 55 | 27 | 7 | 37 | 6 | 37 | 8 |
| 29 | 28 | 54 | 24 | 58 | 26 | 4 | 36 | 8 | 36 | 3 | 38 | 7 |
| 30 | 27 | | 23 | 5 | 33 | 3 | 35 | 5 | 35 | 4 | 35 | 6 |
| 31 | 36 | | 32 | | 34 | | 34 | 6 | | 1 | | 5 |

命数が…… 1~10 羅針盤座 11~20 インディアン座 21~30 鳳凰座

銀

# 1945

昭和20年生 ★ 満79歳

| 日＼月 | 1 | 2 | 3 | 4 | 5 | 6 | 7 | 8 | 9 | 10 | 11 | 12 |
|---|---|---|---|---|---|---|---|---|---|---|---|---|
| 1 | 4 | 39 | 8 | 36 | 9 | 38 | 7 | 38 | 10 | 39 | 15 | 49 |
| 2 | 3 | 38 | 5 | 35 | 10 | 35 | 6 | 37 | 17 | 48 | 16 | 50 |
| 3 | 2 | 37 | 6 | 34 | 7 | 36 | 5 | 46 | 18 | 47 | 13 | 47 |
| 4 | 1 | 45 | 3 | 33 | 8 | 43 | 14 | 45 | 15 | 46 | 14 | 48 |
| 5 | 20 | 46 | 8 | 42 | 15 | 44 | 13 | 44 | 16 | 45 | 11 | 45 |
| 6 | 19 | 43 | 11 | 41 | 16 | 41 | 12 | 43 | 13 | 44 | 12 | 46 |
| 7 | 18 | 44 | 12 | 50 | 13 | 42 | 11 | 42 | 14 | 43 | 19 | 43 |
| 8 | 17 | 41 | 19 | 49 | 14 | 49 | 20 | 42 | 11 | 42 | 20 | 44 |
| 9 | 16 | 42 | 20 | 48 | 11 | 50 | 19 | 49 | 12 | 41 | 17 | 41 |
| 10 | 15 | 49 | 17 | 47 | 12 | 47 | 18 | 50 | 19 | 50 | 18 | 42 |
| 11 | 14 | 50 | 18 | 46 | 19 | 48 | 17 | 47 | 20 | 49 | 25 | 59 |
| 12 | 13 | 45 | 15 | 45 | 20 | 45 | 16 | 48 | 27 | 58 | 26 | 60 |
| 13 | 12 | 46 | 16 | 44 | 17 | 46 | 15 | 55 | 28 | 57 | 23 | 57 |
| 14 | 11 | 53 | 13 | 43 | 20 | 53 | 24 | 56 | 25 | 56 | 24 | 58 |
| 15 | 30 | 54 | 14 | 60 | 27 | 54 | 23 | 53 | 26 | 55 | 21 | 55 |
| 16 | 27 | 51 | 21 | 59 | 28 | 51 | 22 | 58 | 23 | 54 | 28 | 56 |
| 17 | 26 | 52 | 21 | 58 | 25 | 53 | 29 | 55 | 24 | 53 | 25 | 53 |
| 18 | 25 | 59 | 30 | 54 | 26 | 52 | 28 | 56 | 21 | 52 | 26 | 53 |
| 19 | 22 | 58 | 29 | 51 | 23 | 51 | 27 | 53 | 21 | 57 | 23 | 52 |
| 20 | 21 | 55 | 28 | 52 | 24 | 60 | 30 | 54 | 30 | 56 | 24 | 51 |
| 21 | 30 | 56 | 27 | 59 | 27 | 59 | 29 | 51 | 29 | 55 | 31 | 10 |
| 22 | 29 | 53 | 26 | 60 | 28 | 58 | 28 | 52 | 38 | 5 | 32 | 9 |
| 23 | 28 | 54 | 25 | 57 | 25 | 57 | 27 | 7 | 37 | 6 | 37 | 8 |
| 24 | 27 | 1 | 24 | 58 | 26 | 6 | 36 | 8 | 36 | 3 | 38 | 7 |
| 25 | 36 | 2 | 23 | 5 | 33 | 5 | 35 | 5 | 35 | 4 | 35 | 6 |
| 26 | 35 | 9 | 32 | 6 | 34 | 4 | 34 | 6 | 34 | 1 | 36 | 5 |
| 27 | 34 | 10 | 31 | 3 | 31 | 1 | 33 | 3 | 33 | 2 | 33 | 4 |
| 28 | 33 | 7 | 40 | 4 | 32 | 10 | 32 | 4 | 32 | 9 | 34 | 3 |
| 29 | 32 | | 39 | 1 | 39 | 9 | 31 | 1 | 31 | 10 | 31 | 2 |
| 30 | 31 | | 38 | 2 | 40 | 8 | 40 | 2 | 40 | 7 | 32 | 1 |
| 31 | 40 | | 37 | | 37 | | 39 | 9 | | 8 | | 20 |

金

# 1946

昭和21年生 ★ 満78歳

| 日＼月 | 1 | 2 | 3 | 4 | 5 | 6 | 7 | 8 | 9 | 10 | 11 | 12 |
|---|---|---|---|---|---|---|---|---|---|---|---|---|
| 1 | 19 | 44 | 11 | 41 | 16 | 41 | 12 | 43 | 13 | 44 | 12 | 46 |
| 2 | 18 | 43 | 12 | 50 | 13 | 42 | 11 | 42 | 14 | 43 | 19 | 43 |
| 3 | 17 | 42 | 19 | 49 | 14 | 49 | 20 | 41 | 11 | 42 | 20 | 44 |
| 4 | 16 | 42 | 20 | 48 | 11 | 50 | 19 | 50 | 12 | 41 | 17 | 41 |
| 5 | 15 | 49 | 11 | 47 | 12 | 47 | 18 | 49 | 19 | 50 | 18 | 42 |
| 6 | 14 | 50 | 18 | 46 | 19 | 48 | 17 | 48 | 20 | 49 | 25 | 59 |
| 7 | 13 | 47 | 15 | 45 | 20 | 45 | 15 | 47 | 27 | 58 | 26 | 60 |
| 8 | 12 | 48 | 16 | 44 | 17 | 46 | 15 | 55 | 28 | 57 | 23 | 57 |
| 9 | 11 | 55 | 13 | 43 | 18 | 53 | 24 | 56 | 25 | 56 | 24 | 58 |
| 10 | 30 | 56 | 14 | 52 | 25 | 54 | 23 | 53 | 26 | 55 | 21 | 55 |
| 11 | 29 | 53 | 21 | 51 | 26 | 51 | 22 | 54 | 23 | 54 | 22 | 56 |
| 12 | 28 | 52 | 22 | 60 | 23 | 52 | 21 | 51 | 24 | 53 | 29 | 53 |
| 13 | 27 | 59 | 29 | 59 | 24 | 59 | 30 | 52 | 21 | 52 | 30 | 54 |
| 14 | 26 | 60 | 30 | 58 | 23 | 60 | 29 | 59 | 22 | 51 | 27 | 51 |
| 15 | 25 | 57 | 27 | 55 | 24 | 57 | 28 | 60 | 29 | 60 | 28 | 52 |
| 16 | 22 | 58 | 28 | 54 | 21 | 58 | 27 | 51 | 30 | 59 | 31 | 9 |
| 17 | 21 | 55 | 26 | 53 | 22 | 58 | 26 | 52 | 37 | 8 | 32 | 10 |
| 18 | 30 | 56 | 25 | 57 | 29 | 57 | 23 | 9 | 38 | 7 | 39 | 7 |
| 19 | 27 | 1 | 24 | 58 | 30 | 6 | 32 | 10 | 36 | 2 | 40 | 7 |
| 20 | 36 | 2 | 23 | 5 | 37 | 5 | 31 | 7 | 35 | 1 | 37 | 6 |
| 21 | 35 | 9 | 32 | 6 | 34 | 4 | 34 | 8 | 34 | 10 | 38 | 5 |
| 22 | 34 | 10 | 31 | 3 | 31 | 3 | 33 | 5 | 33 | 2 | 35 | 4 |
| 23 | 33 | 7 | 40 | 4 | 32 | 2 | 32 | 4 | 32 | 9 | 34 | 3 |
| 24 | 32 | 8 | 39 | 1 | 39 | 1 | 31 | 1 | 31 | 10 | 31 | 2 |
| 25 | 31 | 5 | 38 | 2 | 40 | 10 | 40 | 2 | 40 | 7 | 32 | 1 |
| 26 | 40 | 6 | 37 | 9 | 37 | 9 | 39 | 9 | 39 | 8 | 49 | 20 |
| 27 | 39 | 3 | 36 | 10 | 38 | 6 | 38 | 10 | 48 | 15 | 50 | 19 |
| 28 | 38 | 4 | 35 | 7 | 35 | 5 | 37 | 17 | 47 | 16 | 47 | 18 |
| 29 | 37 | | 34 | 8 | 36 | 14 | 46 | 18 | 46 | 13 | 48 | 17 |
| 30 | 46 | | 33 | 15 | 43 | 13 | 45 | 15 | 45 | 14 | 45 | 16 |
| 31 | 45 | | 42 | | 44 | | 44 | 16 | | 11 | | 15 |

31~40 時計座　41~50 カメレオン座　51~60 イルカ座

## 銀 1947 昭和22年生 ★ 満77歳

| 日＼月 | 1 | 2 | 3 | 4 | 5 | 6 | 7 | 8 | 9 | 10 | 11 | 12 |
|---|---|---|---|---|---|---|---|---|---|---|---|---|
| 1 | 14 | 49 | 18 | 46 | 19 | 48 | 17 | 48 | 20 | 49 | 25 | 59 |
| 2 | 13 | 48 | 15 | 45 | 20 | 45 | 16 | 47 | 27 | 58 | 26 | 60 |
| 3 | 12 | 47 | 16 | 44 | 17 | 46 | 15 | 56 | 28 | 57 | 23 | 57 |
| 4 | 11 | 56 | 13 | 43 | 18 | 53 | 24 | 55 | 25 | 56 | 24 | 58 |
| 5 | 30 | 56 | 14 | 52 | 25 | 54 | 23 | 54 | 26 | 55 | 21 | 55 |
| 6 | 29 | 53 | 21 | 51 | 26 | 51 | 22 | 53 | 23 | 54 | 22 | 56 |
| 7 | 28 | 54 | 22 | 60 | 23 | 52 | 21 | 52 | 24 | 53 | 29 | 53 |
| 8 | 27 | 51 | 29 | 59 | 24 | 59 | 30 | 52 | 21 | 52 | 30 | 54 |
| 9 | 26 | 52 | 30 | 58 | 21 | 60 | 29 | 59 | 22 | 51 | 27 | 51 |
| 10 | 25 | 59 | 27 | 57 | 22 | 57 | 28 | 60 | 29 | 60 | 28 | 52 |
| 11 | 24 | 60 | 28 | 56 | 29 | 58 | 27 | 57 | 30 | 59 | 35 | 9 |
| 12 | 23 | 57 | 25 | 55 | 30 | 55 | 26 | 58 | 37 | 8 | 36 | 10 |
| 13 | 22 | 56 | 26 | 54 | 27 | 56 | 25 | 5 | 38 | 7 | 33 | 7 |
| 14 | 21 | 3 | 23 | 53 | 30 | 3 | 34 | 6 | 35 | 6 | 34 | 8 |
| 15 | 40 | 4 | 24 | 2 | 37 | 4 | 33 | 3 | 36 | 5 | 31 | 5 |
| 16 | 37 | 1 | 31 | 9 | 38 | 1 | 32 | 8 | 33 | 4 | 38 | 6 |
| 17 | 36 | 2 | 31 | 8 | 35 | 3 | 31 | 5 | 34 | 3 | 35 | 3 |
| 18 | 35 | 9 | 40 | 7 | 36 | 2 | 38 | 6 | 31 | 2 | 36 | 4 |
| 19 | 32 | 10 | 39 | 1 | 33 | 1 | 37 | 3 | 31 | 7 | 33 | 2 |
| 20 | 31 | 5 | 38 | 2 | 34 | 10 | 36 | 4 | 40 | 6 | 34 | 1 |
| 21 | 40 | 6 | 37 | 9 | 37 | 9 | 39 | 1 | 39 | 5 | 41 | 20 |
| 22 | 39 | 3 | 36 | 10 | 38 | 8 | 38 | 2 | 48 | 15 | 42 | 19 |
| 23 | 38 | 4 | 35 | 7 | 35 | 7 | 37 | 17 | 47 | 16 | 47 | 18 |
| 24 | 37 | 11 | 34 | 8 | 36 | 16 | 46 | 18 | 46 | 13 | 48 | 17 |
| 25 | 46 | 12 | 33 | 15 | 43 | 15 | 45 | 15 | 45 | 14 | 45 | 16 |
| 26 | 45 | 19 | 42 | 16 | 44 | 14 | 44 | 16 | 44 | 11 | 46 | 15 |
| 27 | 44 | 20 | 41 | 13 | 41 | 11 | 43 | 13 | 43 | 12 | 43 | 14 |
| 28 | 43 | 17 | 50 | 14 | 42 | 20 | 42 | 14 | 42 | 19 | 44 | 13 |
| 29 | 42 |  | 49 | 11 | 49 | 19 | 41 | 11 | 41 | 20 | 41 | 12 |
| 30 | 41 |  | 48 | 12 | 50 | 18 | 50 | 12 | 50 | 17 | 42 | 11 |
| 31 | 50 |  | 47 |  | 47 |  | 49 | 19 |  | 18 |  | 30 |

## 金 1948 昭和23年生 ★ 満76歳

| 日＼月 | 1 | 2 | 3 | 4 | 5 | 6 | 7 | 8 | 9 | 10 | 11 | 12 |
|---|---|---|---|---|---|---|---|---|---|---|---|---|
| 1 | 29 | 54 | 22 | 60 | 23 | 52 | 21 | 52 | 24 | 53 | 29 | 53 |
| 2 | 28 | 53 | 29 | 59 | 24 | 59 | 30 | 51 | 21 | 52 | 30 | 54 |
| 3 | 27 | 52 | 30 | 58 | 21 | 60 | 29 | 60 | 22 | 51 | 27 | 51 |
| 4 | 26 | 51 | 27 | 57 | 22 | 57 | 28 | 59 | 29 | 60 | 28 | 52 |
| 5 | 25 | 59 | 28 | 56 | 29 | 58 | 27 | 58 | 30 | 59 | 35 | 9 |
| 6 | 24 | 60 | 25 | 55 | 30 | 55 | 26 | 57 | 37 | 8 | 36 | 10 |
| 7 | 23 | 57 | 26 | 54 | 27 | 56 | 25 | 6 | 38 | 7 | 33 | 7 |
| 8 | 22 | 58 | 23 | 53 | 28 | 3 | 34 | 6 | 35 | 6 | 34 | 8 |
| 9 | 21 | 5 | 24 | 2 | 35 | 4 | 33 | 3 | 36 | 5 | 31 | 5 |
| 10 | 40 | 6 | 31 | 1 | 36 | 1 | 32 | 4 | 33 | 4 | 32 | 6 |
| 11 | 39 | 3 | 32 | 10 | 33 | 2 | 31 | 1 | 34 | 3 | 39 | 3 |
| 12 | 38 | 4 | 39 | 9 | 34 | 9 | 40 | 2 | 31 | 2 | 40 | 4 |
| 13 | 37 | 9 | 40 | 8 | 33 | 10 | 39 | 9 | 32 | 1 | 37 | 1 |
| 14 | 36 | 10 | 37 | 7 | 34 | 7 | 38 | 10 | 39 | 10 | 38 | 2 |
| 15 | 35 | 7 | 38 | 4 | 31 | 8 | 37 | 7 | 40 | 9 | 41 | 19 |
| 16 | 32 | 8 | 35 | 3 | 32 | 5 | 36 | 2 | 47 | 18 | 42 | 20 |
| 17 | 31 | 5 | 35 | 2 | 39 | 7 | 33 | 19 | 48 | 17 | 49 | 17 |
| 18 | 40 | 6 | 34 | 8 | 40 | 16 | 42 | 20 | 45 | 12 | 50 | 17 |
| 19 | 37 | 13 | 33 | 15 | 47 | 15 | 41 | 17 | 45 | 11 | 47 | 16 |
| 20 | 46 | 12 | 42 | 16 | 44 | 14 | 44 | 18 | 44 | 20 | 48 | 15 |
| 21 | 45 | 19 | 41 | 13 | 41 | 13 | 43 | 15 | 43 | 12 | 45 | 14 |
| 22 | 44 | 20 | 50 | 14 | 42 | 12 | 42 | 16 | 42 | 19 | 44 | 13 |
| 23 | 43 | 17 | 49 | 11 | 49 | 11 | 41 | 11 | 41 | 20 | 41 | 12 |
| 24 | 42 | 18 | 48 | 12 | 50 | 20 | 50 | 12 | 50 | 17 | 42 | 11 |
| 25 | 41 | 15 | 47 | 19 | 47 | 19 | 49 | 19 | 49 | 18 | 59 | 30 |
| 26 | 50 | 16 | 46 | 20 | 48 | 18 | 48 | 20 | 58 | 25 | 60 | 29 |
| 27 | 49 | 13 | 45 | 17 | 45 | 15 | 47 | 27 | 57 | 26 | 57 | 28 |
| 28 | 48 | 14 | 44 | 18 | 46 | 24 | 56 | 28 | 56 | 23 | 58 | 27 |
| 29 | 47 | 21 | 43 | 25 | 55 | 23 | 55 | 26 | 55 | 24 | 55 | 26 |
| 30 | 56 |  | 52 | 26 | 53 | 22 | 54 | 25 | 54 | 21 | 56 | 25 |
| 31 | 55 |  | 51 |  | 54 |  | 53 | 23 |  | 22 |  | 24 |

命数が…… 1~10 羅針盤座　11~20 インディアン座　21~30 鳳凰座

## 銀 1949 昭和24年生 ★ 満75歳

| 日＼月 | 1 | 2 | 3 | 4 | 5 | 6 | 7 | 8 | 9 | 10 | 11 | 12 |
|---|---|---|---|---|---|---|---|---|---|---|---|---|
| 1 | 23 | 58 | 25 | 55 | 30 | 55 | 26 | 57 | 37 | 8 | 36 | 10 |
| 2 | 22 | 57 | 26 | 54 | 27 | 56 | 25 | 6 | 38 | 7 | 33 | 7 |
| 3 | 21 | 6 | 23 | 53 | 28 | 3 | 34 | 5 | 35 | 6 | 34 | 8 |
| 4 | 40 | 6 | 24 | 2 | 35 | 4 | 33 | 4 | 36 | 5 | 31 | 5 |
| 5 | 39 | 3 | 31 | 1 | 36 | 1 | 32 | 3 | 33 | 4 | 32 | 6 |
| 6 | 38 | 4 | 32 | 10 | 33 | 2 | 31 | 2 | 34 | 3 | 39 | 3 |
| 7 | 37 | 1 | 39 | 9 | 34 | 9 | 40 | 1 | 31 | 2 | 40 | 4 |
| 8 | 36 | 2 | 40 | 8 | 31 | 10 | 39 | 9 | 32 | 1 | 37 | 1 |
| 9 | 35 | 9 | 37 | 7 | 32 | 7 | 38 | 10 | 39 | 10 | 38 | 2 |
| 10 | 34 | 10 | 38 | 6 | 39 | 8 | 37 | 7 | 40 | 9 | 45 | 19 |
| 11 | 33 | 7 | 35 | 5 | 40 | 5 | 36 | 8 | 47 | 18 | 46 | 20 |
| 12 | 32 | 6 | 36 | 4 | 37 | 6 | 35 | 15 | 48 | 17 | 43 | 17 |
| 13 | 31 | 13 | 33 | 3 | 38 | 13 | 44 | 16 | 45 | 16 | 44 | 18 |
| 14 | 50 | 14 | 34 | 12 | 47 | 14 | 43 | 13 | 46 | 15 | 41 | 15 |
| 15 | 49 | 11 | 41 | 19 | 48 | 11 | 42 | 14 | 43 | 14 | 42 | 16 |
| 16 | 46 | 12 | 42 | 18 | 45 | 12 | 41 | 15 | 44 | 13 | 45 | 13 |
| 17 | 45 | 19 | 50 | 17 | 46 | 12 | 48 | 16 | 41 | 12 | 46 | 14 |
| 18 | 44 | 20 | 49 | 11 | 43 | 11 | 47 | 13 | 42 | 11 | 43 | 12 |
| 19 | 41 | 15 | 48 | 12 | 44 | 20 | 46 | 14 | 50 | 16 | 44 | 11 |
| 20 | 50 | 16 | 47 | 19 | 41 | 19 | 49 | 11 | 49 | 15 | 51 | 30 |
| 21 | 49 | 13 | 46 | 20 | 48 | 18 | 48 | 12 | 58 | 24 | 52 | 29 |
| 22 | 48 | 14 | 45 | 17 | 45 | 17 | 47 | 29 | 57 | 26 | 59 | 28 |
| 23 | 47 | 21 | 44 | 18 | 46 | 26 | 56 | 28 | 56 | 23 | 58 | 27 |
| 24 | 56 | 22 | 43 | 25 | 53 | 25 | 55 | 25 | 55 | 24 | 55 | 26 |
| 25 | 55 | 29 | 52 | 26 | 54 | 24 | 54 | 26 | 54 | 21 | 56 | 25 |
| 26 | 54 | 30 | 51 | 23 | 51 | 21 | 53 | 23 | 53 | 22 | 53 | 24 |
| 27 | 53 | 27 | 60 | 24 | 52 | 30 | 52 | 24 | 52 | 29 | 54 | 23 |
| 28 | 52 | 28 | 59 | 21 | 59 | 29 | 51 | 21 | 51 | 30 | 51 | 22 |
| 29 | 51 | | 58 | 22 | 60 | 28 | 60 | 22 | 60 | 27 | 52 | 21 |
| 30 | 60 | | 57 | 29 | 57 | 27 | 59 | 29 | 59 | 28 | 9 | 40 |
| 31 | 59 | | 56 | | 58 | | 58 | 30 | | 35 | | 39 |

## 金 1950 昭和25年生 ★ 満74歳

| 日＼月 | 1 | 2 | 3 | 4 | 5 | 6 | 7 | 8 | 9 | 10 | 11 | 12 |
|---|---|---|---|---|---|---|---|---|---|---|---|---|
| 1 | 38 | 3 | 32 | 10 | 33 | 2 | 31 | 2 | 34 | 3 | 39 | 3 |
| 2 | 37 | 2 | 39 | 9 | 34 | 9 | 40 | 1 | 31 | 2 | 40 | 4 |
| 3 | 36 | 1 | 40 | 8 | 31 | 10 | 39 | 10 | 32 | 1 | 37 | 1 |
| 4 | 35 | 9 | 37 | 7 | 32 | 7 | 38 | 9 | 39 | 10 | 38 | 2 |
| 5 | 34 | 10 | 38 | 6 | 39 | 8 | 37 | 8 | 40 | 9 | 45 | 19 |
| 6 | 33 | 7 | 35 | 5 | 40 | 5 | 36 | 7 | 47 | 18 | 46 | 20 |
| 7 | 32 | 8 | 36 | 4 | 37 | 6 | 35 | 16 | 48 | 17 | 43 | 17 |
| 8 | 31 | 15 | 33 | 3 | 38 | 13 | 44 | 16 | 45 | 16 | 44 | 18 |
| 9 | 50 | 16 | 34 | 12 | 45 | 14 | 43 | 13 | 46 | 15 | 41 | 15 |
| 10 | 49 | 13 | 41 | 11 | 46 | 11 | 42 | 14 | 43 | 14 | 42 | 16 |
| 11 | 48 | 14 | 42 | 20 | 43 | 12 | 41 | 11 | 44 | 13 | 49 | 13 |
| 12 | 47 | 19 | 49 | 19 | 44 | 19 | 50 | 12 | 41 | 12 | 50 | 14 |
| 13 | 46 | 20 | 50 | 18 | 41 | 20 | 49 | 19 | 42 | 11 | 47 | 11 |
| 14 | 45 | 17 | 47 | 17 | 44 | 17 | 48 | 20 | 49 | 20 | 48 | 12 |
| 15 | 44 | 18 | 48 | 14 | 41 | 18 | 47 | 17 | 50 | 19 | 55 | 29 |
| 16 | 41 | 15 | 45 | 13 | 42 | 15 | 46 | 12 | 57 | 28 | 52 | 30 |
| 17 | 50 | 16 | 45 | 12 | 49 | 17 | 45 | 29 | 58 | 27 | 59 | 27 |
| 18 | 49 | 23 | 44 | 18 | 50 | 26 | 52 | 30 | 55 | 26 | 60 | 28 |
| 19 | 56 | 22 | 43 | 25 | 57 | 25 | 51 | 27 | 55 | 21 | 57 | 26 |
| 20 | 55 | 29 | 52 | 26 | 58 | 24 | 60 | 28 | 54 | 30 | 58 | 25 |
| 21 | 54 | 30 | 51 | 23 | 51 | 23 | 53 | 25 | 53 | 29 | 55 | 24 |
| 22 | 53 | 27 | 60 | 24 | 52 | 22 | 52 | 26 | 52 | 29 | 56 | 23 |
| 23 | 52 | 28 | 59 | 21 | 59 | 21 | 51 | 21 | 51 | 30 | 51 | 22 |
| 24 | 51 | 25 | 58 | 22 | 60 | 30 | 60 | 22 | 60 | 27 | 52 | 21 |
| 25 | 60 | 26 | 57 | 29 | 57 | 29 | 59 | 29 | 59 | 28 | 9 | 40 |
| 26 | 59 | 23 | 56 | 30 | 58 | 28 | 58 | 30 | 8 | 35 | 10 | 39 |
| 27 | 58 | 24 | 55 | 27 | 55 | 25 | 57 | 37 | 7 | 36 | 7 | 38 |
| 28 | 57 | 31 | 54 | 28 | 56 | 34 | 6 | 38 | 6 | 33 | 8 | 37 |
| 29 | 6 | | 53 | 35 | 3 | 33 | 5 | 35 | 5 | 34 | 5 | 36 |
| 30 | 5 | | 2 | 36 | 4 | 32 | 4 | 36 | 4 | 31 | 6 | 35 |
| 31 | 4 | | 1 | | 1 | | 3 | 33 | | 32 | | 34 |

31~40 時計座　41~50 カメレオン座　51~60 イルカ座

**銀 1951** 昭和 **26** 年生 ★ 満**73**歳

| 日＼月 | 1 | 2 | 3 | 4 | 5 | 6 | 7 | 8 | 9 | 10 | 11 | 12 |
|---|---|---|---|---|---|---|---|---|---|---|---|---|
| 1 | 33 | 8 | 35 | 5 | 40 | 5 | 36 | 7 | 47 | 18 | 46 | 20 |
| 2 | 32 | 7 | 36 | 4 | 37 | 6 | 35 | 16 | 48 | 17 | 43 | 17 |
| 3 | 31 | 16 | 33 | 3 | 38 | 13 | 44 | 15 | 45 | 16 | 44 | 18 |
| 4 | 50 | 15 | 34 | 12 | 45 | 14 | 43 | 14 | 46 | 15 | 41 | 15 |
| 5 | 49 | 13 | 41 | 11 | 46 | 11 | 42 | 13 | 43 | 14 | 42 | 16 |
| 6 | 48 | 14 | 42 | 20 | 43 | 12 | 41 | 12 | 44 | 13 | 49 | 13 |
| 7 | 47 | 11 | 49 | 19 | 44 | 19 | 50 | 11 | 41 | 12 | 50 | 14 |
| 8 | 46 | 12 | 50 | 18 | 41 | 20 | 49 | 19 | 42 | 11 | 47 | 11 |
| 9 | 45 | 19 | 47 | 17 | 42 | 17 | 48 | 20 | 49 | 20 | 48 | 12 |
| 10 | 44 | 20 | 48 | 16 | 49 | 18 | 47 | 17 | 50 | 19 | 55 | 29 |
| 11 | 43 | 17 | 45 | 15 | 50 | 15 | 46 | 18 | 57 | 28 | 56 | 30 |
| 12 | 42 | 18 | 46 | 14 | 47 | 16 | 45 | 25 | 58 | 27 | 53 | 27 |
| 13 | 41 | 23 | 43 | 13 | 48 | 23 | 54 | 26 | 55 | 26 | 54 | 28 |
| 14 | 60 | 24 | 44 | 22 | 57 | 24 | 53 | 23 | 56 | 25 | 51 | 25 |
| 15 | 59 | 21 | 51 | 21 | 58 | 21 | 52 | 24 | 53 | 24 | 52 | 26 |
| 16 | 56 | 22 | 52 | 28 | 55 | 22 | 51 | 25 | 54 | 23 | 55 | 23 |
| 17 | 55 | 29 | 60 | 27 | 56 | 22 | 60 | 26 | 51 | 22 | 56 | 24 |
| 18 | 54 | 30 | 59 | 26 | 53 | 21 | 57 | 23 | 52 | 21 | 53 | 21 |
| 19 | 51 | 27 | 58 | 22 | 54 | 30 | 56 | 24 | 60 | 26 | 54 | 21 |
| 20 | 60 | 26 | 57 | 29 | 51 | 29 | 55 | 21 | 59 | 25 | 1 | 40 |
| 21 | 59 | 23 | 56 | 30 | 58 | 28 | 58 | 22 | 8 | 34 | 2 | 39 |
| 22 | 58 | 24 | 55 | 27 | 55 | 27 | 57 | 39 | 7 | 36 | 9 | 38 |
| 23 | 57 | 31 | 54 | 28 | 56 | 36 | 6 | 38 | 6 | 33 | 8 | 37 |
| 24 | 6 | 32 | 53 | 35 | 3 | 35 | 5 | 35 | 5 | 34 | 5 | 36 |
| 25 | 5 | 39 | 2 | 36 | 4 | 34 | 4 | 36 | 4 | 31 | 6 | 35 |
| 26 | 4 | 40 | 1 | 33 | 1 | 33 | 3 | 33 | 3 | 32 | 3 | 34 |
| 27 | 3 | 37 | 10 | 34 | 2 | 40 | 2 | 34 | 2 | 39 | 4 | 33 |
| 28 | 2 | 38 | 9 | 31 | 9 | 39 | 1 | 31 | 1 | 40 | 1 | 32 |
| 29 | 1 |  | 8 | 32 | 10 | 38 | 10 | 32 | 10 | 37 | 2 | 31 |
| 30 | 10 |  | 7 | 39 | 7 | 37 | 9 | 39 | 9 | 38 | 19 | 50 |
| 31 | 9 |  | 6 |  | 8 |  | 8 | 40 |  | 45 |  | 49 |

**金 1952** 昭和 **27** 年生 ★ 満**72**歳

| 日＼月 | 1 | 2 | 3 | 4 | 5 | 6 | 7 | 8 | 9 | 10 | 11 | 12 |
|---|---|---|---|---|---|---|---|---|---|---|---|---|
| 1 | 48 | 13 | 49 | 19 | 44 | 19 | 50 | 11 | 41 | 12 | 50 | 14 |
| 2 | 47 | 12 | 50 | 18 | 41 | 20 | 49 | 20 | 42 | 11 | 47 | 11 |
| 3 | 46 | 11 | 47 | 17 | 42 | 17 | 48 | 19 | 49 | 20 | 48 | 12 |
| 4 | 45 | 20 | 48 | 16 | 49 | 18 | 47 | 18 | 50 | 19 | 55 | 29 |
| 5 | 44 | 20 | 45 | 15 | 50 | 15 | 46 | 17 | 57 | 28 | 56 | 30 |
| 6 | 43 | 17 | 46 | 14 | 47 | 16 | 45 | 26 | 58 | 27 | 53 | 27 |
| 7 | 42 | 18 | 43 | 13 | 48 | 23 | 54 | 26 | 55 | 26 | 54 | 28 |
| 8 | 41 | 25 | 44 | 22 | 55 | 24 | 53 | 23 | 56 | 25 | 51 | 25 |
| 9 | 60 | 26 | 51 | 21 | 56 | 21 | 52 | 24 | 53 | 24 | 52 | 26 |
| 10 | 59 | 23 | 52 | 30 | 53 | 22 | 51 | 21 | 54 | 23 | 59 | 23 |
| 11 | 58 | 24 | 59 | 29 | 54 | 29 | 60 | 22 | 51 | 22 | 60 | 24 |
| 12 | 57 | 21 | 60 | 28 | 51 | 30 | 59 | 29 | 52 | 21 | 57 | 21 |
| 13 | 56 | 30 | 57 | 27 | 54 | 27 | 58 | 30 | 59 | 30 | 58 | 22 |
| 14 | 55 | 27 | 58 | 26 | 51 | 28 | 57 | 27 | 60 | 29 | 5 | 39 |
| 15 | 54 | 28 | 55 | 23 | 52 | 25 | 56 | 22 | 7 | 38 | 2 | 40 |
| 16 | 51 | 25 | 56 | 22 | 59 | 26 | 55 | 39 | 8 | 37 | 9 | 37 |
| 17 | 60 | 26 | 54 | 21 | 60 | 36 | 2 | 40 | 5 | 36 | 10 | 38 |
| 18 | 59 | 33 | 53 | 35 | 7 | 35 | 1 | 37 | 6 | 31 | 7 | 36 |
| 19 | 6 | 34 | 2 | 36 | 8 | 34 | 10 | 38 | 4 | 40 | 8 | 35 |
| 20 | 5 | 39 | 1 | 33 | 1 | 33 | 3 | 35 | 3 | 39 | 5 | 34 |
| 21 | 4 | 40 | 10 | 34 | 2 | 32 | 2 | 36 | 2 | 39 | 6 | 33 |
| 22 | 3 | 37 | 9 | 31 | 9 | 31 | 1 | 31 | 1 | 40 | 1 | 32 |
| 23 | 2 | 38 | 8 | 32 | 10 | 40 | 10 | 32 | 10 | 37 | 2 | 31 |
| 24 | 1 | 35 | 7 | 39 | 7 | 39 | 9 | 39 | 9 | 38 | 19 | 50 |
| 25 | 10 | 36 | 6 | 40 | 8 | 38 | 8 | 40 | 18 | 45 | 20 | 49 |
| 26 | 9 | 33 | 5 | 37 | 5 | 37 | 7 | 47 | 17 | 46 | 17 | 48 |
| 27 | 8 | 34 | 4 | 38 | 6 | 44 | 16 | 48 | 16 | 43 | 18 | 47 |
| 28 | 7 | 41 | 3 | 45 | 13 | 43 | 15 | 45 | 15 | 44 | 15 | 46 |
| 29 | 16 | 42 | 12 | 46 | 14 | 42 | 14 | 46 | 14 | 41 | 16 | 45 |
| 30 | 15 |  | 11 | 43 | 11 | 41 | 13 | 43 | 13 | 42 | 13 | 44 |
| 31 | 14 |  | 20 |  | 12 |  | 12 | 44 |  | 49 |  | 43 |

命数が……　1~10 羅針盤座　11~20 インディアン座　21~30 鳳凰座

## 銀 1953

昭和28年生★満71歳

| 日＼月 | 1 | 2 | 3 | 4 | 5 | 6 | 7 | 8 | 9 | 10 | 11 | 12 |
|---|---|---|---|---|---|---|---|---|---|---|---|---|
| 1 | 42 | 17 | 46 | 14 | 47 | 16 | 45 | 26 | 58 | 27 | 53 | 27 |
| 2 | 41 | 26 | 43 | 13 | 48 | 23 | 54 | 25 | 55 | 26 | 54 | 28 |
| 3 | 60 | 25 | 44 | 22 | 55 | 24 | 53 | 24 | 56 | 25 | 51 | 25 |
| 4 | 59 | 23 | 51 | 21 | 56 | 21 | 52 | 23 | 53 | 24 | 52 | 26 |
| 5 | 58 | 24 | 52 | 30 | 53 | 22 | 51 | 22 | 54 | 23 | 59 | 23 |
| 6 | 57 | 21 | 59 | 29 | 54 | 29 | 60 | 21 | 51 | 22 | 60 | 24 |
| 7 | 56 | 22 | 60 | 28 | 51 | 30 | 59 | 30 | 52 | 21 | 57 | 21 |
| 8 | 55 | 29 | 57 | 27 | 52 | 27 | 58 | 30 | 59 | 30 | 58 | 22 |
| 9 | 54 | 30 | 58 | 26 | 59 | 28 | 57 | 27 | 60 | 29 | 5 | 39 |
| 10 | 53 | 27 | 55 | 25 | 60 | 25 | 56 | 28 | 7 | 38 | 6 | 40 |
| 11 | 52 | 28 | 56 | 24 | 57 | 26 | 55 | 35 | 8 | 37 | 3 | 37 |
| 12 | 51 | 33 | 53 | 23 | 58 | 33 | 4 | 36 | 5 | 36 | 4 | 38 |
| 13 | 10 | 34 | 54 | 32 | 5 | 34 | 3 | 33 | 6 | 35 | 1 | 35 |
| 14 | 9 | 31 | 1 | 31 | 8 | 31 | 2 | 34 | 3 | 34 | 2 | 36 |
| 15 | 8 | 32 | 2 | 38 | 5 | 32 | 1 | 31 | 4 | 33 | 9 | 33 |
| 16 | 5 | 39 | 9 | 37 | 6 | 39 | 10 | 36 | 1 | 32 | 6 | 34 |
| 17 | 4 | 40 | 9 | 36 | 3 | 31 | 7 | 33 | 2 | 31 | 3 | 31 |
| 18 | 3 | 37 | 8 | 32 | 4 | 40 | 6 | 34 | 9 | 36 | 4 | 31 |
| 19 | 10 | 36 | 7 | 39 | 1 | 39 | 5 | 31 | 9 | 35 | 11 | 50 |
| 20 | 9 | 33 | 6 | 40 | 2 | 38 | 8 | 32 | 18 | 44 | 12 | 49 |
| 21 | 8 | 34 | 5 | 37 | 5 | 37 | 7 | 49 | 17 | 46 | 19 | 48 |
| 22 | 7 | 41 | 4 | 38 | 6 | 46 | 16 | 50 | 16 | 43 | 20 | 47 |
| 23 | 16 | 42 | 3 | 45 | 13 | 45 | 15 | 45 | 15 | 44 | 15 | 46 |
| 24 | 15 | 49 | 12 | 46 | 14 | 44 | 14 | 46 | 14 | 41 | 16 | 45 |
| 25 | 14 | 50 | 11 | 43 | 11 | 43 | 13 | 43 | 13 | 42 | 13 | 44 |
| 26 | 13 | 47 | 20 | 44 | 12 | 42 | 12 | 44 | 12 | 49 | 14 | 43 |
| 27 | 12 | 48 | 19 | 41 | 19 | 49 | 11 | 41 | 11 | 50 | 11 | 42 |
| 28 | 11 | 45 | 18 | 42 | 20 | 48 | 20 | 42 | 20 | 47 | 12 | 41 |
| 29 | 20 |  | 17 | 49 | 17 | 47 | 19 | 49 | 19 | 48 | 29 | 60 |
| 30 | 19 |  | 16 | 50 | 18 | 46 | 18 | 50 | 28 | 55 | 30 | 59 |
| 31 | 18 |  | 15 |  | 15 |  | 17 | 57 |  | 56 |  | 58 |

## 金 1954

昭和29年生★満70歳

| 日＼月 | 1 | 2 | 3 | 4 | 5 | 6 | 7 | 8 | 9 | 10 | 11 | 12 |
|---|---|---|---|---|---|---|---|---|---|---|---|---|
| 1 | 57 | 22 | 59 | 29 | 54 | 29 | 60 | 21 | 51 | 22 | 60 | 24 |
| 2 | 56 | 21 | 60 | 28 | 51 | 30 | 59 | 30 | 52 | 21 | 57 | 21 |
| 3 | 55 | 30 | 57 | 27 | 52 | 27 | 58 | 29 | 59 | 30 | 58 | 22 |
| 4 | 54 | 30 | 58 | 26 | 59 | 28 | 57 | 28 | 60 | 29 | 5 | 39 |
| 5 | 53 | 27 | 55 | 25 | 60 | 25 | 56 | 27 | 7 | 38 | 6 | 40 |
| 6 | 52 | 28 | 56 | 24 | 57 | 26 | 57 | 36 | 8 | 37 | 3 | 37 |
| 7 | 51 | 35 | 53 | 23 | 58 | 33 | 4 | 35 | 5 | 36 | 4 | 38 |
| 8 | 10 | 36 | 54 | 32 | 5 | 34 | 3 | 33 | 6 | 35 | 1 | 35 |
| 9 | 9 | 33 | 1 | 31 | 6 | 31 | 2 | 34 | 3 | 34 | 2 | 36 |
| 10 | 8 | 34 | 2 | 40 | 3 | 32 | 1 | 31 | 4 | 33 | 9 | 33 |
| 11 | 7 | 31 | 9 | 39 | 4 | 39 | 10 | 32 | 1 | 32 | 10 | 34 |
| 12 | 6 | 40 | 10 | 38 | 1 | 40 | 9 | 39 | 2 | 31 | 7 | 31 |
| 13 | 5 | 37 | 7 | 37 | 2 | 37 | 8 | 40 | 9 | 40 | 8 | 32 |
| 14 | 4 | 38 | 8 | 36 | 1 | 38 | 7 | 37 | 10 | 39 | 15 | 49 |
| 15 | 3 | 35 | 5 | 33 | 2 | 35 | 6 | 38 | 17 | 48 | 16 | 50 |
| 16 | 10 | 36 | 6 | 32 | 9 | 36 | 5 | 49 | 18 | 47 | 19 | 47 |
| 17 | 9 | 43 | 4 | 31 | 10 | 46 | 14 | 50 | 15 | 46 | 20 | 48 |
| 18 | 18 | 44 | 3 | 45 | 17 | 45 | 11 | 47 | 16 | 45 | 17 | 45 |
| 19 | 15 | 49 | 12 | 46 | 18 | 44 | 20 | 48 | 14 | 50 | 18 | 45 |
| 20 | 14 | 50 | 11 | 43 | 15 | 43 | 19 | 45 | 13 | 49 | 15 | 44 |
| 21 | 13 | 47 | 20 | 44 | 12 | 42 | 12 | 46 | 12 | 48 | 16 | 43 |
| 22 | 12 | 48 | 19 | 41 | 19 | 41 | 11 | 43 | 11 | 50 | 13 | 42 |
| 23 | 11 | 45 | 18 | 42 | 20 | 50 | 20 | 42 | 20 | 47 | 12 | 41 |
| 24 | 20 | 46 | 17 | 49 | 17 | 49 | 19 | 49 | 19 | 48 | 29 | 60 |
| 25 | 19 | 43 | 16 | 50 | 18 | 48 | 18 | 50 | 28 | 55 | 30 | 59 |
| 26 | 18 | 44 | 15 | 47 | 15 | 47 | 17 | 57 | 27 | 56 | 27 | 58 |
| 27 | 17 | 51 | 14 | 48 | 16 | 54 | 26 | 58 | 26 | 53 | 28 | 57 |
| 28 | 26 | 52 | 13 | 55 | 23 | 53 | 25 | 55 | 25 | 54 | 25 | 56 |
| 29 | 25 |  | 22 | 56 | 24 | 52 | 24 | 56 | 24 | 51 | 26 | 55 |
| 30 | 24 |  | 21 | 53 | 21 | 51 | 23 | 53 | 23 | 52 | 23 | 54 |
| 31 | 23 |  | 30 |  | 22 |  | 22 | 54 |  | 59 |  | 53 |

銀

# 1955

昭和30年生★満69歳

| 日＼月 | 1 | 2 | 3 | 4 | 5 | 6 | 7 | 8 | 9 | 10 | 11 | 12 |
|---|---|---|---|---|---|---|---|---|---|---|---|---|
| 1 | 52 | 27 | 56 | 24 | 57 | 26 | 55 | 36 | 8 | 37 | 3 | 37 |
| 2 | 51 | 36 | 53 | 23 | 58 | 33 | 4 | 35 | 5 | 36 | 4 | 38 |
| 3 | 10 | 35 | 54 | 32 | 5 | 34 | 3 | 34 | 6 | 35 | 1 | 35 |
| 4 | 9 | 33 | 1 | 31 | 6 | 31 | 2 | 33 | 3 | 34 | 2 | 36 |
| 5 | 8 | 34 | 2 | 40 | 3 | 32 | 1 | 32 | 4 | 33 | 9 | 33 |
| 6 | 7 | 31 | 9 | 39 | 4 | 39 | 10 | 31 | 1 | 32 | 10 | 34 |
| 7 | 6 | 32 | 10 | 38 | 1 | 40 | 9 | 40 | 2 | 31 | 7 | 31 |
| 8 | 5 | 39 | 7 | 37 | 2 | 37 | 8 | 40 | 9 | 40 | 8 | 32 |
| 9 | 4 | 40 | 8 | 36 | 9 | 38 | 7 | 37 | 10 | 39 | 15 | 49 |
| 10 | 3 | 37 | 5 | 35 | 10 | 35 | 6 | 38 | 17 | 48 | 16 | 50 |
| 11 | 2 | 38 | 6 | 34 | 7 | 36 | 5 | 45 | 18 | 47 | 13 | 47 |
| 12 | 1 | 43 | 3 | 33 | 8 | 43 | 14 | 46 | 15 | 46 | 14 | 48 |
| 13 | 20 | 44 | 4 | 42 | 15 | 44 | 13 | 43 | 16 | 45 | 11 | 45 |
| 14 | 19 | 41 | 11 | 41 | 18 | 41 | 12 | 44 | 13 | 44 | 12 | 46 |
| 15 | 18 | 42 | 12 | 48 | 15 | 42 | 11 | 41 | 14 | 43 | 19 | 43 |
| 16 | 15 | 49 | 19 | 47 | 16 | 49 | 20 | 46 | 11 | 42 | 16 | 44 |
| 17 | 14 | 50 | 19 | 46 | 13 | 41 | 19 | 43 | 12 | 41 | 13 | 41 |
| 18 | 13 | 47 | 18 | 42 | 14 | 50 | 16 | 44 | 19 | 50 | 14 | 42 |
| 19 | 20 | 46 | 17 | 49 | 11 | 49 | 15 | 41 | 19 | 45 | 21 | 60 |
| 20 | 19 | 43 | 16 | 50 | 12 | 48 | 14 | 42 | 28 | 54 | 22 | 59 |
| 21 | 18 | 44 | 15 | 47 | 15 | 47 | 17 | 59 | 27 | 53 | 29 | 58 |
| 22 | 17 | 51 | 14 | 48 | 16 | 56 | 26 | 60 | 26 | 53 | 30 | 57 |
| 23 | 26 | 52 | 13 | 55 | 23 | 55 | 25 | 55 | 25 | 54 | 25 | 56 |
| 24 | 25 | 59 | 22 | 56 | 24 | 54 | 24 | 56 | 24 | 51 | 26 | 55 |
| 25 | 24 | 60 | 21 | 53 | 21 | 53 | 23 | 53 | 23 | 52 | 23 | 54 |
| 26 | 23 | 57 | 30 | 54 | 22 | 52 | 22 | 54 | 22 | 59 | 24 | 53 |
| 27 | 22 | 58 | 29 | 51 | 29 | 59 | 21 | 51 | 21 | 60 | 21 | 52 |
| 28 | 21 | 55 | 28 | 52 | 30 | 58 | 30 | 52 | 30 | 57 | 22 | 51 |
| 29 | 30 |  | 27 | 59 | 27 | 57 | 29 | 59 | 29 | 58 | 39 | 10 |
| 30 | 29 |  | 26 | 60 | 28 | 56 | 28 | 60 | 38 | 5 | 40 | 9 |
| 31 | 28 |  | 25 |  | 25 |  | 27 | 7 |  | 6 |  | 8 |

金

# 1956

昭和31年生★満68歳

| 日＼月 | 1 | 2 | 3 | 4 | 5 | 6 | 7 | 8 | 9 | 10 | 11 | 12 |
|---|---|---|---|---|---|---|---|---|---|---|---|---|
| 1 | 7 | 32 | 10 | 38 | 1 | 40 | 9 | 40 | 2 | 31 | 7 | 31 |
| 2 | 6 | 31 | 7 | 37 | 2 | 37 | 8 | 39 | 9 | 40 | 8 | 32 |
| 3 | 5 | 40 | 8 | 36 | 9 | 38 | 7 | 38 | 10 | 39 | 15 | 49 |
| 4 | 4 | 39 | 5 | 35 | 10 | 35 | 6 | 37 | 17 | 48 | 16 | 50 |
| 5 | 3 | 37 | 6 | 34 | 7 | 36 | 5 | 46 | 18 | 47 | 13 | 47 |
| 6 | 2 | 38 | 3 | 33 | 8 | 43 | 14 | 45 | 15 | 46 | 14 | 48 |
| 7 | 1 | 45 | 4 | 42 | 15 | 44 | 13 | 43 | 16 | 45 | 11 | 45 |
| 8 | 20 | 46 | 11 | 41 | 16 | 41 | 12 | 44 | 13 | 44 | 12 | 46 |
| 9 | 19 | 43 | 12 | 50 | 13 | 42 | 11 | 41 | 14 | 43 | 19 | 43 |
| 10 | 18 | 44 | 19 | 49 | 14 | 49 | 20 | 42 | 11 | 42 | 20 | 44 |
| 11 | 17 | 41 | 20 | 48 | 11 | 50 | 19 | 49 | 12 | 41 | 17 | 41 |
| 12 | 16 | 42 | 17 | 47 | 12 | 47 | 18 | 50 | 19 | 50 | 18 | 42 |
| 13 | 15 | 47 | 18 | 46 | 11 | 48 | 17 | 47 | 20 | 49 | 25 | 59 |
| 14 | 14 | 48 | 15 | 45 | 12 | 45 | 16 | 48 | 27 | 58 | 26 | 60 |
| 15 | 13 | 45 | 16 | 42 | 19 | 46 | 15 | 59 | 28 | 57 | 29 | 57 |
| 16 | 20 | 46 | 14 | 41 | 20 | 53 | 24 | 60 | 25 | 56 | 30 | 58 |
| 17 | 19 | 53 | 13 | 60 | 27 | 55 | 21 | 57 | 26 | 55 | 27 | 55 |
| 18 | 28 | 54 | 22 | 56 | 28 | 54 | 30 | 58 | 23 | 60 | 28 | 55 |
| 19 | 25 | 51 | 21 | 53 | 25 | 53 | 29 | 55 | 23 | 59 | 25 | 54 |
| 20 | 24 | 60 | 30 | 54 | 22 | 52 | 22 | 56 | 22 | 58 | 26 | 53 |
| 21 | 23 | 57 | 29 | 51 | 29 | 51 | 21 | 53 | 21 | 60 | 23 | 52 |
| 22 | 22 | 58 | 28 | 52 | 30 | 60 | 30 | 52 | 30 | 57 | 22 | 51 |
| 23 | 21 | 55 | 27 | 59 | 27 | 59 | 30 | 59 | 29 | 58 | 39 | 10 |
| 24 | 30 | 56 | 26 | 60 | 28 | 58 | 28 | 60 | 38 | 5 | 40 | 9 |
| 25 | 29 | 53 | 25 | 57 | 25 | 57 | 27 | 7 | 37 | 6 | 37 | 8 |
| 26 | 28 | 54 | 24 | 58 | 26 | 6 | 36 | 8 | 36 | 3 | 38 | 7 |
| 27 | 27 | 1 | 23 | 5 | 33 | 3 | 35 | 5 | 35 | 4 | 35 | 6 |
| 28 | 36 | 2 | 32 | 6 | 34 | 2 | 34 | 6 | 34 | 1 | 36 | 5 |
| 29 | 35 | 9 | 31 | 3 | 31 | 1 | 33 | 3 | 33 | 2 | 33 | 4 |
| 30 | 34 |  | 40 | 4 | 32 | 10 | 32 | 4 | 32 | 9 | 34 | 3 |
| 31 | 33 |  | 39 |  | 39 |  | 31 | 1 |  | 10 |  | 2 |

命数が……　1~10 羅針盤座　11~20 インディアン座　21~30 鳳凰座

銀

# 1957

昭和32年生 ★ 満67歳

| 日＼月 | 1 | 2 | 3 | 4 | 5 | 6 | 7 | 8 | 9 | 10 | 11 | 12 |
|---|---|---|---|---|---|---|---|---|---|---|---|---|
| 1 | 1 | 46 | 3 | 33 | 8 | 43 | 14 | 45 | 15 | 46 | 14 | 48 |
| 2 | 20 | 45 | 4 | 42 | 15 | 44 | 13 | 44 | 16 | 45 | 11 | 45 |
| 3 | 19 | 44 | 11 | 41 | 16 | 41 | 12 | 43 | 13 | 44 | 12 | 46 |
| 4 | 18 | 44 | 12 | 50 | 13 | 42 | 11 | 42 | 14 | 43 | 19 | 43 |
| 5 | 17 | 41 | 19 | 49 | 14 | 49 | 20 | 41 | 11 | 42 | 20 | 44 |
| 6 | 16 | 42 | 20 | 48 | 11 | 50 | 19 | 50 | 12 | 41 | 17 | 41 |
| 7 | 15 | 49 | 17 | 47 | 12 | 47 | 18 | 49 | 19 | 50 | 18 | 42 |
| 8 | 14 | 50 | 18 | 46 | 19 | 48 | 17 | 47 | 20 | 49 | 25 | 59 |
| 9 | 13 | 47 | 15 | 45 | 20 | 45 | 16 | 48 | 27 | 58 | 26 | 60 |
| 10 | 12 | 48 | 16 | 44 | 17 | 46 | 15 | 55 | 28 | 57 | 23 | 57 |
| 11 | 11 | 55 | 13 | 43 | 18 | 53 | 24 | 56 | 25 | 56 | 24 | 58 |
| 12 | 30 | 54 | 14 | 52 | 25 | 54 | 23 | 53 | 26 | 55 | 21 | 55 |
| 13 | 29 | 51 | 21 | 51 | 26 | 51 | 22 | 54 | 23 | 54 | 22 | 56 |
| 14 | 28 | 52 | 22 | 60 | 25 | 52 | 21 | 51 | 24 | 53 | 29 | 53 |
| 15 | 25 | 59 | 29 | 57 | 26 | 59 | 30 | 52 | 21 | 52 | 30 | 54 |
| 16 | 24 | 60 | 30 | 56 | 23 | 60 | 29 | 53 | 22 | 51 | 23 | 51 |
| 17 | 23 | 57 | 28 | 55 | 24 | 60 | 26 | 54 | 29 | 60 | 24 | 52 |
| 18 | 30 | 58 | 27 | 59 | 21 | 59 | 25 | 51 | 30 | 55 | 31 | 10 |
| 19 | 29 | 53 | 26 | 60 | 22 | 58 | 24 | 52 | 38 | 4 | 32 | 9 |
| 20 | 28 | 54 | 25 | 57 | 29 | 57 | 27 | 9 | 37 | 3 | 39 | 8 |
| 21 | 27 | 1 | 24 | 58 | 26 | 6 | 36 | 10 | 36 | 3 | 40 | 7 |
| 22 | 36 | 2 | 23 | 5 | 33 | 5 | 35 | 7 | 35 | 4 | 37 | 6 |
| 23 | 35 | 9 | 32 | 6 | 34 | 4 | 34 | 6 | 34 | 1 | 36 | 5 |
| 24 | 34 | 10 | 31 | 3 | 31 | 3 | 33 | 3 | 33 | 2 | 33 | 4 |
| 25 | 33 | 7 | 40 | 4 | 32 | 2 | 32 | 4 | 32 | 9 | 34 | 3 |
| 26 | 32 | 8 | 39 | 1 | 39 | 1 | 31 | 1 | 31 | 10 | 31 | 2 |
| 27 | 31 | 5 | 38 | 2 | 40 | 8 | 40 | 2 | 40 | 7 | 32 | 1 |
| 28 | 40 | 6 | 37 | 9 | 37 | 7 | 39 | 9 | 39 | 8 | 49 | 20 |
| 29 | 39 | | 36 | 10 | 38 | 6 | 38 | 10 | 48 | 15 | 50 | 19 |
| 30 | 38 | | 35 | 7 | 35 | 5 | 37 | 17 | 47 | 16 | 47 | 18 |
| 31 | 37 | | 34 | | 36 | | 46 | 18 | | 13 | | 17 |

金

# 1958

昭和33年生 ★ 満66歳

| 日＼月 | 1 | 2 | 3 | 4 | 5 | 6 | 7 | 8 | 9 | 10 | 11 | 12 |
|---|---|---|---|---|---|---|---|---|---|---|---|---|
| 1 | 16 | 41 | 20 | 48 | 11 | 50 | 19 | 50 | 12 | 41 | 17 | 41 |
| 2 | 15 | 50 | 17 | 47 | 12 | 47 | 18 | 49 | 19 | 50 | 18 | 42 |
| 3 | 14 | 49 | 18 | 46 | 19 | 48 | 17 | 48 | 20 | 49 | 25 | 59 |
| 4 | 13 | 47 | 15 | 45 | 20 | 45 | 16 | 47 | 27 | 58 | 26 | 60 |
| 5 | 12 | 48 | 16 | 44 | 17 | 46 | 15 | 56 | 28 | 57 | 23 | 57 |
| 6 | 11 | 55 | 13 | 43 | 18 | 53 | 24 | 55 | 25 | 56 | 24 | 58 |
| 7 | 30 | 56 | 14 | 52 | 25 | 54 | 23 | 54 | 26 | 55 | 21 | 55 |
| 8 | 29 | 53 | 21 | 51 | 26 | 51 | 22 | 54 | 23 | 54 | 22 | 56 |
| 9 | 28 | 54 | 22 | 60 | 23 | 52 | 21 | 51 | 24 | 53 | 29 | 53 |
| 10 | 27 | 51 | 29 | 59 | 24 | 59 | 30 | 52 | 21 | 52 | 30 | 54 |
| 11 | 26 | 52 | 30 | 58 | 21 | 60 | 29 | 59 | 22 | 51 | 27 | 51 |
| 12 | 25 | 57 | 27 | 57 | 22 | 57 | 28 | 60 | 29 | 60 | 28 | 52 |
| 13 | 24 | 58 | 28 | 56 | 29 | 58 | 27 | 57 | 30 | 59 | 35 | 9 |
| 14 | 23 | 55 | 25 | 55 | 22 | 55 | 26 | 58 | 37 | 8 | 36 | 10 |
| 15 | 22 | 56 | 26 | 52 | 29 | 56 | 25 | 5 | 38 | 7 | 33 | 7 |
| 16 | 29 | 3 | 23 | 51 | 30 | 3 | 34 | 10 | 35 | 6 | 40 | 8 |
| 17 | 38 | 4 | 23 | 10 | 37 | 5 | 33 | 7 | 36 | 5 | 37 | 5 |
| 18 | 37 | 1 | 32 | 6 | 38 | 4 | 40 | 8 | 33 | 4 | 38 | 5 |
| 19 | 34 | 10 | 31 | 3 | 35 | 3 | 39 | 5 | 33 | 9 | 35 | 4 |
| 20 | 33 | 7 | 40 | 4 | 36 | 2 | 38 | 6 | 32 | 8 | 36 | 3 |
| 21 | 32 | 8 | 39 | 1 | 39 | 1 | 31 | 3 | 31 | 7 | 33 | 2 |
| 22 | 31 | 5 | 38 | 2 | 40 | 10 | 40 | 4 | 40 | 7 | 34 | 1 |
| 23 | 40 | 6 | 37 | 9 | 37 | 9 | 39 | 9 | 39 | 8 | 49 | 20 |
| 24 | 39 | 3 | 36 | 10 | 38 | 8 | 38 | 10 | 48 | 15 | 50 | 19 |
| 25 | 38 | 4 | 35 | 7 | 35 | 7 | 37 | 17 | 47 | 16 | 47 | 18 |
| 26 | 37 | 11 | 34 | 8 | 36 | 16 | 46 | 18 | 46 | 13 | 48 | 17 |
| 27 | 46 | 12 | 33 | 15 | 43 | 13 | 45 | 15 | 45 | 14 | 45 | 16 |
| 28 | 45 | 19 | 42 | 16 | 44 | 12 | 44 | 16 | 44 | 11 | 46 | 15 |
| 29 | 44 | | 41 | 13 | 41 | 11 | 43 | 13 | 43 | 12 | 43 | 14 |
| 30 | 43 | | 50 | 14 | 42 | 20 | 42 | 14 | 42 | 19 | 44 | 13 |
| 31 | 42 | | 49 | | 49 | | 41 | 11 | | 20 | | 12 |

31～40 時計座　41～50 カメレオン座　51～60 イルカ座

銀

# 1959

昭和34年生★満65歳

| 日＼月 | 1 | 2 | 3 | 4 | 5 | 6 | 7 | 8 | 9 | 10 | 11 | 12 |
|---|---|---|---|---|---|---|---|---|---|---|---|---|
| 1 | 11 | 56 | 13 | 43 | 18 | 53 | 24 | 55 | 25 | 56 | 24 | 58 |
| 2 | 30 | 55 | 14 | 52 | 25 | 54 | 23 | 54 | 26 | 55 | 21 | 55 |
| 3 | 29 | 54 | 21 | 51 | 26 | 51 | 22 | 53 | 23 | 54 | 22 | 56 |
| 4 | 28 | 54 | 22 | 60 | 23 | 52 | 21 | 52 | 24 | 53 | 29 | 53 |
| 5 | 27 | 51 | 29 | 59 | 24 | 59 | 30 | 51 | 21 | 52 | 30 | 54 |
| 6 | 26 | 52 | 30 | 58 | 21 | 60 | 29 | 60 | 22 | 51 | 27 | 51 |
| 7 | 25 | 59 | 27 | 57 | 22 | 57 | 28 | 59 | 29 | 60 | 28 | 52 |
| 8 | 24 | 60 | 28 | 56 | 29 | 58 | 27 | 57 | 30 | 59 | 35 | 9 |
| 9 | 23 | 57 | 25 | 55 | 30 | 55 | 26 | 58 | 37 | 8 | 36 | 10 |
| 10 | 22 | 58 | 26 | 54 | 27 | 56 | 25 | 5 | 38 | 7 | 33 | 7 |
| 11 | 21 | 5 | 23 | 53 | 28 | 3 | 34 | 6 | 35 | 6 | 34 | 8 |
| 12 | 40 | 4 | 24 | 2 | 35 | 4 | 33 | 3 | 36 | 5 | 31 | 5 |
| 13 | 39 | 1 | 31 | 1 | 36 | 1 | 32 | 4 | 33 | 4 | 32 | 6 |
| 14 | 38 | 2 | 32 | 10 | 35 | 2 | 31 | 1 | 34 | 3 | 39 | 3 |
| 15 | 37 | 9 | 39 | 7 | 36 | 9 | 40 | 2 | 31 | 2 | 40 | 4 |
| 16 | 34 | 10 | 40 | 6 | 33 | 10 | 39 | 3 | 32 | 1 | 33 | 1 |
| 17 | 33 | 7 | 38 | 5 | 34 | 10 | 38 | 4 | 39 | 10 | 34 | 2 |
| 18 | 32 | 8 | 37 | 9 | 31 | 9 | 35 | 1 | 40 | 9 | 41 | 19 |
| 19 | 39 | 3 | 36 | 10 | 32 | 8 | 34 | 2 | 48 | 14 | 42 | 19 |
| 20 | 38 | 4 | 35 | 7 | 39 | 7 | 33 | 19 | 47 | 13 | 49 | 18 |
| 21 | 37 | 11 | 34 | 8 | 36 | 16 | 46 | 20 | 46 | 12 | 50 | 17 |
| 22 | 46 | 12 | 33 | 15 | 43 | 15 | 45 | 17 | 45 | 14 | 47 | 16 |
| 23 | 45 | 19 | 42 | 16 | 44 | 14 | 44 | 16 | 44 | 11 | 46 | 15 |
| 24 | 44 | 20 | 41 | 13 | 41 | 13 | 43 | 13 | 43 | 12 | 43 | 14 |
| 25 | 43 | 17 | 50 | 14 | 42 | 12 | 42 | 14 | 42 | 19 | 44 | 13 |
| 26 | 42 | 18 | 49 | 11 | 49 | 11 | 41 | 11 | 41 | 20 | 41 | 12 |
| 27 | 41 | 15 | 48 | 12 | 50 | 18 | 50 | 12 | 50 | 17 | 42 | 11 |
| 28 | 50 | 16 | 47 | 19 | 47 | 17 | 49 | 19 | 49 | 18 | 59 | 30 |
| 29 | 49 | | 46 | 20 | 48 | 16 | 48 | 20 | 58 | 25 | 60 | 29 |
| 30 | 48 | | 45 | 17 | 45 | 15 | 47 | 27 | 57 | 26 | 57 | 28 |
| 31 | 47 | | 44 | | 46 | | 56 | 28 | | 23 | | 27 |

金

# 1960

昭和35年生★満64歳

| 日＼月 | 1 | 2 | 3 | 4 | 5 | 6 | 7 | 8 | 9 | 10 | 11 | 12 |
|---|---|---|---|---|---|---|---|---|---|---|---|---|
| 1 | 26 | 51 | 27 | 57 | 22 | 57 | 28 | 59 | 29 | 60 | 28 | 52 |
| 2 | 25 | 60 | 28 | 56 | 29 | 58 | 27 | 58 | 30 | 59 | 35 | 9 |
| 3 | 24 | 59 | 25 | 55 | 30 | 55 | 26 | 57 | 37 | 8 | 36 | 10 |
| 4 | 23 | 58 | 26 | 54 | 27 | 56 | 25 | 6 | 38 | 7 | 33 | 7 |
| 5 | 22 | 58 | 23 | 53 | 28 | 3 | 34 | 5 | 35 | 6 | 34 | 8 |
| 6 | 21 | 5 | 24 | 2 | 35 | 4 | 33 | 4 | 36 | 5 | 31 | 5 |
| 7 | 40 | 6 | 31 | 1 | 36 | 1 | 32 | 4 | 33 | 4 | 32 | 6 |
| 8 | 39 | 3 | 32 | 10 | 33 | 2 | 31 | 1 | 34 | 3 | 39 | 3 |
| 9 | 38 | 4 | 39 | 9 | 34 | 9 | 40 | 2 | 31 | 2 | 40 | 4 |
| 10 | 37 | 1 | 40 | 8 | 31 | 10 | 39 | 9 | 32 | 1 | 37 | 1 |
| 11 | 36 | 2 | 37 | 7 | 32 | 7 | 38 | 10 | 39 | 10 | 38 | 2 |
| 12 | 35 | 9 | 38 | 6 | 39 | 8 | 37 | 7 | 40 | 9 | 45 | 19 |
| 13 | 34 | 8 | 35 | 5 | 32 | 5 | 36 | 8 | 47 | 18 | 46 | 20 |
| 14 | 33 | 5 | 36 | 4 | 39 | 6 | 35 | 15 | 48 | 17 | 43 | 17 |
| 15 | 32 | 6 | 33 | 1 | 40 | 13 | 44 | 20 | 45 | 16 | 50 | 18 |
| 16 | 39 | 13 | 33 | 20 | 47 | 14 | 43 | 17 | 46 | 15 | 47 | 15 |
| 17 | 48 | 14 | 42 | 19 | 48 | 14 | 50 | 18 | 43 | 14 | 48 | 16 |
| 18 | 47 | 11 | 41 | 13 | 45 | 13 | 49 | 15 | 44 | 19 | 45 | 14 |
| 19 | 44 | 12 | 50 | 14 | 46 | 12 | 48 | 16 | 42 | 18 | 46 | 13 |
| 20 | 43 | 17 | 49 | 11 | 49 | 11 | 41 | 13 | 41 | 17 | 43 | 12 |
| 21 | 42 | 18 | 48 | 12 | 50 | 20 | 50 | 14 | 50 | 17 | 44 | 11 |
| 22 | 41 | 15 | 47 | 19 | 47 | 19 | 49 | 19 | 49 | 18 | 59 | 30 |
| 23 | 50 | 16 | 46 | 20 | 48 | 18 | 48 | 20 | 58 | 25 | 60 | 29 |
| 24 | 49 | 13 | 45 | 17 | 45 | 17 | 47 | 27 | 57 | 26 | 57 | 28 |
| 25 | 48 | 14 | 44 | 18 | 46 | 26 | 56 | 28 | 56 | 23 | 58 | 27 |
| 26 | 47 | 21 | 43 | 25 | 53 | 25 | 55 | 25 | 55 | 24 | 55 | 26 |
| 27 | 56 | 22 | 52 | 26 | 54 | 22 | 54 | 26 | 54 | 21 | 56 | 25 |
| 28 | 55 | 29 | 51 | 23 | 51 | 21 | 53 | 23 | 53 | 22 | 53 | 24 |
| 29 | 54 | 30 | 60 | 24 | 52 | 30 | 52 | 24 | 52 | 29 | 54 | 23 |
| 30 | 53 | | 59 | 21 | 59 | 29 | 51 | 21 | 51 | 30 | 51 | 22 |
| 31 | 52 | | 58 | | 60 | | 60 | 22 | | 27 | | 21 |

命数が…… 1~10 羅針盤座　11~20 インディアン座　21~30 鳳凰座

## 銀 1961 昭和36年生 ★ 満63歳

| 日＼月 | 1 | 2 | 3 | 4 | 5 | 6 | 7 | 8 | 9 | 10 | 11 | 12 |
|---|---|---|---|---|---|---|---|---|---|---|---|---|
| 1 | 40 | 5 | 24 | 2 | 35 | 4 | 33 | 4 | 36 | 5 | 31 | 5 |
| 2 | 39 | 4 | 31 | 1 | 36 | 1 | 32 | 3 | 33 | 4 | 32 | 6 |
| 3 | 38 | 3 | 32 | 10 | 33 | 2 | 31 | 2 | 34 | 3 | 39 | 3 |
| 4 | 37 | 1 | 39 | 9 | 34 | 9 | 40 | 1 | 31 | 2 | 40 | 4 |
| 5 | 36 | 2 | 34 | 8 | 31 | 10 | 39 | 10 | 32 | 1 | 37 | 1 |
| 6 | 35 | 9 | 37 | 7 | 32 | 7 | 38 | 9 | 39 | 10 | 38 | 2 |
| 7 | 34 | 10 | 38 | 6 | 39 | 8 | 37 | 8 | 40 | 9 | 45 | 19 |
| 8 | 33 | 7 | 35 | 5 | 40 | 5 | 36 | 8 | 47 | 18 | 46 | 20 |
| 9 | 32 | 8 | 36 | 4 | 37 | 6 | 35 | 15 | 48 | 17 | 43 | 17 |
| 10 | 31 | 15 | 33 | 3 | 38 | 13 | 44 | 16 | 45 | 16 | 44 | 18 |
| 11 | 50 | 16 | 34 | 12 | 45 | 14 | 43 | 13 | 46 | 15 | 41 | 15 |
| 12 | 49 | 11 | 41 | 11 | 46 | 11 | 42 | 14 | 43 | 14 | 42 | 16 |
| 13 | 48 | 12 | 42 | 20 | 43 | 12 | 41 | 11 | 44 | 13 | 49 | 13 |
| 14 | 47 | 19 | 49 | 19 | 46 | 19 | 50 | 12 | 41 | 12 | 50 | 14 |
| 15 | 44 | 20 | 50 | 16 | 43 | 20 | 49 | 19 | 42 | 11 | 47 | 11 |
| 16 | 43 | 17 | 47 | 15 | 44 | 17 | 48 | 14 | 49 | 20 | 44 | 12 |
| 17 | 42 | 18 | 47 | 14 | 41 | 19 | 45 | 11 | 50 | 19 | 51 | 29 |
| 18 | 49 | 15 | 46 | 20 | 42 | 18 | 44 | 12 | 57 | 24 | 52 | 29 |
| 19 | 48 | 14 | 45 | 17 | 49 | 17 | 43 | 29 | 57 | 23 | 59 | 28 |
| 20 | 47 | 21 | 44 | 18 | 50 | 26 | 56 | 30 | 56 | 22 | 60 | 27 |
| 21 | 56 | 22 | 43 | 25 | 53 | 25 | 55 | 27 | 55 | 24 | 57 | 26 |
| 22 | 55 | 29 | 52 | 26 | 54 | 24 | 54 | 28 | 54 | 21 | 58 | 25 |
| 23 | 54 | 30 | 51 | 23 | 51 | 23 | 53 | 23 | 53 | 22 | 53 | 24 |
| 24 | 53 | 27 | 60 | 24 | 52 | 22 | 52 | 24 | 52 | 29 | 54 | 23 |
| 25 | 52 | 28 | 59 | 21 | 59 | 21 | 51 | 21 | 51 | 30 | 51 | 22 |
| 26 | 51 | 25 | 58 | 22 | 60 | 30 | 60 | 22 | 60 | 27 | 52 | 21 |
| 27 | 60 | 26 | 57 | 29 | 57 | 27 | 59 | 29 | 59 | 28 | 9 | 40 |
| 28 | 59 | 23 | 56 | 30 | 58 | 26 | 58 | 30 | 8 | 35 | 10 | 39 |
| 29 | 58 |  | 55 | 27 | 55 | 25 | 57 | 37 | 7 | 36 | 7 | 38 |
| 30 | 57 |  | 54 | 28 | 56 | 34 | 6 | 38 | 6 | 33 | 8 | 37 |
| 31 | 6 |  | 53 |  | 3 |  | 5 | 35 |  | 34 |  | 36 |

## 金 1962 昭和37年生 ★ 満62歳

| 日＼月 | 1 | 2 | 3 | 4 | 5 | 6 | 7 | 8 | 9 | 10 | 11 | 12 |
|---|---|---|---|---|---|---|---|---|---|---|---|---|
| 1 | 35 | 10 | 37 | 7 | 32 | 7 | 38 | 9 | 39 | 10 | 38 | 2 |
| 2 | 34 | 9 | 38 | 6 | 39 | 8 | 37 | 8 | 40 | 9 | 45 | 19 |
| 3 | 33 | 8 | 35 | 5 | 40 | 5 | 36 | 7 | 47 | 18 | 46 | 20 |
| 4 | 32 | 8 | 36 | 4 | 37 | 6 | 35 | 16 | 48 | 17 | 43 | 17 |
| 5 | 31 | 15 | 33 | 3 | 38 | 13 | 44 | 15 | 45 | 16 | 44 | 18 |
| 6 | 50 | 16 | 34 | 12 | 45 | 14 | 43 | 14 | 46 | 15 | 41 | 15 |
| 7 | 49 | 13 | 41 | 11 | 46 | 11 | 42 | 13 | 43 | 14 | 42 | 16 |
| 8 | 48 | 14 | 42 | 20 | 43 | 12 | 41 | 11 | 44 | 13 | 49 | 13 |
| 9 | 47 | 11 | 49 | 19 | 44 | 19 | 50 | 12 | 41 | 12 | 50 | 14 |
| 10 | 46 | 12 | 50 | 18 | 41 | 20 | 49 | 19 | 42 | 11 | 47 | 11 |
| 11 | 45 | 19 | 47 | 17 | 42 | 17 | 48 | 20 | 49 | 20 | 48 | 12 |
| 12 | 44 | 18 | 48 | 16 | 49 | 18 | 47 | 17 | 50 | 19 | 55 | 29 |
| 13 | 43 | 15 | 45 | 15 | 50 | 15 | 46 | 18 | 57 | 28 | 56 | 30 |
| 14 | 42 | 16 | 46 | 14 | 49 | 16 | 45 | 25 | 58 | 27 | 53 | 27 |
| 15 | 41 | 23 | 43 | 11 | 50 | 23 | 54 | 26 | 55 | 26 | 54 | 28 |
| 16 | 58 | 24 | 44 | 30 | 57 | 24 | 53 | 27 | 56 | 25 | 57 | 25 |
| 17 | 57 | 21 | 52 | 29 | 58 | 24 | 60 | 28 | 53 | 24 | 58 | 26 |
| 18 | 56 | 22 | 51 | 23 | 55 | 23 | 59 | 25 | 54 | 23 | 55 | 24 |
| 19 | 53 | 27 | 60 | 24 | 56 | 22 | 58 | 26 | 52 | 28 | 56 | 23 |
| 20 | 52 | 28 | 59 | 21 | 53 | 21 | 51 | 23 | 51 | 27 | 53 | 22 |
| 21 | 51 | 25 | 58 | 22 | 60 | 30 | 60 | 24 | 60 | 26 | 54 | 21 |
| 22 | 60 | 26 | 57 | 29 | 57 | 29 | 59 | 21 | 59 | 28 | 1 | 40 |
| 23 | 59 | 23 | 56 | 30 | 58 | 28 | 58 | 30 | 8 | 35 | 10 | 39 |
| 24 | 58 | 24 | 55 | 27 | 55 | 27 | 57 | 37 | 7 | 36 | 7 | 38 |
| 25 | 57 | 31 | 54 | 28 | 56 | 36 | 6 | 38 | 6 | 33 | 8 | 37 |
| 26 | 6 | 32 | 53 | 35 | 3 | 35 | 5 | 35 | 5 | 34 | 5 | 36 |
| 27 | 5 | 39 | 2 | 36 | 4 | 32 | 4 | 36 | 4 | 31 | 6 | 35 |
| 28 | 4 | 40 | 1 | 33 | 1 | 31 | 3 | 33 | 3 | 32 | 3 | 34 |
| 29 | 3 |  | 10 | 34 | 2 | 40 | 2 | 34 | 2 | 39 | 4 | 33 |
| 30 | 2 |  | 9 | 31 | 9 | 39 | 1 | 31 | 1 | 40 | 1 | 32 |
| 31 | 1 |  | 8 |  | 10 |  | 10 | 32 |  | 37 |  | 31 |

31~40 時計座　41~50 カメレオン座　51~60 イルカ座

銀

# 1963

昭和38年生 ★ 満61歳

| 日＼月 | 1 | 2 | 3 | 4 | 5 | 6 | 7 | 8 | 9 | 10 | 11 | 12 |
|---|---|---|---|---|---|---|---|---|---|---|---|---|
| 1 | 50 | 15 | 34 | 12 | 45 | 14 | 43 | 14 | 46 | 15 | 41 | 15 |
| 2 | 49 | 14 | 41 | 11 | 46 | 11 | 42 | 13 | 43 | 14 | 42 | 16 |
| 3 | 48 | 13 | 42 | 20 | 43 | 12 | 41 | 12 | 44 | 13 | 49 | 13 |
| 4 | 47 | 11 | 49 | 19 | 44 | 19 | 50 | 11 | 41 | 12 | 50 | 14 |
| 5 | 46 | 12 | 50 | 18 | 41 | 20 | 49 | 20 | 42 | 11 | 47 | 11 |
| 6 | 45 | 19 | 47 | 17 | 42 | 17 | 48 | 19 | 49 | 20 | 48 | 12 |
| 7 | 44 | 20 | 48 | 16 | 49 | 18 | 47 | 18 | 50 | 19 | 55 | 29 |
| 8 | 43 | 17 | 45 | 15 | 50 | 15 | 46 | 18 | 57 | 28 | 56 | 30 |
| 9 | 42 | 18 | 46 | 14 | 47 | 16 | 45 | 25 | 58 | 27 | 53 | 27 |
| 10 | 41 | 25 | 43 | 13 | 48 | 23 | 54 | 26 | 55 | 26 | 54 | 28 |
| 11 | 60 | 26 | 44 | 22 | 55 | 24 | 53 | 23 | 56 | 25 | 51 | 25 |
| 12 | 59 | 21 | 51 | 21 | 56 | 21 | 52 | 24 | 53 | 24 | 52 | 26 |
| 13 | 58 | 22 | 52 | 30 | 53 | 22 | 51 | 21 | 54 | 23 | 59 | 23 |
| 14 | 57 | 29 | 59 | 29 | 56 | 29 | 60 | 22 | 51 | 22 | 60 | 24 |
| 15 | 56 | 30 | 60 | 26 | 53 | 30 | 59 | 29 | 52 | 21 | 57 | 21 |
| 16 | 53 | 27 | 57 | 25 | 54 | 27 | 58 | 24 | 59 | 30 | 54 | 22 |
| 17 | 52 | 28 | 57 | 24 | 51 | 29 | 57 | 21 | 60 | 29 | 1 | 39 |
| 18 | 51 | 25 | 56 | 30 | 52 | 28 | 54 | 22 | 7 | 38 | 2 | 40 |
| 19 | 58 | 24 | 55 | 27 | 59 | 27 | 53 | 39 | 7 | 33 | 9 | 38 |
| 20 | 57 | 31 | 54 | 28 | 60 | 36 | 2 | 40 | 6 | 32 | 10 | 37 |
| 21 | 6 | 32 | 53 | 35 | 3 | 35 | 5 | 37 | 5 | 31 | 7 | 36 |
| 22 | 5 | 39 | 2 | 36 | 4 | 34 | 4 | 38 | 4 | 31 | 8 | 35 |
| 23 | 4 | 40 | 1 | 33 | 1 | 33 | 3 | 33 | 3 | 32 | 3 | 34 |
| 24 | 3 | 37 | 10 | 34 | 2 | 32 | 2 | 34 | 2 | 39 | 4 | 33 |
| 25 | 2 | 38 | 9 | 31 | 9 | 31 | 1 | 31 | 1 | 40 | 1 | 32 |
| 26 | 1 | 35 | 8 | 32 | 10 | 40 | 10 | 32 | 10 | 37 | 2 | 31 |
| 27 | 10 | 36 | 7 | 39 | 7 | 37 | 9 | 39 | 9 | 38 | 19 | 50 |
| 28 | 9 | 33 | 6 | 40 | 8 | 36 | 8 | 40 | 18 | 45 | 20 | 49 |
| 29 | 8 | | 5 | 37 | 5 | 35 | 7 | 47 | 17 | 46 | 17 | 48 |
| 30 | 7 | | 4 | 38 | 6 | 44 | 16 | 48 | 16 | 43 | 18 | 47 |
| 31 | 16 | | 3 | | 13 | | 15 | 45 | | 44 | | 46 |

金

# 1964

昭和39年生 ★ 満60歳

| 日＼月 | 1 | 2 | 3 | 4 | 5 | 6 | 7 | 8 | 9 | 10 | 11 | 12 |
|---|---|---|---|---|---|---|---|---|---|---|---|---|
| 1 | 45 | 20 | 48 | 16 | 49 | 18 | 47 | 18 | 50 | 19 | 55 | 29 |
| 2 | 44 | 19 | 45 | 15 | 50 | 15 | 46 | 17 | 57 | 28 | 56 | 30 |
| 3 | 43 | 18 | 46 | 14 | 47 | 16 | 45 | 26 | 58 | 27 | 53 | 27 |
| 4 | 42 | 17 | 43 | 13 | 48 | 23 | 54 | 25 | 55 | 26 | 54 | 28 |
| 5 | 41 | 25 | 44 | 22 | 55 | 24 | 53 | 24 | 56 | 25 | 51 | 25 |
| 6 | 60 | 26 | 51 | 21 | 56 | 21 | 52 | 23 | 53 | 24 | 52 | 26 |
| 7 | 59 | 23 | 52 | 30 | 53 | 22 | 51 | 21 | 54 | 23 | 59 | 23 |
| 8 | 58 | 24 | 59 | 29 | 54 | 29 | 60 | 22 | 51 | 22 | 60 | 24 |
| 9 | 57 | 21 | 60 | 28 | 51 | 30 | 59 | 29 | 52 | 21 | 57 | 21 |
| 10 | 56 | 22 | 57 | 27 | 52 | 27 | 58 | 30 | 59 | 30 | 58 | 22 |
| 11 | 55 | 29 | 58 | 26 | 59 | 28 | 57 | 27 | 60 | 29 | 5 | 39 |
| 12 | 54 | 30 | 55 | 25 | 60 | 25 | 56 | 28 | 7 | 38 | 6 | 40 |
| 13 | 53 | 25 | 56 | 24 | 59 | 26 | 55 | 35 | 8 | 37 | 3 | 37 |
| 14 | 52 | 26 | 53 | 23 | 60 | 33 | 4 | 36 | 5 | 36 | 4 | 38 |
| 15 | 51 | 33 | 54 | 40 | 7 | 34 | 3 | 37 | 6 | 35 | 7 | 35 |
| 16 | 8 | 34 | 2 | 39 | 8 | 31 | 2 | 38 | 3 | 34 | 8 | 36 |
| 17 | 7 | 31 | 1 | 38 | 5 | 33 | 9 | 35 | 4 | 33 | 5 | 33 |
| 18 | 6 | 32 | 10 | 34 | 6 | 32 | 8 | 36 | 2 | 38 | 6 | 33 |
| 19 | 3 | 39 | 9 | 31 | 3 | 31 | 7 | 33 | 1 | 37 | 3 | 32 |
| 20 | 2 | 38 | 8 | 32 | 10 | 40 | 10 | 34 | 10 | 36 | 4 | 31 |
| 21 | 1 | 35 | 7 | 39 | 7 | 39 | 9 | 31 | 9 | 38 | 11 | 50 |
| 22 | 10 | 36 | 6 | 40 | 8 | 38 | 8 | 40 | 18 | 45 | 20 | 49 |
| 23 | 9 | 33 | 5 | 37 | 5 | 37 | 7 | 47 | 17 | 46 | 17 | 48 |
| 24 | 8 | 34 | 4 | 38 | 6 | 46 | 16 | 48 | 16 | 43 | 18 | 47 |
| 25 | 7 | 41 | 3 | 45 | 13 | 45 | 15 | 45 | 15 | 44 | 15 | 46 |
| 26 | 16 | 42 | 12 | 46 | 14 | 44 | 14 | 46 | 14 | 41 | 16 | 45 |
| 27 | 15 | 49 | 11 | 43 | 11 | 41 | 13 | 43 | 13 | 42 | 13 | 44 |
| 28 | 14 | 50 | 20 | 44 | 12 | 50 | 12 | 44 | 12 | 49 | 14 | 43 |
| 29 | 13 | 47 | 19 | 41 | 19 | 49 | 11 | 41 | 11 | 50 | 11 | 42 |
| 30 | 12 | | 18 | 42 | 20 | 48 | 20 | 42 | 20 | 47 | 12 | 41 |
| 31 | 11 | | 17 | | 17 | | 19 | 49 | | 48 | | 60 |

命数が…… 1~10 羅針盤座　11~20 インディアン座　21~30 鳳凰座

銀

# 1965

昭和**40**年生 ★ 満59歳

| 日＼月 | 1 | 2 | 3 | 4 | 5 | 6 | 7 | 8 | 9 | 10 | 11 | 12 |
|---|---|---|---|---|---|---|---|---|---|---|---|---|
| 1 | 59 | 24 | 51 | 21 | 56 | 21 | 52 | 23 | 53 | 24 | 52 | 26 |
| 2 | 58 | 23 | 52 | 30 | 53 | 22 | 51 | 22 | 54 | 23 | 59 | 23 |
| 3 | 57 | 22 | 59 | 29 | 54 | 29 | 60 | 21 | 51 | 22 | 60 | 24 |
| 4 | 56 | 22 | 60 | 28 | 51 | 30 | 59 | 30 | 52 | 21 | 57 | 21 |
| 5 | 55 | 29 | 57 | 27 | 52 | 27 | 58 | 29 | 59 | 30 | 58 | 22 |
| 6 | 54 | 30 | 58 | 26 | 59 | 28 | 57 | 28 | 60 | 29 | 5 | 39 |
| 7 | 53 | 27 | 55 | 25 | 60 | 25 | 56 | 27 | 7 | 38 | 6 | 40 |
| 8 | 52 | 28 | 56 | 24 | 57 | 26 | 55 | 35 | 8 | 37 | 3 | 37 |
| 9 | 51 | 35 | 53 | 23 | 58 | 33 | 4 | 36 | 5 | 36 | 4 | 38 |
| 10 | 10 | 36 | 54 | 32 | 5 | 34 | 3 | 33 | 6 | 35 | 1 | 35 |
| 11 | 9 | 33 | 1 | 31 | 6 | 31 | 2 | 34 | 3 | 34 | 2 | 36 |
| 12 | 8 | 32 | 2 | 40 | 3 | 32 | 1 | 31 | 4 | 33 | 9 | 33 |
| 13 | 7 | 39 | 9 | 39 | 4 | 39 | 10 | 32 | 1 | 32 | 10 | 34 |
| 14 | 6 | 40 | 10 | 38 | 3 | 40 | 9 | 39 | 2 | 31 | 7 | 31 |
| 15 | 3 | 37 | 7 | 35 | 4 | 37 | 8 | 40 | 9 | 40 | 4 | 32 |
| 16 | 2 | 38 | 8 | 34 | 1 | 38 | 7 | 31 | 10 | 39 | 11 | 49 |
| 17 | 1 | 35 | 6 | 33 | 2 | 38 | 4 | 32 | 17 | 48 | 12 | 50 |
| 18 | 8 | 36 | 5 | 37 | 9 | 37 | 3 | 49 | 18 | 43 | 19 | 48 |
| 19 | 7 | 41 | 4 | 38 | 10 | 46 | 12 | 50 | 16 | 42 | 20 | 47 |
| 20 | 16 | 42 | 3 | 45 | 17 | 45 | 15 | 47 | 15 | 41 | 17 | 46 |
| 21 | 15 | 49 | 12 | 46 | 14 | 44 | 14 | 48 | 14 | 41 | 18 | 45 |
| 22 | 14 | 50 | 11 | 43 | 11 | 43 | 13 | 45 | 13 | 42 | 15 | 44 |
| 23 | 13 | 47 | 20 | 44 | 12 | 42 | 12 | 44 | 12 | 49 | 14 | 43 |
| 24 | 12 | 48 | 19 | 41 | 19 | 41 | 11 | 41 | 11 | 50 | 11 | 42 |
| 25 | 11 | 45 | 18 | 42 | 20 | 50 | 20 | 42 | 20 | 47 | 12 | 41 |
| 26 | 20 | 46 | 17 | 49 | 17 | 49 | 19 | 49 | 19 | 48 | 29 | 60 |
| 27 | 19 | 43 | 16 | 50 | 18 | 46 | 18 | 50 | 28 | 55 | 30 | 59 |
| 28 | 18 | 44 | 15 | 47 | 15 | 45 | 17 | 57 | 27 | 56 | 27 | 58 |
| 29 | 17 |  | 14 | 48 | 16 | 54 | 26 | 58 | 26 | 53 | 28 | 57 |
| 30 | 26 |  | 13 | 55 | 23 | 53 | 25 | 55 | 25 | 54 | 25 | 56 |
| 31 | 25 |  | 22 |  | 24 |  | 24 | 56 |  | 51 |  | 55 |

金

# 1966

昭和**41**年生 ★ 満58歳

| 日＼月 | 1 | 2 | 3 | 4 | 5 | 6 | 7 | 8 | 9 | 10 | 11 | 12 |
|---|---|---|---|---|---|---|---|---|---|---|---|---|
| 1 | 54 | 29 | 58 | 26 | 59 | 28 | 57 | 28 | 60 | 29 | 5 | 39 |
| 2 | 53 | 28 | 55 | 25 | 60 | 25 | 56 | 27 | 7 | 38 | 6 | 40 |
| 3 | 52 | 27 | 56 | 24 | 57 | 26 | 55 | 36 | 8 | 37 | 3 | 37 |
| 4 | 51 | 35 | 53 | 23 | 58 | 33 | 4 | 35 | 5 | 36 | 4 | 38 |
| 5 | 10 | 36 | 54 | 32 | 5 | 34 | 3 | 34 | 6 | 35 | 1 | 35 |
| 6 | 9 | 33 | 1 | 31 | 6 | 31 | 2 | 33 | 3 | 34 | 2 | 36 |
| 7 | 8 | 34 | 2 | 40 | 3 | 32 | 1 | 32 | 4 | 33 | 9 | 33 |
| 8 | 7 | 31 | 9 | 39 | 4 | 39 | 10 | 32 | 1 | 32 | 10 | 34 |
| 9 | 6 | 32 | 10 | 38 | 1 | 40 | 9 | 39 | 2 | 31 | 7 | 31 |
| 10 | 5 | 39 | 7 | 37 | 2 | 37 | 8 | 40 | 9 | 40 | 8 | 32 |
| 11 | 4 | 40 | 8 | 36 | 9 | 38 | 7 | 37 | 10 | 39 | 15 | 49 |
| 12 | 3 | 35 | 5 | 35 | 10 | 35 | 6 | 38 | 17 | 48 | 16 | 50 |
| 13 | 2 | 36 | 6 | 34 | 7 | 36 | 5 | 45 | 18 | 47 | 13 | 47 |
| 14 | 1 | 43 | 3 | 33 | 10 | 43 | 14 | 46 | 15 | 46 | 14 | 48 |
| 15 | 20 | 44 | 4 | 50 | 17 | 44 | 13 | 43 | 16 | 45 | 11 | 45 |
| 16 | 17 | 41 | 11 | 49 | 18 | 41 | 12 | 48 | 13 | 44 | 18 | 46 |
| 17 | 16 | 42 | 11 | 48 | 15 | 43 | 19 | 45 | 14 | 43 | 15 | 43 |
| 18 | 15 | 49 | 20 | 44 | 16 | 42 | 18 | 46 | 11 | 42 | 16 | 43 |
| 19 | 12 | 48 | 19 | 41 | 13 | 41 | 17 | 43 | 11 | 47 | 13 | 42 |
| 20 | 11 | 45 | 18 | 42 | 14 | 50 | 20 | 44 | 20 | 46 | 14 | 41 |
| 21 | 20 | 46 | 17 | 49 | 17 | 49 | 19 | 41 | 19 | 45 | 21 | 60 |
| 22 | 19 | 43 | 16 | 50 | 18 | 48 | 18 | 42 | 28 | 55 | 22 | 59 |
| 23 | 18 | 44 | 15 | 47 | 15 | 47 | 17 | 57 | 27 | 56 | 27 | 58 |
| 24 | 17 | 51 | 14 | 48 | 16 | 56 | 26 | 58 | 26 | 53 | 28 | 57 |
| 25 | 26 | 52 | 13 | 55 | 23 | 55 | 25 | 55 | 25 | 54 | 25 | 56 |
| 26 | 25 | 59 | 22 | 56 | 24 | 54 | 24 | 56 | 24 | 51 | 26 | 55 |
| 27 | 24 | 60 | 21 | 53 | 21 | 51 | 23 | 53 | 23 | 52 | 23 | 54 |
| 28 | 23 | 57 | 30 | 54 | 22 | 60 | 22 | 54 | 22 | 59 | 24 | 53 |
| 29 | 22 |  | 29 | 51 | 29 | 59 | 21 | 51 | 21 | 60 | 21 | 52 |
| 30 | 21 |  | 28 | 52 | 30 | 58 | 30 | 52 | 30 | 57 | 22 | 51 |
| 31 | 30 |  | 27 |  | 27 |  | 29 | 59 |  | 58 |  | 10 |

31~40 時計座　41~50 カメレオン座　51~60 イルカ座

## 銀 1967 昭和42年生 ★ 満57歳

| 日＼月 | 1 | 2 | 3 | 4 | 5 | 6 | 7 | 8 | 9 | 10 | 11 | 12 |
|---|---|---|---|---|---|---|---|---|---|---|---|---|
| 1 | 9 | 34 | 1 | 31 | 6 | 31 | 2 | 33 | 3 | 34 | 2 | 36 |
| 2 | 8 | 33 | 2 | 40 | 3 | 32 | 1 | 32 | 4 | 33 | 9 | 33 |
| 3 | 7 | 32 | 9 | 39 | 4 | 39 | 10 | 31 | 1 | 32 | 10 | 34 |
| 4 | 6 | 32 | 10 | 38 | 1 | 40 | 9 | 40 | 2 | 31 | 7 | 31 |
| 5 | 5 | 39 | 7 | 37 | 2 | 37 | 8 | 39 | 9 | 40 | 8 | 32 |
| 6 | 4 | 40 | 8 | 36 | 9 | 38 | 7 | 38 | 10 | 39 | 15 | 49 |
| 7 | 3 | 37 | 5 | 35 | 10 | 35 | 6 | 37 | 17 | 48 | 16 | 50 |
| 8 | 2 | 38 | 6 | 34 | 7 | 36 | 5 | 45 | 18 | 47 | 13 | 47 |
| 9 | 1 | 45 | 3 | 33 | 8 | 43 | 14 | 46 | 15 | 46 | 14 | 48 |
| 10 | 20 | 46 | 4 | 42 | 15 | 44 | 13 | 43 | 16 | 45 | 11 | 45 |
| 11 | 19 | 43 | 11 | 41 | 16 | 41 | 12 | 44 | 13 | 44 | 12 | 46 |
| 12 | 18 | 42 | 12 | 50 | 13 | 42 | 11 | 41 | 14 | 43 | 19 | 43 |
| 13 | 17 | 49 | 19 | 49 | 14 | 49 | 20 | 42 | 11 | 42 | 20 | 44 |
| 14 | 16 | 50 | 20 | 48 | 13 | 50 | 19 | 49 | 12 | 41 | 17 | 41 |
| 15 | 15 | 47 | 17 | 45 | 14 | 47 | 18 | 50 | 19 | 50 | 18 | 42 |
| 16 | 12 | 48 | 18 | 44 | 11 | 48 | 17 | 41 | 20 | 49 | 21 | 59 |
| 17 | 11 | 45 | 16 | 43 | 12 | 48 | 16 | 42 | 27 | 58 | 22 | 60 |
| 18 | 20 | 46 | 15 | 47 | 19 | 47 | 13 | 59 | 28 | 57 | 29 | 57 |
| 19 | 17 | 51 | 14 | 48 | 20 | 56 | 22 | 60 | 26 | 52 | 30 | 57 |
| 20 | 26 | 52 | 13 | 55 | 27 | 55 | 21 | 57 | 25 | 51 | 27 | 56 |
| 21 | 25 | 59 | 22 | 56 | 24 | 54 | 24 | 58 | 24 | 60 | 28 | 55 |
| 22 | 24 | 60 | 21 | 53 | 21 | 53 | 23 | 55 | 23 | 52 | 25 | 54 |
| 23 | 23 | 57 | 30 | 54 | 22 | 52 | 22 | 54 | 22 | 59 | 24 | 53 |
| 24 | 22 | 58 | 29 | 51 | 29 | 51 | 21 | 51 | 21 | 60 | 21 | 52 |
| 25 | 21 | 55 | 28 | 52 | 30 | 60 | 30 | 52 | 30 | 57 | 22 | 51 |
| 26 | 30 | 56 | 27 | 59 | 27 | 57 | 29 | 59 | 29 | 58 | 39 | 10 |
| 27 | 29 | 53 | 26 | 60 | 28 | 56 | 28 | 60 | 38 | 5 | 40 | 9 |
| 28 | 28 | 54 | 25 | 57 | 25 | 55 | 27 | 7 | 37 | 6 | 37 | 8 |
| 29 | 27 | | 24 | 58 | 26 | 4 | 36 | 8 | 36 | 3 | 38 | 7 |
| 30 | 36 | | 23 | 5 | 33 | 3 | 35 | 5 | 35 | 4 | 35 | 6 |
| 31 | 35 | | 32 | | 34 | | 34 | 6 | | 1 | | 5 |

## 金 1968 昭和43年生 ★ 満56歳

| 日＼月 | 1 | 2 | 3 | 4 | 5 | 6 | 7 | 8 | 9 | 10 | 11 | 12 |
|---|---|---|---|---|---|---|---|---|---|---|---|---|
| 1 | 4 | 39 | 5 | 35 | 10 | 35 | 6 | 37 | 17 | 48 | 16 | 50 |
| 2 | 3 | 38 | 6 | 34 | 7 | 36 | 5 | 46 | 18 | 47 | 13 | 47 |
| 3 | 2 | 37 | 3 | 33 | 8 | 43 | 14 | 45 | 15 | 46 | 14 | 48 |
| 4 | 1 | 46 | 4 | 42 | 15 | 44 | 13 | 44 | 16 | 45 | 11 | 45 |
| 5 | 20 | 46 | 11 | 41 | 16 | 41 | 12 | 43 | 13 | 44 | 12 | 46 |
| 6 | 19 | 43 | 12 | 50 | 13 | 42 | 11 | 42 | 14 | 43 | 19 | 43 |
| 7 | 18 | 44 | 19 | 49 | 14 | 49 | 20 | 42 | 11 | 42 | 20 | 44 |
| 8 | 17 | 41 | 20 | 48 | 11 | 50 | 19 | 49 | 12 | 41 | 17 | 41 |
| 9 | 16 | 42 | 17 | 47 | 12 | 47 | 18 | 50 | 19 | 50 | 18 | 42 |
| 10 | 15 | 49 | 18 | 46 | 19 | 48 | 17 | 47 | 20 | 49 | 25 | 59 |
| 11 | 14 | 50 | 15 | 45 | 20 | 45 | 16 | 48 | 27 | 58 | 26 | 60 |
| 12 | 13 | 47 | 16 | 44 | 17 | 46 | 15 | 55 | 28 | 57 | 23 | 57 |
| 13 | 12 | 46 | 13 | 43 | 20 | 53 | 24 | 56 | 25 | 56 | 24 | 58 |
| 14 | 11 | 53 | 14 | 52 | 27 | 54 | 23 | 53 | 26 | 55 | 21 | 55 |
| 15 | 30 | 54 | 21 | 59 | 28 | 51 | 22 | 58 | 23 | 54 | 28 | 56 |
| 16 | 27 | 51 | 21 | 58 | 25 | 52 | 21 | 55 | 24 | 53 | 25 | 53 |
| 17 | 26 | 52 | 30 | 57 | 26 | 52 | 28 | 56 | 21 | 52 | 26 | 54 |
| 18 | 25 | 59 | 29 | 51 | 23 | 51 | 27 | 53 | 21 | 57 | 23 | 52 |
| 19 | 22 | 60 | 28 | 52 | 24 | 60 | 26 | 54 | 30 | 56 | 24 | 51 |
| 20 | 21 | 55 | 27 | 59 | 27 | 59 | 29 | 51 | 29 | 55 | 31 | 10 |
| 21 | 30 | 56 | 26 | 60 | 28 | 58 | 28 | 52 | 38 | 5 | 32 | 9 |
| 22 | 29 | 53 | 25 | 57 | 25 | 57 | 27 | 7 | 37 | 6 | 37 | 8 |
| 23 | 28 | 54 | 24 | 58 | 26 | 6 | 36 | 8 | 36 | 3 | 38 | 7 |
| 24 | 27 | 1 | 23 | 5 | 33 | 5 | 35 | 5 | 35 | 4 | 35 | 6 |
| 25 | 36 | 2 | 32 | 6 | 34 | 4 | 34 | 6 | 34 | 1 | 36 | 5 |
| 26 | 35 | 9 | 31 | 3 | 31 | 3 | 33 | 3 | 33 | 2 | 33 | 4 |
| 27 | 34 | 10 | 40 | 4 | 32 | 10 | 32 | 4 | 32 | 9 | 34 | 3 |
| 28 | 33 | 7 | 39 | 1 | 39 | 9 | 31 | 1 | 31 | 10 | 31 | 2 |
| 29 | 32 | 8 | 38 | 2 | 40 | 8 | 40 | 2 | 40 | 7 | 32 | 1 |
| 30 | 31 | | 37 | 9 | 37 | 7 | 39 | 9 | 39 | 8 | 49 | 20 |
| 31 | 40 | | 36 | | 38 | | 38 | 10 | | 15 | | 19 |

命数が…… 1~10 羅針盤座　11~20 インディアン座　21~30 鳳凰座

銀

# 1969

昭和44年生 ★ 満55歳

| 日＼月 | 1 | 2 | 3 | 4 | 5 | 6 | 7 | 8 | 9 | 10 | 11 | 12 |
|---|---|---|---|---|---|---|---|---|---|---|---|---|
| 1 | 18 | 43 | 12 | 50 | 13 | 42 | 11 | 42 | 14 | 43 | 19 | 43 |
| 2 | 17 | 42 | 19 | 49 | 14 | 49 | 20 | 41 | 11 | 42 | 20 | 44 |
| 3 | 16 | 41 | 20 | 48 | 11 | 50 | 19 | 50 | 12 | 41 | 17 | 41 |
| 4 | 15 | 49 | 17 | 47 | 12 | 47 | 18 | 49 | 19 | 50 | 18 | 42 |
| 5 | 14 | 50 | 18 | 46 | 19 | 48 | 17 | 48 | 20 | 49 | 25 | 59 |
| 6 | 13 | 47 | 15 | 45 | 20 | 45 | 16 | 47 | 27 | 58 | 26 | 60 |
| 7 | 12 | 48 | 16 | 44 | 17 | 46 | 15 | 56 | 28 | 57 | 23 | 57 |
| 8 | 11 | 55 | 13 | 43 | 18 | 53 | 24 | 56 | 25 | 56 | 24 | 58 |
| 9 | 30 | 56 | 14 | 52 | 25 | 54 | 23 | 53 | 26 | 55 | 21 | 55 |
| 10 | 29 | 53 | 21 | 51 | 26 | 51 | 22 | 54 | 23 | 54 | 22 | 56 |
| 11 | 28 | 54 | 22 | 60 | 23 | 52 | 21 | 51 | 24 | 53 | 29 | 53 |
| 12 | 27 | 59 | 29 | 59 | 24 | 59 | 30 | 52 | 21 | 52 | 30 | 54 |
| 13 | 26 | 60 | 30 | 58 | 21 | 60 | 29 | 59 | 22 | 51 | 27 | 51 |
| 14 | 25 | 57 | 27 | 57 | 24 | 57 | 28 | 60 | 29 | 60 | 28 | 52 |
| 15 | 22 | 58 | 28 | 54 | 21 | 58 | 27 | 57 | 30 | 59 | 31 | 9 |
| 16 | 21 | 55 | 25 | 53 | 22 | 55 | 26 | 52 | 37 | 8 | 32 | 10 |
| 17 | 30 | 56 | 25 | 52 | 29 | 57 | 23 | 9 | 38 | 7 | 39 | 7 |
| 18 | 27 | 3 | 24 | 58 | 30 | 6 | 32 | 10 | 35 | 2 | 40 | 7 |
| 19 | 36 | 2 | 23 | 5 | 37 | 5 | 31 | 7 | 35 | 1 | 37 | 6 |
| 20 | 35 | 9 | 32 | 6 | 38 | 4 | 34 | 8 | 34 | 10 | 38 | 5 |
| 21 | 34 | 10 | 31 | 3 | 31 | 3 | 33 | 5 | 33 | 2 | 35 | 4 |
| 22 | 33 | 7 | 40 | 4 | 32 | 2 | 32 | 6 | 32 | 9 | 34 | 3 |
| 23 | 32 | 8 | 39 | 1 | 39 | 1 | 31 | 1 | 31 | 10 | 31 | 2 |
| 24 | 31 | 5 | 38 | 2 | 40 | 10 | 40 | 2 | 40 | 7 | 32 | 1 |
| 25 | 40 | 6 | 37 | 9 | 37 | 9 | 39 | 9 | 39 | 8 | 49 | 20 |
| 26 | 39 | 3 | 36 | 10 | 38 | 8 | 38 | 10 | 48 | 15 | 50 | 19 |
| 27 | 38 | 4 | 35 | 7 | 35 | 5 | 37 | 17 | 47 | 16 | 47 | 18 |
| 28 | 37 | 11 | 34 | 8 | 36 | 14 | 46 | 18 | 46 | 13 | 48 | 17 |
| 29 | 46 |  | 33 | 15 | 43 | 13 | 45 | 15 | 45 | 14 | 45 | 16 |
| 30 | 45 |  | 42 | 16 | 44 | 12 | 44 | 16 | 44 | 11 | 46 | 15 |
| 31 | 44 |  | 41 |  | 41 |  | 43 | 13 |  | 12 |  | 14 |

金

# 1970

昭和45年生 ★ 満54歳

| 日＼月 | 1 | 2 | 3 | 4 | 5 | 6 | 7 | 8 | 9 | 10 | 11 | 12 |
|---|---|---|---|---|---|---|---|---|---|---|---|---|
| 1 | 13 | 48 | 15 | 45 | 20 | 45 | 16 | 47 | 27 | 58 | 26 | 60 |
| 2 | 12 | 47 | 16 | 44 | 17 | 46 | 15 | 56 | 28 | 57 | 23 | 57 |
| 3 | 11 | 56 | 13 | 43 | 18 | 53 | 24 | 55 | 25 | 56 | 24 | 58 |
| 4 | 30 | 56 | 14 | 52 | 25 | 54 | 23 | 54 | 26 | 55 | 21 | 55 |
| 5 | 29 | 53 | 21 | 51 | 28 | 51 | 22 | 53 | 23 | 54 | 22 | 56 |
| 6 | 28 | 54 | 22 | 60 | 23 | 52 | 21 | 52 | 24 | 53 | 29 | 53 |
| 7 | 27 | 51 | 29 | 59 | 24 | 59 | 30 | 51 | 21 | 52 | 30 | 54 |
| 8 | 26 | 52 | 30 | 58 | 21 | 60 | 29 | 59 | 22 | 51 | 27 | 51 |
| 9 | 25 | 59 | 27 | 57 | 22 | 57 | 28 | 60 | 29 | 60 | 28 | 52 |
| 10 | 24 | 60 | 28 | 56 | 29 | 58 | 27 | 57 | 30 | 59 | 35 | 9 |
| 11 | 23 | 57 | 25 | 55 | 30 | 55 | 26 | 58 | 37 | 8 | 36 | 10 |
| 12 | 22 | 56 | 26 | 54 | 27 | 56 | 25 | 5 | 38 | 7 | 33 | 7 |
| 13 | 21 | 3 | 23 | 53 | 28 | 3 | 34 | 6 | 35 | 6 | 34 | 8 |
| 14 | 40 | 4 | 24 | 2 | 37 | 4 | 33 | 3 | 36 | 5 | 31 | 5 |
| 15 | 39 | 1 | 31 | 9 | 38 | 1 | 32 | 4 | 33 | 4 | 32 | 6 |
| 16 | 36 | 2 | 32 | 8 | 35 | 2 | 31 | 5 | 34 | 3 | 35 | 3 |
| 17 | 35 | 9 | 40 | 7 | 36 | 2 | 38 | 6 | 31 | 2 | 36 | 4 |
| 18 | 34 | 10 | 39 | 1 | 33 | 1 | 37 | 3 | 32 | 1 | 33 | 2 |
| 19 | 31 | 5 | 38 | 2 | 34 | 10 | 36 | 4 | 40 | 6 | 34 | 1 |
| 20 | 40 | 6 | 37 | 9 | 31 | 9 | 39 | 1 | 39 | 5 | 41 | 20 |
| 21 | 39 | 3 | 36 | 10 | 38 | 8 | 38 | 2 | 48 | 14 | 42 | 19 |
| 22 | 38 | 4 | 35 | 7 | 35 | 7 | 37 | 19 | 47 | 16 | 49 | 18 |
| 23 | 37 | 11 | 34 | 8 | 36 | 16 | 46 | 18 | 46 | 13 | 48 | 17 |
| 24 | 46 | 12 | 33 | 15 | 43 | 15 | 45 | 15 | 45 | 14 | 45 | 16 |
| 25 | 45 | 19 | 42 | 16 | 44 | 14 | 44 | 16 | 44 | 11 | 46 | 15 |
| 26 | 44 | 20 | 41 | 13 | 41 | 13 | 43 | 13 | 43 | 12 | 43 | 14 |
| 27 | 43 | 17 | 50 | 14 | 42 | 20 | 42 | 14 | 42 | 19 | 44 | 13 |
| 28 | 42 | 18 | 49 | 11 | 49 | 19 | 41 | 11 | 41 | 20 | 41 | 12 |
| 29 | 41 |  | 48 | 12 | 50 | 18 | 50 | 12 | 50 | 17 | 42 | 11 |
| 30 | 50 |  | 47 | 19 | 47 | 17 | 49 | 19 | 49 | 18 | 59 | 30 |
| 31 | 49 |  | 46 |  | 48 |  | 48 | 20 |  | 25 |  | 29 |

31~40 時計座　41~50 カメレオン座　51~60 イルカ座

銀

# 1971

昭和46年生 ★ 満53歳

| 日＼月 | 1 | 2 | 3 | 4 | 5 | 6 | 7 | 8 | 9 | 10 | 11 | 12 |
|---|---|---|---|---|---|---|---|---|---|---|---|---|
| 1 | 28 | 53 | 22 | 60 | 23 | 52 | 21 | 52 | 24 | 53 | 29 | 53 |
| 2 | 27 | 52 | 29 | 59 | 24 | 59 | 30 | 51 | 21 | 52 | 30 | 54 |
| 3 | 26 | 51 | 30 | 58 | 21 | 60 | 29 | 60 | 22 | 51 | 27 | 51 |
| 4 | 25 | 59 | 27 | 57 | 22 | 57 | 28 | 59 | 29 | 60 | 28 | 52 |
| 5 | 24 | 60 | 28 | 56 | 29 | 58 | 27 | 58 | 30 | 59 | 35 | 9 |
| 6 | 23 | 57 | 25 | 55 | 30 | 55 | 26 | 57 | 37 | 8 | 36 | 10 |
| 7 | 22 | 58 | 26 | 54 | 27 | 56 | 25 | 6 | 38 | 7 | 33 | 7 |
| 8 | 21 | 5 | 23 | 53 | 28 | 3 | 34 | 6 | 35 | 6 | 34 | 8 |
| 9 | 40 | 6 | 24 | 2 | 35 | 4 | 33 | 3 | 36 | 5 | 31 | 5 |
| 10 | 39 | 3 | 31 | 1 | 36 | 1 | 32 | 4 | 33 | 4 | 32 | 6 |
| 11 | 38 | 4 | 32 | 10 | 33 | 2 | 31 | 1 | 34 | 3 | 39 | 3 |
| 12 | 37 | 9 | 39 | 9 | 34 | 9 | 40 | 2 | 31 | 2 | 40 | 4 |
| 13 | 36 | 10 | 40 | 8 | 31 | 10 | 39 | 9 | 32 | 1 | 37 | 1 |
| 14 | 35 | 7 | 37 | 7 | 34 | 7 | 38 | 10 | 39 | 10 | 38 | 2 |
| 15 | 34 | 8 | 38 | 4 | 31 | 8 | 37 | 7 | 40 | 9 | 45 | 19 |
| 16 | 31 | 5 | 35 | 3 | 32 | 5 | 36 | 2 | 47 | 18 | 42 | 20 |
| 17 | 40 | 6 | 35 | 2 | 39 | 7 | 35 | 19 | 48 | 17 | 49 | 17 |
| 18 | 39 | 13 | 34 | 8 | 40 | 16 | 42 | 20 | 45 | 16 | 50 | 18 |
| 19 | 46 | 12 | 33 | 15 | 47 | 15 | 41 | 17 | 45 | 11 | 47 | 16 |
| 20 | 45 | 19 | 42 | 16 | 48 | 14 | 50 | 18 | 44 | 20 | 48 | 15 |
| 21 | 44 | 20 | 41 | 13 | 41 | 13 | 43 | 15 | 43 | 19 | 45 | 14 |
| 22 | 43 | 17 | 50 | 14 | 42 | 12 | 42 | 16 | 42 | 19 | 46 | 13 |
| 23 | 42 | 18 | 49 | 11 | 49 | 11 | 41 | 11 | 41 | 20 | 41 | 12 |
| 24 | 41 | 15 | 48 | 12 | 50 | 20 | 50 | 12 | 50 | 17 | 42 | 11 |
| 25 | 50 | 16 | 47 | 19 | 47 | 19 | 49 | 19 | 49 | 18 | 59 | 30 |
| 26 | 49 | 13 | 46 | 20 | 48 | 18 | 48 | 20 | 58 | 25 | 60 | 29 |
| 27 | 48 | 14 | 45 | 17 | 45 | 15 | 47 | 27 | 57 | 26 | 57 | 28 |
| 28 | 47 | 21 | 44 | 18 | 46 | 24 | 56 | 28 | 56 | 23 | 58 | 27 |
| 29 | 56 |  | 43 | 25 | 53 | 23 | 55 | 25 | 55 | 24 | 55 | 26 |
| 30 | 55 |  | 52 | 26 | 54 | 22 | 54 | 26 | 54 | 21 | 56 | 25 |
| 31 | 54 |  | 51 |  | 51 |  | 53 | 23 |  | 22 |  | 24 |

金

# 1972

昭和47年生 ★ 満52歳

| 日＼月 | 1 | 2 | 3 | 4 | 5 | 6 | 7 | 8 | 9 | 10 | 11 | 12 |
|---|---|---|---|---|---|---|---|---|---|---|---|---|
| 1 | 23 | 58 | 26 | 54 | 27 | 56 | 25 | 6 | 38 | 7 | 33 | 7 |
| 2 | 22 | 57 | 23 | 53 | 28 | 3 | 34 | 5 | 35 | 6 | 34 | 8 |
| 3 | 21 | 6 | 24 | 2 | 35 | 4 | 33 | 4 | 36 | 5 | 31 | 5 |
| 4 | 40 | 5 | 31 | 1 | 36 | 1 | 32 | 3 | 33 | 4 | 32 | 6 |
| 5 | 39 | 3 | 32 | 10 | 33 | 2 | 31 | 2 | 34 | 3 | 39 | 3 |
| 6 | 38 | 4 | 39 | 9 | 34 | 9 | 40 | 1 | 31 | 2 | 33 | 4 |
| 7 | 37 | 1 | 40 | 8 | 31 | 10 | 39 | 9 | 32 | 1 | 37 | 1 |
| 8 | 36 | 2 | 37 | 7 | 32 | 7 | 38 | 10 | 39 | 10 | 38 | 2 |
| 9 | 35 | 9 | 38 | 6 | 39 | 8 | 37 | 7 | 40 | 9 | 45 | 19 |
| 10 | 34 | 10 | 35 | 5 | 40 | 5 | 36 | 8 | 47 | 18 | 46 | 20 |
| 11 | 33 | 7 | 36 | 4 | 37 | 6 | 35 | 15 | 48 | 17 | 43 | 17 |
| 12 | 32 | 8 | 33 | 3 | 38 | 13 | 44 | 16 | 45 | 16 | 44 | 18 |
| 13 | 31 | 13 | 34 | 12 | 47 | 14 | 43 | 13 | 46 | 15 | 41 | 15 |
| 14 | 50 | 14 | 41 | 11 | 48 | 11 | 42 | 14 | 43 | 14 | 42 | 16 |
| 15 | 49 | 11 | 42 | 18 | 45 | 12 | 41 | 15 | 44 | 13 | 45 | 13 |
| 16 | 46 | 12 | 50 | 17 | 46 | 12 | 50 | 16 | 41 | 12 | 46 | 14 |
| 17 | 45 | 19 | 49 | 16 | 43 | 11 | 47 | 13 | 42 | 11 | 43 | 11 |
| 18 | 44 | 20 | 48 | 12 | 44 | 20 | 46 | 14 | 50 | 16 | 44 | 11 |
| 19 | 41 | 17 | 47 | 19 | 41 | 19 | 45 | 11 | 49 | 15 | 51 | 30 |
| 20 | 50 | 16 | 46 | 20 | 48 | 18 | 48 | 12 | 58 | 24 | 52 | 29 |
| 21 | 49 | 13 | 45 | 17 | 45 | 17 | 47 | 29 | 57 | 26 | 59 | 28 |
| 22 | 48 | 14 | 44 | 18 | 46 | 26 | 56 | 28 | 56 | 23 | 58 | 27 |
| 23 | 47 | 21 | 43 | 25 | 53 | 25 | 55 | 25 | 55 | 24 | 55 | 26 |
| 24 | 56 | 22 | 52 | 26 | 54 | 24 | 54 | 26 | 54 | 21 | 56 | 25 |
| 25 | 55 | 29 | 51 | 23 | 51 | 23 | 53 | 23 | 53 | 22 | 53 | 24 |
| 26 | 54 | 30 | 60 | 24 | 52 | 30 | 52 | 24 | 52 | 29 | 54 | 23 |
| 27 | 53 | 27 | 59 | 21 | 59 | 29 | 51 | 21 | 51 | 30 | 51 | 22 |
| 28 | 52 | 28 | 58 | 22 | 60 | 28 | 60 | 22 | 60 | 27 | 52 | 21 |
| 29 | 51 | 25 | 57 | 29 | 57 | 27 | 59 | 29 | 59 | 28 | 9 | 40 |
| 30 | 60 |  | 56 | 30 | 58 | 26 | 58 | 30 | 8 | 35 | 10 | 39 |
| 31 | 59 |  | 55 |  | 55 |  | 57 | 37 |  | 36 |  | 38 |

命数が…… 1~10 羅針盤座　11~20 インディアン座　21~30 鳳凰座

## 銀 1973 昭和48年生 ★ 満51歳

| 日＼月 | 1 | 2 | 3 | 4 | 5 | 6 | 7 | 8 | 9 | 10 | 11 | 12 |
|---|---|---|---|---|---|---|---|---|---|---|---|---|
| 1 | 37 | 2 | 39 | 9 | 34 | 9 | 40 | 1 | 31 | 2 | 40 | 4 |
| 2 | 36 | 1 | 40 | 8 | 31 | 10 | 39 | 10 | 32 | 1 | 37 | 1 |
| 3 | 35 | 10 | 37 | 7 | 32 | 7 | 38 | 9 | 39 | 10 | 38 | 2 |
| 4 | 34 | 10 | 38 | 6 | 39 | 8 | 37 | 8 | 40 | 9 | 45 | 19 |
| 5 | 33 | 7 | 35 | 5 | 40 | 5 | 36 | 7 | 47 | 18 | 46 | 20 |
| 6 | 32 | 8 | 36 | 4 | 37 | 6 | 35 | 16 | 48 | 17 | 43 | 17 |
| 7 | 31 | 15 | 33 | 3 | 38 | 13 | 44 | 15 | 45 | 16 | 44 | 18 |
| 8 | 50 | 16 | 34 | 12 | 45 | 14 | 43 | 13 | 46 | 15 | 41 | 15 |
| 9 | 49 | 13 | 41 | 11 | 46 | 11 | 42 | 14 | 43 | 14 | 42 | 16 |
| 10 | 48 | 14 | 42 | 20 | 43 | 12 | 41 | 11 | 44 | 13 | 49 | 13 |
| 11 | 47 | 11 | 49 | 19 | 44 | 19 | 50 | 12 | 41 | 12 | 50 | 14 |
| 12 | 46 | 20 | 50 | 18 | 41 | 20 | 49 | 19 | 42 | 11 | 47 | 11 |
| 13 | 45 | 17 | 47 | 17 | 42 | 17 | 48 | 20 | 49 | 20 | 48 | 12 |
| 14 | 44 | 18 | 48 | 16 | 41 | 18 | 47 | 17 | 50 | 19 | 55 | 29 |
| 15 | 41 | 15 | 45 | 13 | 42 | 15 | 46 | 18 | 57 | 28 | 52 | 30 |
| 16 | 50 | 16 | 46 | 12 | 49 | 16 | 45 | 29 | 58 | 27 | 59 | 27 |
| 17 | 49 | 23 | 44 | 11 | 50 | 26 | 52 | 30 | 55 | 26 | 60 | 28 |
| 18 | 56 | 24 | 43 | 25 | 57 | 25 | 51 | 27 | 56 | 21 | 57 | 26 |
| 19 | 55 | 29 | 52 | 26 | 58 | 24 | 60 | 28 | 54 | 30 | 58 | 25 |
| 20 | 54 | 30 | 51 | 23 | 55 | 23 | 53 | 25 | 53 | 29 | 55 | 24 |
| 21 | 53 | 27 | 60 | 24 | 52 | 22 | 52 | 26 | 52 | 29 | 56 | 23 |
| 22 | 52 | 28 | 59 | 21 | 59 | 21 | 51 | 23 | 51 | 30 | 51 | 22 |
| 23 | 51 | 25 | 58 | 22 | 60 | 30 | 60 | 22 | 60 | 27 | 52 | 21 |
| 24 | 60 | 26 | 57 | 29 | 57 | 29 | 59 | 29 | 59 | 28 | 9 | 40 |
| 25 | 59 | 23 | 56 | 30 | 58 | 28 | 58 | 30 | 8 | 35 | 10 | 39 |
| 26 | 58 | 24 | 55 | 27 | 55 | 25 | 57 | 37 | 7 | 36 | 7 | 38 |
| 27 | 57 | 31 | 54 | 28 | 56 | 34 | 6 | 38 | 6 | 33 | 8 | 37 |
| 28 | 6 | 32 | 53 | 35 | 3 | 33 | 5 | 35 | 5 | 34 | 5 | 36 |
| 29 | 5 |  | 2 | 36 | 4 | 32 | 4 | 36 | 4 | 31 | 6 | 35 |
| 30 | 4 |  | 1 | 33 | 1 | 31 | 3 | 33 | 3 | 32 | 3 | 34 |
| 31 | 3 |  | 10 |  | 2 |  | 2 | 34 |  | 39 |  | 33 |

## 金 1974 昭和49年生 ★ 満50歳

| 日＼月 | 1 | 2 | 3 | 4 | 5 | 6 | 7 | 8 | 9 | 10 | 11 | 12 |
|---|---|---|---|---|---|---|---|---|---|---|---|---|
| 1 | 32 | 7 | 36 | 4 | 37 | 6 | 35 | 16 | 48 | 17 | 43 | 17 |
| 2 | 31 | 16 | 33 | 3 | 38 | 13 | 44 | 15 | 45 | 16 | 44 | 18 |
| 3 | 50 | 15 | 34 | 12 | 45 | 14 | 43 | 14 | 46 | 15 | 41 | 15 |
| 4 | 49 | 13 | 41 | 11 | 46 | 11 | 42 | 13 | 43 | 14 | 42 | 16 |
| 5 | 48 | 14 | 42 | 20 | 43 | 12 | 41 | 12 | 44 | 13 | 49 | 13 |
| 6 | 47 | 11 | 49 | 19 | 44 | 19 | 50 | 11 | 41 | 12 | 50 | 14 |
| 7 | 46 | 12 | 50 | 18 | 41 | 20 | 49 | 20 | 42 | 11 | 47 | 11 |
| 8 | 45 | 19 | 47 | 17 | 42 | 17 | 48 | 20 | 49 | 20 | 48 | 12 |
| 9 | 44 | 20 | 48 | 16 | 49 | 18 | 47 | 17 | 50 | 19 | 55 | 29 |
| 10 | 43 | 17 | 45 | 15 | 50 | 15 | 46 | 18 | 57 | 28 | 56 | 30 |
| 11 | 42 | 18 | 46 | 14 | 47 | 16 | 45 | 25 | 58 | 27 | 53 | 27 |
| 12 | 41 | 23 | 43 | 13 | 48 | 23 | 54 | 26 | 55 | 26 | 54 | 28 |
| 13 | 60 | 24 | 44 | 22 | 55 | 24 | 53 | 23 | 56 | 25 | 51 | 25 |
| 14 | 59 | 21 | 51 | 21 | 58 | 21 | 52 | 24 | 53 | 24 | 52 | 26 |
| 15 | 58 | 22 | 52 | 28 | 55 | 22 | 51 | 21 | 54 | 23 | 59 | 23 |
| 16 | 55 | 29 | 59 | 27 | 56 | 29 | 60 | 26 | 51 | 22 | 56 | 24 |
| 17 | 54 | 30 | 59 | 26 | 53 | 21 | 57 | 23 | 52 | 21 | 53 | 21 |
| 18 | 53 | 27 | 58 | 22 | 54 | 30 | 56 | 24 | 59 | 30 | 54 | 21 |
| 19 | 60 | 26 | 57 | 29 | 51 | 29 | 55 | 21 | 59 | 25 | 1 | 40 |
| 20 | 59 | 23 | 56 | 30 | 52 | 28 | 58 | 22 | 8 | 34 | 2 | 39 |
| 21 | 58 | 24 | 55 | 27 | 55 | 27 | 57 | 39 | 7 | 33 | 9 | 38 |
| 22 | 57 | 31 | 54 | 28 | 56 | 36 | 6 | 40 | 6 | 33 | 10 | 37 |
| 23 | 6 | 32 | 53 | 35 | 3 | 35 | 5 | 35 | 5 | 34 | 5 | 36 |
| 24 | 5 | 39 | 2 | 36 | 4 | 34 | 4 | 36 | 4 | 31 | 6 | 35 |
| 25 | 4 | 40 | 1 | 33 | 1 | 33 | 3 | 33 | 3 | 32 | 3 | 34 |
| 26 | 3 | 37 | 10 | 34 | 2 | 32 | 2 | 34 | 2 | 39 | 4 | 33 |
| 27 | 2 | 38 | 9 | 31 | 9 | 39 | 1 | 31 | 1 | 40 | 1 | 32 |
| 28 | 1 | 35 | 8 | 32 | 10 | 38 | 10 | 32 | 10 | 37 | 2 | 31 |
| 29 | 10 |  | 7 | 39 | 7 | 37 | 9 | 39 | 9 | 38 | 19 | 50 |
| 30 | 9 |  | 6 | 40 | 8 | 36 | 8 | 40 | 18 | 45 | 20 | 49 |
| 31 | 8 |  | 5 |  | 5 |  | 7 | 47 |  | 46 |  | 48 |

31~40 時計座　41~50 カメレオン座　51~60 イルカ座

銀

# 1975

昭和50年生 ★ 満49歳

| 日＼月 | 1 | 2 | 3 | 4 | 5 | 6 | 7 | 8 | 9 | 10 | 11 | 12 |
|---|---|---|---|---|---|---|---|---|---|---|---|---|
| 1 | 47 | 12 | 49 | 19 | 44 | 19 | 50 | 11 | 41 | 12 | 50 | 14 |
| 2 | 46 | 11 | 50 | 18 | 41 | 20 | 49 | 20 | 42 | 11 | 47 | 11 |
| 3 | 45 | 20 | 47 | 17 | 42 | 17 | 48 | 19 | 49 | 20 | 48 | 12 |
| 4 | 44 | 20 | 48 | 16 | 49 | 18 | 47 | 18 | 50 | 19 | 55 | 29 |
| 5 | 43 | 17 | 45 | 15 | 50 | 15 | 46 | 17 | 57 | 28 | 56 | 30 |
| 6 | 42 | 18 | 46 | 14 | 47 | 16 | 45 | 26 | 58 | 27 | 53 | 27 |
| 7 | 41 | 25 | 43 | 13 | 48 | 23 | 54 | 25 | 55 | 26 | 54 | 28 |
| 8 | 60 | 26 | 44 | 22 | 55 | 24 | 53 | 23 | 56 | 25 | 51 | 25 |
| 9 | 59 | 23 | 51 | 21 | 56 | 21 | 52 | 24 | 53 | 24 | 52 | 26 |
| 10 | 58 | 24 | 52 | 30 | 53 | 22 | 51 | 21 | 54 | 23 | 59 | 23 |
| 11 | 57 | 21 | 59 | 29 | 54 | 29 | 60 | 22 | 51 | 22 | 60 | 24 |
| 12 | 56 | 30 | 60 | 28 | 51 | 30 | 59 | 29 | 52 | 21 | 57 | 21 |
| 13 | 55 | 27 | 57 | 27 | 52 | 27 | 58 | 30 | 59 | 30 | 58 | 22 |
| 14 | 54 | 28 | 58 | 26 | 51 | 28 | 57 | 27 | 60 | 29 | 5 | 39 |
| 15 | 53 | 25 | 55 | 23 | 52 | 25 | 56 | 28 | 7 | 38 | 6 | 40 |
| 16 | 60 | 26 | 56 | 22 | 59 | 26 | 55 | 39 | 8 | 37 | 9 | 37 |
| 17 | 59 | 33 | 54 | 21 | 60 | 36 | 4 | 40 | 5 | 36 | 10 | 38 |
| 18 | 8 | 34 | 53 | 35 | 7 | 35 | 1 | 37 | 6 | 35 | 7 | 35 |
| 19 | 5 | 39 | 2 | 36 | 8 | 34 | 10 | 38 | 4 | 40 | 8 | 35 |
| 20 | 4 | 40 | 1 | 33 | 5 | 33 | 9 | 35 | 3 | 39 | 5 | 34 |
| 21 | 3 | 37 | 10 | 34 | 2 | 32 | 2 | 36 | 2 | 38 | 6 | 33 |
| 22 | 2 | 38 | 9 | 31 | 9 | 31 | 1 | 33 | 1 | 40 | 3 | 32 |
| 23 | 1 | 35 | 8 | 32 | 10 | 40 | 10 | 32 | 10 | 37 | 2 | 31 |
| 24 | 10 | 36 | 7 | 39 | 7 | 39 | 9 | 39 | 9 | 38 | 19 | 50 |
| 25 | 9 | 33 | 6 | 40 | 8 | 38 | 8 | 40 | 18 | 45 | 20 | 49 |
| 26 | 8 | 34 | 5 | 37 | 5 | 37 | 7 | 47 | 17 | 46 | 17 | 48 |
| 27 | 7 | 41 | 4 | 38 | 6 | 44 | 16 | 48 | 16 | 43 | 18 | 47 |
| 28 | 16 | 42 | 3 | 45 | 13 | 43 | 15 | 45 | 15 | 44 | 15 | 46 |
| 29 | 15 | | 12 | 46 | 14 | 42 | 14 | 46 | 14 | 41 | 16 | 45 |
| 30 | 14 | | 11 | 43 | 11 | 41 | 13 | 43 | 13 | 42 | 13 | 44 |
| 31 | 13 | | 20 | | 12 | | 12 | 44 | | 49 | | 43 |

金

# 1976

昭和51年生 ★ 満48歳

| 日＼月 | 1 | 2 | 3 | 4 | 5 | 6 | 7 | 8 | 9 | 10 | 11 | 12 |
|---|---|---|---|---|---|---|---|---|---|---|---|---|
| 1 | 42 | 17 | 43 | 13 | 48 | 23 | 54 | 25 | 55 | 26 | 54 | 28 |
| 2 | 41 | 26 | 44 | 22 | 55 | 24 | 53 | 24 | 56 | 25 | 51 | 25 |
| 3 | 60 | 25 | 51 | 21 | 56 | 21 | 52 | 23 | 53 | 24 | 52 | 26 |
| 4 | 59 | 24 | 52 | 30 | 53 | 22 | 51 | 22 | 54 | 23 | 59 | 23 |
| 5 | 58 | 24 | 59 | 29 | 54 | 29 | 60 | 21 | 51 | 22 | 60 | 24 |
| 6 | 57 | 21 | 60 | 28 | 51 | 30 | 59 | 30 | 52 | 21 | 57 | 21 |
| 7 | 56 | 22 | 57 | 27 | 52 | 27 | 58 | 30 | 59 | 30 | 58 | 22 |
| 8 | 55 | 29 | 58 | 26 | 59 | 28 | 57 | 27 | 60 | 29 | 5 | 39 |
| 9 | 54 | 30 | 55 | 25 | 60 | 25 | 56 | 28 | 7 | 38 | 6 | 40 |
| 10 | 53 | 27 | 56 | 24 | 57 | 26 | 55 | 35 | 8 | 37 | 3 | 37 |
| 11 | 52 | 28 | 53 | 23 | 58 | 33 | 4 | 36 | 5 | 36 | 4 | 38 |
| 12 | 51 | 35 | 54 | 32 | 5 | 34 | 3 | 33 | 6 | 35 | 1 | 35 |
| 13 | 10 | 34 | 1 | 31 | 8 | 31 | 2 | 34 | 3 | 34 | 2 | 36 |
| 14 | 9 | 31 | 2 | 40 | 5 | 32 | 1 | 31 | 4 | 33 | 9 | 33 |
| 15 | 8 | 32 | 9 | 37 | 6 | 39 | 10 | 36 | 1 | 32 | 6 | 34 |
| 16 | 5 | 39 | 9 | 36 | 3 | 31 | 9 | 33 | 2 | 31 | 3 | 31 |
| 17 | 4 | 40 | 8 | 35 | 4 | 40 | 6 | 34 | 9 | 40 | 4 | 32 |
| 18 | 3 | 37 | 7 | 39 | 1 | 39 | 5 | 31 | 9 | 35 | 11 | 50 |
| 19 | 10 | 38 | 6 | 40 | 2 | 38 | 4 | 32 | 18 | 44 | 12 | 49 |
| 20 | 9 | 33 | 5 | 37 | 5 | 37 | 7 | 49 | 17 | 43 | 19 | 48 |
| 21 | 8 | 34 | 4 | 38 | 6 | 46 | 16 | 50 | 16 | 43 | 20 | 47 |
| 22 | 7 | 41 | 3 | 45 | 13 | 45 | 15 | 45 | 15 | 44 | 15 | 46 |
| 23 | 16 | 42 | 12 | 46 | 14 | 44 | 14 | 46 | 14 | 41 | 16 | 45 |
| 24 | 15 | 49 | 11 | 43 | 11 | 43 | 13 | 43 | 13 | 42 | 13 | 44 |
| 25 | 14 | 50 | 20 | 44 | 12 | 42 | 12 | 44 | 12 | 49 | 14 | 43 |
| 26 | 13 | 47 | 19 | 41 | 19 | 49 | 11 | 41 | 11 | 50 | 11 | 42 |
| 27 | 12 | 48 | 18 | 42 | 20 | 48 | 20 | 42 | 20 | 47 | 12 | 41 |
| 28 | 11 | 45 | 17 | 49 | 17 | 47 | 19 | 49 | 19 | 48 | 29 | 60 |
| 29 | 20 | 46 | 16 | 50 | 18 | 46 | 18 | 50 | 28 | 55 | 30 | 59 |
| 30 | 19 | | 15 | 47 | 15 | 45 | 17 | 57 | 27 | 56 | 27 | 58 |
| 31 | 18 | | 14 | | 16 | | 26 | 58 | | 53 | | 57 |

命数が…… 1~10 羅針盤座　11~20 インディアン座　21~30 鳳凰座

## 銀 1977 昭和52年生 ★ 満47歳

| 日＼月 | 1 | 2 | 3 | 4 | 5 | 6 | 7 | 8 | 9 | 10 | 11 | 12 |
|---|---|---|---|---|---|---|---|---|---|---|---|---|
| 1 | 56 | 21 | 60 | 28 | 51 | 30 | 59 | 30 | 52 | 21 | 57 | 21 |
| 2 | 55 | 30 | 57 | 27 | 52 | 27 | 58 | 29 | 59 | 30 | 58 | 22 |
| 3 | 54 | 29 | 58 | 26 | 59 | 28 | 57 | 28 | 60 | 29 | 5 | 39 |
| 4 | 53 | 27 | 55 | 25 | 60 | 25 | 56 | 27 | 7 | 38 | 6 | 40 |
| 5 | 52 | 28 | 56 | 24 | 57 | 26 | 55 | 36 | 8 | 37 | 3 | 37 |
| 6 | 51 | 35 | 53 | 23 | 58 | 33 | 4 | 35 | 5 | 36 | 4 | 38 |
| 7 | 10 | 36 | 54 | 32 | 5 | 34 | 3 | 34 | 6 | 35 | 1 | 35 |
| 8 | 9 | 33 | 1 | 31 | 6 | 31 | 2 | 34 | 3 | 34 | 2 | 36 |
| 9 | 8 | 34 | 2 | 40 | 3 | 32 | 1 | 31 | 4 | 33 | 9 | 33 |
| 10 | 7 | 31 | 9 | 39 | 4 | 39 | 10 | 32 | 1 | 32 | 10 | 34 |
| 11 | 6 | 32 | 10 | 38 | 1 | 40 | 9 | 39 | 2 | 31 | 7 | 31 |
| 12 | 5 | 37 | 7 | 37 | 2 | 37 | 8 | 40 | 9 | 40 | 8 | 32 |
| 13 | 4 | 38 | 8 | 36 | 9 | 38 | 7 | 37 | 10 | 39 | 15 | 49 |
| 14 | 3 | 35 | 5 | 35 | 2 | 35 | 6 | 38 | 17 | 48 | 16 | 50 |
| 15 | 10 | 36 | 6 | 32 | 9 | 36 | 5 | 45 | 18 | 47 | 19 | 47 |
| 16 | 9 | 43 | 3 | 31 | 10 | 43 | 14 | 50 | 15 | 46 | 20 | 48 |
| 17 | 18 | 44 | 3 | 50 | 17 | 45 | 11 | 47 | 16 | 45 | 17 | 45 |
| 18 | 15 | 41 | 12 | 46 | 18 | 44 | 20 | 48 | 13 | 50 | 18 | 45 |
| 19 | 14 | 50 | 11 | 43 | 15 | 43 | 19 | 45 | 13 | 49 | 15 | 44 |
| 20 | 13 | 47 | 20 | 44 | 16 | 42 | 12 | 46 | 12 | 48 | 16 | 43 |
| 21 | 12 | 48 | 19 | 41 | 19 | 41 | 11 | 43 | 11 | 50 | 13 | 42 |
| 22 | 11 | 45 | 18 | 42 | 20 | 50 | 20 | 44 | 20 | 47 | 12 | 41 |
| 23 | 20 | 46 | 17 | 49 | 17 | 49 | 19 | 49 | 19 | 48 | 29 | 60 |
| 24 | 19 | 43 | 16 | 50 | 18 | 48 | 18 | 50 | 28 | 55 | 30 | 59 |
| 25 | 18 | 44 | 15 | 47 | 15 | 47 | 17 | 57 | 27 | 56 | 27 | 58 |
| 26 | 17 | 51 | 14 | 48 | 16 | 56 | 26 | 58 | 26 | 53 | 28 | 57 |
| 27 | 26 | 52 | 13 | 55 | 23 | 53 | 25 | 55 | 25 | 54 | 25 | 56 |
| 28 | 25 | 59 | 22 | 56 | 24 | 52 | 24 | 56 | 24 | 51 | 26 | 55 |
| 29 | 24 | | 21 | 53 | 21 | 51 | 23 | 53 | 23 | 52 | 23 | 54 |
| 30 | 23 | | 30 | 54 | 22 | 60 | 22 | 54 | 22 | 59 | 24 | 53 |
| 31 | 22 | | 29 | | 29 | | 21 | 51 | | 60 | | 52 |

## 金 1978 昭和53年生 ★ 満46歳

| 日＼月 | 1 | 2 | 3 | 4 | 5 | 6 | 7 | 8 | 9 | 10 | 11 | 12 |
|---|---|---|---|---|---|---|---|---|---|---|---|---|
| 1 | 51 | 36 | 53 | 23 | 58 | 33 | 4 | 35 | 5 | 36 | 4 | 38 |
| 2 | 10 | 35 | 54 | 32 | 5 | 34 | 3 | 34 | 6 | 35 | 1 | 35 |
| 3 | 9 | 34 | 1 | 31 | 6 | 31 | 2 | 33 | 3 | 34 | 2 | 36 |
| 4 | 8 | 34 | 2 | 40 | 3 | 32 | 1 | 32 | 4 | 33 | 9 | 33 |
| 5 | 7 | 31 | 9 | 39 | 4 | 39 | 10 | 31 | 1 | 32 | 10 | 34 |
| 6 | 6 | 32 | 10 | 38 | 1 | 40 | 9 | 40 | 2 | 31 | 7 | 31 |
| 7 | 5 | 39 | 7 | 37 | 2 | 37 | 8 | 39 | 9 | 40 | 8 | 32 |
| 8 | 4 | 40 | 8 | 36 | 9 | 38 | 7 | 37 | 10 | 39 | 15 | 49 |
| 9 | 3 | 37 | 5 | 35 | 10 | 35 | 6 | 38 | 17 | 48 | 16 | 50 |
| 10 | 2 | 38 | 6 | 34 | 7 | 36 | 5 | 45 | 18 | 47 | 13 | 47 |
| 11 | 1 | 45 | 3 | 33 | 8 | 43 | 14 | 46 | 15 | 46 | 14 | 48 |
| 12 | 20 | 44 | 4 | 42 | 15 | 44 | 13 | 43 | 16 | 45 | 11 | 45 |
| 13 | 19 | 41 | 11 | 41 | 16 | 41 | 12 | 44 | 13 | 44 | 12 | 46 |
| 14 | 18 | 42 | 12 | 50 | 15 | 42 | 11 | 41 | 14 | 43 | 19 | 43 |
| 15 | 17 | 49 | 19 | 47 | 16 | 49 | 20 | 42 | 11 | 42 | 20 | 44 |
| 16 | 14 | 50 | 20 | 46 | 13 | 50 | 19 | 43 | 12 | 41 | 13 | 41 |
| 17 | 13 | 47 | 18 | 45 | 14 | 50 | 16 | 44 | 19 | 50 | 14 | 42 |
| 18 | 12 | 48 | 17 | 49 | 11 | 49 | 15 | 41 | 20 | 49 | 21 | 60 |
| 19 | 19 | 43 | 16 | 50 | 12 | 48 | 14 | 42 | 28 | 54 | 22 | 59 |
| 20 | 18 | 44 | 15 | 47 | 19 | 47 | 17 | 59 | 27 | 53 | 29 | 58 |
| 21 | 17 | 51 | 14 | 48 | 16 | 56 | 26 | 60 | 26 | 52 | 30 | 57 |
| 22 | 26 | 52 | 13 | 55 | 23 | 55 | 25 | 57 | 25 | 54 | 27 | 56 |
| 23 | 25 | 59 | 22 | 56 | 24 | 54 | 24 | 56 | 24 | 51 | 26 | 55 |
| 24 | 24 | 60 | 21 | 53 | 21 | 53 | 23 | 53 | 23 | 52 | 23 | 54 |
| 25 | 23 | 57 | 30 | 54 | 22 | 52 | 22 | 54 | 22 | 59 | 24 | 53 |
| 26 | 22 | 58 | 29 | 51 | 29 | 51 | 21 | 51 | 21 | 60 | 21 | 52 |
| 27 | 21 | 55 | 28 | 52 | 30 | 58 | 30 | 52 | 30 | 57 | 22 | 51 |
| 28 | 30 | 56 | 27 | 59 | 27 | 57 | 29 | 59 | 29 | 58 | 39 | 10 |
| 29 | 29 | | 26 | 60 | 28 | 56 | 28 | 60 | 38 | 5 | 40 | 9 |
| 30 | 28 | | 25 | 57 | 25 | 55 | 27 | 7 | 37 | 6 | 37 | 8 |
| 31 | 27 | | 24 | | 26 | | 36 | 8 | | 3 | | 7 |

**31~40** 時計座　**41~50** カメレオン座　**51~60** イルカ座

## 銀 1979 昭和54年生 ★ 満45歳

| 日＼月 | 1 | 2 | 3 | 4 | 5 | 6 | 7 | 8 | 9 | 10 | 11 | 12 |
|---|---|---|---|---|---|---|---|---|---|---|---|---|
| 1 | 6 | 31 | 10 | 38 | 1 | 40 | 9 | 40 | 2 | 31 | 7 | 31 |
| 2 | 5 | 40 | 7 | 37 | 2 | 37 | 8 | 39 | 9 | 40 | 8 | 32 |
| 3 | 4 | 39 | 8 | 36 | 9 | 38 | 7 | 38 | 10 | 39 | 15 | 49 |
| 4 | 3 | 37 | 5 | 35 | 10 | 35 | 6 | 37 | 17 | 48 | 16 | 50 |
| 5 | 2 | 38 | 6 | 34 | 7 | 36 | 5 | 46 | 18 | 47 | 13 | 47 |
| 6 | 1 | 45 | 3 | 33 | 8 | 43 | 14 | 45 | 15 | 46 | 14 | 48 |
| 7 | 20 | 46 | 4 | 42 | 15 | 44 | 13 | 44 | 16 | 45 | 11 | 45 |
| 8 | 19 | 43 | 11 | 41 | 16 | 41 | 12 | 44 | 13 | 44 | 12 | 46 |
| 9 | 18 | 44 | 12 | 50 | 13 | 42 | 11 | 41 | 14 | 43 | 19 | 43 |
| 10 | 17 | 41 | 19 | 49 | 14 | 49 | 20 | 42 | 11 | 42 | 20 | 44 |
| 11 | 16 | 42 | 20 | 48 | 11 | 50 | 19 | 49 | 12 | 41 | 17 | 41 |
| 12 | 15 | 47 | 17 | 47 | 12 | 47 | 18 | 50 | 19 | 50 | 18 | 42 |
| 13 | 14 | 48 | 18 | 46 | 19 | 48 | 17 | 47 | 20 | 49 | 25 | 59 |
| 14 | 13 | 45 | 15 | 45 | 12 | 45 | 16 | 48 | 27 | 58 | 26 | 60 |
| 15 | 12 | 46 | 16 | 42 | 19 | 46 | 15 | 55 | 28 | 57 | 23 | 57 |
| 16 | 19 | 53 | 13 | 41 | 20 | 53 | 24 | 60 | 25 | 56 | 30 | 58 |
| 17 | 28 | 54 | 13 | 60 | 27 | 55 | 23 | 57 | 26 | 55 | 27 | 55 |
| 18 | 27 | 51 | 22 | 56 | 28 | 54 | 30 | 58 | 23 | 54 | 28 | 56 |
| 19 | 24 | 60 | 21 | 53 | 25 | 53 | 29 | 55 | 23 | 59 | 25 | 54 |
| 20 | 23 | 57 | 30 | 54 | 26 | 52 | 28 | 56 | 22 | 58 | 26 | 53 |
| 21 | 22 | 58 | 29 | 51 | 29 | 51 | 21 | 53 | 21 | 57 | 23 | 52 |
| 22 | 21 | 55 | 28 | 52 | 30 | 60 | 30 | 54 | 30 | 57 | 24 | 51 |
| 23 | 30 | 56 | 27 | 59 | 27 | 59 | 29 | 59 | 29 | 58 | 39 | 10 |
| 24 | 29 | 53 | 26 | 60 | 28 | 58 | 28 | 60 | 38 | 5 | 40 | 9 |
| 25 | 28 | 54 | 25 | 57 | 25 | 57 | 27 | 7 | 37 | 6 | 37 | 8 |
| 26 | 27 | 1 | 24 | 58 | 26 | 6 | 36 | 8 | 36 | 3 | 38 | 7 |
| 27 | 36 | 2 | 23 | 5 | 33 | 3 | 35 | 5 | 35 | 4 | 35 | 6 |
| 28 | 35 | 9 | 32 | 6 | 34 | 2 | 34 | 6 | 34 | 1 | 36 | 5 |
| 29 | 34 | | 31 | 3 | 31 | 1 | 33 | 3 | 33 | 2 | 33 | 4 |
| 30 | 33 | | 40 | 4 | 32 | 10 | 32 | 4 | 32 | 9 | 34 | 3 |
| 31 | 32 | | 39 | | 39 | | 31 | 1 | | 10 | | 2 |

## 金 1980 昭和55年生 ★ 満44歳

| 日＼月 | 1 | 2 | 3 | 4 | 5 | 6 | 7 | 8 | 9 | 10 | 11 | 12 |
|---|---|---|---|---|---|---|---|---|---|---|---|---|
| 1 | 1 | 46 | 4 | 42 | 15 | 44 | 13 | 44 | 16 | 45 | 11 | 45 |
| 2 | 20 | 45 | 11 | 41 | 16 | 41 | 12 | 43 | 13 | 44 | 12 | 46 |
| 3 | 19 | 44 | 12 | 50 | 13 | 42 | 11 | 42 | 14 | 43 | 19 | 43 |
| 4 | 18 | 43 | 19 | 49 | 14 | 49 | 20 | 41 | 11 | 42 | 20 | 44 |
| 5 | 17 | 41 | 20 | 48 | 11 | 50 | 19 | 50 | 12 | 41 | 17 | 41 |
| 6 | 16 | 42 | 17 | 47 | 12 | 47 | 17 | 49 | 19 | 50 | 18 | 42 |
| 7 | 15 | 49 | 18 | 46 | 19 | 48 | 17 | 47 | 20 | 49 | 25 | 59 |
| 8 | 14 | 50 | 15 | 45 | 20 | 45 | 16 | 48 | 27 | 58 | 26 | 60 |
| 9 | 13 | 47 | 16 | 44 | 17 | 46 | 15 | 55 | 28 | 57 | 23 | 57 |
| 10 | 12 | 48 | 13 | 43 | 18 | 53 | 24 | 56 | 25 | 56 | 24 | 58 |
| 11 | 11 | 55 | 14 | 52 | 25 | 54 | 23 | 53 | 26 | 55 | 21 | 55 |
| 12 | 30 | 56 | 21 | 51 | 26 | 51 | 22 | 54 | 23 | 54 | 22 | 56 |
| 13 | 29 | 51 | 22 | 60 | 25 | 52 | 21 | 51 | 24 | 53 | 29 | 53 |
| 14 | 28 | 52 | 29 | 57 | 26 | 59 | 30 | 52 | 21 | 52 | 30 | 54 |
| 15 | 27 | 59 | 30 | 56 | 23 | 60 | 29 | 53 | 22 | 51 | 23 | 51 |
| 16 | 24 | 60 | 28 | 55 | 24 | 60 | 28 | 54 | 29 | 60 | 24 | 52 |
| 17 | 23 | 57 | 27 | 59 | 21 | 59 | 25 | 51 | 30 | 59 | 31 | 9 |
| 18 | 22 | 58 | 26 | 60 | 22 | 58 | 24 | 52 | 38 | 4 | 32 | 9 |
| 19 | 29 | 55 | 25 | 57 | 29 | 57 | 23 | 9 | 37 | 3 | 39 | 8 |
| 20 | 28 | 54 | 24 | 58 | 26 | 6 | 36 | 10 | 36 | 2 | 40 | 7 |
| 21 | 27 | 1 | 23 | 5 | 33 | 5 | 35 | 7 | 35 | 4 | 37 | 6 |
| 22 | 36 | 2 | 32 | 6 | 34 | 4 | 34 | 6 | 34 | 1 | 36 | 5 |
| 23 | 35 | 9 | 31 | 3 | 31 | 3 | 33 | 3 | 33 | 2 | 33 | 4 |
| 24 | 34 | 10 | 40 | 4 | 32 | 2 | 32 | 4 | 32 | 9 | 34 | 3 |
| 25 | 33 | 7 | 39 | 1 | 39 | 1 | 31 | 1 | 31 | 10 | 31 | 2 |
| 26 | 32 | 8 | 38 | 2 | 40 | 8 | 40 | 2 | 40 | 7 | 32 | 1 |
| 27 | 31 | 5 | 37 | 9 | 37 | 7 | 39 | 9 | 39 | 8 | 49 | 20 |
| 28 | 40 | 6 | 36 | 10 | 38 | 6 | 38 | 10 | 48 | 15 | 50 | 19 |
| 29 | 39 | 3 | 35 | 7 | 35 | 5 | 37 | 17 | 47 | 16 | 47 | 18 |
| 30 | 38 | | 34 | 8 | 36 | 14 | 46 | 18 | 46 | 13 | 48 | 17 |
| 31 | 37 | | 33 | | 43 | | 45 | 15 | | 14 | | 16 |

命数が…… 1~10 羅針盤座　11~20 インディアン座　21~30 鳳凰座

## 銀 1981

昭和56年生 ★ 満43歳

| 日＼月 | 1 | 2 | 3 | 4 | 5 | 6 | 7 | 8 | 9 | 10 | 11 | 12 |
|---|---|---|---|---|---|---|---|---|---|---|---|---|
| 1 | 15 | 50 | 17 | 47 | 12 | 47 | 18 | 49 | 19 | 50 | 18 | 42 |
| 2 | 14 | 49 | 18 | 46 | 19 | 48 | 17 | 48 | 20 | 49 | 25 | 59 |
| 3 | 13 | 48 | 15 | 45 | 20 | 45 | 16 | 47 | 27 | 58 | 26 | 60 |
| 4 | 12 | 48 | 16 | 44 | 17 | 46 | 15 | 56 | 28 | 57 | 23 | 57 |
| 5 | 11 | 55 | 17 | 43 | 18 | 53 | 24 | 55 | 25 | 56 | 24 | 58 |
| 6 | 30 | 56 | 14 | 52 | 25 | 54 | 23 | 54 | 26 | 55 | 21 | 55 |
| 7 | 29 | 53 | 21 | 51 | 26 | 51 | 22 | 54 | 23 | 54 | 22 | 56 |
| 8 | 28 | 54 | 22 | 60 | 23 | 52 | 21 | 51 | 24 | 53 | 29 | 53 |
| 9 | 27 | 51 | 29 | 59 | 24 | 59 | 30 | 52 | 21 | 52 | 30 | 54 |
| 10 | 26 | 52 | 30 | 58 | 21 | 60 | 29 | 59 | 22 | 51 | 27 | 51 |
| 11 | 25 | 59 | 27 | 57 | 22 | 57 | 28 | 60 | 29 | 60 | 28 | 52 |
| 12 | 24 | 58 | 28 | 56 | 29 | 58 | 27 | 57 | 30 | 59 | 35 | 9 |
| 13 | 23 | 55 | 25 | 55 | 22 | 55 | 26 | 58 | 37 | 8 | 36 | 10 |
| 14 | 22 | 56 | 26 | 54 | 29 | 56 | 25 | 5 | 38 | 7 | 33 | 7 |
| 15 | 21 | 3 | 23 | 51 | 30 | 3 | 34 | 10 | 35 | 6 | 40 | 8 |
| 16 | 38 | 4 | 24 | 10 | 37 | 4 | 33 | 7 | 36 | 5 | 37 | 5 |
| 17 | 37 | 1 | 32 | 9 | 38 | 4 | 40 | 8 | 33 | 4 | 38 | 6 |
| 18 | 36 | 2 | 31 | 3 | 35 | 3 | 39 | 5 | 34 | 9 | 35 | 4 |
| 19 | 33 | 7 | 40 | 4 | 36 | 2 | 38 | 6 | 32 | 8 | 36 | 3 |
| 20 | 32 | 8 | 39 | 1 | 39 | 1 | 31 | 3 | 31 | 7 | 33 | 2 |
| 21 | 31 | 5 | 38 | 2 | 40 | 10 | 40 | 4 | 40 | 7 | 34 | 1 |
| 22 | 40 | 6 | 37 | 9 | 37 | 9 | 39 | 9 | 39 | 8 | 49 | 20 |
| 23 | 39 | 3 | 36 | 10 | 38 | 8 | 38 | 10 | 48 | 15 | 50 | 19 |
| 24 | 38 | 4 | 35 | 7 | 35 | 7 | 37 | 17 | 47 | 16 | 47 | 18 |
| 25 | 37 | 11 | 34 | 8 | 36 | 16 | 46 | 18 | 46 | 13 | 48 | 17 |
| 26 | 46 | 12 | 33 | 15 | 43 | 15 | 45 | 15 | 45 | 14 | 45 | 16 |
| 27 | 45 | 19 | 42 | 16 | 44 | 12 | 44 | 16 | 44 | 11 | 46 | 15 |
| 28 | 44 | 20 | 41 | 13 | 41 | 11 | 43 | 13 | 43 | 12 | 43 | 14 |
| 29 | 43 |  | 50 | 14 | 42 | 20 | 42 | 14 | 42 | 19 | 44 | 13 |
| 30 | 42 |  | 49 | 11 | 49 | 19 | 41 | 11 | 41 | 20 | 41 | 12 |
| 31 | 41 |  | 48 |  | 50 |  | 50 | 12 |  | 17 |  | 11 |

## 金 1982

昭和57年生 ★ 満42歳

| 日＼月 | 1 | 2 | 3 | 4 | 5 | 6 | 7 | 8 | 9 | 10 | 11 | 12 |
|---|---|---|---|---|---|---|---|---|---|---|---|---|
| 1 | 30 | 55 | 14 | 52 | 25 | 54 | 23 | 54 | 26 | 55 | 21 | 55 |
| 2 | 29 | 54 | 21 | 51 | 26 | 51 | 22 | 53 | 23 | 54 | 22 | 56 |
| 3 | 28 | 53 | 22 | 60 | 23 | 52 | 21 | 52 | 24 | 53 | 29 | 53 |
| 4 | 27 | 51 | 29 | 59 | 24 | 59 | 30 | 51 | 21 | 52 | 30 | 54 |
| 5 | 26 | 52 | 24 | 58 | 21 | 60 | 29 | 60 | 22 | 51 | 27 | 51 |
| 6 | 25 | 59 | 27 | 57 | 22 | 57 | 28 | 59 | 29 | 60 | 28 | 52 |
| 7 | 24 | 60 | 28 | 56 | 29 | 58 | 27 | 58 | 30 | 59 | 35 | 9 |
| 8 | 23 | 57 | 25 | 55 | 30 | 55 | 26 | 58 | 37 | 8 | 36 | 10 |
| 9 | 22 | 58 | 26 | 54 | 27 | 56 | 25 | 5 | 38 | 7 | 33 | 7 |
| 10 | 21 | 5 | 23 | 53 | 28 | 3 | 34 | 6 | 35 | 6 | 34 | 8 |
| 11 | 40 | 6 | 24 | 2 | 35 | 4 | 33 | 3 | 36 | 5 | 31 | 5 |
| 12 | 39 | 1 | 31 | 1 | 36 | 1 | 32 | 4 | 33 | 4 | 32 | 6 |
| 13 | 38 | 2 | 32 | 10 | 33 | 2 | 31 | 1 | 34 | 3 | 39 | 3 |
| 14 | 37 | 9 | 39 | 9 | 36 | 9 | 40 | 2 | 31 | 2 | 40 | 4 |
| 15 | 36 | 10 | 40 | 6 | 33 | 10 | 39 | 9 | 32 | 1 | 37 | 1 |
| 16 | 33 | 7 | 37 | 5 | 34 | 7 | 38 | 4 | 39 | 10 | 34 | 2 |
| 17 | 32 | 8 | 37 | 4 | 31 | 9 | 35 | 1 | 40 | 9 | 41 | 19 |
| 18 | 31 | 5 | 36 | 10 | 32 | 8 | 34 | 2 | 47 | 14 | 42 | 19 |
| 19 | 38 | 4 | 35 | 7 | 39 | 7 | 33 | 19 | 47 | 13 | 49 | 18 |
| 20 | 37 | 11 | 34 | 8 | 40 | 16 | 46 | 20 | 46 | 12 | 50 | 17 |
| 21 | 46 | 12 | 33 | 15 | 43 | 15 | 45 | 17 | 45 | 14 | 47 | 16 |
| 22 | 45 | 19 | 42 | 16 | 44 | 14 | 44 | 18 | 44 | 11 | 48 | 15 |
| 23 | 44 | 20 | 41 | 13 | 41 | 13 | 43 | 13 | 43 | 12 | 43 | 14 |
| 24 | 43 | 17 | 50 | 14 | 42 | 12 | 42 | 14 | 42 | 19 | 44 | 13 |
| 25 | 42 | 18 | 49 | 11 | 49 | 11 | 41 | 11 | 41 | 20 | 41 | 12 |
| 26 | 41 | 15 | 48 | 12 | 50 | 20 | 50 | 12 | 50 | 17 | 42 | 11 |
| 27 | 50 | 16 | 47 | 19 | 47 | 17 | 49 | 19 | 49 | 18 | 59 | 30 |
| 28 | 49 | 13 | 46 | 20 | 48 | 16 | 48 | 20 | 58 | 25 | 60 | 29 |
| 29 | 48 |  | 45 | 17 | 45 | 15 | 47 | 27 | 57 | 26 | 57 | 28 |
| 30 | 47 |  | 44 | 18 | 46 | 24 | 56 | 28 | 56 | 23 | 58 | 27 |
| 31 | 56 |  | 43 |  | 53 |  | 55 | 25 |  | 24 |  | 26 |

31~40 時計座　41~50 カメレオン座　51~60 イルカ座

銀

# 1983

昭和58年生★満41歳

| 日＼月 | 1 | 2 | 3 | 4 | 5 | 6 | 7 | 8 | 9 | 10 | 11 | 12 |
|---|---|---|---|---|---|---|---|---|---|---|---|---|
| 1 | 25 | 60 | 27 | 57 | 22 | 57 | 28 | 59 | 29 | 60 | 28 | 52 |
| 2 | 24 | 59 | 28 | 56 | 29 | 58 | 27 | 58 | 30 | 59 | 35 | 9 |
| 3 | 23 | 58 | 25 | 55 | 30 | 55 | 26 | 57 | 37 | 8 | 36 | 10 |
| 4 | 22 | 58 | 26 | 54 | 27 | 56 | 25 | 6 | 38 | 7 | 33 | 7 |
| 5 | 21 | 5 | 23 | 53 | 28 | 3 | 34 | 5 | 35 | 6 | 34 | 8 |
| 6 | 40 | 6 | 24 | 2 | 35 | 4 | 33 | 4 | 36 | 5 | 31 | 5 |
| 7 | 39 | 3 | 31 | 1 | 36 | 1 | 31 | 3 | 33 | 4 | 32 | 6 |
| 8 | 38 | 4 | 32 | 10 | 33 | 2 | 31 | 1 | 34 | 3 | 39 | 3 |
| 9 | 37 | 1 | 39 | 9 | 34 | 9 | 40 | 2 | 31 | 2 | 40 | 4 |
| 10 | 36 | 2 | 40 | 8 | 31 | 10 | 39 | 9 | 32 | 1 | 37 | 1 |
| 11 | 35 | 9 | 37 | 7 | 32 | 7 | 38 | 10 | 39 | 10 | 38 | 2 |
| 12 | 34 | 8 | 38 | 6 | 39 | 8 | 37 | 7 | 40 | 9 | 45 | 19 |
| 13 | 33 | 5 | 35 | 5 | 40 | 5 | 36 | 8 | 47 | 18 | 46 | 20 |
| 14 | 32 | 6 | 36 | 4 | 39 | 6 | 35 | 15 | 48 | 17 | 43 | 17 |
| 15 | 31 | 13 | 33 | 1 | 40 | 13 | 44 | 16 | 45 | 16 | 44 | 18 |
| 16 | 48 | 14 | 34 | 20 | 47 | 14 | 43 | 17 | 46 | 15 | 47 | 15 |
| 17 | 47 | 11 | 42 | 19 | 48 | 14 | 42 | 18 | 43 | 14 | 48 | 16 |
| 18 | 46 | 12 | 41 | 13 | 45 | 13 | 49 | 15 | 44 | 13 | 45 | 13 |
| 19 | 43 | 17 | 50 | 14 | 46 | 12 | 48 | 16 | 42 | 18 | 46 | 13 |
| 20 | 42 | 18 | 49 | 11 | 43 | 11 | 47 | 13 | 41 | 17 | 43 | 12 |
| 21 | 41 | 15 | 48 | 12 | 50 | 20 | 50 | 14 | 50 | 16 | 44 | 11 |
| 22 | 50 | 16 | 47 | 19 | 47 | 19 | 49 | 11 | 49 | 18 | 51 | 30 |
| 23 | 49 | 13 | 46 | 20 | 48 | 18 | 48 | 20 | 58 | 25 | 60 | 29 |
| 24 | 48 | 14 | 45 | 17 | 45 | 17 | 47 | 27 | 57 | 26 | 57 | 28 |
| 25 | 47 | 21 | 44 | 18 | 46 | 26 | 56 | 28 | 56 | 23 | 58 | 27 |
| 26 | 56 | 22 | 43 | 25 | 53 | 25 | 55 | 25 | 55 | 24 | 55 | 26 |
| 27 | 55 | 29 | 52 | 26 | 54 | 22 | 54 | 26 | 54 | 21 | 56 | 25 |
| 28 | 54 | 30 | 51 | 23 | 51 | 21 | 53 | 23 | 53 | 22 | 53 | 24 |
| 29 | 53 | | 60 | 24 | 52 | 30 | 52 | 24 | 52 | 29 | 54 | 23 |
| 30 | 52 | | 59 | 21 | 59 | 29 | 51 | 21 | 51 | 30 | 51 | 22 |
| 31 | 51 | | 58 | | 60 | | 60 | 22 | | 27 | | 21 |

金

# 1984

昭和59年生★満40歳

| 日＼月 | 1 | 2 | 3 | 4 | 5 | 6 | 7 | 8 | 9 | 10 | 11 | 12 |
|---|---|---|---|---|---|---|---|---|---|---|---|---|
| 1 | 40 | 5 | 31 | 1 | 36 | 1 | 32 | 3 | 33 | 4 | 32 | 6 |
| 2 | 39 | 4 | 32 | 10 | 33 | 2 | 31 | 2 | 34 | 3 | 39 | 3 |
| 3 | 38 | 3 | 39 | 9 | 34 | 9 | 40 | 1 | 31 | 2 | 40 | 4 |
| 4 | 37 | 2 | 40 | 8 | 31 | 10 | 39 | 10 | 32 | 1 | 37 | 1 |
| 5 | 36 | 2 | 37 | 7 | 32 | 7 | 38 | 9 | 39 | 10 | 38 | 2 |
| 6 | 35 | 9 | 38 | 6 | 39 | 8 | 38 | 8 | 40 | 9 | 45 | 19 |
| 7 | 34 | 10 | 35 | 5 | 40 | 5 | 36 | 8 | 47 | 18 | 46 | 20 |
| 8 | 33 | 7 | 36 | 4 | 37 | 6 | 35 | 15 | 48 | 17 | 43 | 17 |
| 9 | 32 | 8 | 33 | 3 | 38 | 13 | 44 | 16 | 45 | 16 | 44 | 18 |
| 10 | 31 | 15 | 34 | 12 | 45 | 14 | 43 | 13 | 46 | 15 | 41 | 15 |
| 11 | 50 | 16 | 41 | 11 | 46 | 11 | 42 | 14 | 43 | 14 | 42 | 16 |
| 12 | 49 | 13 | 42 | 20 | 43 | 12 | 41 | 11 | 44 | 13 | 49 | 13 |
| 13 | 48 | 12 | 49 | 19 | 46 | 19 | 50 | 12 | 41 | 12 | 50 | 14 |
| 14 | 47 | 19 | 50 | 16 | 43 | 20 | 49 | 19 | 42 | 11 | 47 | 11 |
| 15 | 46 | 20 | 47 | 15 | 44 | 17 | 48 | 14 | 49 | 20 | 44 | 12 |
| 16 | 43 | 17 | 47 | 14 | 41 | 19 | 47 | 11 | 50 | 19 | 51 | 29 |
| 17 | 42 | 18 | 46 | 20 | 42 | 18 | 44 | 12 | 57 | 28 | 52 | 30 |
| 18 | 41 | 15 | 45 | 17 | 49 | 17 | 43 | 29 | 57 | 23 | 59 | 28 |
| 19 | 48 | 16 | 44 | 18 | 50 | 26 | 52 | 30 | 56 | 22 | 60 | 27 |
| 20 | 47 | 21 | 43 | 25 | 53 | 25 | 55 | 27 | 55 | 21 | 57 | 26 |
| 21 | 56 | 22 | 52 | 26 | 54 | 24 | 54 | 28 | 54 | 21 | 58 | 25 |
| 22 | 55 | 29 | 51 | 23 | 51 | 23 | 53 | 23 | 53 | 22 | 53 | 24 |
| 23 | 54 | 30 | 60 | 24 | 52 | 22 | 52 | 24 | 52 | 29 | 54 | 23 |
| 24 | 53 | 27 | 59 | 21 | 59 | 21 | 51 | 21 | 51 | 30 | 51 | 22 |
| 25 | 52 | 28 | 58 | 22 | 60 | 30 | 60 | 22 | 60 | 27 | 52 | 21 |
| 26 | 51 | 25 | 57 | 29 | 57 | 27 | 59 | 29 | 59 | 28 | 9 | 40 |
| 27 | 60 | 26 | 56 | 30 | 58 | 26 | 58 | 30 | 8 | 35 | 10 | 39 |
| 28 | 59 | 23 | 55 | 27 | 55 | 25 | 57 | 37 | 7 | 36 | 7 | 38 |
| 29 | 58 | 24 | 54 | 28 | 56 | 34 | 6 | 38 | 6 | 33 | 8 | 37 |
| 30 | 57 | | 53 | 35 | 3 | 33 | 5 | 35 | 5 | 34 | 5 | 36 |
| 31 | 6 | | 2 | | 4 | | 4 | 36 | | 31 | | 35 |

命数が…… 1~10 羅針盤座　11~20 インディアン座　21~30 鳳凰座

銀

# 1985

昭和60年生 ★ 満39歳

| 日＼月 | 1 | 2 | 3 | 4 | 5 | 6 | 7 | 8 | 9 | 10 | 11 | 12 |
|---|---|---|---|---|---|---|---|---|---|---|---|---|
| 1 | 34 | 9 | 38 | 6 | 39 | 8 | 37 | 8 | 40 | 9 | 45 | 19 |
| 2 | 33 | 8 | 35 | 5 | 40 | 5 | 36 | 7 | 47 | 18 | 46 | 20 |
| 3 | 32 | 7 | 36 | 4 | 37 | 6 | 35 | 16 | 48 | 17 | 43 | 17 |
| 4 | 31 | 15 | 33 | 3 | 38 | 13 | 44 | 15 | 45 | 16 | 44 | 18 |
| 5 | 50 | 16 | 38 | 12 | 45 | 14 | 43 | 14 | 46 | 15 | 41 | 15 |
| 6 | 49 | 13 | 41 | 11 | 46 | 11 | 42 | 13 | 43 | 14 | 42 | 16 |
| 7 | 48 | 14 | 42 | 20 | 43 | 12 | 41 | 11 | 44 | 13 | 49 | 13 |
| 8 | 47 | 11 | 49 | 19 | 44 | 19 | 50 | 12 | 41 | 12 | 50 | 14 |
| 9 | 46 | 12 | 50 | 18 | 41 | 20 | 49 | 19 | 42 | 11 | 47 | 11 |
| 10 | 45 | 19 | 47 | 17 | 42 | 17 | 48 | 20 | 49 | 20 | 48 | 12 |
| 11 | 44 | 20 | 48 | 16 | 49 | 18 | 47 | 17 | 50 | 19 | 55 | 29 |
| 12 | 43 | 15 | 45 | 15 | 50 | 15 | 46 | 18 | 57 | 28 | 56 | 30 |
| 13 | 42 | 16 | 46 | 14 | 49 | 16 | 45 | 25 | 58 | 27 | 53 | 27 |
| 14 | 41 | 23 | 43 | 13 | 50 | 23 | 54 | 26 | 55 | 26 | 54 | 28 |
| 15 | 58 | 24 | 44 | 30 | 57 | 24 | 53 | 27 | 56 | 25 | 57 | 25 |
| 16 | 57 | 21 | 51 | 29 | 58 | 21 | 52 | 28 | 53 | 24 | 58 | 26 |
| 17 | 56 | 22 | 51 | 28 | 55 | 23 | 59 | 25 | 54 | 23 | 55 | 23 |
| 18 | 53 | 29 | 60 | 24 | 56 | 22 | 58 | 26 | 51 | 28 | 56 | 23 |
| 19 | 52 | 28 | 59 | 21 | 53 | 21 | 57 | 23 | 51 | 27 | 53 | 22 |
| 20 | 51 | 25 | 58 | 22 | 60 | 30 | 60 | 24 | 60 | 26 | 54 | 21 |
| 21 | 60 | 26 | 57 | 29 | 57 | 29 | 59 | 21 | 59 | 28 | 1 | 40 |
| 22 | 59 | 23 | 56 | 30 | 58 | 28 | 58 | 30 | 8 | 35 | 10 | 39 |
| 23 | 58 | 24 | 55 | 27 | 55 | 27 | 57 | 37 | 7 | 36 | 7 | 38 |
| 24 | 57 | 31 | 54 | 28 | 56 | 36 | 6 | 38 | 6 | 33 | 8 | 37 |
| 25 | 6 | 32 | 53 | 35 | 3 | 35 | 5 | 35 | 5 | 34 | 5 | 36 |
| 26 | 5 | 39 | 2 | 36 | 4 | 32 | 4 | 36 | 4 | 31 | 6 | 35 |
| 27 | 4 | 40 | 1 | 33 | 1 | 31 | 3 | 33 | 3 | 32 | 3 | 34 |
| 28 | 3 | 37 | 10 | 34 | 2 | 40 | 2 | 34 | 2 | 39 | 4 | 33 |
| 29 | 2 |  | 9 | 31 | 9 | 39 | 1 | 31 | 1 | 40 | 1 | 32 |
| 30 | 1 |  | 8 | 32 | 10 | 38 | 10 | 32 | 10 | 37 | 2 | 31 |
| 31 | 10 |  | 7 |  | 7 |  | 9 | 39 |  | 38 |  | 50 |

金

# 1986

昭和61年生 ★ 満38歳

| 日＼月 | 1 | 2 | 3 | 4 | 5 | 6 | 7 | 8 | 9 | 10 | 11 | 12 |
|---|---|---|---|---|---|---|---|---|---|---|---|---|
| 1 | 49 | 14 | 41 | 11 | 46 | 11 | 42 | 13 | 43 | 14 | 42 | 16 |
| 2 | 48 | 13 | 42 | 20 | 43 | 12 | 41 | 12 | 44 | 13 | 49 | 13 |
| 3 | 47 | 12 | 49 | 19 | 44 | 19 | 50 | 11 | 41 | 12 | 50 | 14 |
| 4 | 46 | 12 | 50 | 18 | 41 | 20 | 49 | 20 | 42 | 11 | 47 | 11 |
| 5 | 45 | 19 | 41 | 17 | 42 | 17 | 48 | 19 | 49 | 20 | 48 | 12 |
| 6 | 44 | 20 | 48 | 16 | 49 | 18 | 47 | 18 | 50 | 19 | 55 | 29 |
| 7 | 43 | 17 | 45 | 15 | 50 | 15 | 46 | 17 | 57 | 28 | 56 | 30 |
| 8 | 42 | 18 | 46 | 14 | 47 | 16 | 45 | 25 | 58 | 27 | 53 | 27 |
| 9 | 41 | 25 | 43 | 13 | 48 | 23 | 54 | 26 | 55 | 26 | 54 | 28 |
| 10 | 60 | 26 | 44 | 22 | 55 | 24 | 53 | 23 | 56 | 25 | 51 | 25 |
| 11 | 59 | 23 | 51 | 21 | 56 | 21 | 52 | 24 | 53 | 24 | 52 | 26 |
| 12 | 58 | 22 | 52 | 30 | 53 | 22 | 51 | 21 | 54 | 23 | 59 | 23 |
| 13 | 57 | 29 | 59 | 29 | 54 | 29 | 60 | 22 | 51 | 22 | 60 | 24 |
| 14 | 56 | 30 | 60 | 28 | 53 | 30 | 59 | 29 | 52 | 21 | 57 | 21 |
| 15 | 55 | 27 | 57 | 25 | 54 | 27 | 58 | 30 | 59 | 30 | 58 | 22 |
| 16 | 52 | 28 | 58 | 24 | 51 | 28 | 57 | 21 | 60 | 29 | 1 | 39 |
| 17 | 51 | 25 | 56 | 23 | 52 | 28 | 54 | 22 | 7 | 38 | 2 | 40 |
| 18 | 60 | 26 | 55 | 27 | 59 | 27 | 53 | 39 | 8 | 33 | 9 | 38 |
| 19 | 57 | 31 | 54 | 28 | 60 | 36 | 2 | 40 | 6 | 32 | 10 | 37 |
| 20 | 6 | 32 | 53 | 35 | 7 | 35 | 5 | 37 | 5 | 31 | 7 | 36 |
| 21 | 5 | 39 | 2 | 36 | 4 | 34 | 4 | 38 | 4 | 31 | 8 | 35 |
| 22 | 4 | 40 | 1 | 33 | 1 | 33 | 3 | 35 | 3 | 32 | 5 | 34 |
| 23 | 3 | 37 | 10 | 34 | 2 | 32 | 2 | 34 | 2 | 39 | 4 | 33 |
| 24 | 2 | 38 | 9 | 31 | 9 | 31 | 1 | 31 | 1 | 40 | 1 | 32 |
| 25 | 1 | 35 | 8 | 32 | 10 | 40 | 10 | 32 | 10 | 37 | 2 | 31 |
| 26 | 10 | 36 | 7 | 39 | 7 | 39 | 9 | 39 | 9 | 38 | 19 | 50 |
| 27 | 9 | 33 | 6 | 40 | 8 | 36 | 8 | 40 | 18 | 45 | 20 | 49 |
| 28 | 8 | 34 | 5 | 37 | 5 | 35 | 7 | 47 | 17 | 46 | 17 | 48 |
| 29 | 7 |  | 4 | 38 | 6 | 44 | 16 | 48 | 16 | 43 | 18 | 47 |
| 30 | 16 |  | 3 | 45 | 13 | 43 | 15 | 45 | 15 | 44 | 15 | 46 |
| 31 | 15 |  | 12 |  | 14 |  | 14 | 46 |  | 41 |  | 45 |

31~40 時計座　41~50 カメレオン座　51~60 イルカ座

銀

# 1987

昭和62年生 ★ 満37歳

| 日＼月 | 1 | 2 | 3 | 4 | 5 | 6 | 7 | 8 | 9 | 10 | 11 | 12 |
|---|---|---|---|---|---|---|---|---|---|---|---|---|
| 1 | 44 | 19 | 48 | 16 | 49 | 18 | 47 | 18 | 50 | 19 | 55 | 29 |
| 2 | 43 | 18 | 45 | 15 | 50 | 15 | 46 | 17 | 57 | 28 | 56 | 30 |
| 3 | 42 | 17 | 46 | 14 | 47 | 16 | 45 | 26 | 58 | 27 | 53 | 27 |
| 4 | 41 | 25 | 43 | 13 | 48 | 23 | 54 | 25 | 55 | 26 | 54 | 28 |
| 5 | 60 | 26 | 48 | 22 | 55 | 24 | 53 | 24 | 56 | 25 | 51 | 25 |
| 6 | 59 | 23 | 51 | 21 | 56 | 21 | 52 | 23 | 53 | 24 | 52 | 26 |
| 7 | 58 | 24 | 52 | 30 | 53 | 22 | 52 | 22 | 54 | 23 | 59 | 23 |
| 8 | 57 | 21 | 59 | 29 | 54 | 29 | 60 | 22 | 51 | 22 | 60 | 24 |
| 9 | 56 | 22 | 60 | 28 | 51 | 30 | 59 | 29 | 52 | 21 | 57 | 21 |
| 10 | 55 | 29 | 57 | 27 | 52 | 27 | 58 | 30 | 59 | 30 | 58 | 22 |
| 11 | 54 | 30 | 58 | 26 | 59 | 28 | 57 | 27 | 60 | 29 | 5 | 39 |
| 12 | 53 | 25 | 55 | 25 | 60 | 25 | 56 | 28 | 7 | 38 | 6 | 40 |
| 13 | 52 | 26 | 56 | 24 | 57 | 26 | 55 | 35 | 8 | 37 | 3 | 37 |
| 14 | 51 | 33 | 53 | 23 | 60 | 33 | 4 | 36 | 5 | 36 | 4 | 38 |
| 15 | 10 | 34 | 54 | 40 | 7 | 34 | 3 | 33 | 6 | 35 | 1 | 35 |
| 16 | 7 | 31 | 1 | 39 | 8 | 31 | 2 | 38 | 3 | 34 | 8 | 36 |
| 17 | 6 | 32 | 1 | 38 | 5 | 33 | 1 | 35 | 4 | 33 | 5 | 33 |
| 18 | 5 | 39 | 10 | 34 | 6 | 32 | 8 | 36 | 1 | 32 | 6 | 34 |
| 19 | 2 | 38 | 9 | 31 | 3 | 31 | 7 | 33 | 1 | 37 | 3 | 32 |
| 20 | 1 | 35 | 8 | 32 | 4 | 40 | 6 | 34 | 10 | 36 | 4 | 31 |
| 21 | 10 | 36 | 7 | 39 | 7 | 39 | 9 | 31 | 9 | 35 | 11 | 50 |
| 22 | 9 | 33 | 6 | 40 | 8 | 38 | 8 | 32 | 18 | 45 | 12 | 49 |
| 23 | 8 | 34 | 5 | 37 | 5 | 37 | 7 | 47 | 17 | 46 | 17 | 48 |
| 24 | 7 | 41 | 4 | 38 | 6 | 46 | 16 | 48 | 16 | 43 | 18 | 47 |
| 25 | 16 | 42 | 3 | 45 | 13 | 45 | 15 | 45 | 15 | 44 | 15 | 46 |
| 26 | 15 | 49 | 12 | 46 | 14 | 44 | 14 | 46 | 14 | 41 | 16 | 45 |
| 27 | 14 | 50 | 11 | 43 | 11 | 41 | 13 | 43 | 13 | 42 | 13 | 44 |
| 28 | 13 | 47 | 20 | 44 | 12 | 50 | 12 | 44 | 12 | 49 | 14 | 43 |
| 29 | 12 |  | 19 | 41 | 19 | 49 | 11 | 41 | 11 | 50 | 11 | 42 |
| 30 | 11 |  | 18 | 42 | 20 | 48 | 20 | 42 | 20 | 47 | 12 | 41 |
| 31 | 20 |  | 17 |  | 17 |  | 19 | 49 |  | 48 |  | 60 |

金

# 1988

昭和63年生 ★ 満36歳

| 日＼月 | 1 | 2 | 3 | 4 | 5 | 6 | 7 | 8 | 9 | 10 | 11 | 12 |
|---|---|---|---|---|---|---|---|---|---|---|---|---|
| 1 | 59 | 24 | 52 | 30 | 53 | 22 | 51 | 22 | 54 | 23 | 59 | 23 |
| 2 | 58 | 23 | 59 | 29 | 54 | 29 | 60 | 21 | 51 | 22 | 60 | 24 |
| 3 | 57 | 22 | 60 | 28 | 51 | 30 | 59 | 30 | 52 | 21 | 57 | 21 |
| 4 | 56 | 22 | 57 | 27 | 52 | 27 | 58 | 29 | 59 | 30 | 58 | 22 |
| 5 | 55 | 29 | 58 | 26 | 59 | 28 | 57 | 28 | 60 | 29 | 5 | 39 |
| 6 | 54 | 30 | 55 | 25 | 60 | 25 | 55 | 27 | 7 | 38 | 6 | 40 |
| 7 | 53 | 27 | 56 | 24 | 57 | 26 | 55 | 35 | 8 | 37 | 3 | 37 |
| 8 | 52 | 28 | 53 | 23 | 58 | 33 | 4 | 36 | 5 | 36 | 4 | 38 |
| 9 | 51 | 35 | 54 | 32 | 5 | 34 | 3 | 33 | 6 | 35 | 1 | 35 |
| 10 | 10 | 36 | 1 | 31 | 6 | 31 | 2 | 34 | 3 | 34 | 2 | 36 |
| 11 | 9 | 33 | 2 | 40 | 3 | 32 | 1 | 31 | 4 | 33 | 9 | 33 |
| 12 | 8 | 32 | 9 | 39 | 4 | 39 | 10 | 32 | 1 | 32 | 10 | 34 |
| 13 | 7 | 39 | 10 | 38 | 3 | 40 | 9 | 39 | 2 | 31 | 7 | 31 |
| 14 | 6 | 40 | 7 | 35 | 4 | 37 | 8 | 40 | 9 | 40 | 8 | 32 |
| 15 | 5 | 37 | 8 | 34 | 1 | 38 | 7 | 31 | 10 | 39 | 11 | 49 |
| 16 | 2 | 38 | 6 | 33 | 2 | 38 | 6 | 32 | 17 | 48 | 12 | 50 |
| 17 | 1 | 35 | 5 | 37 | 9 | 37 | 3 | 49 | 18 | 47 | 19 | 47 |
| 18 | 10 | 36 | 4 | 38 | 10 | 46 | 12 | 50 | 16 | 42 | 20 | 47 |
| 19 | 7 | 41 | 3 | 45 | 17 | 45 | 11 | 47 | 15 | 41 | 17 | 46 |
| 20 | 16 | 42 | 12 | 46 | 14 | 44 | 14 | 48 | 14 | 50 | 18 | 45 |
| 21 | 15 | 49 | 11 | 43 | 11 | 43 | 13 | 45 | 13 | 42 | 15 | 44 |
| 22 | 14 | 50 | 20 | 44 | 12 | 42 | 12 | 44 | 12 | 49 | 14 | 43 |
| 23 | 13 | 47 | 19 | 41 | 19 | 41 | 11 | 41 | 11 | 50 | 11 | 42 |
| 24 | 12 | 48 | 18 | 42 | 20 | 50 | 20 | 42 | 20 | 47 | 12 | 41 |
| 25 | 11 | 45 | 17 | 49 | 17 | 49 | 19 | 49 | 19 | 48 | 29 | 60 |
| 26 | 20 | 46 | 16 | 50 | 18 | 46 | 18 | 50 | 28 | 55 | 30 | 59 |
| 27 | 19 | 43 | 15 | 47 | 15 | 45 | 17 | 57 | 27 | 56 | 27 | 58 |
| 28 | 18 | 44 | 14 | 48 | 16 | 54 | 26 | 58 | 26 | 53 | 28 | 57 |
| 29 | 17 | 51 | 13 | 55 | 23 | 53 | 25 | 55 | 25 | 54 | 25 | 56 |
| 30 | 26 |  | 22 | 56 | 24 | 52 | 24 | 56 | 24 | 51 | 26 | 55 |
| 31 | 25 |  | 21 |  | 21 |  | 23 | 53 |  | 52 |  | 54 |

命数が…… 1~10 羅針盤座　11~20 インディアン座　21~30 鳳凰座

## 銀 1989

昭和64年生　平成元年生

★満35歳

| 日＼月 | 1 | 2 | 3 | 4 | 5 | 6 | 7 | 8 | 9 | 10 | 11 | 12 |
|---|---|---|---|---|---|---|---|---|---|---|---|---|
| 1 | 53 | 28 | 55 | 25 | 60 | 25 | 56 | 27 | 7 | 38 | 6 | 40 |
| 2 | 52 | 27 | 56 | 24 | 57 | 26 | 55 | 36 | 8 | 37 | 3 | 37 |
| 3 | 51 | 36 | 53 | 23 | 58 | 33 | 4 | 35 | 5 | 36 | 4 | 38 |
| 4 | 10 | 36 | 54 | 32 | 5 | 34 | 3 | 34 | 6 | 35 | 1 | 35 |
| 5 | 9 | 33 | 1 | 31 | 6 | 31 | 2 | 33 | 3 | 34 | 2 | 36 |
| 6 | 8 | 34 | 2 | 40 | 3 | 32 | 1 | 32 | 4 | 33 | 9 | 33 |
| 7 | 7 | 31 | 9 | 39 | 4 | 39 | 10 | 32 | 1 | 32 | 10 | 34 |
| 8 | 6 | 32 | 10 | 38 | 1 | 40 | 9 | 39 | 2 | 31 | 7 | 31 |
| 9 | 5 | 39 | 7 | 37 | 2 | 37 | 8 | 40 | 9 | 40 | 8 | 32 |
| 10 | 4 | 40 | 8 | 36 | 9 | 38 | 7 | 37 | 10 | 39 | 15 | 49 |
| 11 | 3 | 37 | 5 | 35 | 10 | 35 | 6 | 38 | 17 | 48 | 16 | 50 |
| 12 | 2 | 36 | 6 | 34 | 7 | 36 | 5 | 45 | 18 | 47 | 13 | 47 |
| 13 | 1 | 43 | 3 | 33 | 10 | 43 | 14 | 46 | 15 | 46 | 14 | 48 |
| 14 | 20 | 44 | 4 | 42 | 17 | 44 | 13 | 43 | 16 | 45 | 11 | 45 |
| 15 | 17 | 41 | 11 | 49 | 18 | 41 | 12 | 48 | 13 | 44 | 18 | 46 |
| 16 | 16 | 42 | 11 | 48 | 15 | 42 | 11 | 45 | 14 | 43 | 15 | 43 |
| 17 | 15 | 49 | 20 | 47 | 16 | 42 | 18 | 46 | 11 | 42 | 16 | 44 |
| 18 | 12 | 50 | 19 | 41 | 13 | 41 | 17 | 43 | 12 | 47 | 13 | 42 |
| 19 | 11 | 45 | 18 | 42 | 14 | 50 | 16 | 44 | 20 | 46 | 14 | 41 |
| 20 | 20 | 46 | 17 | 49 | 17 | 49 | 19 | 41 | 19 | 45 | 21 | 60 |
| 21 | 19 | 43 | 16 | 50 | 18 | 48 | 18 | 42 | 28 | 55 | 22 | 59 |
| 22 | 18 | 44 | 15 | 47 | 15 | 47 | 17 | 57 | 27 | 56 | 27 | 58 |
| 23 | 17 | 51 | 14 | 48 | 16 | 56 | 26 | 58 | 26 | 53 | 28 | 57 |
| 24 | 26 | 52 | 13 | 55 | 23 | 55 | 25 | 55 | 25 | 54 | 25 | 56 |
| 25 | 25 | 59 | 22 | 56 | 24 | 54 | 24 | 56 | 24 | 51 | 26 | 55 |
| 26 | 24 | 60 | 21 | 53 | 21 | 53 | 23 | 53 | 23 | 52 | 23 | 54 |
| 27 | 23 | 57 | 30 | 54 | 22 | 60 | 22 | 54 | 22 | 59 | 24 | 53 |
| 28 | 22 | 58 | 29 | 51 | 29 | 59 | 21 | 51 | 21 | 60 | 21 | 52 |
| 29 | 21 |  | 28 | 52 | 30 | 58 | 30 | 52 | 30 | 57 | 22 | 51 |
| 30 | 30 |  | 27 | 59 | 27 | 57 | 29 | 59 | 29 | 58 | 39 | 10 |
| 31 | 29 |  | 26 |  | 28 |  | 28 | 60 |  | 5 |  | 9 |

## 金 1990

平成2年生

★満34歳

| 日＼月 | 1 | 2 | 3 | 4 | 5 | 6 | 7 | 8 | 9 | 10 | 11 | 12 |
|---|---|---|---|---|---|---|---|---|---|---|---|---|
| 1 | 8 | 33 | 2 | 40 | 3 | 32 | 1 | 32 | 4 | 33 | 9 | 33 |
| 2 | 7 | 32 | 9 | 39 | 4 | 39 | 10 | 31 | 1 | 32 | 10 | 34 |
| 3 | 6 | 31 | 10 | 38 | 1 | 40 | 9 | 40 | 2 | 31 | 7 | 31 |
| 4 | 5 | 39 | 7 | 37 | 2 | 37 | 8 | 39 | 9 | 40 | 8 | 32 |
| 5 | 4 | 40 | 2 | 36 | 9 | 38 | 7 | 38 | 10 | 39 | 15 | 49 |
| 6 | 3 | 37 | 5 | 35 | 10 | 35 | 6 | 37 | 17 | 48 | 16 | 50 |
| 7 | 2 | 38 | 6 | 34 | 7 | 36 | 5 | 46 | 18 | 47 | 13 | 47 |
| 8 | 1 | 45 | 3 | 33 | 8 | 43 | 14 | 46 | 15 | 46 | 14 | 48 |
| 9 | 20 | 46 | 4 | 42 | 15 | 44 | 13 | 43 | 16 | 45 | 11 | 45 |
| 10 | 19 | 43 | 11 | 41 | 16 | 41 | 12 | 44 | 13 | 44 | 12 | 46 |
| 11 | 18 | 44 | 12 | 50 | 13 | 42 | 11 | 41 | 14 | 43 | 19 | 43 |
| 12 | 17 | 49 | 19 | 49 | 14 | 49 | 20 | 42 | 11 | 42 | 20 | 44 |
| 13 | 16 | 50 | 20 | 48 | 11 | 50 | 19 | 49 | 12 | 41 | 17 | 41 |
| 14 | 15 | 47 | 17 | 47 | 14 | 47 | 18 | 50 | 19 | 50 | 18 | 42 |
| 15 | 12 | 48 | 18 | 44 | 11 | 48 | 17 | 47 | 20 | 49 | 25 | 59 |
| 16 | 11 | 45 | 15 | 43 | 12 | 45 | 16 | 42 | 27 | 58 | 22 | 60 |
| 17 | 20 | 46 | 15 | 42 | 19 | 47 | 13 | 59 | 28 | 57 | 29 | 57 |
| 18 | 17 | 53 | 14 | 48 | 20 | 56 | 22 | 60 | 25 | 52 | 30 | 57 |
| 19 | 26 | 52 | 13 | 55 | 27 | 55 | 21 | 57 | 25 | 51 | 27 | 56 |
| 20 | 25 | 59 | 22 | 56 | 28 | 54 | 24 | 58 | 24 | 60 | 28 | 55 |
| 21 | 24 | 60 | 21 | 53 | 21 | 53 | 23 | 55 | 23 | 52 | 25 | 54 |
| 22 | 23 | 57 | 30 | 54 | 22 | 52 | 22 | 56 | 22 | 59 | 26 | 53 |
| 23 | 22 | 58 | 29 | 51 | 29 | 51 | 21 | 51 | 21 | 60 | 21 | 52 |
| 24 | 21 | 55 | 28 | 52 | 30 | 60 | 30 | 52 | 30 | 57 | 22 | 51 |
| 25 | 30 | 56 | 27 | 59 | 27 | 59 | 29 | 59 | 29 | 58 | 39 | 10 |
| 26 | 29 | 53 | 26 | 60 | 28 | 58 | 28 | 60 | 38 | 5 | 40 | 9 |
| 27 | 28 | 54 | 25 | 57 | 25 | 55 | 27 | 7 | 37 | 6 | 37 | 8 |
| 28 | 27 | 1 | 24 | 58 | 26 | 4 | 36 | 8 | 36 | 3 | 38 | 7 |
| 29 | 36 |  | 23 | 5 | 33 | 3 | 35 | 5 | 35 | 4 | 35 | 6 |
| 30 | 35 |  | 32 | 6 | 34 | 2 | 34 | 6 | 34 | 1 | 36 | 5 |
| 31 | 34 |  | 31 |  | 31 |  | 33 | 3 |  | 2 |  | 4 |

31~40 時計座　41~50 カメレオン座　51~60 イルカ座

## 銀 1991 平成3年生 ★ 満33歳

| 日＼月 | 1 | 2 | 3 | 4 | 5 | 6 | 7 | 8 | 9 | 10 | 11 | 12 |
|---|---|---|---|---|---|---|---|---|---|---|---|---|
| 1 | 3 | 38 | 5 | 35 | 10 | 35 | 6 | 37 | 17 | 48 | 16 | 50 |
| 2 | 2 | 37 | 6 | 34 | 7 | 36 | 5 | 46 | 18 | 47 | 13 | 47 |
| 3 | 1 | 46 | 3 | 33 | 8 | 43 | 14 | 45 | 15 | 46 | 14 | 48 |
| 4 | 20 | 46 | 4 | 42 | 15 | 44 | 13 | 44 | 16 | 45 | 11 | 45 |
| 5 | 19 | 43 | 15 | 41 | 16 | 41 | 12 | 43 | 13 | 44 | 12 | 46 |
| 6 | 18 | 44 | 12 | 50 | 13 | 42 | 11 | 42 | 14 | 43 | 19 | 43 |
| 7 | 17 | 41 | 19 | 49 | 14 | 49 | 20 | 41 | 11 | 42 | 20 | 44 |
| 8 | 16 | 42 | 20 | 48 | 11 | 50 | 19 | 49 | 12 | 41 | 17 | 41 |
| 9 | 15 | 49 | 17 | 47 | 12 | 47 | 18 | 50 | 19 | 50 | 18 | 42 |
| 10 | 14 | 50 | 18 | 46 | 19 | 48 | 17 | 47 | 20 | 49 | 25 | 59 |
| 11 | 13 | 47 | 15 | 45 | 20 | 45 | 16 | 48 | 27 | 58 | 26 | 60 |
| 12 | 12 | 46 | 16 | 44 | 17 | 46 | 15 | 55 | 28 | 57 | 23 | 57 |
| 13 | 11 | 53 | 13 | 43 | 18 | 53 | 24 | 56 | 25 | 56 | 24 | 58 |
| 14 | 30 | 54 | 14 | 52 | 27 | 54 | 23 | 53 | 26 | 55 | 21 | 55 |
| 15 | 29 | 51 | 21 | 59 | 28 | 51 | 22 | 54 | 23 | 54 | 22 | 56 |
| 16 | 26 | 52 | 22 | 58 | 25 | 52 | 21 | 55 | 24 | 53 | 25 | 53 |
| 17 | 25 | 59 | 30 | 57 | 26 | 52 | 28 | 56 | 21 | 52 | 26 | 54 |
| 18 | 24 | 60 | 29 | 51 | 23 | 51 | 27 | 53 | 22 | 51 | 23 | 51 |
| 19 | 21 | 55 | 28 | 52 | 24 | 60 | 26 | 54 | 30 | 56 | 24 | 51 |
| 20 | 30 | 56 | 27 | 59 | 21 | 59 | 29 | 51 | 29 | 55 | 31 | 10 |
| 21 | 29 | 53 | 26 | 60 | 28 | 58 | 28 | 52 | 38 | 4 | 32 | 9 |
| 22 | 28 | 54 | 25 | 57 | 25 | 57 | 27 | 9 | 37 | 6 | 39 | 8 |
| 23 | 27 | 1 | 24 | 58 | 26 | 6 | 36 | 8 | 36 | 3 | 38 | 7 |
| 24 | 36 | 2 | 23 | 5 | 33 | 5 | 35 | 5 | 35 | 4 | 35 | 6 |
| 25 | 35 | 9 | 32 | 6 | 34 | 4 | 34 | 6 | 34 | 1 | 36 | 5 |
| 26 | 34 | 10 | 31 | 3 | 31 | 1 | 33 | 3 | 33 | 2 | 33 | 4 |
| 27 | 33 | 7 | 40 | 4 | 32 | 10 | 32 | 4 | 32 | 9 | 34 | 3 |
| 28 | 32 | 8 | 39 | 1 | 39 | 9 | 31 | 1 | 31 | 10 | 31 | 2 |
| 29 | 31 |  | 38 | 2 | 40 | 8 | 40 | 2 | 40 | 7 | 32 | 1 |
| 30 | 40 |  | 37 | 9 | 37 | 7 | 39 | 9 | 39 | 8 | 49 | 20 |
| 31 | 39 |  | 36 |  | 38 |  | 38 | 10 |  | 15 |  | 19 |

## 金 1992 平成4年生 ★ 満32歳

| 日＼月 | 1 | 2 | 3 | 4 | 5 | 6 | 7 | 8 | 9 | 10 | 11 | 12 |
|---|---|---|---|---|---|---|---|---|---|---|---|---|
| 1 | 18 | 43 | 19 | 49 | 14 | 49 | 20 | 41 | 11 | 42 | 20 | 44 |
| 2 | 17 | 42 | 20 | 48 | 11 | 50 | 19 | 50 | 12 | 41 | 17 | 41 |
| 3 | 16 | 41 | 17 | 47 | 12 | 47 | 18 | 49 | 19 | 50 | 18 | 42 |
| 4 | 15 | 49 | 18 | 46 | 19 | 48 | 17 | 48 | 20 | 49 | 25 | 59 |
| 5 | 14 | 50 | 15 | 45 | 20 | 45 | 16 | 47 | 27 | 58 | 26 | 60 |
| 6 | 13 | 47 | 16 | 44 | 17 | 46 | 16 | 56 | 28 | 57 | 23 | 57 |
| 7 | 12 | 48 | 13 | 43 | 18 | 53 | 24 | 56 | 25 | 56 | 24 | 58 |
| 8 | 11 | 55 | 14 | 52 | 25 | 54 | 23 | 53 | 26 | 55 | 21 | 55 |
| 9 | 30 | 56 | 21 | 51 | 26 | 51 | 22 | 54 | 23 | 54 | 22 | 56 |
| 10 | 29 | 53 | 22 | 60 | 23 | 52 | 21 | 51 | 24 | 53 | 29 | 53 |
| 11 | 28 | 54 | 29 | 59 | 24 | 59 | 30 | 52 | 21 | 52 | 30 | 54 |
| 12 | 27 | 59 | 30 | 58 | 21 | 60 | 29 | 59 | 22 | 51 | 27 | 51 |
| 13 | 26 | 60 | 27 | 57 | 24 | 57 | 28 | 60 | 29 | 60 | 28 | 52 |
| 14 | 25 | 57 | 28 | 54 | 21 | 58 | 27 | 57 | 30 | 59 | 35 | 9 |
| 15 | 24 | 58 | 25 | 53 | 22 | 55 | 26 | 52 | 37 | 8 | 32 | 10 |
| 16 | 21 | 55 | 25 | 52 | 29 | 57 | 25 | 9 | 38 | 7 | 39 | 7 |
| 17 | 30 | 56 | 24 | 58 | 30 | 6 | 32 | 10 | 35 | 6 | 40 | 8 |
| 18 | 29 | 3 | 23 | 5 | 37 | 5 | 31 | 7 | 35 | 1 | 37 | 6 |
| 19 | 36 | 2 | 32 | 6 | 38 | 4 | 40 | 8 | 34 | 10 | 38 | 5 |
| 20 | 35 | 9 | 31 | 3 | 31 | 3 | 33 | 5 | 33 | 9 | 35 | 4 |
| 21 | 34 | 10 | 40 | 4 | 32 | 2 | 32 | 6 | 32 | 9 | 36 | 3 |
| 22 | 33 | 7 | 39 | 1 | 39 | 1 | 31 | 1 | 31 | 10 | 31 | 2 |
| 23 | 32 | 8 | 38 | 2 | 40 | 10 | 40 | 2 | 40 | 7 | 32 | 1 |
| 24 | 31 | 5 | 37 | 9 | 37 | 9 | 39 | 9 | 39 | 8 | 49 | 20 |
| 25 | 40 | 6 | 36 | 10 | 38 | 8 | 38 | 10 | 48 | 15 | 50 | 19 |
| 26 | 39 | 3 | 35 | 7 | 35 | 5 | 37 | 17 | 47 | 16 | 47 | 18 |
| 27 | 38 | 4 | 34 | 8 | 36 | 14 | 46 | 18 | 46 | 13 | 48 | 17 |
| 28 | 37 | 11 | 33 | 15 | 43 | 13 | 45 | 15 | 45 | 14 | 45 | 16 |
| 29 | 46 | 12 | 42 | 16 | 44 | 12 | 44 | 16 | 44 | 11 | 46 | 15 |
| 30 | 45 |  | 41 | 13 | 41 | 11 | 43 | 13 | 43 | 12 | 43 | 14 |
| 31 | 44 |  | 50 |  | 42 |  | 42 | 14 |  | 19 |  | 13 |

命数が…… 1~10 羅針盤座　11~20 インディアン座　21~30 鳳凰座

## 銀 1993 平成5年生★満31歳

| 日＼月 | 1 | 2 | 3 | 4 | 5 | 6 | 7 | 8 | 9 | 10 | 11 | 12 |
|---|---|---|---|---|---|---|---|---|---|---|---|---|
| 1 | 12 | 47 | 16 | 44 | 17 | 46 | 15 | 56 | 28 | 57 | 23 | 57 |
| 2 | 11 | 56 | 13 | 43 | 18 | 53 | 24 | 55 | 25 | 56 | 24 | 58 |
| 3 | 30 | 55 | 14 | 52 | 25 | 54 | 23 | 54 | 26 | 55 | 21 | 55 |
| 4 | 29 | 53 | 21 | 51 | 26 | 51 | 22 | 53 | 23 | 54 | 22 | 56 |
| 5 | 28 | 54 | 22 | 60 | 23 | 52 | 21 | 52 | 24 | 53 | 29 | 53 |
| 6 | 27 | 51 | 29 | 59 | 24 | 59 | 30 | 51 | 21 | 52 | 30 | 54 |
| 7 | 26 | 52 | 30 | 58 | 21 | 60 | 30 | 59 | 22 | 51 | 27 | 51 |
| 8 | 25 | 59 | 27 | 57 | 22 | 57 | 28 | 60 | 29 | 60 | 28 | 52 |
| 9 | 24 | 60 | 28 | 56 | 29 | 58 | 27 | 57 | 30 | 59 | 35 | 9 |
| 10 | 23 | 57 | 25 | 55 | 30 | 55 | 26 | 58 | 37 | 8 | 36 | 10 |
| 11 | 22 | 58 | 26 | 54 | 27 | 56 | 25 | 5 | 38 | 7 | 33 | 7 |
| 12 | 21 | 3 | 23 | 53 | 28 | 3 | 34 | 6 | 35 | 6 | 34 | 8 |
| 13 | 40 | 4 | 24 | 2 | 37 | 4 | 33 | 3 | 36 | 5 | 31 | 5 |
| 14 | 39 | 1 | 31 | 1 | 38 | 1 | 32 | 4 | 33 | 4 | 32 | 6 |
| 15 | 36 | 2 | 32 | 8 | 35 | 2 | 31 | 5 | 34 | 3 | 35 | 3 |
| 16 | 35 | 9 | 40 | 7 | 36 | 9 | 40 | 6 | 31 | 2 | 36 | 4 |
| 17 | 34 | 10 | 39 | 6 | 33 | 1 | 39 | 3 | 32 | 1 | 33 | 1 |
| 18 | 31 | 7 | 38 | 2 | 34 | 10 | 36 | 4 | 39 | 6 | 34 | 1 |
| 19 | 40 | 6 | 37 | 9 | 31 | 9 | 35 | 1 | 39 | 5 | 41 | 20 |
| 20 | 39 | 3 | 36 | 10 | 38 | 8 | 34 | 2 | 48 | 14 | 42 | 19 |
| 21 | 38 | 4 | 35 | 7 | 35 | 7 | 37 | 19 | 47 | 16 | 49 | 18 |
| 22 | 37 | 11 | 34 | 8 | 36 | 16 | 46 | 18 | 46 | 13 | 48 | 17 |
| 23 | 46 | 12 | 33 | 15 | 43 | 15 | 45 | 15 | 45 | 14 | 45 | 16 |
| 24 | 45 | 19 | 42 | 16 | 44 | 14 | 44 | 16 | 44 | 11 | 46 | 15 |
| 25 | 44 | 20 | 41 | 13 | 41 | 13 | 43 | 13 | 43 | 12 | 43 | 14 |
| 26 | 43 | 17 | 50 | 14 | 42 | 12 | 42 | 14 | 42 | 19 | 44 | 13 |
| 27 | 42 | 18 | 49 | 11 | 49 | 19 | 41 | 11 | 41 | 20 | 41 | 12 |
| 28 | 41 | 15 | 48 | 12 | 50 | 18 | 50 | 12 | 50 | 17 | 42 | 11 |
| 29 | 50 | | 47 | 19 | 47 | 17 | 49 | 19 | 49 | 18 | 59 | 30 |
| 30 | 49 | | 46 | 20 | 48 | 16 | 48 | 20 | 58 | 25 | 60 | 29 |
| 31 | 48 | | 45 | | 45 | | 47 | 27 | | 26 | | 28 |

## 金 1994 平成6年生★満30歳

| 日＼月 | 1 | 2 | 3 | 4 | 5 | 6 | 7 | 8 | 9 | 10 | 11 | 12 |
|---|---|---|---|---|---|---|---|---|---|---|---|---|
| 1 | 27 | 52 | 29 | 59 | 24 | 59 | 30 | 51 | 21 | 52 | 30 | 54 |
| 2 | 26 | 51 | 30 | 58 | 21 | 60 | 29 | 60 | 22 | 51 | 27 | 51 |
| 3 | 25 | 60 | 27 | 57 | 22 | 57 | 28 | 59 | 29 | 60 | 28 | 52 |
| 4 | 24 | 60 | 28 | 56 | 29 | 58 | 27 | 58 | 30 | 59 | 35 | 9 |
| 5 | 23 | 57 | 29 | 55 | 30 | 55 | 26 | 57 | 37 | 8 | 36 | 10 |
| 6 | 22 | 58 | 26 | 54 | 27 | 56 | 25 | 6 | 38 | 7 | 33 | 7 |
| 7 | 21 | 5 | 23 | 53 | 28 | 3 | 34 | 5 | 35 | 6 | 34 | 8 |
| 8 | 40 | 6 | 24 | 2 | 35 | 4 | 33 | 3 | 36 | 5 | 31 | 5 |
| 9 | 39 | 3 | 31 | 1 | 36 | 1 | 32 | 4 | 33 | 4 | 32 | 6 |
| 10 | 38 | 4 | 32 | 10 | 33 | 2 | 31 | 1 | 34 | 3 | 39 | 3 |
| 11 | 37 | 1 | 39 | 9 | 34 | 9 | 40 | 2 | 31 | 2 | 40 | 4 |
| 12 | 36 | 10 | 40 | 8 | 31 | 10 | 39 | 9 | 32 | 1 | 37 | 1 |
| 13 | 35 | 7 | 37 | 7 | 32 | 7 | 38 | 10 | 39 | 10 | 38 | 2 |
| 14 | 34 | 8 | 38 | 6 | 31 | 8 | 37 | 7 | 40 | 9 | 45 | 19 |
| 15 | 31 | 5 | 35 | 3 | 32 | 5 | 36 | 8 | 47 | 18 | 46 | 20 |
| 16 | 40 | 6 | 36 | 2 | 39 | 6 | 35 | 19 | 48 | 17 | 49 | 17 |
| 17 | 39 | 13 | 34 | 1 | 40 | 16 | 42 | 20 | 45 | 16 | 50 | 18 |
| 18 | 46 | 14 | 33 | 15 | 47 | 15 | 41 | 17 | 46 | 11 | 47 | 16 |
| 19 | 45 | 19 | 42 | 16 | 48 | 14 | 50 | 18 | 44 | 20 | 48 | 15 |
| 20 | 44 | 20 | 41 | 13 | 45 | 13 | 43 | 15 | 43 | 19 | 45 | 14 |
| 21 | 43 | 17 | 50 | 14 | 42 | 12 | 42 | 16 | 42 | 19 | 46 | 13 |
| 22 | 42 | 18 | 49 | 11 | 49 | 11 | 41 | 13 | 41 | 20 | 43 | 12 |
| 23 | 41 | 15 | 48 | 12 | 50 | 20 | 50 | 12 | 50 | 17 | 42 | 11 |
| 24 | 50 | 16 | 47 | 19 | 47 | 19 | 49 | 19 | 49 | 18 | 59 | 30 |
| 25 | 49 | 13 | 46 | 20 | 48 | 18 | 48 | 20 | 58 | 25 | 60 | 29 |
| 26 | 48 | 14 | 45 | 17 | 45 | 17 | 47 | 27 | 57 | 26 | 57 | 28 |
| 27 | 47 | 21 | 44 | 18 | 46 | 24 | 56 | 28 | 56 | 23 | 58 | 27 |
| 28 | 56 | 22 | 43 | 25 | 53 | 23 | 55 | 25 | 55 | 24 | 55 | 26 |
| 29 | 55 | | 52 | 26 | 54 | 22 | 54 | 26 | 54 | 21 | 56 | 25 |
| 30 | 54 | | 51 | 23 | 51 | 21 | 53 | 23 | 53 | 22 | 53 | 24 |
| 31 | 53 | | 60 | | 52 | | 52 | 24 | | 29 | | 23 |

31~40 時計座　41~50 カメレオン座　51~60 イルカ座

## 銀 1995

平成7年生 ☆ 満29歳

| 日＼月 | 1 | 2 | 3 | 4 | 5 | 6 | 7 | 8 | 9 | 10 | 11 | 12 |
|---|---|---|---|---|---|---|---|---|---|---|---|---|
| 1 | 22 | 57 | 26 | 54 | 27 | 56 | 25 | 6 | 38 | 7 | 33 | 7 |
| 2 | 21 | 6 | 23 | 53 | 28 | 3 | 34 | 5 | 35 | 6 | 34 | 8 |
| 3 | 40 | 5 | 24 | 2 | 35 | 4 | 33 | 4 | 36 | 5 | 31 | 5 |
| 4 | 39 | 3 | 31 | 1 | 36 | 1 | 32 | 3 | 33 | 4 | 32 | 6 |
| 5 | 38 | 4 | 32 | 10 | 33 | 2 | 31 | 2 | 34 | 3 | 39 | 3 |
| 6 | 37 | 1 | 39 | 9 | 34 | 9 | 40 | 1 | 31 | 2 | 40 | 4 |
| 7 | 36 | 2 | 40 | 8 | 31 | 10 | 39 | 10 | 32 | 1 | 37 | 1 |
| 8 | 35 | 9 | 37 | 7 | 32 | 7 | 38 | 10 | 39 | 10 | 38 | 2 |
| 9 | 34 | 10 | 38 | 6 | 39 | 8 | 37 | 7 | 40 | 9 | 45 | 19 |
| 10 | 33 | 7 | 35 | 5 | 40 | 5 | 36 | 8 | 47 | 18 | 46 | 20 |
| 11 | 32 | 8 | 36 | 4 | 37 | 6 | 35 | 15 | 48 | 17 | 43 | 17 |
| 12 | 31 | 13 | 33 | 3 | 38 | 13 | 44 | 16 | 45 | 16 | 44 | 18 |
| 13 | 50 | 14 | 34 | 12 | 45 | 14 | 43 | 13 | 46 | 15 | 41 | 15 |
| 14 | 49 | 11 | 41 | 11 | 48 | 11 | 42 | 14 | 43 | 14 | 42 | 16 |
| 15 | 48 | 12 | 42 | 18 | 45 | 12 | 41 | 11 | 44 | 13 | 49 | 13 |
| 16 | 45 | 19 | 49 | 17 | 46 | 19 | 50 | 16 | 41 | 12 | 46 | 14 |
| 17 | 44 | 20 | 49 | 16 | 43 | 11 | 47 | 13 | 42 | 11 | 43 | 11 |
| 18 | 43 | 17 | 48 | 12 | 44 | 20 | 46 | 14 | 49 | 20 | 44 | 11 |
| 19 | 50 | 16 | 47 | 19 | 41 | 19 | 45 | 11 | 49 | 15 | 51 | 30 |
| 20 | 49 | 13 | 46 | 20 | 42 | 18 | 48 | 12 | 58 | 24 | 52 | 29 |
| 21 | 48 | 14 | 45 | 17 | 45 | 17 | 47 | 29 | 57 | 23 | 59 | 28 |
| 22 | 47 | 21 | 44 | 18 | 46 | 26 | 56 | 30 | 56 | 23 | 60 | 27 |
| 23 | 56 | 22 | 43 | 25 | 53 | 25 | 55 | 25 | 55 | 24 | 55 | 26 |
| 24 | 55 | 29 | 52 | 26 | 54 | 24 | 54 | 26 | 54 | 21 | 56 | 25 |
| 25 | 54 | 30 | 51 | 23 | 51 | 23 | 53 | 23 | 53 | 22 | 53 | 24 |
| 26 | 53 | 27 | 60 | 24 | 52 | 22 | 52 | 24 | 52 | 29 | 54 | 23 |
| 27 | 52 | 28 | 59 | 21 | 59 | 29 | 51 | 21 | 51 | 30 | 51 | 22 |
| 28 | 51 | 25 | 58 | 22 | 60 | 28 | 60 | 22 | 60 | 27 | 52 | 21 |
| 29 | 60 | | 57 | 29 | 57 | 27 | 59 | 29 | 59 | 28 | 9 | 40 |
| 30 | 59 | | 56 | 30 | 58 | 26 | 58 | 30 | 8 | 35 | 10 | 39 |
| 31 | 58 | | 55 | | 55 | | 57 | 37 | | 36 | | 38 |

## 金 1996

平成8年生 ☆ 満28歳

| 日＼月 | 1 | 2 | 3 | 4 | 5 | 6 | 7 | 8 | 9 | 10 | 11 | 12 |
|---|---|---|---|---|---|---|---|---|---|---|---|---|
| 1 | 37 | 2 | 40 | 8 | 31 | 10 | 39 | 10 | 32 | 1 | 37 | 1 |
| 2 | 36 | 1 | 37 | 7 | 32 | 7 | 38 | 9 | 39 | 10 | 38 | 2 |
| 3 | 35 | 10 | 38 | 6 | 39 | 8 | 37 | 8 | 40 | 9 | 45 | 19 |
| 4 | 34 | 10 | 35 | 5 | 40 | 5 | 36 | 7 | 47 | 18 | 46 | 20 |
| 5 | 33 | 7 | 36 | 4 | 37 | 6 | 35 | 16 | 48 | 17 | 43 | 17 |
| 6 | 32 | 8 | 33 | 3 | 38 | 13 | 43 | 15 | 45 | 16 | 44 | 18 |
| 7 | 31 | 15 | 34 | 12 | 45 | 14 | 43 | 13 | 46 | 15 | 41 | 15 |
| 8 | 50 | 16 | 41 | 11 | 46 | 11 | 42 | 14 | 43 | 14 | 42 | 16 |
| 9 | 49 | 13 | 42 | 20 | 43 | 12 | 41 | 11 | 44 | 13 | 49 | 13 |
| 10 | 48 | 14 | 49 | 19 | 44 | 19 | 50 | 12 | 41 | 12 | 50 | 14 |
| 11 | 47 | 11 | 50 | 18 | 41 | 20 | 49 | 19 | 42 | 11 | 47 | 11 |
| 12 | 46 | 20 | 47 | 17 | 42 | 17 | 48 | 20 | 49 | 20 | 48 | 12 |
| 13 | 45 | 17 | 48 | 16 | 41 | 18 | 47 | 17 | 50 | 19 | 55 | 29 |
| 14 | 44 | 18 | 45 | 13 | 42 | 15 | 46 | 18 | 57 | 28 | 56 | 30 |
| 15 | 43 | 15 | 46 | 12 | 49 | 16 | 45 | 29 | 58 | 27 | 59 | 27 |
| 16 | 50 | 16 | 44 | 11 | 50 | 26 | 54 | 30 | 55 | 26 | 60 | 28 |
| 17 | 49 | 23 | 43 | 25 | 57 | 25 | 51 | 27 | 56 | 25 | 57 | 25 |
| 18 | 58 | 24 | 52 | 26 | 58 | 24 | 60 | 28 | 54 | 30 | 58 | 25 |
| 19 | 55 | 29 | 51 | 23 | 55 | 23 | 59 | 25 | 53 | 29 | 55 | 24 |
| 20 | 54 | 30 | 60 | 24 | 52 | 22 | 52 | 26 | 52 | 28 | 56 | 23 |
| 21 | 53 | 27 | 59 | 21 | 59 | 21 | 51 | 23 | 51 | 30 | 53 | 22 |
| 22 | 52 | 28 | 58 | 22 | 60 | 30 | 60 | 22 | 60 | 27 | 52 | 21 |
| 23 | 51 | 25 | 57 | 29 | 57 | 29 | 59 | 29 | 59 | 28 | 9 | 40 |
| 24 | 60 | 26 | 56 | 30 | 58 | 28 | 58 | 30 | 8 | 35 | 10 | 39 |
| 25 | 59 | 23 | 55 | 27 | 55 | 27 | 57 | 37 | 7 | 36 | 7 | 38 |
| 26 | 58 | 24 | 54 | 28 | 56 | 34 | 6 | 38 | 6 | 33 | 8 | 37 |
| 27 | 57 | 31 | 53 | 35 | 3 | 33 | 5 | 35 | 5 | 34 | 5 | 36 |
| 28 | 6 | 32 | 2 | 36 | 4 | 32 | 4 | 36 | 4 | 31 | 6 | 35 |
| 29 | 5 | 39 | 1 | 33 | 1 | 31 | 3 | 33 | 3 | 32 | 3 | 34 |
| 30 | 4 | | 10 | 34 | 2 | 40 | 2 | 34 | 2 | 39 | 4 | 33 |
| 31 | 3 | | 9 | | 9 | | 1 | 31 | | 40 | | 32 |

命数が…… 1~10 羅針盤座　11~20 インディアン座　21~30 鳳凰座

## 銀 1997 平成9年生★満27歳

| 日＼月 | 1 | 2 | 3 | 4 | 5 | 6 | 7 | 8 | 9 | 10 | 11 | 12 |
|---|---|---|---|---|---|---|---|---|---|---|---|---|
| 1 | 31 | 16 | 33 | 3 | 38 | 13 | 44 | 15 | 45 | 16 | 44 | 18 |
| 2 | 50 | 15 | 34 | 12 | 45 | 14 | 43 | 14 | 46 | 15 | 41 | 15 |
| 3 | 49 | 14 | 41 | 11 | 46 | 11 | 42 | 13 | 43 | 14 | 42 | 16 |
| 4 | 48 | 14 | 42 | 20 | 43 | 12 | 41 | 12 | 44 | 13 | 49 | 13 |
| 5 | 47 | 11 | 49 | 19 | 44 | 19 | 50 | 11 | 41 | 12 | 50 | 14 |
| 6 | 46 | 12 | 50 | 18 | 41 | 20 | 49 | 20 | 42 | 11 | 47 | 11 |
| 7 | 45 | 19 | 47 | 17 | 42 | 17 | 48 | 20 | 49 | 20 | 48 | 12 |
| 8 | 44 | 20 | 48 | 16 | 49 | 18 | 47 | 17 | 50 | 19 | 55 | 29 |
| 9 | 43 | 17 | 45 | 15 | 50 | 15 | 46 | 18 | 57 | 28 | 56 | 30 |
| 10 | 42 | 18 | 46 | 14 | 47 | 16 | 45 | 25 | 58 | 27 | 53 | 27 |
| 11 | 41 | 25 | 43 | 13 | 48 | 23 | 54 | 26 | 55 | 26 | 54 | 28 |
| 12 | 60 | 24 | 44 | 22 | 55 | 24 | 53 | 23 | 56 | 25 | 51 | 25 |
| 13 | 59 | 21 | 51 | 21 | 58 | 21 | 52 | 24 | 53 | 24 | 52 | 26 |
| 14 | 58 | 22 | 52 | 30 | 55 | 22 | 51 | 21 | 54 | 23 | 59 | 23 |
| 15 | 55 | 29 | 59 | 27 | 56 | 29 | 60 | 26 | 51 | 22 | 56 | 24 |
| 16 | 54 | 30 | 59 | 26 | 53 | 30 | 59 | 23 | 52 | 21 | 53 | 21 |
| 17 | 53 | 27 | 58 | 25 | 54 | 30 | 56 | 24 | 59 | 30 | 54 | 22 |
| 18 | 60 | 28 | 57 | 29 | 51 | 29 | 55 | 21 | 59 | 25 | 1 | 40 |
| 19 | 59 | 23 | 56 | 30 | 52 | 28 | 54 | 22 | 8 | 34 | 2 | 39 |
| 20 | 58 | 24 | 55 | 27 | 55 | 27 | 57 | 39 | 7 | 33 | 9 | 38 |
| 21 | 57 | 31 | 54 | 28 | 56 | 36 | 6 | 40 | 6 | 33 | 10 | 37 |
| 22 | 6 | 32 | 53 | 35 | 3 | 35 | 5 | 35 | 5 | 34 | 5 | 36 |
| 23 | 5 | 39 | 2 | 36 | 4 | 34 | 4 | 36 | 4 | 31 | 6 | 35 |
| 24 | 4 | 40 | 1 | 33 | 1 | 33 | 3 | 33 | 3 | 32 | 3 | 34 |
| 25 | 3 | 37 | 10 | 34 | 2 | 32 | 2 | 34 | 2 | 39 | 4 | 33 |
| 26 | 2 | 38 | 9 | 31 | 9 | 39 | 1 | 31 | 1 | 40 | 1 | 32 |
| 27 | 1 | 35 | 8 | 32 | 10 | 38 | 10 | 32 | 10 | 37 | 2 | 31 |
| 28 | 10 | 36 | 7 | 39 | 7 | 37 | 9 | 39 | 9 | 38 | 19 | 50 |
| 29 | 9 | | 6 | 40 | 8 | 36 | 8 | 40 | 18 | 45 | 20 | 49 |
| 30 | 8 | | 5 | 37 | 5 | 35 | 7 | 47 | 17 | 46 | 17 | 48 |
| 31 | 7 | | 4 | | 6 | | 16 | 48 | | 43 | | 47 |

## 金 1998 平成10年生★満26歳

| 日＼月 | 1 | 2 | 3 | 4 | 5 | 6 | 7 | 8 | 9 | 10 | 11 | 12 |
|---|---|---|---|---|---|---|---|---|---|---|---|---|
| 1 | 46 | 11 | 50 | 18 | 41 | 20 | 49 | 20 | 42 | 11 | 47 | 11 |
| 2 | 45 | 20 | 47 | 17 | 42 | 17 | 48 | 19 | 49 | 20 | 48 | 12 |
| 3 | 44 | 19 | 48 | 16 | 49 | 18 | 47 | 18 | 50 | 19 | 55 | 29 |
| 4 | 43 | 17 | 45 | 15 | 50 | 15 | 46 | 17 | 57 | 28 | 56 | 30 |
| 5 | 42 | 18 | 50 | 14 | 47 | 16 | 45 | 26 | 58 | 27 | 53 | 27 |
| 6 | 41 | 25 | 43 | 13 | 48 | 23 | 54 | 25 | 55 | 26 | 54 | 28 |
| 7 | 60 | 26 | 44 | 22 | 55 | 24 | 53 | 24 | 56 | 25 | 51 | 25 |
| 8 | 59 | 23 | 51 | 21 | 56 | 21 | 52 | 24 | 53 | 24 | 52 | 26 |
| 9 | 58 | 24 | 52 | 30 | 53 | 22 | 51 | 21 | 54 | 23 | 59 | 23 |
| 10 | 57 | 21 | 59 | 29 | 54 | 29 | 60 | 22 | 51 | 22 | 60 | 24 |
| 11 | 56 | 22 | 60 | 28 | 51 | 30 | 59 | 29 | 52 | 21 | 57 | 21 |
| 12 | 55 | 27 | 57 | 27 | 52 | 27 | 58 | 30 | 59 | 30 | 58 | 22 |
| 13 | 54 | 28 | 58 | 26 | 59 | 28 | 57 | 27 | 60 | 29 | 5 | 39 |
| 14 | 53 | 25 | 55 | 25 | 52 | 25 | 56 | 28 | 7 | 38 | 6 | 40 |
| 15 | 60 | 26 | 56 | 22 | 59 | 26 | 55 | 35 | 8 | 37 | 3 | 37 |
| 16 | 59 | 33 | 53 | 21 | 60 | 33 | 4 | 40 | 5 | 36 | 10 | 38 |
| 17 | 8 | 34 | 53 | 40 | 7 | 35 | 1 | 37 | 6 | 35 | 7 | 35 |
| 18 | 5 | 31 | 2 | 36 | 8 | 34 | 10 | 38 | 3 | 40 | 8 | 35 |
| 19 | 4 | 40 | 1 | 33 | 5 | 33 | 9 | 35 | 3 | 39 | 5 | 34 |
| 20 | 3 | 37 | 10 | 34 | 6 | 32 | 2 | 36 | 2 | 38 | 6 | 33 |
| 21 | 2 | 38 | 9 | 31 | 9 | 31 | 1 | 33 | 1 | 40 | 3 | 32 |
| 22 | 1 | 35 | 8 | 32 | 10 | 40 | 10 | 34 | 10 | 37 | 4 | 31 |
| 23 | 10 | 36 | 7 | 39 | 7 | 39 | 9 | 39 | 9 | 38 | 19 | 50 |
| 24 | 9 | 33 | 6 | 40 | 8 | 38 | 8 | 40 | 18 | 45 | 20 | 49 |
| 25 | 8 | 34 | 5 | 37 | 5 | 37 | 7 | 47 | 17 | 46 | 17 | 48 |
| 26 | 7 | 41 | 4 | 38 | 6 | 46 | 16 | 48 | 16 | 43 | 18 | 47 |
| 27 | 16 | 42 | 3 | 45 | 13 | 43 | 15 | 45 | 15 | 44 | 15 | 46 |
| 28 | 15 | 49 | 12 | 46 | 14 | 42 | 14 | 46 | 14 | 41 | 16 | 45 |
| 29 | 14 | | 11 | 43 | 11 | 41 | 13 | 43 | 13 | 42 | 13 | 44 |
| 30 | 13 | | 20 | 44 | 12 | 50 | 12 | 44 | 12 | 49 | 14 | 43 |
| 31 | 12 | | 19 | | 19 | | 11 | 41 | | 50 | | 42 |

31~40 時計座　41~50 カメレオン座　51~60 イルカ座

## 銀 1999 平成11年生 ★ 満25歳

| 日＼月 | 1 | 2 | 3 | 4 | 5 | 6 | 7 | 8 | 9 | 10 | 11 | 12 |
|---|---|---|---|---|---|---|---|---|---|---|---|---|
| 1 | 41 | 26 | 43 | 13 | 48 | 23 | 54 | 25 | 55 | 26 | 54 | 28 |
| 2 | 60 | 25 | 44 | 22 | 55 | 24 | 53 | 24 | 56 | 25 | 51 | 25 |
| 3 | 59 | 24 | 51 | 21 | 56 | 21 | 52 | 23 | 53 | 24 | 52 | 26 |
| 4 | 58 | 24 | 52 | 30 | 53 | 22 | 51 | 22 | 54 | 23 | 59 | 23 |
| 5 | 57 | 21 | 53 | 29 | 54 | 29 | 60 | 21 | 51 | 22 | 60 | 24 |
| 6 | 56 | 22 | 60 | 28 | 51 | 30 | 59 | 30 | 52 | 21 | 57 | 21 |
| 7 | 55 | 29 | 57 | 27 | 52 | 27 | 58 | 29 | 59 | 30 | 58 | 22 |
| 8 | 54 | 30 | 58 | 26 | 59 | 28 | 57 | 27 | 60 | 29 | 5 | 39 |
| 9 | 53 | 27 | 55 | 25 | 60 | 25 | 56 | 28 | 7 | 38 | 6 | 40 |
| 10 | 52 | 28 | 56 | 24 | 57 | 26 | 55 | 35 | 8 | 37 | 3 | 37 |
| 11 | 51 | 35 | 53 | 23 | 58 | 33 | 4 | 36 | 5 | 36 | 4 | 38 |
| 12 | 10 | 34 | 54 | 32 | 5 | 34 | 3 | 33 | 6 | 35 | 1 | 35 |
| 13 | 9 | 31 | 1 | 31 | 6 | 31 | 2 | 34 | 3 | 34 | 2 | 36 |
| 14 | 8 | 32 | 2 | 40 | 5 | 32 | 1 | 31 | 4 | 33 | 9 | 33 |
| 15 | 7 | 39 | 9 | 37 | 6 | 39 | 10 | 32 | 1 | 32 | 10 | 34 |
| 16 | 4 | 40 | 10 | 36 | 3 | 40 | 9 | 33 | 2 | 31 | 3 | 31 |
| 17 | 3 | 37 | 8 | 35 | 4 | 40 | 6 | 34 | 9 | 40 | 4 | 32 |
| 18 | 2 | 38 | 7 | 39 | 1 | 39 | 5 | 31 | 10 | 39 | 11 | 50 |
| 19 | 9 | 33 | 6 | 40 | 2 | 38 | 4 | 32 | 18 | 44 | 12 | 49 |
| 20 | 8 | 34 | 5 | 37 | 9 | 37 | 7 | 49 | 17 | 43 | 19 | 48 |
| 21 | 7 | 41 | 4 | 38 | 6 | 46 | 16 | 50 | 16 | 42 | 20 | 47 |
| 22 | 16 | 42 | 3 | 45 | 13 | 45 | 15 | 47 | 15 | 44 | 17 | 46 |
| 23 | 15 | 49 | 12 | 46 | 14 | 44 | 14 | 46 | 14 | 41 | 16 | 45 |
| 24 | 14 | 50 | 11 | 43 | 11 | 43 | 13 | 43 | 13 | 42 | 13 | 44 |
| 25 | 13 | 47 | 20 | 44 | 12 | 42 | 12 | 44 | 12 | 49 | 14 | 43 |
| 26 | 12 | 48 | 19 | 41 | 19 | 41 | 11 | 41 | 11 | 50 | 11 | 42 |
| 27 | 11 | 45 | 18 | 42 | 20 | 48 | 20 | 42 | 20 | 47 | 12 | 41 |
| 28 | 20 | 46 | 17 | 49 | 17 | 47 | 19 | 49 | 19 | 48 | 29 | 60 |
| 29 | 19 |  | 16 | 50 | 18 | 46 | 18 | 50 | 28 | 55 | 30 | 59 |
| 30 | 18 |  | 15 | 47 | 15 | 45 | 17 | 57 | 27 | 56 | 27 | 58 |
| 31 | 17 |  | 14 |  | 16 |  | 26 | 58 |  | 53 |  | 57 |

## 金 2000 平成12年生 ★ 満24歳

| 日＼月 | 1 | 2 | 3 | 4 | 5 | 6 | 7 | 8 | 9 | 10 | 11 | 12 |
|---|---|---|---|---|---|---|---|---|---|---|---|---|
| 1 | 56 | 21 | 57 | 27 | 52 | 27 | 58 | 29 | 59 | 30 | 58 | 22 |
| 2 | 55 | 30 | 58 | 26 | 59 | 28 | 57 | 28 | 60 | 29 | 5 | 39 |
| 3 | 54 | 29 | 55 | 25 | 60 | 25 | 56 | 27 | 7 | 38 | 6 | 40 |
| 4 | 53 | 27 | 56 | 24 | 57 | 26 | 55 | 36 | 8 | 37 | 3 | 37 |
| 5 | 52 | 28 | 53 | 23 | 58 | 33 | 4 | 35 | 5 | 36 | 4 | 38 |
| 6 | 51 | 35 | 54 | 32 | 5 | 34 | 4 | 34 | 6 | 35 | 1 | 35 |
| 7 | 10 | 36 | 1 | 31 | 6 | 31 | 2 | 34 | 3 | 34 | 2 | 36 |
| 8 | 9 | 33 | 2 | 40 | 3 | 32 | 1 | 31 | 4 | 33 | 9 | 33 |
| 9 | 8 | 34 | 9 | 39 | 4 | 39 | 10 | 32 | 1 | 32 | 10 | 34 |
| 10 | 7 | 31 | 10 | 38 | 1 | 40 | 9 | 39 | 2 | 31 | 7 | 31 |
| 11 | 6 | 32 | 7 | 37 | 2 | 37 | 8 | 40 | 9 | 40 | 8 | 32 |
| 12 | 5 | 37 | 8 | 36 | 9 | 38 | 7 | 37 | 10 | 39 | 15 | 49 |
| 13 | 4 | 38 | 5 | 35 | 2 | 35 | 6 | 38 | 17 | 48 | 16 | 50 |
| 14 | 3 | 35 | 6 | 32 | 9 | 36 | 5 | 45 | 18 | 47 | 13 | 47 |
| 15 | 2 | 36 | 3 | 31 | 10 | 43 | 14 | 50 | 15 | 46 | 20 | 48 |
| 16 | 9 | 43 | 3 | 50 | 17 | 45 | 13 | 47 | 16 | 45 | 17 | 45 |
| 17 | 18 | 44 | 12 | 46 | 18 | 44 | 20 | 48 | 13 | 44 | 18 | 46 |
| 18 | 17 | 41 | 11 | 43 | 15 | 43 | 19 | 45 | 13 | 49 | 15 | 44 |
| 19 | 14 | 50 | 20 | 44 | 16 | 42 | 18 | 46 | 12 | 48 | 16 | 43 |
| 20 | 13 | 47 | 19 | 41 | 19 | 41 | 11 | 43 | 11 | 47 | 13 | 42 |
| 21 | 12 | 48 | 18 | 42 | 20 | 50 | 20 | 44 | 20 | 47 | 14 | 41 |
| 22 | 11 | 45 | 17 | 49 | 17 | 49 | 19 | 49 | 19 | 48 | 29 | 60 |
| 23 | 20 | 46 | 16 | 50 | 18 | 48 | 18 | 50 | 28 | 55 | 30 | 59 |
| 24 | 19 | 43 | 15 | 47 | 15 | 47 | 17 | 57 | 27 | 56 | 27 | 58 |
| 25 | 18 | 44 | 14 | 48 | 16 | 56 | 26 | 58 | 26 | 53 | 28 | 57 |
| 26 | 17 | 51 | 13 | 55 | 23 | 53 | 25 | 55 | 25 | 54 | 25 | 56 |
| 27 | 26 | 52 | 22 | 56 | 24 | 52 | 24 | 56 | 24 | 51 | 26 | 55 |
| 28 | 25 | 59 | 21 | 53 | 21 | 51 | 23 | 53 | 23 | 52 | 23 | 54 |
| 29 | 24 | 60 | 30 | 54 | 22 | 60 | 22 | 54 | 22 | 59 | 24 | 53 |
| 30 | 23 |  | 29 | 51 | 29 | 59 | 21 | 51 | 21 | 60 | 21 | 52 |
| 31 | 22 |  | 28 |  | 30 |  | 30 | 52 |  | 57 |  | 51 |

命数が…… 1~10 羅針盤座　11~20 インディアン座　21~30 鳳凰座

**銀 2001** 平成 **13** 年生 ★ 満 **23** 歳

| 日＼月 | 1 | 2 | 3 | 4 | 5 | 6 | 7 | 8 | 9 | 10 | 11 | 12 |
|---|---|---|---|---|---|---|---|---|---|---|---|---|
| 1 | 10 | 35 | 54 | 32 | 5 | 34 | 3 | 34 | 6 | 35 | 1 | 35 |
| 2 | 9 | 34 | 1 | 31 | 6 | 31 | 2 | 33 | 3 | 34 | 2 | 36 |
| 3 | 8 | 33 | 2 | 40 | 3 | 32 | 1 | 32 | 4 | 33 | 9 | 33 |
| 4 | 7 | 31 | 9 | 39 | 4 | 39 | 10 | 31 | 1 | 32 | 10 | 34 |
| 5 | 6 | 32 | 10 | 38 | 1 | 40 | 9 | 40 | 2 | 31 | 7 | 31 |
| 6 | 5 | 39 | 7 | 37 | 2 | 37 | 7 | 39 | 9 | 40 | 8 | 32 |
| 7 | 4 | 40 | 8 | 36 | 9 | 38 | 7 | 37 | 10 | 39 | 15 | 49 |
| 8 | 3 | 37 | 5 | 35 | 10 | 35 | 6 | 38 | 17 | 48 | 16 | 50 |
| 9 | 2 | 38 | 6 | 34 | 7 | 36 | 5 | 45 | 18 | 47 | 13 | 47 |
| 10 | 1 | 45 | 3 | 33 | 8 | 43 | 14 | 46 | 15 | 46 | 14 | 48 |
| 11 | 20 | 46 | 4 | 42 | 15 | 44 | 13 | 43 | 16 | 45 | 11 | 45 |
| 12 | 19 | 41 | 11 | 41 | 16 | 41 | 12 | 44 | 13 | 44 | 12 | 46 |
| 13 | 18 | 42 | 12 | 50 | 15 | 42 | 11 | 41 | 14 | 43 | 19 | 43 |
| 14 | 17 | 49 | 19 | 49 | 16 | 49 | 20 | 42 | 11 | 42 | 20 | 44 |
| 15 | 14 | 50 | 20 | 46 | 13 | 50 | 19 | 43 | 12 | 41 | 13 | 41 |
| 16 | 13 | 47 | 18 | 45 | 14 | 50 | 18 | 44 | 19 | 50 | 14 | 42 |
| 17 | 12 | 48 | 17 | 44 | 11 | 49 | 15 | 41 | 20 | 49 | 21 | 59 |
| 18 | 19 | 45 | 16 | 50 | 12 | 48 | 14 | 42 | 28 | 54 | 22 | 59 |
| 19 | 18 | 44 | 15 | 47 | 19 | 47 | 13 | 59 | 27 | 53 | 29 | 58 |
| 20 | 17 | 51 | 14 | 48 | 16 | 56 | 26 | 60 | 26 | 52 | 30 | 57 |
| 21 | 26 | 52 | 13 | 55 | 23 | 55 | 25 | 57 | 25 | 54 | 27 | 56 |
| 22 | 25 | 59 | 22 | 56 | 24 | 54 | 24 | 56 | 24 | 51 | 26 | 55 |
| 23 | 24 | 60 | 21 | 53 | 21 | 53 | 23 | 53 | 23 | 52 | 23 | 54 |
| 24 | 23 | 57 | 30 | 54 | 22 | 52 | 22 | 54 | 22 | 59 | 24 | 53 |
| 25 | 22 | 58 | 29 | 51 | 29 | 51 | 21 | 51 | 21 | 60 | 21 | 52 |
| 26 | 21 | 55 | 28 | 52 | 30 | 58 | 30 | 52 | 30 | 57 | 22 | 51 |
| 27 | 30 | 56 | 27 | 59 | 27 | 57 | 29 | 59 | 29 | 58 | 39 | 10 |
| 28 | 29 | 53 | 26 | 60 | 28 | 56 | 28 | 60 | 38 | 5 | 40 | 9 |
| 29 | 28 |  | 25 | 57 | 25 | 55 | 27 | 7 | 37 | 6 | 37 | 8 |
| 30 | 27 |  | 24 | 58 | 26 | 4 | 36 | 8 | 36 | 3 | 38 | 7 |
| 31 | 36 |  | 23 |  | 33 |  | 35 | 5 |  | 4 |  | 6 |

**金 2002** 平成 **14** 年生 ★ 満 **22** 歳

| 日＼月 | 1 | 2 | 3 | 4 | 5 | 6 | 7 | 8 | 9 | 10 | 11 | 12 |
|---|---|---|---|---|---|---|---|---|---|---|---|---|
| 1 | 5 | 40 | 7 | 37 | 2 | 37 | 8 | 39 | 9 | 40 | 8 | 32 |
| 2 | 4 | 39 | 8 | 36 | 9 | 38 | 7 | 38 | 10 | 39 | 15 | 49 |
| 3 | 3 | 38 | 5 | 35 | 10 | 35 | 6 | 37 | 17 | 48 | 16 | 50 |
| 4 | 2 | 38 | 6 | 34 | 7 | 36 | 5 | 46 | 18 | 47 | 13 | 47 |
| 5 | 1 | 45 | 7 | 33 | 8 | 43 | 14 | 45 | 15 | 46 | 14 | 48 |
| 6 | 20 | 46 | 4 | 42 | 15 | 44 | 13 | 44 | 16 | 45 | 11 | 45 |
| 7 | 19 | 43 | 11 | 41 | 16 | 41 | 12 | 43 | 13 | 44 | 12 | 46 |
| 8 | 18 | 44 | 12 | 50 | 13 | 42 | 11 | 41 | 14 | 43 | 19 | 43 |
| 9 | 17 | 41 | 19 | 49 | 14 | 49 | 20 | 42 | 11 | 42 | 20 | 44 |
| 10 | 16 | 42 | 20 | 48 | 11 | 50 | 19 | 49 | 12 | 41 | 17 | 41 |
| 11 | 15 | 49 | 17 | 47 | 12 | 47 | 18 | 50 | 19 | 50 | 18 | 42 |
| 12 | 14 | 48 | 18 | 46 | 19 | 48 | 17 | 47 | 20 | 49 | 25 | 59 |
| 13 | 13 | 45 | 15 | 45 | 20 | 45 | 16 | 48 | 27 | 58 | 26 | 60 |
| 14 | 12 | 46 | 16 | 44 | 19 | 46 | 15 | 55 | 28 | 57 | 23 | 57 |
| 15 | 19 | 53 | 13 | 41 | 20 | 53 | 24 | 56 | 25 | 56 | 30 | 58 |
| 16 | 28 | 54 | 14 | 60 | 27 | 54 | 23 | 57 | 26 | 55 | 27 | 55 |
| 17 | 27 | 51 | 22 | 59 | 28 | 54 | 30 | 58 | 23 | 54 | 28 | 56 |
| 18 | 24 | 52 | 21 | 53 | 25 | 53 | 29 | 55 | 24 | 59 | 25 | 54 |
| 19 | 23 | 57 | 30 | 54 | 26 | 52 | 28 | 56 | 22 | 58 | 26 | 53 |
| 20 | 22 | 58 | 29 | 51 | 23 | 51 | 21 | 53 | 21 | 57 | 23 | 52 |
| 21 | 21 | 55 | 28 | 52 | 30 | 60 | 30 | 54 | 30 | 57 | 24 | 51 |
| 22 | 30 | 56 | 27 | 59 | 27 | 59 | 29 | 51 | 29 | 58 | 39 | 10 |
| 23 | 29 | 53 | 26 | 60 | 28 | 58 | 28 | 60 | 38 | 5 | 40 | 9 |
| 24 | 28 | 54 | 25 | 57 | 25 | 57 | 27 | 7 | 37 | 6 | 37 | 8 |
| 25 | 27 | 1 | 24 | 58 | 26 | 6 | 36 | 8 | 36 | 3 | 38 | 7 |
| 26 | 36 | 2 | 23 | 5 | 33 | 5 | 35 | 5 | 35 | 4 | 35 | 6 |
| 27 | 35 | 9 | 32 | 6 | 34 | 2 | 34 | 6 | 34 | 1 | 36 | 5 |
| 28 | 34 | 10 | 31 | 3 | 31 | 1 | 33 | 3 | 33 | 2 | 33 | 4 |
| 29 | 33 |  | 40 | 4 | 32 | 10 | 32 | 4 | 32 | 9 | 34 | 3 |
| 30 | 32 |  | 39 | 1 | 39 | 9 | 31 | 1 | 31 | 10 | 31 | 2 |
| 31 | 31 |  | 38 |  | 40 |  | 40 | 2 |  | 7 |  | 1 |

**31~40 時計座**　　**41~50 カメレオン座**　　**51~60 イルカ座**

## 銀 2003

平成15年生 ★ 満21歳

| 日＼月 | 1 | 2 | 3 | 4 | 5 | 6 | 7 | 8 | 9 | 10 | 11 | 12 |
|---|---|---|---|---|---|---|---|---|---|---|---|---|
| 1 | 20 | 45 | 4 | 42 | 15 | 44 | 13 | 44 | 16 | 45 | 11 | 45 |
| 2 | 19 | 44 | 11 | 41 | 16 | 41 | 12 | 43 | 13 | 44 | 12 | 46 |
| 3 | 18 | 43 | 12 | 50 | 13 | 42 | 11 | 42 | 14 | 43 | 19 | 43 |
| 4 | 17 | 41 | 19 | 49 | 14 | 49 | 20 | 41 | 11 | 42 | 20 | 44 |
| 5 | 16 | 42 | 14 | 48 | 11 | 50 | 19 | 50 | 12 | 41 | 17 | 41 |
| 6 | 15 | 49 | 17 | 47 | 12 | 47 | 18 | 49 | 19 | 50 | 18 | 42 |
| 7 | 14 | 50 | 18 | 46 | 19 | 48 | 17 | 48 | 20 | 49 | 25 | 59 |
| 8 | 13 | 47 | 15 | 45 | 20 | 45 | 16 | 48 | 27 | 58 | 26 | 60 |
| 9 | 12 | 48 | 16 | 44 | 17 | 46 | 15 | 55 | 28 | 57 | 23 | 57 |
| 10 | 11 | 55 | 13 | 43 | 18 | 53 | 24 | 56 | 25 | 56 | 24 | 58 |
| 11 | 30 | 56 | 14 | 52 | 25 | 54 | 23 | 53 | 26 | 55 | 21 | 55 |
| 12 | 29 | 51 | 21 | 51 | 26 | 51 | 22 | 54 | 23 | 54 | 22 | 56 |
| 13 | 28 | 52 | 22 | 60 | 23 | 52 | 21 | 51 | 24 | 53 | 29 | 53 |
| 14 | 27 | 59 | 29 | 59 | 26 | 59 | 30 | 52 | 21 | 52 | 30 | 54 |
| 15 | 26 | 60 | 30 | 56 | 23 | 60 | 29 | 59 | 22 | 51 | 27 | 51 |
| 16 | 23 | 57 | 27 | 55 | 24 | 57 | 28 | 54 | 29 | 60 | 24 | 52 |
| 17 | 22 | 58 | 27 | 54 | 21 | 59 | 25 | 51 | 30 | 59 | 31 | 9 |
| 18 | 21 | 55 | 26 | 60 | 22 | 58 | 24 | 52 | 37 | 8 | 32 | 9 |
| 19 | 28 | 54 | 25 | 57 | 29 | 57 | 23 | 9 | 37 | 3 | 39 | 8 |
| 20 | 27 | 1 | 24 | 58 | 30 | 6 | 36 | 10 | 36 | 2 | 40 | 7 |
| 21 | 36 | 2 | 23 | 5 | 33 | 5 | 35 | 7 | 35 | 1 | 37 | 6 |
| 22 | 35 | 9 | 32 | 6 | 34 | 4 | 34 | 8 | 34 | 1 | 38 | 5 |
| 23 | 34 | 10 | 31 | 3 | 31 | 3 | 33 | 3 | 33 | 2 | 33 | 4 |
| 24 | 33 | 7 | 40 | 4 | 32 | 2 | 32 | 4 | 32 | 9 | 34 | 3 |
| 25 | 32 | 8 | 39 | 1 | 39 | 1 | 31 | 1 | 31 | 10 | 31 | 2 |
| 26 | 31 | 5 | 38 | 2 | 40 | 10 | 40 | 2 | 40 | 7 | 32 | 1 |
| 27 | 40 | 6 | 37 | 9 | 37 | 7 | 39 | 9 | 39 | 8 | 49 | 20 |
| 28 | 39 | 3 | 36 | 10 | 38 | 6 | 38 | 10 | 48 | 15 | 50 | 19 |
| 29 | 38 |  | 35 | 7 | 35 | 5 | 37 | 17 | 47 | 16 | 47 | 18 |
| 30 | 37 |  | 34 | 8 | 36 | 14 | 46 | 18 | 46 | 13 | 48 | 17 |
| 31 | 46 |  | 33 |  | 43 |  | 45 | 15 |  | 14 |  | 16 |

## 金 2004

平成16年生 ★ 満20歳

| 日＼月 | 1 | 2 | 3 | 4 | 5 | 6 | 7 | 8 | 9 | 10 | 11 | 12 |
|---|---|---|---|---|---|---|---|---|---|---|---|---|
| 1 | 15 | 50 | 18 | 46 | 19 | 48 | 17 | 48 | 20 | 49 | 25 | 59 |
| 2 | 14 | 49 | 15 | 45 | 20 | 45 | 16 | 47 | 27 | 58 | 26 | 60 |
| 3 | 13 | 48 | 16 | 44 | 17 | 46 | 15 | 56 | 28 | 57 | 23 | 57 |
| 4 | 12 | 48 | 13 | 43 | 18 | 53 | 24 | 55 | 25 | 56 | 24 | 58 |
| 5 | 11 | 55 | 14 | 52 | 25 | 54 | 23 | 54 | 26 | 55 | 21 | 55 |
| 6 | 30 | 56 | 21 | 51 | 26 | 51 | 21 | 53 | 23 | 54 | 22 | 56 |
| 7 | 29 | 53 | 22 | 60 | 23 | 52 | 21 | 51 | 24 | 53 | 29 | 53 |
| 8 | 28 | 54 | 29 | 59 | 24 | 59 | 30 | 52 | 21 | 52 | 30 | 54 |
| 9 | 27 | 51 | 30 | 58 | 21 | 60 | 29 | 59 | 22 | 51 | 27 | 51 |
| 10 | 26 | 52 | 27 | 57 | 22 | 57 | 28 | 60 | 29 | 60 | 28 | 52 |
| 11 | 25 | 59 | 28 | 56 | 29 | 58 | 27 | 57 | 30 | 59 | 35 | 9 |
| 12 | 24 | 58 | 25 | 55 | 30 | 55 | 26 | 58 | 37 | 8 | 36 | 10 |
| 13 | 23 | 55 | 26 | 54 | 29 | 56 | 25 | 5 | 38 | 7 | 33 | 7 |
| 14 | 22 | 56 | 23 | 51 | 30 | 3 | 34 | 6 | 35 | 6 | 34 | 8 |
| 15 | 21 | 3 | 24 | 10 | 37 | 4 | 33 | 7 | 36 | 5 | 37 | 5 |
| 16 | 38 | 4 | 32 | 9 | 38 | 4 | 32 | 8 | 33 | 4 | 38 | 6 |
| 17 | 37 | 1 | 31 | 3 | 35 | 3 | 39 | 5 | 34 | 3 | 35 | 3 |
| 18 | 36 | 2 | 40 | 4 | 36 | 2 | 38 | 6 | 32 | 8 | 36 | 3 |
| 19 | 33 | 7 | 39 | 1 | 33 | 1 | 37 | 3 | 31 | 7 | 33 | 2 |
| 20 | 32 | 8 | 38 | 2 | 40 | 10 | 40 | 4 | 40 | 6 | 34 | 1 |
| 21 | 31 | 5 | 37 | 9 | 37 | 9 | 39 | 1 | 39 | 8 | 41 | 20 |
| 22 | 40 | 6 | 36 | 10 | 38 | 8 | 38 | 10 | 48 | 15 | 50 | 19 |
| 23 | 39 | 3 | 35 | 7 | 35 | 7 | 37 | 17 | 47 | 16 | 47 | 18 |
| 24 | 38 | 4 | 34 | 8 | 36 | 16 | 46 | 18 | 46 | 13 | 48 | 17 |
| 25 | 37 | 11 | 33 | 15 | 43 | 15 | 45 | 15 | 45 | 14 | 45 | 16 |
| 26 | 46 | 12 | 42 | 16 | 44 | 12 | 44 | 16 | 44 | 11 | 46 | 15 |
| 27 | 45 | 19 | 41 | 13 | 41 | 11 | 43 | 13 | 43 | 12 | 43 | 14 |
| 28 | 44 | 20 | 50 | 14 | 42 | 20 | 42 | 14 | 42 | 19 | 44 | 13 |
| 29 | 43 | 17 | 49 | 11 | 49 | 19 | 41 | 11 | 41 | 20 | 41 | 12 |
| 30 | 42 |  | 48 | 12 | 50 | 18 | 50 | 12 | 50 | 17 | 42 | 11 |
| 31 | 41 |  | 47 |  | 47 |  | 49 | 19 |  | 18 |  | 30 |

命数が…… 1~10 羅針盤座　11~20 インディアン座　21~30 鳳凰座

銀 2005 平成17年生 ★ 満19歳

| 日＼月 | 1 | 2 | 3 | 4 | 5 | 6 | 7 | 8 | 9 | 10 | 11 | 12 |
|---|---|---|---|---|---|---|---|---|---|---|---|---|
| 1 | 29 | 54 | 21 | 51 | 26 | 51 | 22 | 53 | 23 | 54 | 22 | 56 |
| 2 | 28 | 53 | 22 | 60 | 23 | 52 | 21 | 52 | 24 | 53 | 29 | 53 |
| 3 | 27 | 52 | 29 | 59 | 24 | 59 | 30 | 51 | 21 | 52 | 30 | 54 |
| 4 | 26 | 52 | 30 | 58 | 21 | 60 | 29 | 60 | 22 | 51 | 27 | 51 |
| 5 | 25 | 59 | 27 | 57 | 22 | 57 | 28 | 59 | 29 | 60 | 28 | 52 |
| 6 | 24 | 60 | 28 | 56 | 29 | 58 | 28 | 58 | 30 | 59 | 35 | 9 |
| 7 | 23 | 57 | 25 | 55 | 30 | 55 | 26 | 58 | 37 | 8 | 36 | 10 |
| 8 | 22 | 58 | 26 | 54 | 27 | 56 | 25 | 5 | 38 | 7 | 33 | 7 |
| 9 | 21 | 5 | 23 | 53 | 28 | 3 | 34 | 6 | 35 | 6 | 34 | 8 |
| 10 | 40 | 6 | 24 | 2 | 35 | 4 | 33 | 3 | 36 | 5 | 31 | 5 |
| 11 | 39 | 3 | 31 | 1 | 36 | 1 | 32 | 4 | 33 | 4 | 32 | 6 |
| 12 | 38 | 2 | 32 | 10 | 33 | 2 | 31 | 1 | 34 | 3 | 39 | 3 |
| 13 | 37 | 9 | 39 | 9 | 36 | 9 | 40 | 2 | 31 | 2 | 40 | 4 |
| 14 | 36 | 10 | 40 | 8 | 33 | 10 | 39 | 9 | 32 | 1 | 37 | 1 |
| 15 | 33 | 7 | 37 | 5 | 34 | 7 | 38 | 4 | 39 | 10 | 34 | 2 |
| 16 | 32 | 8 | 37 | 4 | 31 | 9 | 37 | 1 | 40 | 9 | 41 | 19 |
| 17 | 31 | 5 | 36 | 3 | 32 | 8 | 34 | 2 | 47 | 18 | 42 | 20 |
| 18 | 38 | 6 | 35 | 7 | 39 | 7 | 33 | 19 | 47 | 13 | 49 | 18 |
| 19 | 37 | 11 | 34 | 8 | 40 | 16 | 42 | 20 | 46 | 12 | 50 | 17 |
| 20 | 46 | 12 | 33 | 15 | 43 | 15 | 45 | 17 | 45 | 11 | 47 | 16 |
| 21 | 45 | 19 | 42 | 16 | 44 | 14 | 44 | 18 | 44 | 11 | 48 | 15 |
| 22 | 44 | 20 | 41 | 13 | 41 | 13 | 43 | 13 | 43 | 12 | 43 | 14 |
| 23 | 43 | 17 | 50 | 14 | 42 | 12 | 42 | 14 | 42 | 19 | 44 | 13 |
| 24 | 42 | 18 | 49 | 11 | 49 | 11 | 41 | 11 | 41 | 20 | 41 | 12 |
| 25 | 41 | 15 | 48 | 12 | 50 | 20 | 50 | 12 | 50 | 17 | 42 | 11 |
| 26 | 50 | 16 | 47 | 19 | 47 | 17 | 49 | 19 | 49 | 18 | 59 | 30 |
| 27 | 49 | 13 | 46 | 20 | 48 | 16 | 48 | 20 | 58 | 25 | 60 | 29 |
| 28 | 48 | 14 | 45 | 17 | 45 | 15 | 47 | 27 | 57 | 26 | 57 | 28 |
| 29 | 47 |  | 44 | 18 | 46 | 24 | 56 | 28 | 56 | 23 | 58 | 27 |
| 30 | 56 |  | 43 | 25 | 53 | 23 | 55 | 25 | 55 | 24 | 55 | 26 |
| 31 | 55 |  | 52 |  | 54 |  | 54 | 26 |  | 21 |  | 25 |

金 2006 平成18年生 ★ 満18歳

| 日＼月 | 1 | 2 | 3 | 4 | 5 | 6 | 7 | 8 | 9 | 10 | 11 | 12 |
|---|---|---|---|---|---|---|---|---|---|---|---|---|
| 1 | 24 | 59 | 28 | 56 | 29 | 58 | 27 | 58 | 30 | 59 | 35 | 9 |
| 2 | 23 | 58 | 25 | 55 | 30 | 55 | 26 | 57 | 37 | 8 | 36 | 10 |
| 3 | 22 | 57 | 26 | 54 | 27 | 56 | 25 | 6 | 38 | 7 | 33 | 7 |
| 4 | 21 | 5 | 23 | 53 | 28 | 3 | 34 | 5 | 35 | 6 | 34 | 8 |
| 5 | 40 | 6 | 28 | 2 | 35 | 4 | 33 | 4 | 36 | 5 | 31 | 5 |
| 6 | 39 | 3 | 31 | 1 | 36 | 1 | 32 | 3 | 33 | 4 | 32 | 6 |
| 7 | 38 | 4 | 32 | 10 | 33 | 2 | 31 | 2 | 34 | 3 | 39 | 3 |
| 8 | 37 | 1 | 39 | 9 | 34 | 9 | 40 | 2 | 31 | 2 | 40 | 4 |
| 9 | 36 | 2 | 40 | 8 | 31 | 10 | 39 | 9 | 32 | 1 | 37 | 1 |
| 10 | 35 | 9 | 37 | 7 | 32 | 7 | 38 | 10 | 39 | 10 | 38 | 2 |
| 11 | 34 | 10 | 38 | 6 | 39 | 8 | 37 | 7 | 40 | 9 | 45 | 19 |
| 12 | 33 | 5 | 35 | 5 | 40 | 5 | 36 | 8 | 47 | 18 | 46 | 20 |
| 13 | 32 | 6 | 36 | 4 | 37 | 6 | 35 | 15 | 48 | 17 | 43 | 17 |
| 14 | 31 | 13 | 33 | 3 | 40 | 13 | 44 | 16 | 45 | 16 | 44 | 18 |
| 15 | 48 | 14 | 34 | 20 | 47 | 14 | 43 | 13 | 46 | 15 | 47 | 15 |
| 16 | 47 | 11 | 41 | 19 | 48 | 11 | 42 | 18 | 43 | 14 | 48 | 16 |
| 17 | 46 | 12 | 41 | 18 | 45 | 13 | 49 | 15 | 44 | 13 | 45 | 13 |
| 18 | 43 | 19 | 50 | 14 | 46 | 12 | 48 | 16 | 41 | 18 | 46 | 13 |
| 19 | 42 | 18 | 49 | 11 | 43 | 11 | 47 | 13 | 41 | 17 | 43 | 12 |
| 20 | 41 | 15 | 48 | 12 | 44 | 20 | 50 | 14 | 50 | 16 | 44 | 11 |
| 21 | 50 | 16 | 47 | 19 | 47 | 19 | 49 | 11 | 49 | 18 | 51 | 30 |
| 22 | 49 | 13 | 46 | 20 | 48 | 18 | 48 | 12 | 58 | 25 | 60 | 29 |
| 23 | 48 | 14 | 45 | 17 | 45 | 17 | 47 | 27 | 57 | 26 | 57 | 28 |
| 24 | 47 | 21 | 44 | 18 | 46 | 26 | 56 | 28 | 56 | 23 | 58 | 27 |
| 25 | 56 | 22 | 43 | 25 | 53 | 25 | 55 | 25 | 55 | 24 | 55 | 26 |
| 26 | 55 | 29 | 52 | 26 | 54 | 24 | 54 | 26 | 54 | 21 | 56 | 25 |
| 27 | 54 | 30 | 51 | 23 | 51 | 21 | 53 | 23 | 53 | 22 | 53 | 24 |
| 28 | 53 | 27 | 60 | 24 | 52 | 30 | 52 | 24 | 52 | 29 | 54 | 23 |
| 29 | 52 |  | 59 | 21 | 59 | 29 | 51 | 21 | 51 | 30 | 51 | 22 |
| 30 | 51 |  | 58 | 22 | 60 | 28 | 60 | 22 | 60 | 27 | 52 | 21 |
| 31 | 60 |  | 57 |  | 57 |  | 59 | 29 |  | 28 |  | 40 |

31~40 時計座　41~50 カメレオン座　51~60 イルカ座

銀

# 2007

平成19年生 ★ 満17歳

| 日＼月 | 1 | 2 | 3 | 4 | 5 | 6 | 7 | 8 | 9 | 10 | 11 | 12 |
|---|---|---|---|---|---|---|---|---|---|---|---|---|
| 1 | 39 | 4 | 31 | 1 | 36 | 1 | 32 | 3 | 33 | 4 | 32 | 6 |
| 2 | 38 | 3 | 32 | 10 | 33 | 2 | 31 | 2 | 34 | 3 | 39 | 3 |
| 3 | 37 | 2 | 39 | 9 | 34 | 9 | 40 | 1 | 31 | 2 | 40 | 4 |
| 4 | 36 | 2 | 40 | 8 | 31 | 10 | 39 | 10 | 32 | 1 | 37 | 1 |
| 5 | 35 | 9 | 37 | 7 | 32 | 7 | 38 | 9 | 39 | 10 | 38 | 2 |
| 6 | 34 | 10 | 38 | 6 | 39 | 8 | 37 | 8 | 40 | 9 | 45 | 19 |
| 7 | 33 | 7 | 35 | 5 | 40 | 5 | 36 | 7 | 47 | 18 | 46 | 20 |
| 8 | 32 | 8 | 36 | 4 | 37 | 6 | 35 | 15 | 48 | 17 | 43 | 17 |
| 9 | 31 | 15 | 33 | 3 | 38 | 13 | 44 | 16 | 45 | 16 | 44 | 18 |
| 10 | 50 | 16 | 34 | 12 | 45 | 14 | 43 | 13 | 46 | 15 | 41 | 15 |
| 11 | 49 | 13 | 41 | 11 | 46 | 11 | 42 | 14 | 43 | 14 | 42 | 16 |
| 12 | 48 | 12 | 42 | 20 | 43 | 12 | 41 | 11 | 44 | 13 | 49 | 13 |
| 13 | 47 | 19 | 49 | 19 | 44 | 19 | 50 | 12 | 41 | 12 | 50 | 14 |
| 14 | 46 | 20 | 50 | 18 | 43 | 20 | 49 | 19 | 42 | 11 | 47 | 11 |
| 15 | 45 | 17 | 47 | 15 | 44 | 17 | 48 | 20 | 49 | 20 | 48 | 12 |
| 16 | 42 | 18 | 48 | 14 | 41 | 18 | 47 | 11 | 50 | 19 | 51 | 29 |
| 17 | 41 | 15 | 46 | 13 | 42 | 18 | 44 | 12 | 57 | 28 | 52 | 30 |
| 18 | 50 | 16 | 45 | 17 | 49 | 17 | 43 | 29 | 58 | 27 | 59 | 28 |
| 19 | 47 | 21 | 44 | 18 | 50 | 26 | 52 | 30 | 56 | 22 | 60 | 27 |
| 20 | 56 | 22 | 43 | 25 | 57 | 25 | 55 | 27 | 55 | 21 | 57 | 26 |
| 21 | 55 | 29 | 52 | 26 | 54 | 24 | 54 | 28 | 54 | 30 | 58 | 25 |
| 22 | 54 | 30 | 51 | 23 | 51 | 23 | 53 | 25 | 53 | 22 | 55 | 24 |
| 23 | 53 | 27 | 60 | 24 | 52 | 22 | 52 | 24 | 52 | 29 | 54 | 23 |
| 24 | 52 | 28 | 59 | 21 | 59 | 21 | 51 | 21 | 51 | 30 | 51 | 22 |
| 25 | 51 | 25 | 58 | 22 | 60 | 30 | 60 | 22 | 60 | 27 | 52 | 21 |
| 26 | 60 | 26 | 57 | 29 | 57 | 29 | 59 | 29 | 59 | 28 | 9 | 40 |
| 27 | 59 | 23 | 56 | 30 | 58 | 26 | 58 | 30 | 8 | 35 | 10 | 39 |
| 28 | 58 | 24 | 55 | 27 | 55 | 25 | 57 | 37 | 7 | 36 | 7 | 38 |
| 29 | 57 | | 54 | 28 | 56 | 34 | 6 | 38 | 6 | 33 | 8 | 37 |
| 30 | 6 | | 53 | 35 | 3 | 33 | 5 | 35 | 5 | 34 | 5 | 36 |
| 31 | 5 | | 2 | | 4 | | 4 | 36 | | 31 | | 35 |

金

# 2008

平成20年生 ★ 満16歳

| 日＼月 | 1 | 2 | 3 | 4 | 5 | 6 | 7 | 8 | 9 | 10 | 11 | 12 |
|---|---|---|---|---|---|---|---|---|---|---|---|---|
| 1 | 34 | 9 | 35 | 5 | 40 | 5 | 36 | 7 | 47 | 18 | 46 | 20 |
| 2 | 33 | 8 | 36 | 4 | 37 | 6 | 35 | 16 | 48 | 17 | 43 | 17 |
| 3 | 32 | 7 | 33 | 3 | 38 | 13 | 44 | 15 | 45 | 16 | 44 | 18 |
| 4 | 31 | 15 | 34 | 12 | 45 | 14 | 43 | 14 | 46 | 15 | 41 | 15 |
| 5 | 50 | 16 | 41 | 11 | 46 | 11 | 42 | 13 | 43 | 14 | 42 | 16 |
| 6 | 49 | 13 | 42 | 20 | 43 | 12 | 42 | 12 | 44 | 13 | 49 | 13 |
| 7 | 48 | 14 | 49 | 19 | 44 | 19 | 50 | 12 | 41 | 12 | 50 | 14 |
| 8 | 47 | 11 | 50 | 18 | 41 | 20 | 49 | 19 | 42 | 11 | 47 | 11 |
| 9 | 46 | 12 | 47 | 17 | 42 | 17 | 48 | 20 | 49 | 20 | 48 | 12 |
| 10 | 45 | 19 | 48 | 16 | 49 | 18 | 47 | 17 | 50 | 19 | 55 | 29 |
| 11 | 44 | 20 | 45 | 15 | 50 | 15 | 46 | 18 | 57 | 28 | 56 | 30 |
| 12 | 43 | 15 | 46 | 14 | 47 | 16 | 45 | 25 | 58 | 27 | 53 | 27 |
| 13 | 42 | 16 | 43 | 13 | 50 | 23 | 54 | 26 | 55 | 26 | 54 | 28 |
| 14 | 41 | 23 | 44 | 30 | 57 | 24 | 53 | 23 | 56 | 25 | 51 | 25 |
| 15 | 60 | 24 | 51 | 29 | 58 | 21 | 52 | 28 | 53 | 24 | 58 | 26 |
| 16 | 57 | 21 | 51 | 28 | 55 | 23 | 51 | 25 | 54 | 23 | 55 | 23 |
| 17 | 56 | 22 | 60 | 24 | 56 | 22 | 58 | 26 | 51 | 22 | 56 | 24 |
| 18 | 55 | 29 | 59 | 21 | 53 | 21 | 57 | 23 | 51 | 27 | 53 | 22 |
| 19 | 52 | 28 | 58 | 22 | 54 | 30 | 56 | 24 | 60 | 26 | 54 | 21 |
| 20 | 51 | 25 | 57 | 29 | 57 | 29 | 59 | 21 | 59 | 25 | 1 | 40 |
| 21 | 60 | 26 | 56 | 30 | 58 | 28 | 58 | 22 | 8 | 35 | 2 | 39 |
| 22 | 59 | 23 | 55 | 27 | 55 | 27 | 57 | 37 | 7 | 36 | 7 | 38 |
| 23 | 58 | 24 | 54 | 28 | 56 | 36 | 6 | 38 | 6 | 33 | 8 | 37 |
| 24 | 57 | 31 | 53 | 35 | 3 | 35 | 5 | 35 | 5 | 34 | 5 | 36 |
| 25 | 6 | 32 | 2 | 36 | 4 | 34 | 4 | 36 | 4 | 31 | 6 | 35 |
| 26 | 5 | 39 | 1 | 33 | 1 | 31 | 3 | 33 | 3 | 32 | 3 | 34 |
| 27 | 4 | 40 | 10 | 34 | 2 | 40 | 2 | 34 | 2 | 39 | 4 | 33 |
| 28 | 3 | 37 | 9 | 31 | 9 | 39 | 1 | 31 | 1 | 40 | 1 | 32 |
| 29 | 2 | 38 | 8 | 32 | 10 | 38 | 10 | 32 | 10 | 37 | 2 | 31 |
| 30 | 1 | | 7 | 39 | 7 | 37 | 9 | 39 | 9 | 38 | 19 | 50 |
| 31 | 10 | | 6 | | 8 | | 8 | 40 | | 45 | | 49 |

命数が…… 1~10 羅針盤座 11~20 インディアン座 21~30 鳳凰座

銀

# 2009

平成21年生 ★ 満15歳

| 日＼月 | 1 | 2 | 3 | 4 | 5 | 6 | 7 | 8 | 9 | 10 | 11 | 12 |
|---|---|---|---|---|---|---|---|---|---|---|---|---|
| 1 | 48 | 13 | 42 | 20 | 43 | 12 | 41 | 12 | 44 | 13 | 49 | 13 |
| 2 | 47 | 12 | 49 | 19 | 44 | 19 | 50 | 11 | 41 | 12 | 50 | 14 |
| 3 | 46 | 11 | 50 | 18 | 41 | 20 | 49 | 20 | 42 | 11 | 47 | 11 |
| 4 | 45 | 19 | 47 | 17 | 42 | 17 | 48 | 19 | 49 | 20 | 48 | 12 |
| 5 | 44 | 20 | 48 | 16 | 49 | 18 | 47 | 18 | 50 | 19 | 55 | 29 |
| 6 | 43 | 17 | 45 | 15 | 50 | 15 | 46 | 17 | 57 | 28 | 56 | 30 |
| 7 | 42 | 18 | 46 | 14 | 47 | 16 | 45 | 25 | 58 | 27 | 53 | 27 |
| 8 | 41 | 25 | 43 | 13 | 48 | 23 | 54 | 26 | 55 | 26 | 54 | 28 |
| 9 | 60 | 26 | 44 | 22 | 55 | 24 | 53 | 23 | 56 | 25 | 51 | 25 |
| 10 | 59 | 23 | 51 | 21 | 56 | 21 | 52 | 24 | 53 | 24 | 52 | 26 |
| 11 | 58 | 24 | 52 | 30 | 53 | 22 | 51 | 21 | 54 | 23 | 59 | 23 |
| 12 | 57 | 29 | 59 | 29 | 54 | 29 | 60 | 22 | 51 | 22 | 60 | 24 |
| 13 | 56 | 30 | 60 | 28 | 53 | 30 | 59 | 29 | 52 | 21 | 57 | 21 |
| 14 | 55 | 27 | 57 | 27 | 54 | 27 | 58 | 30 | 59 | 30 | 58 | 22 |
| 15 | 52 | 28 | 58 | 24 | 51 | 28 | 57 | 21 | 60 | 29 | 1 | 39 |
| 16 | 51 | 25 | 56 | 23 | 52 | 28 | 56 | 22 | 7 | 38 | 2 | 40 |
| 17 | 60 | 26 | 55 | 22 | 59 | 27 | 53 | 39 | 8 | 37 | 9 | 37 |
| 18 | 57 | 33 | 54 | 28 | 60 | 36 | 2 | 40 | 6 | 32 | 10 | 37 |
| 19 | 6 | 32 | 53 | 35 | 7 | 35 | 1 | 37 | 5 | 31 | 7 | 36 |
| 20 | 5 | 39 | 2 | 36 | 4 | 34 | 4 | 38 | 4 | 40 | 8 | 35 |
| 21 | 4 | 40 | 1 | 33 | 1 | 33 | 3 | 35 | 3 | 32 | 5 | 34 |
| 22 | 3 | 37 | 10 | 34 | 2 | 32 | 2 | 34 | 2 | 39 | 4 | 33 |
| 23 | 2 | 38 | 9 | 31 | 9 | 31 | 1 | 31 | 1 | 40 | 1 | 32 |
| 24 | 1 | 35 | 8 | 32 | 10 | 40 | 10 | 32 | 10 | 37 | 2 | 31 |
| 25 | 10 | 36 | 7 | 39 | 7 | 39 | 9 | 39 | 9 | 38 | 19 | 50 |
| 26 | 9 | 33 | 6 | 40 | 8 | 36 | 8 | 40 | 18 | 45 | 20 | 49 |
| 27 | 8 | 34 | 5 | 37 | 5 | 35 | 7 | 47 | 17 | 46 | 17 | 48 |
| 28 | 7 | 41 | 4 | 38 | 6 | 44 | 16 | 48 | 16 | 43 | 18 | 47 |
| 29 | 16 | | 3 | 45 | 13 | 43 | 15 | 45 | 15 | 44 | 15 | 46 |
| 30 | 15 | | 12 | 46 | 14 | 42 | 14 | 46 | 14 | 41 | 16 | 45 |
| 31 | 14 | | 11 | | 11 | | 13 | 43 | | 42 | | 44 |

金

# 2010

平成22年生 ★ 満14歳

| 日＼月 | 1 | 2 | 3 | 4 | 5 | 6 | 7 | 8 | 9 | 10 | 11 | 12 |
|---|---|---|---|---|---|---|---|---|---|---|---|---|
| 1 | 43 | 18 | 45 | 15 | 50 | 15 | 46 | 17 | 57 | 28 | 56 | 30 |
| 2 | 42 | 17 | 46 | 14 | 47 | 16 | 45 | 26 | 58 | 27 | 53 | 27 |
| 3 | 41 | 26 | 43 | 13 | 48 | 23 | 54 | 25 | 55 | 26 | 54 | 28 |
| 4 | 60 | 26 | 44 | 22 | 55 | 24 | 53 | 24 | 56 | 25 | 51 | 25 |
| 5 | 59 | 23 | 55 | 21 | 56 | 21 | 52 | 23 | 53 | 24 | 52 | 26 |
| 6 | 58 | 24 | 52 | 30 | 53 | 22 | 51 | 22 | 54 | 23 | 59 | 23 |
| 7 | 57 | 21 | 59 | 29 | 54 | 29 | 60 | 22 | 51 | 22 | 60 | 24 |
| 8 | 56 | 22 | 60 | 28 | 51 | 30 | 59 | 29 | 52 | 21 | 57 | 21 |
| 9 | 55 | 29 | 57 | 27 | 52 | 27 | 58 | 30 | 59 | 30 | 58 | 22 |
| 10 | 54 | 30 | 58 | 26 | 59 | 28 | 57 | 27 | 60 | 29 | 5 | 39 |
| 11 | 53 | 27 | 55 | 25 | 60 | 25 | 56 | 28 | 7 | 38 | 6 | 40 |
| 12 | 52 | 26 | 56 | 24 | 57 | 26 | 55 | 35 | 8 | 37 | 3 | 37 |
| 13 | 51 | 33 | 53 | 23 | 60 | 33 | 4 | 36 | 5 | 36 | 4 | 38 |
| 14 | 10 | 34 | 54 | 32 | 7 | 34 | 3 | 33 | 6 | 35 | 1 | 35 |
| 15 | 7 | 31 | 1 | 39 | 8 | 31 | 2 | 38 | 3 | 34 | 8 | 36 |
| 16 | 6 | 32 | 2 | 38 | 5 | 32 | 1 | 35 | 4 | 33 | 5 | 33 |
| 17 | 5 | 39 | 10 | 37 | 6 | 32 | 8 | 36 | 1 | 32 | 6 | 34 |
| 18 | 2 | 40 | 9 | 31 | 3 | 31 | 7 | 33 | 2 | 37 | 3 | 32 |
| 19 | 1 | 35 | 8 | 32 | 4 | 40 | 6 | 34 | 10 | 36 | 4 | 31 |
| 20 | 10 | 36 | 7 | 39 | 7 | 39 | 9 | 31 | 9 | 35 | 11 | 50 |
| 21 | 9 | 33 | 6 | 40 | 8 | 38 | 8 | 32 | 18 | 45 | 12 | 49 |
| 22 | 8 | 34 | 5 | 37 | 5 | 37 | 7 | 47 | 17 | 46 | 17 | 48 |
| 23 | 7 | 41 | 4 | 38 | 6 | 46 | 16 | 48 | 16 | 43 | 18 | 47 |
| 24 | 16 | 42 | 3 | 45 | 13 | 45 | 15 | 45 | 15 | 44 | 15 | 46 |
| 25 | 15 | 49 | 12 | 46 | 14 | 44 | 14 | 46 | 14 | 41 | 16 | 45 |
| 26 | 14 | 50 | 11 | 43 | 11 | 43 | 13 | 43 | 13 | 42 | 13 | 44 |
| 27 | 13 | 47 | 20 | 44 | 12 | 50 | 12 | 44 | 12 | 49 | 14 | 43 |
| 28 | 12 | 48 | 19 | 41 | 19 | 49 | 11 | 41 | 11 | 50 | 11 | 42 |
| 29 | 11 | | 18 | 42 | 20 | 48 | 20 | 42 | 20 | 47 | 12 | 41 |
| 30 | 20 | | 17 | 49 | 17 | 47 | 19 | 49 | 19 | 48 | 29 | 60 |
| 31 | 19 | | 16 | | 18 | | 18 | 50 | | 55 | | 59 |

31~40 時計座　41~50 カメレオン座　51~60 イルカ座

## 銀 2011 平成23年生★満13歳

| 日＼月 | 1 | 2 | 3 | 4 | 5 | 6 | 7 | 8 | 9 | 10 | 11 | 12 |
|---|---|---|---|---|---|---|---|---|---|---|---|---|
| 1 | 58 | 23 | 52 | 30 | 53 | 22 | 51 | 22 | 54 | 23 | 59 | 23 |
| 2 | 57 | 22 | 59 | 29 | 54 | 29 | 60 | 21 | 51 | 22 | 60 | 24 |
| 3 | 56 | 21 | 60 | 28 | 51 | 30 | 59 | 30 | 52 | 21 | 57 | 21 |
| 4 | 55 | 29 | 57 | 27 | 52 | 27 | 58 | 29 | 59 | 30 | 58 | 22 |
| 5 | 54 | 30 | 52 | 26 | 59 | 28 | 57 | 28 | 60 | 29 | 5 | 39 |
| 6 | 53 | 27 | 55 | 25 | 60 | 25 | 56 | 27 | 7 | 38 | 6 | 40 |
| 7 | 52 | 28 | 56 | 24 | 57 | 26 | 55 | 36 | 8 | 37 | 3 | 37 |
| 8 | 51 | 35 | 53 | 23 | 58 | 33 | 4 | 36 | 5 | 36 | 4 | 38 |
| 9 | 10 | 36 | 54 | 32 | 5 | 34 | 3 | 33 | 6 | 35 | 1 | 35 |
| 10 | 9 | 33 | 1 | 31 | 6 | 31 | 2 | 34 | 3 | 34 | 2 | 36 |
| 11 | 8 | 34 | 2 | 40 | 3 | 32 | 1 | 31 | 4 | 33 | 9 | 33 |
| 12 | 7 | 39 | 9 | 39 | 4 | 39 | 10 | 32 | 1 | 32 | 10 | 34 |
| 13 | 6 | 40 | 10 | 38 | 1 | 40 | 9 | 39 | 2 | 31 | 7 | 31 |
| 14 | 5 | 37 | 7 | 37 | 4 | 37 | 8 | 40 | 9 | 40 | 8 | 32 |
| 15 | 4 | 38 | 8 | 34 | 1 | 38 | 7 | 37 | 10 | 39 | 15 | 49 |
| 16 | 1 | 35 | 5 | 33 | 2 | 35 | 6 | 32 | 17 | 48 | 12 | 50 |
| 17 | 10 | 36 | 5 | 32 | 9 | 37 | 3 | 49 | 18 | 47 | 19 | 47 |
| 18 | 9 | 43 | 4 | 38 | 10 | 46 | 12 | 50 | 15 | 46 | 20 | 47 |
| 19 | 16 | 42 | 3 | 45 | 17 | 45 | 11 | 47 | 15 | 41 | 17 | 46 |
| 20 | 15 | 49 | 12 | 46 | 18 | 44 | 14 | 48 | 14 | 50 | 18 | 45 |
| 21 | 14 | 50 | 11 | 43 | 11 | 43 | 13 | 45 | 13 | 49 | 15 | 44 |
| 22 | 13 | 47 | 20 | 44 | 12 | 42 | 12 | 46 | 12 | 49 | 16 | 43 |
| 23 | 12 | 48 | 19 | 41 | 19 | 41 | 11 | 41 | 11 | 50 | 11 | 42 |
| 24 | 11 | 45 | 18 | 42 | 20 | 50 | 20 | 42 | 20 | 47 | 12 | 41 |
| 25 | 20 | 46 | 17 | 49 | 17 | 49 | 19 | 49 | 19 | 48 | 29 | 60 |
| 26 | 19 | 43 | 16 | 50 | 18 | 48 | 18 | 50 | 28 | 55 | 30 | 59 |
| 27 | 18 | 44 | 15 | 47 | 15 | 45 | 17 | 57 | 27 | 56 | 27 | 58 |
| 28 | 17 | 51 | 14 | 48 | 16 | 54 | 26 | 58 | 26 | 53 | 28 | 57 |
| 29 | 26 |  | 13 | 55 | 23 | 53 | 25 | 55 | 25 | 54 | 25 | 56 |
| 30 | 25 |  | 22 | 56 | 24 | 52 | 24 | 56 | 24 | 51 | 26 | 55 |
| 31 | 24 |  | 21 |  | 21 |  | 23 | 53 |  | 52 |  | 54 |

## 金 2012 平成24年生★満12歳

| 日＼月 | 1 | 2 | 3 | 4 | 5 | 6 | 7 | 8 | 9 | 10 | 11 | 12 |
|---|---|---|---|---|---|---|---|---|---|---|---|---|
| 1 | 53 | 28 | 56 | 24 | 57 | 26 | 55 | 36 | 8 | 37 | 3 | 37 |
| 2 | 52 | 27 | 53 | 23 | 58 | 33 | 4 | 35 | 5 | 36 | 4 | 38 |
| 3 | 51 | 36 | 54 | 32 | 5 | 34 | 3 | 34 | 6 | 35 | 1 | 35 |
| 4 | 10 | 36 | 1 | 31 | 6 | 31 | 2 | 33 | 3 | 34 | 2 | 36 |
| 5 | 9 | 33 | 2 | 40 | 3 | 32 | 1 | 32 | 4 | 33 | 9 | 33 |
| 6 | 8 | 34 | 9 | 39 | 4 | 39 | 9 | 31 | 1 | 32 | 10 | 34 |
| 7 | 7 | 31 | 10 | 38 | 1 | 40 | 9 | 39 | 2 | 31 | 7 | 31 |
| 8 | 6 | 32 | 7 | 37 | 2 | 37 | 8 | 40 | 9 | 40 | 8 | 32 |
| 9 | 5 | 39 | 8 | 36 | 9 | 38 | 7 | 37 | 10 | 39 | 15 | 49 |
| 10 | 4 | 40 | 5 | 35 | 10 | 35 | 6 | 38 | 17 | 48 | 16 | 50 |
| 11 | 3 | 37 | 6 | 34 | 7 | 36 | 5 | 45 | 18 | 47 | 13 | 47 |
| 12 | 2 | 36 | 3 | 33 | 8 | 43 | 14 | 46 | 15 | 46 | 14 | 48 |
| 13 | 1 | 43 | 4 | 42 | 17 | 44 | 13 | 43 | 16 | 45 | 11 | 45 |
| 14 | 20 | 44 | 11 | 49 | 18 | 41 | 12 | 44 | 13 | 44 | 12 | 46 |
| 15 | 19 | 41 | 12 | 48 | 15 | 42 | 11 | 45 | 14 | 43 | 15 | 43 |
| 16 | 16 | 42 | 20 | 47 | 16 | 42 | 20 | 46 | 11 | 42 | 16 | 44 |
| 17 | 15 | 49 | 19 | 41 | 13 | 41 | 17 | 43 | 12 | 41 | 13 | 41 |
| 18 | 14 | 50 | 18 | 42 | 14 | 50 | 16 | 44 | 20 | 46 | 14 | 41 |
| 19 | 11 | 45 | 17 | 49 | 11 | 49 | 15 | 41 | 19 | 45 | 21 | 60 |
| 20 | 20 | 46 | 16 | 50 | 18 | 48 | 18 | 42 | 28 | 54 | 22 | 59 |
| 21 | 19 | 43 | 15 | 47 | 15 | 47 | 17 | 59 | 27 | 56 | 29 | 58 |
| 22 | 18 | 44 | 14 | 48 | 16 | 56 | 26 | 58 | 26 | 53 | 28 | 57 |
| 23 | 17 | 51 | 13 | 55 | 23 | 55 | 25 | 55 | 25 | 54 | 25 | 56 |
| 24 | 26 | 52 | 22 | 56 | 24 | 54 | 24 | 56 | 24 | 51 | 26 | 55 |
| 25 | 25 | 59 | 21 | 53 | 21 | 53 | 23 | 53 | 23 | 52 | 23 | 54 |
| 26 | 24 | 60 | 30 | 54 | 22 | 60 | 22 | 54 | 22 | 59 | 24 | 53 |
| 27 | 23 | 57 | 29 | 51 | 29 | 59 | 21 | 51 | 21 | 60 | 21 | 52 |
| 28 | 22 | 58 | 28 | 52 | 30 | 58 | 30 | 52 | 30 | 57 | 22 | 51 |
| 29 | 21 | 55 | 27 | 59 | 27 | 57 | 29 | 59 | 29 | 58 | 39 | 10 |
| 30 | 30 |  | 26 | 60 | 28 | 56 | 28 | 60 | 38 | 5 | 40 | 9 |
| 31 | 29 |  | 25 |  | 25 |  | 27 | 7 |  | 6 |  | 8 |

命数が……（1～10 羅針盤座）（11～20 インディアン座）（21～30 鳳凰座）

## 銀 2013 平成25年生★満11歳

| 日＼月 | 1 | 2 | 3 | 4 | 5 | 6 | 7 | 8 | 9 | 10 | 11 | 12 |
|---|---|---|---|---|---|---|---|---|---|---|---|---|
| 1 | 7 | 32 | 9 | 39 | 4 | 39 | 10 | 31 | 1 | 32 | 10 | 34 |
| 2 | 6 | 31 | 10 | 38 | 1 | 40 | 9 | 40 | 2 | 31 | 7 | 31 |
| 3 | 5 | 40 | 7 | 37 | 2 | 37 | 8 | 39 | 9 | 40 | 8 | 32 |
| 4 | 4 | 40 | 8 | 36 | 9 | 38 | 7 | 38 | 10 | 39 | 15 | 49 |
| 5 | 3 | 37 | 5 | 35 | 10 | 35 | 6 | 37 | 17 | 48 | 16 | 50 |
| 6 | 2 | 38 | 6 | 34 | 7 | 36 | 6 | 46 | 18 | 47 | 13 | 47 |
| 7 | 1 | 45 | 3 | 33 | 8 | 43 | 14 | 46 | 15 | 46 | 14 | 48 |
| 8 | 20 | 46 | 4 | 42 | 15 | 44 | 13 | 43 | 16 | 45 | 11 | 45 |
| 9 | 19 | 43 | 11 | 41 | 16 | 41 | 12 | 44 | 13 | 44 | 12 | 46 |
| 10 | 18 | 44 | 12 | 50 | 13 | 42 | 11 | 41 | 14 | 43 | 19 | 43 |
| 11 | 17 | 41 | 19 | 49 | 14 | 49 | 20 | 42 | 11 | 42 | 20 | 44 |
| 12 | 16 | 50 | 20 | 48 | 11 | 50 | 19 | 49 | 12 | 41 | 17 | 41 |
| 13 | 15 | 47 | 17 | 47 | 14 | 47 | 18 | 50 | 19 | 50 | 18 | 42 |
| 14 | 14 | 48 | 18 | 46 | 11 | 48 | 17 | 47 | 20 | 49 | 25 | 59 |
| 15 | 11 | 45 | 15 | 43 | 12 | 45 | 16 | 42 | 27 | 58 | 22 | 60 |
| 16 | 20 | 46 | 15 | 42 | 19 | 47 | 15 | 59 | 28 | 57 | 29 | 57 |
| 17 | 19 | 53 | 14 | 41 | 20 | 56 | 22 | 60 | 25 | 56 | 30 | 58 |
| 18 | 26 | 54 | 13 | 55 | 27 | 55 | 21 | 57 | 25 | 51 | 27 | 56 |
| 19 | 25 | 59 | 22 | 56 | 28 | 54 | 30 | 58 | 24 | 60 | 28 | 55 |
| 20 | 24 | 60 | 21 | 53 | 21 | 53 | 23 | 55 | 23 | 59 | 25 | 54 |
| 21 | 23 | 57 | 30 | 54 | 22 | 52 | 22 | 56 | 22 | 59 | 26 | 53 |
| 22 | 22 | 58 | 29 | 51 | 29 | 51 | 21 | 51 | 21 | 60 | 21 | 52 |
| 23 | 21 | 55 | 28 | 52 | 30 | 60 | 30 | 52 | 30 | 57 | 22 | 51 |
| 24 | 30 | 56 | 27 | 59 | 27 | 59 | 29 | 59 | 29 | 58 | 39 | 10 |
| 25 | 29 | 53 | 26 | 60 | 28 | 58 | 28 | 60 | 38 | 5 | 40 | 9 |
| 26 | 28 | 54 | 25 | 57 | 25 | 55 | 27 | 7 | 37 | 6 | 37 | 8 |
| 27 | 27 | 1 | 24 | 58 | 26 | 4 | 36 | 8 | 36 | 3 | 38 | 7 |
| 28 | 36 | 2 | 23 | 5 | 33 | 3 | 35 | 5 | 35 | 4 | 35 | 6 |
| 29 | 35 |  | 32 | 6 | 34 | 2 | 34 | 6 | 34 | 1 | 36 | 5 |
| 30 | 34 |  | 31 | 3 | 31 | 1 | 33 | 3 | 33 | 2 | 33 | 4 |
| 31 | 33 |  | 40 |  | 32 |  | 32 | 4 |  | 9 |  | 3 |

## 金 2014 平成26年生★満10歳

| 日＼月 | 1 | 2 | 3 | 4 | 5 | 6 | 7 | 8 | 9 | 10 | 11 | 12 |
|---|---|---|---|---|---|---|---|---|---|---|---|---|
| 1 | 2 | 37 | 6 | 34 | 7 | 36 | 5 | 46 | 18 | 47 | 13 | 47 |
| 2 | 1 | 46 | 3 | 33 | 8 | 43 | 14 | 45 | 15 | 46 | 14 | 48 |
| 3 | 20 | 45 | 4 | 42 | 15 | 44 | 13 | 44 | 16 | 45 | 11 | 45 |
| 4 | 19 | 43 | 11 | 41 | 16 | 41 | 12 | 43 | 13 | 44 | 12 | 46 |
| 5 | 18 | 44 | 12 | 50 | 13 | 42 | 11 | 42 | 14 | 43 | 19 | 43 |
| 6 | 17 | 41 | 19 | 49 | 14 | 49 | 20 | 41 | 11 | 42 | 20 | 44 |
| 7 | 16 | 42 | 20 | 48 | 11 | 50 | 19 | 49 | 12 | 41 | 17 | 41 |
| 8 | 15 | 49 | 17 | 47 | 12 | 47 | 18 | 50 | 19 | 50 | 18 | 42 |
| 9 | 14 | 50 | 18 | 46 | 19 | 48 | 17 | 47 | 20 | 49 | 25 | 59 |
| 10 | 13 | 47 | 15 | 45 | 20 | 45 | 16 | 48 | 27 | 58 | 26 | 60 |
| 11 | 12 | 48 | 16 | 44 | 17 | 46 | 15 | 55 | 28 | 57 | 23 | 57 |
| 12 | 11 | 53 | 13 | 43 | 18 | 53 | 24 | 56 | 25 | 56 | 24 | 58 |
| 13 | 30 | 54 | 14 | 52 | 27 | 54 | 23 | 53 | 26 | 55 | 21 | 55 |
| 14 | 29 | 51 | 21 | 51 | 28 | 51 | 22 | 54 | 23 | 54 | 22 | 56 |
| 15 | 26 | 52 | 22 | 58 | 25 | 52 | 21 | 55 | 24 | 53 | 25 | 53 |
| 16 | 25 | 59 | 29 | 57 | 26 | 59 | 30 | 56 | 21 | 52 | 26 | 54 |
| 17 | 24 | 60 | 29 | 56 | 23 | 51 | 27 | 53 | 22 | 51 | 23 | 51 |
| 18 | 21 | 57 | 28 | 52 | 24 | 60 | 26 | 54 | 29 | 56 | 24 | 51 |
| 19 | 30 | 56 | 27 | 59 | 21 | 59 | 25 | 51 | 29 | 55 | 31 | 10 |
| 20 | 29 | 53 | 26 | 60 | 28 | 58 | 28 | 52 | 38 | 4 | 32 | 9 |
| 21 | 28 | 54 | 25 | 57 | 25 | 57 | 27 | 9 | 37 | 6 | 39 | 8 |
| 22 | 27 | 1 | 24 | 58 | 26 | 6 | 36 | 8 | 36 | 3 | 38 | 7 |
| 23 | 36 | 2 | 23 | 5 | 33 | 5 | 35 | 5 | 35 | 4 | 35 | 6 |
| 24 | 35 | 9 | 32 | 6 | 34 | 4 | 34 | 6 | 34 | 1 | 36 | 5 |
| 25 | 34 | 10 | 31 | 3 | 31 | 3 | 33 | 3 | 33 | 2 | 33 | 4 |
| 26 | 33 | 7 | 40 | 4 | 32 | 2 | 32 | 4 | 32 | 9 | 34 | 3 |
| 27 | 32 | 8 | 39 | 1 | 39 | 9 | 31 | 1 | 31 | 10 | 31 | 2 |
| 28 | 31 | 5 | 38 | 2 | 40 | 8 | 40 | 2 | 40 | 7 | 32 | 1 |
| 29 | 40 |  | 37 | 9 | 37 | 7 | 39 | 9 | 39 | 8 | 49 | 20 |
| 30 | 39 |  | 36 | 10 | 38 | 6 | 38 | 10 | 48 | 15 | 50 | 19 |
| 31 | 38 |  | 35 |  | 35 |  | 37 | 17 |  | 16 |  | 18 |

31~40 時計座　41~50 カメレオン座　51~60 イルカ座

## 銀 2015 平成27年生 ★ 満9歳

| 日＼月 | 1 | 2 | 3 | 4 | 5 | 6 | 7 | 8 | 9 | 10 | 11 | 12 |
|---|---|---|---|---|---|---|---|---|---|---|---|---|
| 1 | 17 | 42 | 19 | 49 | 14 | 49 | 20 | 41 | 11 | 42 | 20 | 44 |
| 2 | 16 | 41 | 20 | 48 | 11 | 50 | 19 | 50 | 12 | 41 | 17 | 41 |
| 3 | 15 | 50 | 17 | 47 | 12 | 47 | 18 | 49 | 19 | 50 | 18 | 42 |
| 4 | 14 | 50 | 18 | 46 | 19 | 48 | 17 | 48 | 20 | 49 | 25 | 59 |
| 5 | 13 | 47 | 15 | 45 | 20 | 45 | 16 | 47 | 27 | 58 | 26 | 60 |
| 6 | 12 | 48 | 16 | 44 | 17 | 46 | 15 | 56 | 28 | 57 | 23 | 57 |
| 7 | 11 | 55 | 13 | 43 | 18 | 53 | 24 | 55 | 25 | 56 | 24 | 58 |
| 8 | 30 | 56 | 14 | 52 | 25 | 54 | 23 | 53 | 26 | 55 | 21 | 55 |
| 9 | 29 | 53 | 21 | 51 | 26 | 51 | 22 | 54 | 23 | 54 | 22 | 56 |
| 10 | 28 | 54 | 22 | 60 | 23 | 52 | 21 | 51 | 24 | 53 | 29 | 53 |
| 11 | 27 | 51 | 29 | 59 | 24 | 59 | 30 | 52 | 21 | 52 | 30 | 54 |
| 12 | 26 | 60 | 30 | 58 | 21 | 60 | 29 | 59 | 22 | 51 | 27 | 51 |
| 13 | 25 | 57 | 27 | 57 | 22 | 57 | 28 | 60 | 29 | 60 | 28 | 52 |
| 14 | 24 | 58 | 28 | 56 | 21 | 58 | 27 | 57 | 30 | 59 | 35 | 9 |
| 15 | 23 | 55 | 25 | 53 | 22 | 55 | 26 | 58 | 37 | 8 | 36 | 10 |
| 16 | 30 | 56 | 26 | 52 | 29 | 56 | 25 | 9 | 38 | 7 | 39 | 7 |
| 17 | 29 | 3 | 24 | 51 | 30 | 6 | 32 | 10 | 35 | 6 | 40 | 8 |
| 18 | 38 | 4 | 23 | 5 | 37 | 5 | 31 | 7 | 36 | 1 | 37 | 6 |
| 19 | 35 | 9 | 32 | 6 | 38 | 4 | 40 | 8 | 34 | 10 | 38 | 5 |
| 20 | 34 | 10 | 31 | 3 | 35 | 3 | 33 | 5 | 33 | 9 | 35 | 4 |
| 21 | 33 | 7 | 40 | 4 | 32 | 2 | 32 | 6 | 32 | 9 | 36 | 3 |
| 22 | 32 | 8 | 39 | 1 | 39 | 1 | 31 | 3 | 31 | 10 | 33 | 2 |
| 23 | 31 | 5 | 38 | 2 | 40 | 10 | 40 | 2 | 40 | 7 | 32 | 1 |
| 24 | 40 | 6 | 37 | 9 | 37 | 9 | 39 | 9 | 39 | 8 | 49 | 20 |
| 25 | 39 | 3 | 36 | 10 | 38 | 8 | 38 | 10 | 48 | 15 | 50 | 19 |
| 26 | 38 | 4 | 35 | 7 | 35 | 7 | 37 | 17 | 47 | 16 | 47 | 18 |
| 27 | 37 | 11 | 34 | 8 | 36 | 14 | 46 | 18 | 46 | 13 | 48 | 17 |
| 28 | 46 | 12 | 33 | 15 | 43 | 13 | 45 | 15 | 45 | 14 | 45 | 16 |
| 29 | 45 | | 42 | 16 | 44 | 12 | 44 | 16 | 44 | 11 | 46 | 15 |
| 30 | 44 | | 41 | 13 | 41 | 11 | 43 | 13 | 43 | 12 | 43 | 14 |
| 31 | 43 | | 50 | | 42 | | 42 | 14 | | 19 | | 13 |

## 金 2016 平成28年生 ★ 満8歳

| 日＼月 | 1 | 2 | 3 | 4 | 5 | 6 | 7 | 8 | 9 | 10 | 11 | 12 |
|---|---|---|---|---|---|---|---|---|---|---|---|---|
| 1 | 12 | 47 | 13 | 43 | 18 | 53 | 24 | 55 | 25 | 56 | 24 | 58 |
| 2 | 11 | 56 | 14 | 52 | 25 | 54 | 23 | 54 | 26 | 55 | 21 | 55 |
| 3 | 30 | 55 | 21 | 51 | 26 | 51 | 22 | 53 | 23 | 54 | 22 | 56 |
| 4 | 29 | 53 | 22 | 60 | 23 | 52 | 21 | 52 | 24 | 53 | 29 | 53 |
| 5 | 28 | 54 | 29 | 59 | 24 | 59 | 30 | 51 | 21 | 52 | 30 | 54 |
| 6 | 27 | 51 | 30 | 58 | 21 | 60 | 30 | 60 | 22 | 51 | 27 | 51 |
| 7 | 26 | 52 | 27 | 57 | 22 | 57 | 28 | 60 | 29 | 60 | 28 | 52 |
| 8 | 25 | 59 | 28 | 56 | 29 | 58 | 27 | 57 | 30 | 59 | 35 | 9 |
| 9 | 24 | 60 | 25 | 55 | 30 | 55 | 26 | 58 | 37 | 8 | 36 | 10 |
| 10 | 23 | 57 | 26 | 54 | 27 | 56 | 25 | 5 | 38 | 7 | 33 | 7 |
| 11 | 22 | 58 | 23 | 53 | 28 | 3 | 34 | 6 | 35 | 6 | 34 | 8 |
| 12 | 21 | 3 | 24 | 2 | 35 | 4 | 33 | 3 | 36 | 5 | 31 | 5 |
| 13 | 40 | 4 | 31 | 1 | 38 | 1 | 32 | 4 | 33 | 4 | 32 | 6 |
| 14 | 39 | 1 | 32 | 8 | 35 | 2 | 31 | 1 | 34 | 3 | 39 | 3 |
| 15 | 38 | 2 | 39 | 7 | 36 | 9 | 40 | 6 | 31 | 2 | 36 | 4 |
| 16 | 35 | 9 | 39 | 6 | 33 | 1 | 39 | 3 | 32 | 1 | 33 | 1 |
| 17 | 34 | 10 | 38 | 2 | 34 | 10 | 36 | 4 | 39 | 10 | 34 | 2 |
| 18 | 33 | 7 | 37 | 9 | 31 | 9 | 35 | 1 | 39 | 5 | 41 | 20 |
| 19 | 40 | 6 | 36 | 10 | 32 | 8 | 34 | 2 | 48 | 14 | 42 | 19 |
| 20 | 39 | 3 | 35 | 7 | 35 | 7 | 37 | 19 | 47 | 13 | 49 | 18 |
| 21 | 38 | 4 | 34 | 8 | 36 | 16 | 46 | 20 | 46 | 13 | 50 | 17 |
| 22 | 37 | 11 | 33 | 15 | 43 | 15 | 45 | 15 | 45 | 14 | 45 | 16 |
| 23 | 46 | 12 | 42 | 16 | 44 | 14 | 44 | 16 | 44 | 11 | 46 | 15 |
| 24 | 45 | 19 | 41 | 13 | 41 | 13 | 43 | 13 | 43 | 12 | 43 | 14 |
| 25 | 44 | 20 | 50 | 14 | 42 | 12 | 42 | 14 | 42 | 19 | 44 | 13 |
| 26 | 43 | 17 | 49 | 11 | 49 | 19 | 41 | 11 | 41 | 20 | 41 | 12 |
| 27 | 42 | 18 | 48 | 12 | 50 | 18 | 50 | 12 | 50 | 17 | 42 | 11 |
| 28 | 41 | 15 | 47 | 19 | 47 | 17 | 49 | 19 | 49 | 18 | 59 | 30 |
| 29 | 50 | 16 | 46 | 20 | 48 | 16 | 48 | 20 | 58 | 25 | 60 | 29 |
| 30 | 49 | | 45 | 17 | 45 | 15 | 47 | 27 | 57 | 26 | 57 | 28 |
| 31 | 48 | | 44 | | 46 | | 56 | 28 | | 23 | | 27 |

命数が…… 1~10 羅針盤座　11~20 インディアン座　21~30 鳳凰座

## 銀 2017

平成29年生 ★ 満7歳

| 日＼月 | 1 | 2 | 3 | 4 | 5 | 6 | 7 | 8 | 9 | 10 | 11 | 12 |
|---|---|---|---|---|---|---|---|---|---|---|---|---|
| 1 | 26 | 51 | 30 | 58 | 21 | 60 | 29 | 60 | 22 | 51 | 27 | 51 |
| 2 | 25 | 60 | 27 | 57 | 22 | 57 | 28 | 59 | 29 | 60 | 28 | 52 |
| 3 | 24 | 59 | 28 | 56 | 29 | 58 | 27 | 58 | 30 | 59 | 35 | 9 |
| 4 | 23 | 57 | 25 | 55 | 30 | 55 | 26 | 57 | 37 | 8 | 36 | 10 |
| 5 | 22 | 58 | 26 | 54 | 27 | 56 | 25 | 6 | 38 | 7 | 33 | 7 |
| 6 | 21 | 5 | 23 | 53 | 28 | 3 | 33 | 5 | 35 | 6 | 34 | 8 |
| 7 | 40 | 6 | 24 | 2 | 35 | 4 | 33 | 3 | 36 | 5 | 31 | 5 |
| 8 | 39 | 3 | 31 | 1 | 36 | 1 | 32 | 4 | 33 | 4 | 32 | 6 |
| 9 | 38 | 4 | 32 | 10 | 33 | 2 | 31 | 1 | 34 | 3 | 39 | 3 |
| 10 | 37 | 1 | 39 | 9 | 34 | 9 | 40 | 2 | 31 | 2 | 40 | 4 |
| 11 | 36 | 2 | 40 | 8 | 31 | 10 | 39 | 9 | 32 | 1 | 37 | 1 |
| 12 | 35 | 7 | 37 | 7 | 32 | 7 | 38 | 10 | 39 | 10 | 38 | 2 |
| 13 | 34 | 8 | 38 | 6 | 31 | 8 | 37 | 7 | 40 | 9 | 45 | 19 |
| 14 | 33 | 5 | 35 | 3 | 32 | 5 | 36 | 8 | 47 | 18 | 46 | 20 |
| 15 | 40 | 6 | 36 | 2 | 39 | 6 | 35 | 19 | 48 | 17 | 49 | 17 |
| 16 | 39 | 13 | 34 | 1 | 40 | 16 | 44 | 20 | 45 | 16 | 50 | 18 |
| 17 | 48 | 14 | 33 | 15 | 47 | 15 | 41 | 17 | 46 | 15 | 47 | 15 |
| 18 | 45 | 11 | 42 | 16 | 48 | 14 | 50 | 18 | 44 | 20 | 48 | 15 |
| 19 | 44 | 20 | 41 | 13 | 45 | 13 | 49 | 15 | 43 | 19 | 45 | 14 |
| 20 | 43 | 17 | 50 | 14 | 42 | 12 | 42 | 16 | 42 | 18 | 46 | 13 |
| 21 | 42 | 18 | 49 | 11 | 49 | 11 | 41 | 13 | 41 | 20 | 43 | 12 |
| 22 | 41 | 15 | 48 | 12 | 50 | 20 | 50 | 12 | 50 | 17 | 42 | 11 |
| 23 | 50 | 16 | 47 | 19 | 47 | 19 | 49 | 19 | 49 | 18 | 59 | 30 |
| 24 | 49 | 13 | 46 | 20 | 48 | 18 | 48 | 20 | 58 | 25 | 60 | 29 |
| 25 | 48 | 14 | 45 | 17 | 45 | 17 | 47 | 27 | 57 | 26 | 57 | 28 |
| 26 | 47 | 21 | 44 | 18 | 46 | 24 | 56 | 28 | 56 | 23 | 58 | 27 |
| 27 | 56 | 22 | 43 | 25 | 53 | 23 | 55 | 25 | 55 | 24 | 55 | 26 |
| 28 | 55 | 29 | 52 | 26 | 54 | 22 | 54 | 26 | 54 | 21 | 56 | 25 |
| 29 | 54 |  | 51 | 23 | 51 | 21 | 53 | 23 | 53 | 22 | 53 | 24 |
| 30 | 53 |  | 60 | 24 | 52 | 30 | 52 | 24 | 52 | 29 | 54 | 23 |
| 31 | 52 |  | 59 |  | 59 |  | 51 | 21 |  | 30 |  | 22 |

## 金 2018

平成30年生 ★ 満6歳

| 日＼月 | 1 | 2 | 3 | 4 | 5 | 6 | 7 | 8 | 9 | 10 | 11 | 12 |
|---|---|---|---|---|---|---|---|---|---|---|---|---|
| 1 | 21 | 6 | 23 | 53 | 28 | 3 | 34 | 5 | 35 | 6 | 34 | 8 |
| 2 | 40 | 5 | 24 | 2 | 35 | 4 | 33 | 4 | 36 | 5 | 31 | 5 |
| 3 | 39 | 4 | 31 | 1 | 36 | 1 | 32 | 3 | 33 | 4 | 32 | 6 |
| 4 | 38 | 4 | 32 | 10 | 33 | 2 | 31 | 2 | 34 | 3 | 39 | 3 |
| 5 | 37 | 1 | 33 | 9 | 34 | 9 | 40 | 1 | 31 | 2 | 40 | 4 |
| 6 | 36 | 2 | 40 | 8 | 31 | 10 | 39 | 10 | 32 | 1 | 37 | 1 |
| 7 | 35 | 9 | 37 | 7 | 32 | 7 | 38 | 10 | 39 | 10 | 38 | 2 |
| 8 | 34 | 10 | 38 | 6 | 39 | 8 | 37 | 7 | 40 | 9 | 45 | 19 |
| 9 | 33 | 7 | 35 | 5 | 40 | 5 | 36 | 8 | 47 | 18 | 46 | 20 |
| 10 | 32 | 8 | 36 | 4 | 37 | 6 | 35 | 15 | 48 | 17 | 43 | 17 |
| 11 | 31 | 15 | 33 | 3 | 38 | 13 | 44 | 16 | 45 | 16 | 44 | 18 |
| 12 | 50 | 14 | 34 | 12 | 45 | 14 | 43 | 13 | 46 | 15 | 41 | 15 |
| 13 | 49 | 11 | 41 | 11 | 48 | 11 | 42 | 14 | 43 | 14 | 42 | 16 |
| 14 | 48 | 12 | 42 | 20 | 45 | 12 | 41 | 11 | 44 | 13 | 49 | 13 |
| 15 | 45 | 19 | 49 | 17 | 46 | 19 | 50 | 16 | 41 | 12 | 46 | 14 |
| 16 | 44 | 20 | 50 | 16 | 43 | 20 | 49 | 13 | 42 | 11 | 43 | 11 |
| 17 | 43 | 17 | 48 | 15 | 44 | 20 | 46 | 14 | 49 | 20 | 44 | 12 |
| 18 | 50 | 18 | 47 | 19 | 41 | 19 | 45 | 11 | 50 | 15 | 51 | 30 |
| 19 | 49 | 13 | 46 | 20 | 42 | 18 | 44 | 12 | 58 | 24 | 52 | 29 |
| 20 | 48 | 14 | 45 | 17 | 45 | 17 | 47 | 29 | 57 | 23 | 59 | 28 |
| 21 | 47 | 21 | 44 | 18 | 46 | 26 | 56 | 30 | 56 | 23 | 60 | 27 |
| 22 | 56 | 22 | 43 | 25 | 53 | 25 | 55 | 25 | 55 | 24 | 55 | 26 |
| 23 | 55 | 29 | 52 | 26 | 54 | 24 | 54 | 26 | 54 | 21 | 56 | 25 |
| 24 | 54 | 30 | 51 | 23 | 51 | 23 | 53 | 23 | 53 | 22 | 53 | 24 |
| 25 | 53 | 27 | 60 | 24 | 52 | 22 | 52 | 24 | 52 | 29 | 54 | 23 |
| 26 | 52 | 28 | 59 | 21 | 59 | 21 | 51 | 21 | 51 | 30 | 51 | 22 |
| 27 | 51 | 25 | 58 | 22 | 60 | 28 | 60 | 22 | 60 | 27 | 52 | 21 |
| 28 | 60 | 26 | 57 | 29 | 57 | 27 | 59 | 29 | 59 | 28 | 9 | 40 |
| 29 | 59 |  | 56 | 30 | 58 | 26 | 58 | 30 | 8 | 35 | 10 | 39 |
| 30 | 58 |  | 55 | 27 | 55 | 25 | 57 | 37 | 7 | 36 | 7 | 38 |
| 31 | 57 |  | 54 |  | 56 |  | 6 | 38 |  | 33 |  | 37 |

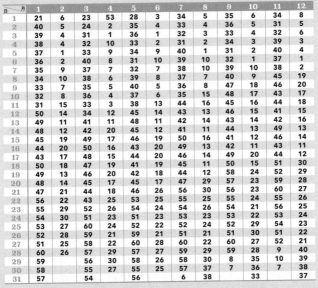

31~40 時計座　41~50 カメレオン座　51~60 イルカ座

銀

# 2019

平成31年生　令和元年生

★満5歳

| 日＼月 | 1 | 2 | 3 | 4 | 5 | 6 | 7 | 8 | 9 | 10 | 11 | 12 |
|---|---|---|---|---|---|---|---|---|---|---|---|---|
| 1 | 36 | 1 | 40 | 8 | 31 | 10 | 39 | 10 | 32 | 1 | 37 | 1 |
| 2 | 35 | 10 | 37 | 7 | 32 | 7 | 38 | 9 | 39 | 10 | 38 | 2 |
| 3 | 34 | 9 | 38 | 6 | 39 | 8 | 37 | 8 | 40 | 9 | 45 | 19 |
| 4 | 33 | 7 | 35 | 5 | 40 | 5 | 36 | 7 | 47 | 18 | 46 | 20 |
| 5 | 32 | 8 | 40 | 4 | 37 | 6 | 35 | 16 | 48 | 17 | 43 | 17 |
| 6 | 31 | 15 | 33 | 3 | 38 | 13 | 44 | 15 | 45 | 16 | 44 | 18 |
| 7 | 50 | 16 | 34 | 12 | 45 | 14 | 43 | 14 | 46 | 15 | 41 | 15 |
| 8 | 49 | 13 | 41 | 11 | 46 | 11 | 42 | 14 | 43 | 14 | 42 | 16 |
| 9 | 48 | 14 | 42 | 20 | 43 | 12 | 41 | 11 | 44 | 13 | 49 | 13 |
| 10 | 47 | 11 | 49 | 19 | 44 | 19 | 50 | 12 | 41 | 12 | 50 | 14 |
| 11 | 46 | 12 | 50 | 18 | 41 | 20 | 49 | 19 | 42 | 11 | 47 | 11 |
| 12 | 45 | 17 | 47 | 17 | 42 | 17 | 48 | 20 | 49 | 20 | 48 | 12 |
| 13 | 44 | 18 | 48 | 16 | 49 | 18 | 47 | 17 | 50 | 19 | 55 | 29 |
| 14 | 43 | 15 | 45 | 15 | 42 | 15 | 46 | 18 | 57 | 28 | 56 | 30 |
| 15 | 42 | 16 | 46 | 12 | 49 | 16 | 45 | 25 | 58 | 27 | 53 | 27 |
| 16 | 49 | 23 | 43 | 11 | 50 | 23 | 54 | 30 | 55 | 26 | 60 | 28 |
| 17 | 58 | 24 | 43 | 30 | 57 | 25 | 51 | 27 | 56 | 25 | 57 | 25 |
| 18 | 57 | 21 | 52 | 26 | 58 | 24 | 60 | 28 | 53 | 30 | 58 | 25 |
| 19 | 54 | 30 | 51 | 23 | 55 | 23 | 59 | 25 | 53 | 29 | 55 | 24 |
| 20 | 53 | 27 | 60 | 24 | 56 | 22 | 52 | 26 | 52 | 28 | 56 | 23 |
| 21 | 52 | 28 | 59 | 21 | 59 | 21 | 51 | 23 | 51 | 30 | 53 | 22 |
| 22 | 51 | 25 | 58 | 22 | 60 | 30 | 60 | 24 | 60 | 27 | 54 | 21 |
| 23 | 60 | 26 | 57 | 29 | 57 | 29 | 59 | 29 | 59 | 28 | 9 | 40 |
| 24 | 59 | 23 | 56 | 30 | 58 | 28 | 58 | 30 | 8 | 35 | 10 | 39 |
| 25 | 58 | 24 | 55 | 27 | 55 | 27 | 57 | 37 | 7 | 36 | 7 | 38 |
| 26 | 57 | 31 | 54 | 28 | 56 | 36 | 6 | 38 | 6 | 33 | 8 | 37 |
| 27 | 6 | 32 | 53 | 35 | 3 | 33 | 5 | 35 | 5 | 34 | 5 | 36 |
| 28 | 5 | 39 | 2 | 36 | 4 | 32 | 4 | 36 | 4 | 31 | 6 | 35 |
| 29 | 4 | | 1 | 33 | 1 | 31 | 3 | 33 | 3 | 32 | 3 | 34 |
| 30 | 3 | | 10 | 34 | 2 | 40 | 2 | 34 | 2 | 39 | 4 | 33 |
| 31 | 2 | | 9 | | 9 | | 1 | 31 | | 40 | | 32 |

金

# 2020

令和2年生

★満4歳

| 日＼月 | 1 | 2 | 3 | 4 | 5 | 6 | 7 | 8 | 9 | 10 | 11 | 12 |
|---|---|---|---|---|---|---|---|---|---|---|---|---|
| 1 | 31 | 16 | 34 | 12 | 45 | 14 | 43 | 14 | 46 | 15 | 41 | 15 |
| 2 | 50 | 15 | 41 | 11 | 46 | 11 | 42 | 13 | 43 | 14 | 42 | 16 |
| 3 | 49 | 14 | 42 | 20 | 43 | 12 | 41 | 12 | 44 | 13 | 49 | 13 |
| 4 | 48 | 14 | 49 | 19 | 44 | 19 | 50 | 11 | 41 | 12 | 50 | 14 |
| 5 | 47 | 11 | 50 | 18 | 41 | 20 | 49 | 20 | 42 | 11 | 47 | 11 |
| 6 | 46 | 12 | 47 | 17 | 42 | 17 | 47 | 19 | 49 | 20 | 48 | 12 |
| 7 | 45 | 19 | 48 | 16 | 49 | 18 | 47 | 17 | 50 | 19 | 55 | 29 |
| 8 | 44 | 20 | 45 | 15 | 50 | 15 | 46 | 18 | 57 | 28 | 56 | 30 |
| 9 | 43 | 17 | 46 | 14 | 47 | 16 | 45 | 25 | 58 | 27 | 53 | 27 |
| 10 | 42 | 18 | 43 | 13 | 48 | 23 | 54 | 26 | 55 | 26 | 54 | 28 |
| 11 | 41 | 25 | 44 | 22 | 55 | 24 | 53 | 23 | 56 | 25 | 51 | 25 |
| 12 | 60 | 24 | 51 | 21 | 56 | 21 | 52 | 24 | 53 | 24 | 52 | 26 |
| 13 | 59 | 21 | 52 | 30 | 55 | 22 | 51 | 21 | 54 | 23 | 59 | 23 |
| 14 | 58 | 22 | 59 | 27 | 56 | 29 | 60 | 22 | 51 | 22 | 60 | 24 |
| 15 | 57 | 29 | 60 | 26 | 53 | 30 | 59 | 23 | 52 | 21 | 53 | 21 |
| 16 | 54 | 30 | 58 | 25 | 54 | 30 | 58 | 24 | 59 | 30 | 54 | 22 |
| 17 | 53 | 27 | 57 | 29 | 51 | 29 | 55 | 21 | 60 | 29 | 1 | 39 |
| 18 | 52 | 28 | 56 | 30 | 52 | 28 | 54 | 22 | 8 | 34 | 2 | 39 |
| 19 | 59 | 23 | 55 | 27 | 59 | 27 | 53 | 39 | 7 | 33 | 9 | 38 |
| 20 | 58 | 24 | 54 | 28 | 56 | 36 | 6 | 40 | 6 | 32 | 10 | 37 |
| 21 | 57 | 31 | 53 | 35 | 3 | 35 | 5 | 37 | 5 | 34 | 7 | 36 |
| 22 | 6 | 32 | 2 | 36 | 4 | 34 | 4 | 36 | 4 | 31 | 6 | 35 |
| 23 | 5 | 39 | 1 | 33 | 1 | 33 | 3 | 33 | 3 | 32 | 3 | 34 |
| 24 | 4 | 40 | 10 | 34 | 2 | 32 | 2 | 34 | 2 | 39 | 4 | 33 |
| 25 | 3 | 37 | 9 | 31 | 9 | 31 | 1 | 31 | 1 | 40 | 1 | 32 |
| 26 | 2 | 38 | 8 | 32 | 10 | 38 | 10 | 32 | 10 | 37 | 2 | 31 |
| 27 | 1 | 35 | 7 | 39 | 7 | 37 | 9 | 39 | 9 | 38 | 19 | 50 |
| 28 | 10 | 36 | 6 | 40 | 8 | 36 | 8 | 40 | 18 | 45 | 20 | 49 |
| 29 | 9 | 33 | 5 | 37 | 5 | 35 | 7 | 47 | 17 | 46 | 17 | 48 |
| 30 | 8 | | 4 | 38 | 6 | 44 | 16 | 48 | 16 | 43 | 18 | 47 |
| 31 | 7 | | 3 | | 13 | | 15 | 45 | | 44 | | 46 |

命数が……　1~10 羅針盤座　11~20 インディアン座　21~30 鳳凰座

## 銀 2021 令和3年生★満3歳

| 日＼月 | 1 | 2 | 3 | 4 | 5 | 6 | 7 | 8 | 9 | 10 | 11 | 12 |
|---|---|---|---|---|---|---|---|---|---|---|---|---|
| 1 | 45 | 20 | 47 | 17 | 42 | 17 | 48 | 19 | 49 | 20 | 48 | 12 |
| 2 | 44 | 19 | 48 | 16 | 49 | 18 | 47 | 18 | 50 | 19 | 55 | 29 |
| 3 | 43 | 17 | 45 | 15 | 50 | 15 | 46 | 17 | 57 | 28 | 56 | 30 |
| 4 | 42 | 18 | 46 | 14 | 47 | 16 | 45 | 26 | 58 | 27 | 53 | 27 |
| 5 | 41 | 25 | 43 | 13 | 48 | 23 | 54 | 25 | 55 | 26 | 54 | 28 |
| 6 | 60 | 26 | 44 | 22 | 55 | 24 | 53 | 24 | 56 | 25 | 51 | 25 |
| 7 | 59 | 23 | 51 | 21 | 56 | 21 | 52 | 24 | 53 | 24 | 52 | 26 |
| 8 | 58 | 24 | 52 | 30 | 53 | 22 | 51 | 21 | 54 | 23 | 59 | 23 |
| 9 | 57 | 21 | 59 | 29 | 54 | 29 | 60 | 22 | 51 | 22 | 60 | 24 |
| 10 | 56 | 22 | 60 | 28 | 51 | 30 | 59 | 29 | 52 | 21 | 57 | 21 |
| 11 | 55 | 27 | 57 | 27 | 52 | 27 | 58 | 30 | 59 | 30 | 58 | 22 |
| 12 | 54 | 28 | 58 | 26 | 59 | 28 | 57 | 27 | 60 | 29 | 5 | 39 |
| 13 | 53 | 25 | 55 | 25 | 52 | 25 | 56 | 28 | 7 | 38 | 6 | 40 |
| 14 | 52 | 26 | 56 | 22 | 59 | 26 | 55 | 35 | 8 | 37 | 3 | 37 |
| 15 | 59 | 33 | 53 | 21 | 60 | 33 | 4 | 40 | 5 | 36 | 10 | 38 |
| 16 | 8 | 34 | 53 | 40 | 7 | 35 | 3 | 37 | 6 | 35 | 7 | 35 |
| 17 | 7 | 31 | 2 | 36 | 8 | 34 | 10 | 38 | 3 | 34 | 8 | 36 |
| 18 | 4 | 40 | 1 | 33 | 5 | 33 | 9 | 35 | 3 | 39 | 5 | 34 |
| 19 | 3 | 37 | 10 | 34 | 6 | 32 | 8 | 36 | 2 | 38 | 6 | 33 |
| 20 | 2 | 38 | 9 | 31 | 9 | 31 | 1 | 33 | 1 | 37 | 3 | 32 |
| 21 | 1 | 35 | 8 | 32 | 10 | 40 | 10 | 34 | 10 | 37 | 4 | 31 |
| 22 | 10 | 36 | 7 | 39 | 7 | 39 | 9 | 39 | 9 | 38 | 19 | 50 |
| 23 | 9 | 33 | 6 | 40 | 8 | 38 | 8 | 40 | 18 | 45 | 20 | 49 |
| 24 | 8 | 34 | 5 | 37 | 5 | 37 | 7 | 47 | 17 | 46 | 17 | 48 |
| 25 | 7 | 41 | 4 | 38 | 6 | 44 | 16 | 48 | 16 | 43 | 18 | 47 |
| 26 | 16 | 42 | 3 | 45 | 13 | 43 | 15 | 45 | 15 | 44 | 15 | 46 |
| 27 | 15 | 49 | 12 | 46 | 14 | 42 | 14 | 46 | 14 | 41 | 16 | 45 |
| 28 | 14 | 50 | 11 | 43 | 11 | 41 | 13 | 43 | 13 | 42 | 13 | 44 |
| 29 | 13 |  | 20 | 44 | 12 | 50 | 12 | 44 | 12 | 49 | 14 | 43 |
| 30 | 12 |  | 19 | 41 | 19 | 49 | 11 | 41 | 11 | 50 | 11 | 42 |
| 31 | 11 |  | 18 |  | 20 |  | 20 | 42 |  | 47 |  | 41 |

## 金 2022 令和4年生★満2歳

| 日＼月 | 1 | 2 | 3 | 4 | 5 | 6 | 7 | 8 | 9 | 10 | 11 | 12 |
|---|---|---|---|---|---|---|---|---|---|---|---|---|
| 1 | 60 | 25 | 44 | 22 | 55 | 24 | 53 | 24 | 56 | 25 | 51 | 25 |
| 2 | 59 | 24 | 51 | 21 | 56 | 21 | 52 | 23 | 53 | 24 | 52 | 26 |
| 3 | 58 | 23 | 52 | 30 | 53 | 22 | 51 | 22 | 54 | 23 | 59 | 23 |
| 4 | 57 | 21 | 59 | 29 | 54 | 29 | 60 | 21 | 51 | 22 | 60 | 24 |
| 5 | 56 | 22 | 60 | 28 | 51 | 30 | 59 | 30 | 52 | 21 | 57 | 21 |
| 6 | 55 | 29 | 57 | 27 | 52 | 27 | 58 | 29 | 59 | 30 | 58 | 22 |
| 7 | 54 | 30 | 58 | 26 | 59 | 28 | 57 | 27 | 60 | 29 | 5 | 39 |
| 8 | 53 | 27 | 55 | 25 | 60 | 25 | 56 | 28 | 7 | 38 | 6 | 40 |
| 9 | 52 | 28 | 56 | 24 | 57 | 26 | 55 | 35 | 8 | 37 | 3 | 37 |
| 10 | 51 | 35 | 53 | 23 | 58 | 33 | 4 | 36 | 5 | 36 | 4 | 38 |
| 11 | 10 | 36 | 54 | 32 | 5 | 34 | 3 | 33 | 6 | 35 | 1 | 35 |
| 12 | 9 | 31 | 1 | 31 | 6 | 31 | 2 | 34 | 3 | 34 | 2 | 36 |
| 13 | 8 | 32 | 2 | 40 | 5 | 32 | 1 | 31 | 4 | 33 | 9 | 33 |
| 14 | 7 | 39 | 9 | 39 | 6 | 39 | 10 | 32 | 1 | 32 | 10 | 34 |
| 15 | 4 | 40 | 10 | 36 | 3 | 40 | 9 | 33 | 2 | 31 | 3 | 31 |
| 16 | 3 | 37 | 8 | 35 | 4 | 37 | 8 | 34 | 9 | 40 | 4 | 32 |
| 17 | 2 | 38 | 7 | 34 | 1 | 39 | 5 | 31 | 10 | 39 | 11 | 49 |
| 18 | 9 | 35 | 6 | 40 | 2 | 38 | 4 | 32 | 17 | 44 | 12 | 49 |
| 19 | 8 | 34 | 5 | 37 | 9 | 37 | 3 | 49 | 17 | 43 | 19 | 48 |
| 20 | 7 | 41 | 4 | 38 | 6 | 46 | 16 | 50 | 16 | 42 | 20 | 47 |
| 21 | 16 | 42 | 3 | 45 | 13 | 45 | 15 | 47 | 15 | 44 | 17 | 46 |
| 22 | 15 | 49 | 12 | 46 | 14 | 44 | 14 | 46 | 14 | 41 | 16 | 45 |
| 23 | 14 | 50 | 11 | 43 | 11 | 43 | 13 | 43 | 13 | 42 | 13 | 44 |
| 24 | 13 | 47 | 20 | 44 | 12 | 42 | 12 | 44 | 12 | 49 | 14 | 43 |
| 25 | 12 | 48 | 19 | 41 | 19 | 41 | 11 | 41 | 11 | 50 | 11 | 42 |
| 26 | 11 | 45 | 18 | 42 | 20 | 48 | 20 | 42 | 20 | 47 | 12 | 41 |
| 27 | 20 | 46 | 17 | 49 | 17 | 47 | 19 | 49 | 19 | 48 | 29 | 60 |
| 28 | 19 | 43 | 16 | 50 | 18 | 46 | 18 | 50 | 28 | 55 | 30 | 59 |
| 29 | 18 |  | 15 | 47 | 15 | 45 | 17 | 57 | 27 | 56 | 27 | 58 |
| 30 | 17 |  | 14 | 48 | 16 | 54 | 26 | 58 | 26 | 53 | 28 | 57 |
| 31 | 26 |  | 13 |  | 23 |  | 25 | 55 |  | 54 |  | 56 |

31~40 時計座　41~50 カメレオン座　51~60 イルカ座

## 銀 2023 令和5年生 ★ 満1歳

| 日＼月 | 1 | 2 | 3 | 4 | 5 | 6 | 7 | 8 | 9 | 10 | 11 | 12 |
|---|---|---|---|---|---|---|---|---|---|---|---|---|
| 1 | 55 | 30 | 57 | 27 | 52 | 27 | 58 | 29 | 59 | 30 | 58 | 22 |
| 2 | 54 | 29 | 58 | 26 | 59 | 28 | 57 | 28 | 60 | 29 | 5 | 39 |
| 3 | 53 | 28 | 55 | 25 | 60 | 25 | 56 | 27 | 7 | 38 | 6 | 40 |
| 4 | 52 | 28 | 56 | 24 | 57 | 26 | 55 | 36 | 8 | 37 | 3 | 37 |
| 5 | 51 | 35 | 53 | 23 | 58 | 33 | 4 | 35 | 5 | 36 | 4 | 38 |
| 6 | 10 | 36 | 54 | 32 | 5 | 34 | 3 | 34 | 6 | 35 | 1 | 35 |
| 7 | 9 | 33 | 1 | 31 | 6 | 31 | 2 | 33 | 3 | 34 | 2 | 36 |
| 8 | 8 | 34 | 2 | 40 | 3 | 32 | 1 | 31 | 4 | 33 | 9 | 33 |
| 9 | 7 | 31 | 9 | 39 | 4 | 39 | 10 | 32 | 1 | 32 | 10 | 34 |
| 10 | 6 | 32 | 10 | 38 | 1 | 40 | 9 | 39 | 2 | 31 | 7 | 31 |
| 11 | 5 | 39 | 7 | 37 | 2 | 37 | 8 | 40 | 9 | 40 | 8 | 32 |
| 12 | 4 | 38 | 8 | 36 | 9 | 38 | 7 | 37 | 10 | 39 | 15 | 49 |
| 13 | 3 | 35 | 5 | 35 | 10 | 35 | 6 | 38 | 17 | 48 | 16 | 50 |
| 14 | 2 | 36 | 6 | 34 | 9 | 36 | 5 | 45 | 18 | 47 | 13 | 47 |
| 15 | 9 | 43 | 3 | 31 | 10 | 43 | 14 | 46 | 15 | 46 | 14 | 48 |
| 16 | 18 | 44 | 4 | 50 | 17 | 44 | 13 | 47 | 16 | 45 | 17 | 45 |
| 17 | 17 | 41 | 12 | 49 | 18 | 44 | 20 | 48 | 13 | 44 | 18 | 46 |
| 18 | 14 | 42 | 11 | 43 | 15 | 43 | 19 | 45 | 14 | 49 | 15 | 44 |
| 19 | 13 | 47 | 20 | 44 | 16 | 42 | 18 | 46 | 12 | 48 | 16 | 43 |
| 20 | 12 | 48 | 19 | 41 | 13 | 41 | 11 | 43 | 11 | 47 | 13 | 42 |
| 21 | 11 | 45 | 18 | 42 | 20 | 50 | 20 | 44 | 20 | 47 | 14 | 41 |
| 22 | 20 | 46 | 17 | 49 | 17 | 49 | 19 | 41 | 19 | 48 | 21 | 60 |
| 23 | 19 | 43 | 16 | 50 | 18 | 48 | 18 | 50 | 28 | 55 | 30 | 59 |
| 24 | 18 | 44 | 15 | 47 | 15 | 47 | 17 | 57 | 27 | 56 | 27 | 58 |
| 25 | 17 | 51 | 14 | 48 | 16 | 56 | 26 | 58 | 26 | 53 | 28 | 57 |
| 26 | 26 | 52 | 13 | 55 | 23 | 53 | 25 | 55 | 25 | 54 | 25 | 56 |
| 27 | 25 | 59 | 22 | 56 | 24 | 52 | 24 | 56 | 24 | 51 | 26 | 55 |
| 28 | 24 | 60 | 21 | 53 | 21 | 51 | 23 | 53 | 23 | 52 | 23 | 54 |
| 29 | 23 |  | 30 | 54 | 22 | 60 | 22 | 54 | 22 | 59 | 24 | 53 |
| 30 | 22 |  | 29 | 51 | 29 | 59 | 21 | 51 | 21 | 60 | 21 | 52 |
| 31 | 21 |  | 28 |  | 30 |  | 30 | 52 |  | 57 |  | 51 |

## 金 2024 令和6年生 ★ 満0歳

| 日＼月 | 1 | 2 | 3 | 4 | 5 | 6 | 7 | 8 | 9 | 10 | 11 | 12 |
|---|---|---|---|---|---|---|---|---|---|---|---|---|
| 1 | 10 | 35 | 1 | 31 | 6 | 31 | 2 | 33 | 3 | 34 | 2 | 36 |
| 2 | 9 | 34 | 2 | 40 | 3 | 32 | 1 | 32 | 4 | 33 | 9 | 33 |
| 3 | 8 | 33 | 9 | 39 | 4 | 39 | 10 | 31 | 1 | 32 | 10 | 34 |
| 4 | 7 | 31 | 10 | 38 | 1 | 40 | 9 | 40 | 2 | 31 | 7 | 31 |
| 5 | 6 | 32 | 7 | 37 | 2 | 37 | 8 | 39 | 9 | 40 | 8 | 32 |
| 6 | 5 | 39 | 8 | 36 | 9 | 38 | 7 | 38 | 10 | 39 | 15 | 49 |
| 7 | 4 | 40 | 5 | 35 | 10 | 35 | 6 | 38 | 17 | 48 | 16 | 50 |
| 8 | 3 | 37 | 6 | 34 | 7 | 36 | 5 | 45 | 18 | 47 | 13 | 47 |
| 9 | 2 | 38 | 3 | 33 | 8 | 43 | 14 | 46 | 15 | 46 | 14 | 48 |
| 10 | 1 | 45 | 4 | 42 | 15 | 44 | 13 | 43 | 16 | 45 | 11 | 45 |
| 11 | 20 | 46 | 11 | 41 | 16 | 41 | 12 | 44 | 13 | 44 | 12 | 46 |
| 12 | 19 | 41 | 12 | 50 | 13 | 42 | 11 | 41 | 14 | 43 | 19 | 43 |
| 13 | 18 | 42 | 19 | 49 | 16 | 49 | 20 | 42 | 11 | 42 | 20 | 44 |
| 14 | 17 | 49 | 20 | 46 | 13 | 50 | 19 | 49 | 12 | 41 | 17 | 41 |
| 15 | 16 | 50 | 17 | 45 | 14 | 47 | 18 | 44 | 19 | 50 | 14 | 42 |
| 16 | 13 | 47 | 17 | 44 | 11 | 49 | 15 | 41 | 20 | 49 | 21 | 59 |
| 17 | 12 | 48 | 16 | 50 | 12 | 48 | 14 | 42 | 27 | 58 | 22 | 60 |
| 18 | 11 | 45 | 15 | 47 | 19 | 47 | 13 | 59 | 27 | 53 | 29 | 58 |
| 19 | 18 | 44 | 14 | 48 | 20 | 56 | 26 | 60 | 26 | 52 | 30 | 57 |
| 20 | 17 | 51 | 13 | 55 | 23 | 55 | 25 | 57 | 25 | 51 | 27 | 56 |
| 21 | 26 | 52 | 22 | 56 | 24 | 54 | 24 | 58 | 24 | 51 | 28 | 55 |
| 22 | 25 | 59 | 21 | 53 | 21 | 53 | 23 | 53 | 23 | 52 | 23 | 54 |
| 23 | 24 | 60 | 30 | 54 | 22 | 52 | 22 | 54 | 22 | 59 | 24 | 53 |
| 24 | 23 | 57 | 29 | 51 | 29 | 51 | 21 | 51 | 21 | 60 | 21 | 52 |
| 25 | 22 | 58 | 28 | 52 | 30 | 58 | 30 | 52 | 30 | 57 | 22 | 51 |
| 26 | 21 | 55 | 27 | 59 | 27 | 57 | 29 | 59 | 29 | 58 | 39 | 10 |
| 27 | 30 | 56 | 26 | 60 | 28 | 56 | 28 | 60 | 38 | 5 | 40 | 9 |
| 28 | 29 | 53 | 25 | 57 | 25 | 55 | 27 | 7 | 37 | 6 | 37 | 8 |
| 29 | 28 | 54 | 24 | 58 | 26 | 4 | 36 | 8 | 36 | 3 | 38 | 7 |
| 30 | 27 |  | 23 | 5 | 33 | 3 | 35 | 5 | 35 | 4 | 35 | 6 |
| 31 | 36 |  | 32 |  | 34 |  | 34 | 6 |  | 1 |  | 5 |

# 裏の命数表

「五星三心占い」では、「裏の時期」（P.15で詳しく解説）に、
自分の「裏の欲望（才能）」が出てくると考えています。
次のページで「裏の命数」を割り出しましょう。
あなたの裏側は、裏の命数の「基本性格」（P.175~）を読むことで、
詳しく知ることができます。

## あなたの裏側は？

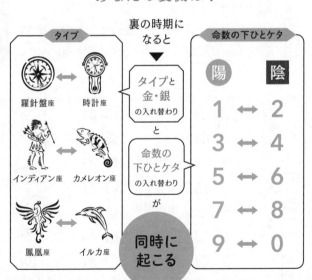

タイプ
羅針盤座
時計座
インディアン座
カメレオン座
鳳凰座
イルカ座
裏の時期になると
タイプと金・銀の入れ替わり
と
命数の下ひとケタの入れ替わり
が
同時に起こる
命数の下ひとケタ
陽
陰
1 ↔ 2
3 ↔ 4
5 ↔ 6
7 ↔ 8
9 ↔ 0

詳しい調べ方は、次のページをチェック！

# 裏の命数表

【裏の命数】とは……裏の時期に出てくるあなたの性質をつかさどる命数です。

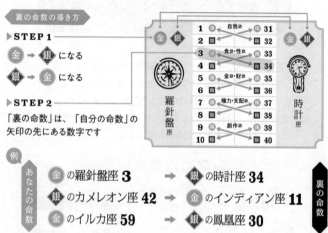

**裏の命数の導き方**

▶**STEP 1**

金 → 銀 になる

銀 → 金 になる

▶**STEP 2**

「裏の命数」は、「自分の命数」の矢印の先にある数字です

例

| あなたの命数 | | 裏の命数 |
|---|---|---|
| 金の羅針盤座 **3** | → | 銀の時計座 **34** |
| 銀のカメレオン座 **42** | → | 金のインディアン座 **11** |
| 金のイルカ座 **59** | → | 銀の鳳凰座 **30** |

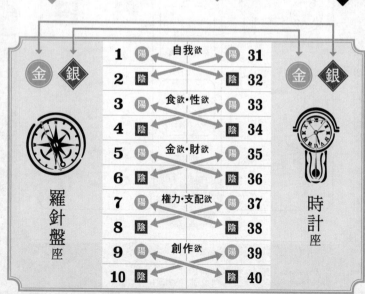

| 羅針盤座（金・銀） | | 欲 | | 時計座（金・銀） |
|---|---|---|---|---|
| **1** | 陽 | 自我欲 | 陽 | **31** |
| **2** | 陰 | | 陰 | **32** |
| **3** | 陽 | 食欲・性欲 | 陽 | **33** |
| **4** | 陰 | | 陰 | **34** |
| **5** | 陽 | 金欲・財欲 | 陽 | **35** |
| **6** | 陰 | | 陰 | **36** |
| **7** | 陽 | 権力・支配欲 | 陽 | **37** |
| **8** | 陰 | | 陰 | **38** |
| **9** | 陽 | 創作欲 | 陽 | **39** |
| **10** | 陰 | | 陰 | **40** |

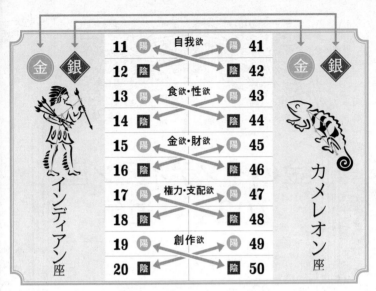

| | | | |
|---|---|---|---|
| **11** 陽 | 自我欲 | 陽 | **41** |
| **12** 陰 | | 陰 | **42** |
| **13** 陽 | 食欲・性欲 | 陽 | **43** |
| **14** 陰 | | 陰 | **44** |
| **15** 陽 | 金欲・財欲 | 陽 | **45** |
| **16** 陰 | | 陰 | **46** |
| **17** 陽 | 権力・支配欲 | 陽 | **47** |
| **18** 陰 | | 陰 | **48** |
| **19** 陽 | 創作欲 | 陽 | **49** |
| **20** 陰 | | 陰 | **50** |

金　銀　インディアン座

金　銀　カメレオン座

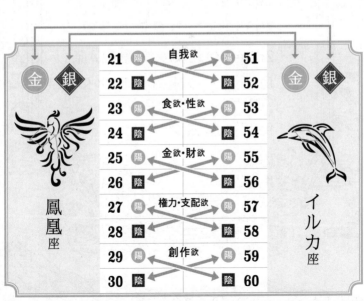

| | | | |
|---|---|---|---|
| **21** 陽 | 自我欲 | 陽 | **51** |
| **22** 陰 | | 陰 | **52** |
| **23** 陽 | 食欲・性欲 | 陽 | **53** |
| **24** 陰 | | 陰 | **54** |
| **25** 陽 | 金欲・財欲 | 陽 | **55** |
| **26** 陰 | | 陰 | **56** |
| **27** 陽 | 権力・支配欲 | 陽 | **57** |
| **28** 陰 | | 陰 | **58** |
| **29** 陽 | 創作欲 | 陽 | **59** |
| **30** 陰 | | 陰 | **60** |

金　銀　鳳凰座

金　銀　イルカ座

GOLD INDUS

第 **1** 部

# 金のインディアン座
# 2024年の運気

2024年をよりよく過ごすために
折に触れて読み返してみてください。

# 金のインディアン座の 基本性格

## 明るく陽気で 好奇心旺盛な楽観主義者

**もっている星**

★陽気な星　★マイペースの星　★好奇心旺盛な星
★情報通の星　★図々しい星　★心は中学生の星
★繊細さに欠ける星　★空想・妄想好きな星

**総合運**

「五星三心占い」のなかで唯一、「人」をかたどっている「インディアン座」。人といっても大人ではなく、**好奇心旺盛でフットワークが軽い、陽気な中学生のようなタイプ**です。新しいことが好きで、つねに最新の情報を集めて、子どものように無邪気な心で世の中を見ています。もうひとつ、大好きなことは空想や妄想。ボーッとしているときは、いつも何かを想像して楽しんでいます。**つねにいろいろなことに興味を示し、新しいことを知っていたり、流行のさらに先を読めたりもします。ただ、飛びつくのが早いのと同じように飽きるのもまた早く、計画的な行動は苦手。**おしゃべりでは、「宇宙のその先は……」「もし宝くじが当たったら?」など、ひとつのことについて深く掘り下げてみたり、答えの出ないテーマについて話したりしがちです。何度も同じ話を繰り返したり、自分の言ったことをすっかり忘れていたりすることも多く、話がくどくなるときもあるでしょう。

交友関係は広く、人との距離を上手にとることができます。人見知りの一面もあるため最初は遠慮がちに人と接しますが、根が図々しいので仲よくなった相手にはズカズカと踏み込んでいくでしょう。かなりマイペースな生き方をしますが、知り合いが多くなるほど人生が好転します。成長しない

人やおもしろみのない人、特定の友人には執着しないほうがいいでしょう。

### 恋愛&結婚運

「恋は恋、仕事は仕事、趣味は趣味」と割り切って考えることが多く、人生において“恋愛が一番”になることはあまりないタイプです。束縛や支配される恋愛は苦手で、「冷たい」「好かれていないのかも」と恋人を不安にさせてしまうこともありそうです。そのため、理想の恋愛は**会いたいときに会える関係でいること。**ただ、恋愛も飽きやすいところがあり、ワンパターンなデートや変化のないトークが続くと、ほかの人を求めてしまいがちです。

結婚願望はありますが、それもほとんど妄想止まり。自分が子どもっぽいことを自覚していることもあり、**「何か理由がないと結婚はしないかな」と、自分のなかで一区切りつくタイミングを待ち続けてしまう**でしょう。結婚後はお互いの家族も大事にしますが、ほどよい距離感を保とうとする面も出てくるでしょう。

### 仕事運

持ち前の明るさとフットワークの軽さを活かせる職場で能力を開花させることができるでしょう。販売や営業、商社などのほか、新しい情報をキャッチする仕事や自由な想像力を活かせるメディア関係の仕事もよさそうです。学生時代よりも社会に出てからのほうが能力を発揮できるタイプで、**取引先の偉い人と仲よくなり、お酒の席で大きな仕事をとれることも。不器用で繊細さに欠けるため小さなミスもしがちですが、キャラクターを活かしていいポジションを確保できる**でしょう。転職によって複数の専門知識を習得し、人脈を広げてのちの仕事に活かせることもあるでしょう。

### 金運&買い物運

お金に関しては、子どもがお金を手にしたときのように、入るそばから趣味や欲しいものに使ってしまいます。お金を貯めたいなら**貯蓄する場所を3か所以上に分けてそれぞれの目標を定める**と、不思議と貯蓄が増えていきます。

# 2023年 下半期の運気

## 準備の年

### 10月から徐々にやる気アップ。懐かしい人が背中を押してくれそう

9月中旬まではやる気が出なかったり、タイミングの悪い出来事や失敗、失言などが重なってしまいそう。**急に仕事を辞めたくなる衝動に駆られることもあるため、注意が必要**です。10月以降は、徐々にやる気になったり、同期や付き合いの長い人にお尻を叩かれて動き出すようなことがあるでしょう。

年末までは、不思議と懐かしい再会があるなど、しばらく会っていなかった人との縁が強くなります。そのなかで、頑張っている人のパワーに背中を押されたり、いつまでも**ダラダラしたり遊んでいる場合ではないと思うような出来事もある**でしょう。実家に帰ったときや同窓会、昔の先輩や上司からの言葉で、気持ちに変化が訪れる場合もありそうです。

何か動き出すきっかけが欲しいなら、同級生や同期で頑張って結果を出している人と話す機会をつくるようにしましょう。前向きな気持ちになれたり、行動するための勇気をもらえそうです。**12月中に目標をしっかり定めておく**と、いい流れに乗ることができるでしょう。

### 恋愛&結婚運
### 周りに言えない恋は9月中に清算を。10月からはいい縁がつながる予感

下半期の恋愛は、9月で一区切りつけることが大切です。セフレや不倫、浮気など、**周囲に言えないような関係の恋はここでキッパリ終わらせて**おきましょう。これ以上ズルズルと関係を続けていると、のちの人生を棒に振る

開運のつぶやき 「おもしろい」と言った回数と、幸福の度合いは比例する

ことになる場合もあります。とくにそうした関係がない人は、10月からいい縁がつながってくるでしょう。ここからは、**すでに知っている人や懐かしい人、ただの友人だと思っていた人が恋人になる**ような運気がはじまります。11月～12月中旬くらいまでの間に「知り合いの知り合いが偶然つながっている」などといった話になったら、みんなで食事や飲みに行く場を設けてみるといいでしょう。

片思いの相手がいるなら、年末までに連絡して会うチャンスをつくってみましょう。また、**偶然出会った人がいればマメに会う機会をつくるように。**恋に発展して、2024年には交際に進む可能性がありそうです。

結婚運は、12月に真剣な話をするといいので、それまでに気持ちの準備や整理をしておきましょう。自分は**本気で結婚したいのか、よく考えて**みてください。

## 仕事運 転職や異動の誘いは乗ってもOK。成功している人から刺激をもらって

2023年は、ミスをしたりやる気が出なかったり、愚痴や不満が出てしまう年ですが、そうした気持ちは9月で終わらせましょう。**すべての問題は100%自分に原因がある**と思い、覚悟を決めて仕事に取り組む姿勢を大切に。そのままダラダラし続けていても、自分を苦しめるだけです。遊びの誘惑に負けないようにするためにも、周囲で**頑張っている人や結果を出している人に会ってみる**といいでしょう。いい刺激を受けて仕事に専念できるようになったり、前向きな気持ちになれそうです。

下半期は、昔の上司や先輩から、**転職の誘いや異動の打診がくることも**ある時期。じっくり考えたうえで、2024年から一緒に仕事をはじめる判断をしてもいいでしょう。2023年に転職や離職をし、いま後悔している人は、12月までに以前と同じ会社か、似た仕事に再転職してみると、不満や不安がなくなってくるはずです。

## 金運&買い物運

## 大きな買い物は2024年に先送りし 人との交流にお金を使おう

まだまだ遊びたい気持ちが続き、誘惑に負けやすいとき。ただ、大きな買い物や高価なもの、長く使うものの購入は2024年になってからのほうがいいので、どうしても**必要なもの以外は先送りするのが賢明**です。この時期に買ったものは故障やトラブルも起きやすいので、勢いでの買い物も避けましょう。

10月～12月中旬は、しばらく会っていなかった人と交流したり、本音や弱音を言える友人に会うためにお金を使うといいでしょう。ホームパーティーにみんなを招いて、いろいろ語るのもよさそうです。**懐かしい先輩や上司に連絡をしてみると、運命が大きく変わってくる**こともあるでしょう。

投資も少額にしておき、本格的にはじめるのは2024年になってからに。いまは**ポイ活を楽しむくらいがよさそう**です。儲け話に乗って大損することもあるので、付き合いの浅い人からの話は簡単に信用しないこと。

## 美容&健康運

## 体の異変を放置していた人は要注意。 ダイエットは成功体験のあるものを

下半期の健康状態は良好です。ただし、7月の「乱気の月」、8月の「裏運気の月」に異変を感じながらもそのままにしていた人は、12月下旬に一気に体調を崩すことがあるので要注意。とくに、**過去にしたケガや病気、ギックリ腰などが再発する可能性**が高そうです。急に重いものを持たないようにし、日ごろからこまめにストレッチなどをしておきましょう。扁桃腺が腫れたり、目の病気になる場合もあるので、うがいや手洗いなど生活習慣で予防できることはしっかりやっておくこと。

美容運は、この半年くらい油断していた人も、10～11月で気合を入れてダイエットや筋トレをするとよさそう。かつて成功した経験のある方法をもう一度試したりいくつか組み合わせてやってみると、思った以上にうまくいくでしょう。**髪型は、過去にモテた記憶のあるものに近づけて**みて。

開運のつぶやき　自分の見えていること、知っていることだけが真実ではない

GOLD INDUS

金のインディアン座

# 2024年
## 幸運の年
## の運気

1年を通して心がけておくべき
「2024年の開運3か条」と、
2024年の運気を総合運、
恋愛運、金運などに分けて
お伝えします。

| ラッキーカラー | ラッキーフード | ラッキースポット |
| --- | --- | --- |
| グリーン | 焼き鳥 | 旅館 |
| オレンジ | いちご | カフェ |

# 2035年までの運気グラフ

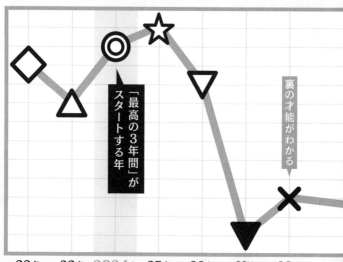

金のインディアン座は

◎ 幸運の年

## 年の運気記号の説明

☆ **開運の年**

過去の努力や積み重ねが評価される最高の年。積極的な行動が大事。新たなスタートを切ると幸運が続きます。

◎ **幸運の年**

前半は、忙しくも充実した時間が増え、経験を活かすことで幸運をつかめる年。後半は新たな挑戦が必要です。

◇ **解放の年**

プレッシャーや嫌なこと、相性の悪い人やものから解放されて気が楽になり、才能や魅力が輝きはじめる年。

○ **チャレンジの年(1年目)**

「新しい」と感じることに挑戦して、体験や経験を増やすことが大事な年。過去の出来事に縛られないこと。

まずは大きな視点で、今年の「立ち位置」を確認しましょう。
長期的な見通しをもって、毎月毎日の行動を決めていくことが大切です。

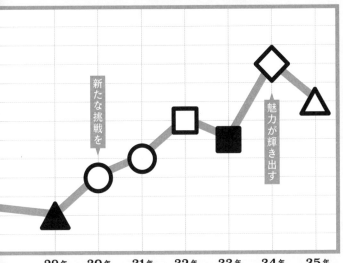

新たな挑戦を

魅力が輝き出す

| 29年 | 30年 | 31年 | 32年 | 33年 | 34年 | 35年 |

## ○チャレンジの年（2年目）∞∞

さらに人脈を増やし、行動範囲を広げるといい年。ここでの失敗は単なる経験。まだまだ取り返せます。

## △準備の年 ∞∞∞

遊ぶことで運気の流れがよくなる年。些細なミスが増えるので、何事も準備を怠らないことが大事。

## ■リフレッシュの年 ∞∞∞

求められることが増え、慌ただしくなる年。体を休ませたり、ゆっくりしたりする時間をつくることが大切。

## ✕裏運気の年 ∞∞∞

自分の思いとは真逆に出る年。予想外なことや学ぶべきことが多く、成長できるきっかけをつかめます。

## □健康管理の年 ∞∞∞

前半は、覚悟を決めて行動し、今後の目標を定める必要がある年。後半は、健康に注意が必要です。

## ▽ブレーキの年 ∞∞∞

「前半は攻め、後半は守り」と運気が変わる年。前半は行動力と決断力が大事。後半は貯金と現状維持を。

## ▲整理の年 ∞∞∞

前半は、人間関係や不要なものの整理が必要。後半は、チャレンジして人脈を広げることが大事です。

## ▼乱気の年 ∞∞∞

決断には不向きな年。流されながら、求められることに応えることが大事。体調を崩しやすいため要注意。

# 2024年の運気

## 幸運の年

2024年の開運3か条

- 何事も諦めないで粘ってみる
- 言葉遣いには気をつける
- 目立つ服を着る

総合運

2024年は、夢や希望が叶いはじめる忙しい1年です。**計画的に行動してきた人ほど大きな幸せを感じられる運気**ですが、「金のインディアン座」は計画や段取りがやや苦手なタイプ。先を考えて行動するより、いまを楽しく生きるために頑張る人たちです。そして、飽きてしまうとすぐ次に目が向いてしまいます。2024年の「幸運の年」は、これまで努力してきたことや積み重ねてきたことにいい結果が出る年。簡単に**諦めたり、すぐに飽きてほかに手を出したりするのではなく、粘ることが肝心**な年になります。

### 上半期は経験を活かすようにし、下半期は新しい挑戦へ

とくに上半期は、これまでの失敗や経験をうまく活かせるようになり、自分でも実力がアップしたことや才能が開花していることに気づけるでしょう。ここでは「自分は何が得意なのか」を冷静に考え、**得意なことで周囲がよろこんでくれるのを楽しむ**ようにすると、運を味方につけられるはずです。新しいことへの挑戦は、下半期まで待つように。**動き出すのは秋以降**がいいので、それまでは過去に経験したなかで手応えを感じられたこと、評

判のよかったことを思い出し、そこで自分の力を試すといいでしょう。

また上半期は、偶然の出会いも含め、しばらく会っていなかった人との縁が復活したり、昔からの親友や付き合いの長い人と一緒にいる時間が増えそうです。なかでも本音を言ってくれる人に相談すると、ヒントを教えてもらえることがあるので、積極的に話を聞きに行きましょう。今年は、**尊敬できる人や本音を語れる人、情報通で多才なあなたをおもしろがってくれる人に会う**ようにするのがオススメ。昔の先輩や上司から連絡がきて、いまの仕事でのつながりができたり、ときには転職や独立をするきっかけをもらえるなど、人生が大きく変わる場合もありそうです。

下半期は逆に、これまで縁のなかったタイプやはじめて会う人との関わりが増えるので、**自分とは違った価値観の持ち主からいい刺激を受けられそう**です。とくに年末は、知り合いの知り合いなど、いろいろな人とつながれるようフットワークを軽くしておきましょう。

ただ、積み重ねのない人は幸運を感じられないだけでなく、厳しい指摘を受ける場合があります。「金のインディアン座」は、仕事人間になりやすいタイプですが、いまの仕事を楽しめていなかったり手を抜いていたりすると、今年のいい運気の波に乗れない場合も。**忙しくすることで充実し、結果にもつながってくる**ので、真剣に仕事に取り組んでみるといいでしょう。

## 人生の流れを変えたいなら、2月、4〜5月に思い切った行動を

積み重ねや努力を怠らずに頑張ってきた人は、2月に驚くようなチャンスに恵まれそうです。周囲から注目されたり目立つポジションを任されたりと、自分でも**「幸せをつかんだ!」と思える出来事**があるでしょう。直感を信じて行動するだけでもいい流れに乗れるので、**考え込む前に、気になったことにはドンドン挑戦**しましょう。またこの時期は、新たな人にもたくさん会うよう努めましょう。とくに、付き合いの長い相手に紹介された人のことは大切に。「会いたいな」と思っている人がいるなら、迷わず会いに行くこと。2023年のやる気のない感じを引きずっていると流れに乗り遅れてしまうので、**自分の勘を信じて行動**しましょう。

開運のつぶやき　好きなことを見つけて、好きなことを楽しむ。これが人生で大事なこと

4月も同様のチャンスに恵まれます。「2月のいい流れを逃した」と思ったら、ここから全力で取り組んでみると大きく流れを変えられるでしょう。とくに昔の縁に注目し、**懐かしい人や付き合いの長い人とのつながりを大切**にしてみるとよさそうです。また、片思い中の人は、ここで白黒ハッキリ答えが出るので、気持ちを伝えてみるといいでしょう。

5月はさらに運気の流れがよくなる月。**悔いが残らないよう仕事も恋も趣味も全力で取り組む**と、人生が大きく変わり、自然とこれまでとは違う道を歩みはじめることもあるでしょう。そこまでの大変化は起きなくとも、夢を叶えられたり、大きく前進するきっかけをつかめることも。

一方、7月の「乱気の月」と8月の「裏運気の月」は注意が必要です。1月～6月中旬は、これまでやってきたことを評価されますが、7～8月は逆に、やってこなかったことが表に出てきそうです。**弱点や欠点、サボったところを指摘され困ってしまう**こともあるでしょう。優柔不断にもなりやすく、判断ミスもしやすいので、余計な発言や思い切った決断をしないように。**年上の人からいろいろと教わり、「大人のマナー」を学んで**おきましょう。

新しいことに挑戦するなら、とくに10～12月がオススメです。秋以降は**視点が変わり、新たな人脈もでき、大きく前進できる運気へと変化**していきます。ここでは、持ち前の瞬発力を活かし、気になったことがあれば即行動しましょう。好奇心の赴くままにチャレンジしたり、人にオススメされた世界を体験してみるなど、**自分の殻を破るような行動も大切。**少しの勇気を出すことで、本気で取り組みたいことが見つかったり、いい仲間もできそうです。単独行動が好きな人は、旅先や気になるお店でいい出会いがあるので、出かけてみるといいでしょう。

## せっかくつかんだ幸せを、すぐに手放してしまわないように

「幸運の年」に注意してほしいのが、「金のインディアン座」の飽きるスピードの速さです。執着しないのはいいですが、**幸せをじっくり味わう前に「こんなものか」と手放したり、本質をつかむ前に投げ出してしまう癖**があるため、無駄な苦労が増えたりせっかくの才能を活かし切れない

ケースがあるのです。2024年はこれまでの積み重ねや経験が活きてくる運気なので、時間をかけて取り組んできたことや、一生懸命やってきたことに運が味方します。飽きて手放す前に、**もう少し粘ってみたり深く追求し、極められるよう努力しておく**といいでしょう。

2月、4月の段階でよい兆しを感じられない場合は、5月にねらいを定め、これまで体験したなかで**長く続けられそうなことや得意なことに力を注ぐ**と、一気によい方向に進むことがあるでしょう。ただ3月は、衝動買いで大出費して大損するなどの判断ミスをしたり、危険な異性と関係を深めてしまう傾向もあるので、注意しておきましょう。

また、「金のインディアン座」は語ることが好きですが、ここでも注意が必要です。**運気がいいからこそ余計なことも言いすぎてしまう**ので、できない約束をして信用を落としたり、余計な一言や冗談のつもりの毒舌で周囲の人を傷つけたりしないように。最悪、それが原因で縁が切れてしまうこともあるので、言葉遣いにはとくに気をつけましょう。相手がどう受け取るのかをもっと考え、**素敵な言葉を学び、 いいイメージで伝わるような工夫と努力**を忘れないようにしてください。

## ひとつにしぼらず、マルチタスクでドンドン進めよう

好奇心が旺盛で、情報収集が好き、思い立ったら即行動できるのは「金のインディアン座」のいいところですが、そのぶん計画性や目的意識がなく、器用貧乏になってしまったり、多彩な才能を活かし切れない場合もあります。それでも「金のインディアン座」は、**やることをひとつにしぼると失敗しやすく、 いろいろなことを同時進行するほうが能力を発揮**できるタイプでもあるため、周囲から「集中力がない」「同時にできるわけがない」「二足も三足もわらじは履けない」などと言われても、「マルチタスク」でドンドン行動するといいでしょう。

また、何事にも執着しないのはいいですが、協力してくれた**周囲への感謝や恩返し、「恩送り」は忘れないように**しましょう。あなたの頭の回転の速さや、次々と新たなおもしろいことに飛びつく速さは、ほかの人には薄

開運のつぶやき　昔の苦労や面倒をクリアしたおかげで、いまの自分がいる

情で落ち着きがないと思われてしまうことも。とくに2024年は、お世話になった人や影響を受けた人、あなたの能力を引き出してくれた人には**直接会って現状報告をし、感謝を伝える**ことが大切です。疎遠になってしまった人にも連絡すると、新たなステージに上がれる流れになるかもしれません。

## 「伝える」技術を学んでみると、あなたの魅力はもっと輝く

2022年の「解放の年」に、すでにチャンスや幸運をつかんでいる人もいると思いますが、2022年に何かチャンスを逃したり流れに乗れないまま2024年を迎えた人には、もう一度大きなチャンスがめぐってくる運気です。まずは、**「簡単に諦めない」「何事も粘ってみる」ことを大事**にしましょう。そして、努力してきたことをしっかりアピールするといいでしょう。そのためにも、自分が何に興味をもって取り組んできたか、どんな人と関わっていたかを、深く語ってみましょう。このあたりは「語りたがりの星」をもっているので得意だと思いますが、どんな言い方をするのかで大きく差が出るもの。**本を読んだり舞台を観たり、話のうまい人を分析するなどして表現を学んでみる**といいでしょう。「話す」と「伝える」では大きな差があります。今年からは語彙を増やして伝える練習をすると、自分の魅力や才能を上手に表現できるようになるでしょう。

上半期には、いい思い出のあるお店を再訪する、懐かしい場所を旅行する、一度読んだ本を読み直す、昔観た映画をもう一度観直してみるなどするといいでしょう。**振り返ることで自分がどれほど成長したか確認できそう**です。もう昔とは違い、たくさんの経験や多くの情報を知っている自分に気づいて、得意なことで周囲を笑顔にしていきましょう。2024年は、自分の**得意・不得意、向き不向きがハッキリ**する1年です。不向きだと感じる仕事や、自分の能力を活かせない環境なら、年末に思い切って変えれば人生を好転させられるので、上半期のうちにもっている力を出し切りましょう。

## 人気者になれる運気だからこそ、自分から人の輪をつなげよう

積み重ねが足りず「幸運の年」をうまく活かせなくても、2025年は「開

開運のつぶやき ｜ 誰かを幸せにしようと思って行動すると、自分も幸せになるもの

運の年」なので、幸せをつかむのはまだ間に合います。努力や学びが足りないと思うなら軌道修正する、求められることが増え満足できたなら「まだまだ通過点」と思いさらに上を目指す。また、「何歳で結婚する」「何歳で家を買う」など、なんでもいいので、**12月には人生の目標や計画をしっかり立てて**ください。それが半分以上妄想でもかまいません。結果よりも過程を楽しめるタイプですが、進むべき方向やゴールくらいは定めておくといいでしょう。

2024年はあなたが幸せになる番です。マイペースに生きながら、アホなところもありますが、あなたの明るさや、どこか子どものような無邪気な性格、どんな人とも話せる図々しい態度などに励まされたり、影響を受けている人がいるはずです。あなたに**恩を返そうと思っている人や協力したいと願っている人も必ずいる**ので、素直に頭を下げたり協力をお願いしてみるといいでしょう。**今年は人気者になる運気**でもあるので、先輩や後輩を家や遊びに誘ったり、多少図々しいと思われても遠慮せず、おもしろいことをドンドン周囲に教えましょう。

チャンスも幸せも重くて、少し面倒に思ってしまうこともありますが、**つかんだ幸せを簡単に手放さない**ように。自分の頑張りを、自分でしっかりほめて、2025年につなげる大切な1年を楽しんで過ごしましょう。

## 2024年「幸運の年」の行動ポイント

- 仕事も恋も趣味も全力で取り組む
- 得意なことで周囲を笑顔にする
- 読書や舞台観賞をして表現方法を学ぶ
- 感謝や恩返し、「恩送り」は忘れない
- 12月に人生の目標や計画を立てる

恋愛運

「幸運の年」は、真剣な恋がはじまる運気です。遊びの恋は2023年まで。「金のインディアン座」は、束縛や支配される恋は苦手で、対等かつ自由な関係性で気楽に付き合える人が好きなタイプ。2024年の上半期は、**すでに知り合っている人や身近な人と交際がスタート**する流れになりそうです。しばらく恋人がいなかった人も、ふだん近くにいる人を見直してみると、「灯台もと暗し」と思うような気づきがあったり、素敵な交際ができるでしょう。

あなたの行動力や瞬発力のあるところや、言うことがコロコロ変わったり、すぐに忘れてしまう**アホな一面を理解し受け入れてくれる人と結ばれる**可能性が高いので、あらためて身近な人を見直し、「一緒にいると楽な人」を探してみるといいでしょう。

## 上半期は自分から告白を。下半期は新たな出会いに注目

とくに2019〜2020年、2022年にはじめて出会い、なんとなく仲よくなったけれどまだ知り合いくらいの距離感で、でも会うと楽しい時間を過ごせると感じていた人から告白されることがあるかもしれません。そして2024年は、交際をスタートする流れになりそうです。この期間に出会っていて素敵だと思える人や、周囲から評判のいい人とは、マメに会ってみると関係が一気に進展するでしょう。

2月には、**あなたから押し切ってみたり、好意を伝えてみると交際に発展**しやすくなります。または、以前よりも仲よくなれるようマメに会ってみると、4月に告白される流れになることも。5月は、忙しいながらもモテる月なので、自分の気持ちに素直になり、あなたから告白してみるといい返事がもらえそうです。

**下半期になると新しい出会いが増え、付き合いの長い人との縁はゆっくり離れる**感じに変わっていきます。10月から年末にかけてはフットワークが軽くなり、さらに出会いが増えるので、これまでとは違うタイプに会えるようになるでしょう。興味のある人がいたらマメに連絡してみましょう。

開運のつぶやき│自分の行動力の範囲でしか、人脈も縁もできない

## おもしろくなくても「真面目でやさしい人」に目を向けて

　あなたのことを真剣に思ってくれる人よりも、ノリや勢いがよくて「楽しいな」と思える人を選びすぎてしまい、真面目でやさしい人を逃してしまいがちなのが「金のインディアン座」。2024年は、**長年あなたに思いを寄せている人や、本気で好きになってくれる人**が現れる運気です。「真面目で重たい」「おもしろくない」などと思ってしまうと、あなたのことを本当に大切にしてくれる人を逃すことがあるので注意してください。またあなたは、**飽きてしまうスピードも速い**ので要注意。一緒にいて落ち着ける人であれば、恋人に多くを求めすぎないようにするのがいいでしょう。

　また、7月の「乱気の月」、8月の「裏運気の月」は、あなたが判断ミスをして一夜の恋に落ちてしまったり、話のネタにもできないような相手と、つい関係を深めてしまうことがあるので注意しましょう。

　上半期に、付き合いの長い人と結ばれなかったり、片思いが実らなかった場合は、**9月にキッパリ諦め、10月以降に新しい出会いを求めて行動**しましょう。ただ、同じ髪型や服装のままではモテないので、10 〜 11月に大胆なイメチェンを。または、引っ越し、転職などで環境を変え、**人生を転換するくらいのパワーを出す**必要があります。マッチングアプリをはじめたり旅行をしたり、BARや飲み屋の常連になるなどして、知り合いの輪を広げましょう。

　忙しい1年ですが、**恋にせっかちにならないように**。過去の失敗から学び、ダメだった恋のパターンと同じ展開や、似たタイプにハマらないように気をつけましょう。過去の反省を活かすと、いい恋をつかめるでしょう。

=== 行 動 ポ イ ン ト ===

- ◆ 本当に大切にしてくれる人を見極める
- ◆ 上半期は、一緒にいて楽な人にあらためて注目
- ◆ 10月以降は、新しい出会いを求める

**開運のつぶやき**　好きな人に「好きです」と素直に言える人になったほうがいい

結婚運

長年結婚を願っていた人は、2024年は、結婚や婚約の話に進みやすい年です。すでに2022年の「解放の年」に将来の話を真剣にしていて、両親への挨拶も済んでいたり結婚を前提に同棲しているなど、**あと一歩の状況なら上半期に話がまとまる流れに**なりそうです。

ただ、そもそも「金のインディアン座」は結婚願望が薄いタイプ。2024年は、仕事が忙しくなる時期でもあるため、「いまは仕事が楽しいから、結婚はまだいい……」などと後回しにしようとすることも。そうなると相手から、**「また流された。結婚する気はないんだね」と思われ、破談になってしまうケース**もあるので気をつけましょう。

いま付き合っている相手と結婚してもいいと思うなら、**「2人の記念日や覚えやすい日、運気のいい日に結婚する」**という話を、2月に真剣にしておくといいでしょう。または、「プロポーズの予約」をするのも手。あなたがプロポーズされたらうれしい日を相手に伝えておくのも効果的でしょう。

## 2024年は、新しい出会いより「すでに知り合っている人」

一度は本気で結婚しようと思ったものの、タイミングが合わずに逃してしまったり、あなたが一歩を踏み込めず話が流れたことのあるカップルも、4月はいい空気になるので、**2人の明るい未来について話をしてみましょう。**5月の大型連休に、家族との顔合わせを済ませたり披露宴や新婚旅行についての相談をするなど、ドンドン決めてしまうといいでしょう。

結婚を望んでいるけれどまだ恋人もいないという人は、2024年は新しい人ではなく、**すでにつながっている人のなかから探すことが重要**です。上半期は、恋愛相手としては考えていなかった友人、付き合いの長い知り合い、会社の同僚、学生時代の同級生など、すでに知っている人のなかから候補者をしぼってみましょう。その際、恋愛では頑張っている人や輝いている人に注目するのはいいですが、結婚の場合は、**地味でも真面目でマメな人を選ぶ**ようにするのがオススメです。また、相手に求めるのはおもしろさではなく、あなたの個性や生き方を尊重してくれる人を基準に


開運のつぶやき　運命の人に明日会えるかもしれないと思って生きていれば、出会えるもの

するといいでしょう。

## 友達みたいな交際相手や以前から仲のいい人が有力候補

注意してほしいのは、**結婚に対し「束縛される」「支配される」というイメージをもちすぎて自ら避けてしまう**かと思えば、ノリや勢いで交際した相手と簡単に結婚を考えてしまうところ。どちらも気をつけておきましょう。

楽しい恋愛もいいですが、将来が考えられない相手との交際は時間を無駄にしてしまうので、**2月には別れを切り出し、自分の幸せを本気で考えること**が大切です。とくに、2023年に出会って勢いだけで交際している相手とは「遊びの恋はここまで」と割り切るようにしましょう。

結婚を焦っているといっても、年の離れた年上の人とは合わない場合が多いので、年の近い人や年下を意識してみるといいでしょう。**年上なら「金・銀の鳳凰座」で手に職がある人や束縛をしない相手がオススメ**です。古い考えを押しつけてきたり、「結婚とは」などと語ってくる人と長く付き合うのは難しいので、新しい価値観をもつ人や臨機応変な対応ができる人を選びましょう。基本的にはマメな人に弱く、自分もマメになると強いタイプです。気になった人との未来を想像できるなら、マメに連絡したり、突然でもいいので「今日飲みません?」などと誘ってみるといい関係に発展しやすいでしょう。

結婚相手は、周囲から「やっぱりその人と結婚したんだ」と言われるような、友達のようなノリで交際している人だったり、以前から仲のよかった人になりそうです。**9月までに何も進展がない場合は、10月以降に出会う新規の人がいい**ので、それまでに出会った人のことは気にしないこと。フットワークを軽くしてたくさんの人に会い、将来が見える人を探しましょう。

行動ポイント

- 「プロポーズの予約」を2月に実行してみる
- すでにつながりのある人に注目する
- 年が近い人か年下にマメにアプローチする

開運のつぶやき　些細なことを相手にお願いできる人のほうが、恋のチャンスをつかめる

2024年は、**これまでの苦労や経験、人脈などをすべて活かせる流れになる年**。同じ仕事を長く続けてきた人や、しっかり計画を立てて物事に取り組んできた人ほど、大きな幸せを感じられ、チャンスにも恵まれます。「人生に無駄はなかった」と思えることもあるでしょう。

計画を立てずになんとなく続けてきた人も、転職してからの期間が短い人も、個性や才能を発揮できる年なので、**自分の頭の回転の速さやアイデアの豊富さに自信をもちましょう**。本当の自分は内気ではなく図々しい性格だと思って、いろいろな人と仲よくなってみること。あなたの才能や能力を認めてくれたり、おもしろがってくれる人と親しくするといいでしょう。

## ここ2〜3年の目標を立ててみる

2023年は、サボったり力を抜いてしまったりと、やる気をなくした人も多いと思いますが、2024年はジワジワと忙しくなり、求められることが増えてくるでしょう。多少イメージと違う仕事だったり、思い通りにならなかったとしても、これまでより粘ってみることが大切です。その仕事に**もう一歩踏み込んで専念してみると、結果も評価も大きく変わってくる**でしょう。細部にまでこだわる姿勢をもち、完璧だと思っても「まだやれることがあるのでは?」と見直してみると、見落としているところやもっと突き詰められる部分を見つけられそうです。

期待される流れは2月からはじまり、あなたの勘のよさも発揮できるでしょう。できれば**成功している自分の未来を想像して、ここ2〜3年の目標を決めてみる**といいでしょう。4月は、付き合いの長い人に仕事の相談をしたり、自分の考えや気持ちをていねいに伝えてみるのがオススメ。熱く語ってみるとチャンスをつくってもらえたり、これまでの努力を認めてもらえそうです。5月は、レベルの高いことを求められ急に忙しくなりますが、思った以上にあなたの実力はアップしているので、いまもっている実力を全部出し切るつもりで仕事に取り組んでみてください。

7月の「乱気の月」と8月の「裏運気の月」は、**言葉遣いや伝え方**

開運のつぶやき　仕事とは、会社の手足になることではなく、頭脳になること

に注意が必要です。調子に乗りすぎたり、人を雑に扱うような言い方をしてしまうかも。**自分の説明不足や進行の遅れを他人のせいにしている**と評価が下がったり、せっかく味方してくれていた人も離れてしまうので気をつけましょう。

## プライベートでも付き合える仲間を増やし、2025年につなげる

　上半期に能力を発揮できなかった人や、手応えを感じられなかった場合は、あなたに不向きな仕事をしていたり、就職したタイミングが悪かった可能性があるので、**10〜11月に本気で転職を考えて動き出してみる**といいでしょう。できれば製造業などは避け、サービス業や営業職、人と関わる仕事やアイデアを出すような仕事、または、女性をターゲットにした仕事に転職すると、「金のインディアン座」のもつ本来の才能が活かせ、あなたならではの実力を発揮できるようになるでしょう。

　2024年の仕事の勢いは2025年にもつながっていくので、**現在の仕事にまずは全力で取り組み、しっかり結果を出すように努めてみる**ことが大切です。自分でも驚くような数字を残せるかもしれません。

　いい成果だけでなく、周囲に協力してくれる人も現れる年です。味方になってくれた人に協力を仰ぐためにも、あなたの**目指す目標や目的をしっかり伝えておきましょう。** 仕事が終わってから飲みに誘ったり、プライベートでも遊んでみるなど、仕事以外での付き合いも大切です。とくに付き合いの長い人に対しては、「もっと仲を深めたい」という気持ちであらためて働きかけると、さらにいい関係になれそうです。尊敬している先輩や上司の家に遊びに行けるくらいの関係を目指してみるといいでしょう。

― 行 動 ポ イ ン ト ―

- ◆ もう一歩踏み込んで細部にまでこだわる
- ◆ 付き合いの長い人に熱い想いを伝える
- ◆ 尊敬している先輩と仕事以外でも遊ぶ

開運のつぶやき　「好きな仕事をする」のではなく、「その仕事を好き」になったほうがいい

## 金運&買い物運

仕事が忙しくなりますが、上半期はまだ収入アップにはつながらないので、集中して仕事をし、「お金はあとからついてくる」と思っておくといいでしょう。どちらかと言えば、夏より冬のボーナスに期待しましょう。

コツコツと貯金したり、欲しいもののために計画的にお金を貯めるのは不得意なタイプですが、今年からは少しでも**お金の勉強をすることが重要**です。情報通でいろいろなことを知っているのに、「お金のことはちょっと」と、急に弱気になってしまうのが「金のインディアン座」。NISAやiDeCoのことを調べてはみたものの、「知ってはいるけど、やっていない」と、実際には行動に移していない人が多いのも特徴です。2024年は**少額からでもスタートしてみると、思った以上に増やすこともできる**でしょう。

### お金の勉強をはじめ、4～5月で実践に移すのがオススメ

勘が働くからといって、いきなり投資をはじめるのは危険です。ある程度情報を集めてからにしたほうがいいので、**運気のいい2月にまず勉強をスタート**しましょう。本を買って読んだりネットで調べるのもいいですが、知り合いの詳しい人から話を聞くほうが、手っ取り早くてあなたには合っているでしょう。知識が増えるとともに妄想が広がり、儲かってもいないのに「あれを買おう、旅行はここで」などとテンションが上がってしまうこともありそうです。妄想を楽しむのは3月だけにして、4～5月には、**少額からの投資信託や、NISAやiDeCoなどをはじめてみてください。**すでにはじめている人は、4～5月から少し金額を増やしてみるといいでしょう。

それ以外にも、4月は無駄な固定費がないかをチェックし、もう不要だと思うサブスクは解約しましょう。よく調べてみると、「このサイト（アプリ）なんだっけ？」と思うようなものが見つかったり、何年も使っていないのに支払いだけ続けていた、なんてことが発覚しそうです。

**11～12月、2キロ圏内に限れば2月と4月も引っ越しにいい時期**なので、賃貸なら同じ広さで家賃がもっと安くなる物件を探してみるといいでしょう。

開運のつぶやき ラッキーアイテムが授けてくれるのは、運ではなく「自信」

## 衝動買いを防ぐために、「☆、◎の日」に買い物をする

　要注意なのは、過去に一度でも知り合いや友人にお金を貸したことがあり、まだ返ってきていない人や、上手に言いくるめられてうっかり契約してしまった経験のある人です。2024年は、同じような手口に引っかかってしまうことがあるので気をつけましょう。**ネットでの「無料、お得、いまだけ」などのあおり文句に踊らされて、不要な出費をしてしまわないように。**

　また、「値段をよく見ずに買ってしまった」「送料が高かった」「日本円ではなく海外の値段だった」など、買い物で一度でも後悔した経験があるなら、購入ボタンをクリックする前に、よく確認しましょう。

　「金のインディアン座」は、とくに衝動買いでの失敗や後悔が多いタイプです。7〜8月は**「なんでこんなものを買ったの?」と、のちに思うような出費をしやすい**ので要注意。この時期の契約も大失敗する可能性が高いので、軽はずみに決めないようにしましょう。

　家やマンション、車など、大きな買い物や長く使うものの購入は、4月〜6月中旬、10〜12月がオススメです。欲しいけれどお金が足りないという人は、**2025年の5月に買うことを目標に本気でお金を貯める**といいでしょう。「金のインディアン座」は、買い物が好きというよりも、お金を使うことが楽しくて、「使うためには稼ぐしかない」と仕事人間になってしまう人も多いタイプ。**もっとお金の勉強をして、計画的かつ賢くお金を使う**ようにしたほうがいいので、「欲しい」と思ったものが本当に必要か、一時の感情ではないか、つねに冷静な判断を心がけましょう。「☆、◎の日」だけに買い物をするリズムをつくると、不要な支出が減り、自然とお金が貯まっていくでしょう。

=== 行動ポイント ===

- ◆ 投資の勉強をはじめる
- ◆ 過去にあった金銭トラブルに気をつける
- ◆ 大きな買い物は4月〜6月中旬、10〜12月に

### 美容&健康運

基本的には健康に過ごせる運気です。**自分磨きをすれば、周りから「若返ったね」と言われるほど輝く年。** 驚くほど魅力がアップするので、忙しくても定期的な運動をするのがオススメです。ただし上半期は、新しい運動は続かないので、過去に経験のある運動で長続きしそうなものを選びましょう。新たに気になるものを見つけた場合は、10月以降にはじめること。昔より体重が増えているなら、ベストだったころを目標に、本格的にダイエットをはじめましょう。

**髪型も年齢より少し若く見せる工夫を。** 服装は明るい感じで、流行に少し合わせてみて。若い人と遊ぶと「若返り」に役立つ情報も得られ、いい影響を受けられそうです。**2月の「解放の月」にエステやジムに入会する**のもオススメです。激しい運動をしたくないなら、野菜や植物を育てたり犬の散歩を担当するなど、動く理由をつくりましょう。

過去に大病をしたり、持病のある人は、少しでも異変を感じたら検査を受けるように。**大ケガやギックリ腰、目の病気の経験がある人や扁桃腺をよく腫らす人も、3月、7~8月の再発**に要注意。肝臓を悪くしたことのある人は、今年はお酒を控えましょう。本当は飲みたいのではなく「語りたいだけ」だと早く気づいて、飲まなくてもテンションを上げて話してみましょう。

**ストレスの多い生活や仕事をしている場合は、12月下旬から体調を崩しやすくなる**ので、11月には人間ドックを受けること。「早期発見できてよかった」と思える病気が見つかる場合もありそうです。2025年の「開運の年」を絶好調で迎えるためにも早めに治療しましょう。また、美意識を高めておくことも重要です。「美しくありたい」と思って生活すれば、自然と健康的な生活になるでしょう。「健康だから美しいのではなく、美しくあろうとするからこそ健康的な体になる」と思って、1年を過ごしてみてください。

#### 行動ポイント

- 過去に経験のある運動をする
- 髪型や服装は「若さ」をテーマにする
- 美意識を高めることで生活習慣の改善を

開運のつぶやき　自分の幸せは、つねに自分に見合ったぶんだけやってくるもの

夫婦関係はサッパリしているタイプ。「私は映画へ、あなたは家でゲーム」など、互いに時間を自由に使える関係だとうまくいくでしょう。逆に、一緒にいる時間が長く、買い物についてこられるとイライラすることも。**「15時に入り口に集合」くらいの距離感が理想**です。今年は、夫婦で久しぶりのお店に行くのがオススメ。「おいしかったお店リスト」をつくり、行けそうな日を決めるといいでしょう。ただ、事前予約すると、当日「その店の気分じゃない」などと気が変わるので、ギリギリでも行けるお店や予約の必要がないお店にしておきましょう。**初デートの場所に一緒に行くと絆が深まります。**

親との関係は、良くも悪くも実家に帰る機会が増えそうな年。親が高齢の場合は、病気やケガなどのお見舞いで顔を出すことになる場合も。兄弟姉妹や親戚の結婚式などでも親の顔を見る機会が増えそうです。**最新情報や最近の流行、便利なアプリの使い方などを教えてあげる**と、あなたのおかげで家族や親戚一同が流行に乗れるようになるでしょう。

子どもとの関係も良好で、友達感覚のいい雰囲気が続きそう。はじめてのところより、2023年に遊びに行った場所や、楽しかった思い出のある場所にもう一度行くのがよさそうです。今年は**いい言葉や前向きな話などに触れて語彙を増やす**と、一緒に成長できるでしょう。また、「言った、言わない」のトラブルを減らすよう、会話はメモしておくことが大切。あなたの伝え方の悪さや、言ったことを忘れる癖に早く気づきましょう。

身内と気まずい関係が続いている場合は、今年から仲よくなれるので、無視せず仲直りの一言を伝えて。**運気のいいあなたから謝るといい方向に**転がります。もともと仲のいい家族は絆が深まり、楽しい年になります。ただ、仕事第一では寂しい思いをさせるので、休日には遊ぶ予定を立てましょう。いつも応援してくれる家族に感謝しましょう。

行動ポイント

- いい思い出のある場所を再訪する
- 親に最新情報や流行を教える
- 運気のいいあなたから行動を起こす

開運のつぶやき　幸運な時期は心を豊かにできて、不運な時期は心を鍛えることができる

# 年代別アドバイス

## **10**代の あなたへ 〉〉〉 伝え方を学ぶことが大切な年。 恋は頑張って粘ってみて

「話す」と「伝える」の違いを知り、 どうしたら自分の気持ちや考えがうまく相手に伝わるのか、 もっと計算するといいでしょう。 そのためにも、 本を読んで語彙を増やすよう心がけて。 映画を観たり話のうまい人を観察して、 表現の仕方や伝える方法を学ぶようにしましょう。 好きな人がいるなら、 2024年は簡単に諦めないことが大切です。 マメに連絡して粘ってみると、 相手の気持ちをつかめたりいい関係に発展しやすいので、 頑張ってみましょう。

## **20**代の あなたへ 〉〉〉 今年と来年は結婚のチャンス。 落ち着いた相手を見つけよう

直感で恋をするのはいいですが、 真剣な恋を面倒だと思わないように。 重い愛情もきちんと受け止めるようにしましょう。 2024～2025年は結婚する流れがあるため、 軽い気持ちで恋愛を楽しむだけでなく、 落ち着いた人に目を向けることが大切です。 仕事運は、 2024年の上半期の結果を見て自分に合っていない仕事だと思ったら、 下半期に転職活動をするとよさそう。 仕事が好きなら、 独立したりフリーでの活動をスタートしてみてもいいでしょう。

## **30**代の あなたへ 〉〉〉 人生をかけて頑張る年。 もっている力を出し切って

これまでの積み重ねが評価される年。 人生の答えが出るくらいの年だと思っておきましょう。 この1年は、 自分の力を出し切り、 いままでの経験をすべて活かすつもりで仕事に取り組むことが大切です。 ここで納得できない場合は、 年末から2025年にかけて環境や仕事を変え、 人生の再スタートを切るといいでしょう。 未婚の人は、 自分の気持ちが盛り上がっているうちにパッと結婚するとよさそうです。 飽きてしまう前に関係を進めましょう。

人生のステージによって、運気のとらえ方も変わってきます。
年代別に異なる起こりやすいこと、気をつけることを頭に入れておきましょう。

## **40**代の あなたへ
### 忙しくなりそうな1年。
### 独立したいなら今年から動こう

自分の力を発揮しながら、若い人の世話や育成にも携わることになる忙しい年。忙しいほうが充実した時間を過ごせるタイプなので、お願いされたときは断らず、まとめてやってみるといいでしょう。失敗談も次の人のためになるので、おもしろおかしく話してみて。また、知り合いの輪を広げ、いろいろな人を紹介してつなげるのもいいでしょう。独立や起業をするにも適した運気です。長年思い描いていたことがあるなら、2024年から行動に移し、年末か2025年にスタートさせましょう。

## **50**代の あなたへ
### 人生でもっとも輝ける年。
### 若手の育成に力を注いで

一生現役でいることが幸せにつながるタイプ。2024年は、これまでの人生でもっともあなたが輝き活躍できる年です。いままでの経験やもっている情報を若い人の育成に役立てましょう。人の才能をうまく引き出したり、能力を見抜く力があることにも気づけそうです。すでにそうしたポジションや仕事に就いている人は、大役を任されることも。2024年は目立つことで運を味方につけられるので、前面に出てみましょう。

## **60**代以上の あなたへ
### 昔の仲間との再会を果たすと
### 豊かな時間を過ごせそう

しばらく会っていなかった人に連絡し、食事や飲みに誘うといいでしょう。同窓会や同期会などを開催して疎遠になっている人を集めてみると、思った以上に楽しい時間を過ごせて、いい情報交換もできそうです。また、かつて経験したことのあるスポーツをもう一度はじめてみるのもオススメ。いい運動になり元気が出るでしょう。植物を栽培したりペットを飼うなど、「育てること」に時間を注いでみても、人生が楽しくなってきそうです。

GOLD INDUS
金のインディアン座

# 毎月毎日の
## 運気
## カレンダー

2023年9月〜
2024年12月

占いを道具として使うには、

毎月の運気グラフ（P.94）で

月ごとの運気の流れを確認し、

運気カレンダー（P.96〜）で

日々の計画を立てることが重要です。

# 毎月の運気グラフ

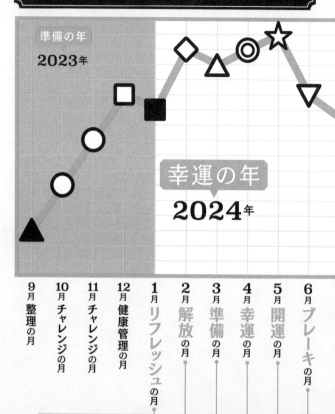

準備の年
2023年
幸運の年
2024年

- 9月 整理の月
- 10月 チャレンジの月
- 11月 チャレンジの月
- 12月 健康管理の月
- 1月 リフレッシュの月
- 2月 解放の月
- 3月 準備の月
- 4月 幸運の月
- 5月 開運の月
- 6月 ブレーキの月

## 月の運気の概要

| 記号 | 概要 |
|---|---|
| ■ | 健康的にストレス発散を。のんびりする時間も大切に |
| ◇ | これまでの縁を大切にすることでチャンスがつかめる |
| △ | ミスや忘れ物に気をつけつつ「遊び心」をもって行動しよう |
| ◎ | やり残していることに全力で取り組むように |
| ☆ | 悩む時間がもったいない。輪に飛び込み、仲間を増やそう |
| ▽ | 中旬まではいい結果が出そう。何事も粘り強く取り組むこと |

※このページの記号の説明は、「月の運気」を示しています。P.72「年の運気記号の説明」とは、若干異なります

**1年を通して、毎月の運気がどう変わるかを確認しておきましょう。**
**事前に知っておくことで、運気に沿った準備や心構えができます。**

※「毎月の運気グラフ」は、その年の運気の影響を受けるため同じ記号でもグラフ上の高さは変わります

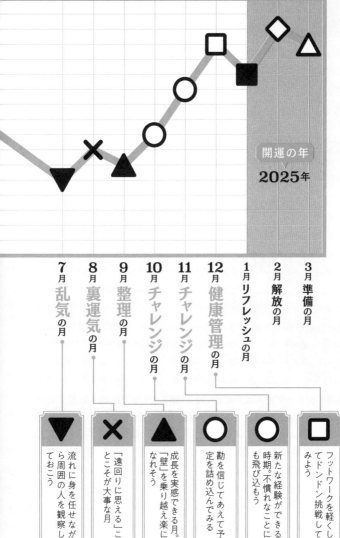

開運の年
2025年

- 7月 乱気の月
- 8月 裏運気の月
- 9月 整理の月
- 10月 チャレンジの月
- 11月 チャレンジの月
- 12月 健康管理の月
- 1月 リフレッシュの月
- 2月 解放の月
- 3月 準備の月

▼ 流れに身を任せながら周囲の人を観察しておこう

× 「遠回りに思える」ことこそが大事な月

▲ 成長を実感できる月。「壁」を乗り越え楽になれそう

○ 勘を信じてあえて予定を詰め込んでみる

○ 新たな経験ができる時期。不慣れなことにも飛び込もう

□ フットワークを軽くしてドンドン挑戦してみよう

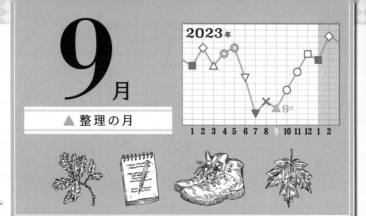

# 9月

▲ 整理の月

---

今月の開運3か条

+ 執着しない
+ こまめに掃除をする
+ 諦めも肝心

---

総合運

## 時間とお金を無駄にすることから離れる月

2023年になってからはじめたことに飽きてしまう時期。執着すると不運の原因になるので、お金や時間をかけたことでも、「もう必要ない」と思ったら手放しましょう。とくに、この夏に仲よくなった人や、新しくはじめた趣味からも離れるといいでしょう。「楽しいから」「おもしろいから」だけで、時間とお金を無駄に使っていることがないか、冷静に判断すること。定期的な仲間の集まりも、ときには参加を断って自分のペースを大切にするようにしましょう。

開運のつぶやき 笑顔と掃除は誰でもできて、誰にでもよろこばれる

恋愛&結婚運

## 出会い運は薄い時期。軽はずみに近づかないこと

今年になってから出会ったノリがいいだけの人とは、会っても時間の無駄になるので、縁を切るか離れるようにしましょう。逆に、相手から距離をおかれることもありますが、気にしないこと。新しい出会い運も、今月は縁が薄いので、軽はずみに距離を縮めないほうがよさそうです。2022年から仲のいい人とは、下旬に遊ぶ約束をすると進展があるかもしれません。結婚運も、期待が薄い時期。相手の浮気が発覚したり、ケンカをしやすいので気をつけましょう。

仕事運

## 一区切りつき新規の仕事が入るかも

良くも悪くも仕事に区切りがつきそうな時期。ここ数か月のミスや、やる気のない感じが原因で、ポジションを外されたりほかの仕事を任される流れになることも。今年度からはじまった仕事が、ここで一区切りついて終わることもありそうです。ただ、区切りがつくことで月末に新たな仕事が増える場合もあるので、気にしないようにしましょう。効率の悪さを改善するにはいいタイミング。無駄な動きを見直したり、集中できない原因を探してみましょう。

金運&買い物運

## 不要なものは売りに出す

今月の買い物は結果的に無駄遣いになることが多いので、衝動買いは避けたほうがよさそうです。買ったばかりの服にシミや傷をつけてダメにしたり、ピアスなど小さなものは、すぐにどこかに落としてしまうようなことも。不要なものは知り合いにあげるといいでしょう。フリマアプリで売ると小銭が入りそうなので、試しに出品してみるのもオススメです。投資などは、損をすることになるので、ようすを見ておきましょう。

美容&健康運

## 朝か夜にストレッチを

夏にケガをしたり体調を崩した人は、今月までその影響を受けることがありそうです。下旬には少しずつ回復して、調子が戻ってくるでしょう。とくに問題のなかった人も、今月は小さなケガをしやすいので、慌てて行動しないように気をつけましょう。ダイエットをするにはいいタイミング。朝か寝る前にストレッチをしたり、なんとなく続けられそうな範囲で筋トレをするといいでしょう。思ったよりもうまく体重を落とせそうです。

# 9月

## ▲整理の月

| 1(金) | = | 苦手と思っていたことに、少し挑戦してみるといい日。とくに、食わず嫌いだったものを試しに食べてみると、思ったよりも楽しい発見がありそう。想像していた味と違ったり、大好きになるパターンもあるでしょう。 |
|---|---|---|
| 2(土) | = | 好奇心に素直に従って行動するといい日。世の中、未体験なことや知らないことのほうが圧倒的に多いもの。気になったお店やイベント、ライブなどに行ってみるといいでしょう。少しの勇気が人生をいい方向に変えそうです。 |
| 3(日) | □ | 取捨選択のスピードを上げる訓練をするためにも、掃除をするといいでしょう。ものを見て、パッと「使う・使わない」「必要・不要」を決めて、ドンドン片付けるようにしましょう。 |
| 4(月) | ■ | 寝不足や疲労を感じそうな日。コーヒーを飲むなど、ゆっくりする時間をつくりましょう。休憩時間には仮眠をとって、しっかり体を休ませるといいでしょう。 |
| 5(火) | ◇ | 熱弁してみると、意見が通ったり、周囲の気持ちを動かすことができそうです。アイデアや意見があるときは、「しゃべりが下手だから」などと思う前に、一生懸命伝えてみましょう。思ったよりも注目してもらえそうです。 |
| 6(水) | △ | 怠けてしまったり、目の前のことに集中できなくなりそうな日。サボっている姿を見られてしまう場合も。やることはしっかり終わらせてから休むなど、メリハリをつけるようにしましょう。 |
| 7(木) | = | 「またやってしまった」と思うような悪い癖が出たり、過去に何度か失敗したことを、また繰り返してしまいそう。一度失敗したことがあるものはもちろん、慣れている物事も慎重に進めるようにしましょう。 |
| 8(金) | = | 自分の仕事の価値を時給換算しないように。やる気がなくなったり、不満をもってしまいそうです。お給料は「感謝された対価」だと思っておきましょう。今日はいつもより頑張ったなら、自分にご褒美を購入するといいでしょう。 |
| 9(土) | ▽ | 部屋の片付けや、買い物などの用事は午前中に終わらせて、午後からはのんびりするといいでしょう。夜に急な誘いがあって、予定が乱れることがありそうです。誘惑にも負けてしまうかも。 |
| 10(日) | ▼ | 妄想が好きなタイプですが、今日は悪い妄想が膨らんで、臆病になったり心配事が増えてしまいそう。余計なことを考えないで、明るい未来の空想をしたり、楽しかったことを思い出しましょう。 |
| 11(月) | ✕ | 誰しも「察してほしい」と思うわりに、自分は周囲の気持ちを察することができないもの。自分ができないことをほかの人に求めないようにしましょう。「人生は、思い通りにならないからこそおもしろい」と忘れずに。 |
| 12(火) | ▲ | ツメの甘さが出そうな日。完璧を求める上司や先輩から突っ込まれることがありそう。油断しないで最後までしっかり確認し、雑な行動をとらないよう気をつけましょう。 |
| 13(水) | = | 新しいことをはじめるのはいいですが、そのぶん手放すことや、諦めることも必要です。すべてを手に入れようとしないで、捨てたり、離れることも大事な行動だと忘れないように。 |
| 14(木) | = | 失敗を恐れて挑戦を避けるよりも、失敗から学んで成長するほうを選ぶことが大事。他人の失敗を笑うような、愚かな生き方をしないように。 |
| 15(金) | □ | 「自分がまだ知らないことは多い」と自覚して、学ぶことや知識を増やすことをもっと素直に楽しむといいでしょう。仕事に役立ちそうな本を買って読んだり、本をたくさん読んでいる人の話を聞いてみるといいでしょう。 |

開運のつぶやき　悪くなったのではなく、これまでがよすぎただけ

| | | |
|---|---|---|
| **16**（土） | ■ | 予定が詰まっているほうが気持ちは安定するタイプですが、今日は家でのんびりしたり、日ごろの疲れをしっかりとるようにしましょう。ヒマだからといって間食をしたり、昼からお酒を飲まないように。 |
| **17**（日） | ◇ | 疑う前に行動するといい日。あなたのことをほめてくれる人がいるなら、遊んでみたり、話をしてみるといいでしょう。相手によっては恋に発展する可能性も。あなたを信じてくれる人をまずは信じてみましょう。 |
| **18**（月） | △ | 人の話は最後までしっかり聞くようにしましょう。早とちりをして恥ずかしい思いをしたり、「あれ? 何やるんだっけ?」とあとで困らないように気をつけること。困ったときは、素直に周囲に聞くことが大事です。 |
| **19**（火） | ○ | 学んできた知恵を活かすことができる日。「人生に無駄はない」と実感できそうです。いろいろな人と話してみると、意外な共通点が見つかったり、雑談が盛り上がって仲よくなれることもあるでしょう。 |
| **20**（水） | ○ | 数字や結果をもっと意識する必要がある日。会社の儲けや経費のことを考えて仕事をするといいでしょう。儲けを意識できない場合は、効率を上げる方法や時間の使い方について考えてみましょう。 |
| **21**（木） | ▽ | 「憧れの人や尊敬している人なら、どう判断するのか」を想像してみましょう。その人ならどんなふうに仕事をしたり、どう対応するかを考えてみると、いい判断ができるでしょう。人から憧れられない行動をとらないように。 |
| **22**（金） | ▼ | 予想外な出来事が起きそうな日。急に相手から怒られたり、大きな失敗をして信用を失ってしまうことも。今日は、いつもよりもていねいに行動するよう心がけましょう。 |
| **23**（土） | × | 今日と明日は掃除をしたり、身の回りを片付けるにはいい日。年齢に見合わないものや、昔の思い出の品は、目につかないところに片付けましょう。なんとなく使い続けているものも買い替えましょう。 |
| **24**（日） | ▲ | 「捨てるものがない」と思うなら、不要なデータやアプリを消去しましょう。時間の無駄になるゲームやSNSも削除して。悪友と思われる人や、あなたの気持ちをもてあそぶような人とも、離れる決断をするといいでしょう。 |
| **25**（月） | ○ | 新しく物事をはじめるときに情報を集めるのはいいですが、余計なことを知りすぎると行動できなくなってしまいます。無知でもまずは飛び込むことが大切。世の中には、知らないほうが動けることもあると覚えておきましょう。 |
| **26**（火） | ○ | 些細なことでも変化を楽しんでみるといい日。ふだん避けていることに挑戦したり、手にとったことのない飲み物や食べ物を選んでみましょう。好奇心にもっと素直に従ってみて。 |
| **27**（水） | □ | 思ったよりも集中力が高まる日。今日は、大事な仕事や面倒な作業から先に手をつけておくといいでしょう。夜は、予想以上に疲れをためやすいので、無理はしないように。 |
| **28**（木） | ■ | 小さなことでイライラしたときは、疲れている可能性が高いので、休憩をとるか目を閉じてゆっくりする時間をつくりましょう。ランチはスタミナがつきそうなものを選んでみるといいでしょう。 |
| **29**（金） | ◇ | 頑張りを評価されたり、大事な役割を任せてもらえる流れがきそう。遠慮すると流れに乗れなくなるので、ノリのよさをアピールしてみましょう。夜の付き合いも大切にするといいでしょう。 |
| **30**（土） | △ | しっかり遊ぶことで気持ちが楽になる日。モヤモヤした気分を晴れやかにしてくれる友人や、尊敬できる先輩と食事やお茶をするのがオススメ。今日は、恋のチャンスもつかめそう。 |

☆開運の日　◎幸運の日　◇解放の日　○チャレンジの日　□健康管理の日　△準備の日
▽ブレーキの日　■リフレッシュの日　▲整理の日　×裏運気の日　▼乱気の日　＝運気の影響がない日

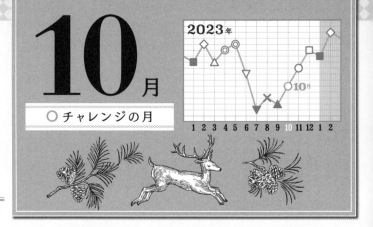

# 10月

○ チャレンジの月

**2023年**

1 2 3 4 5 6 7 8 9 10 11 12 1 2

---

今 月 の 開 運 3 か 条

• しばらく会っていない人に連絡をする
• 新しい体験をする
• ノリや勢いを大切にする

---

総合運

## 素早い判断と行動が
## カギとなる月

付き合いの長い人や久しぶりに会う人と、前向きな話ができたり、
趣味や仕事を一緒にはじめる流れになりそうな時期。新しいことに
興味がわいたときは、詳しい友人に話を聞いてみると、コツやいい
情報を教えてもらえそうです。久しぶりに連絡してみたら、思った以
上に盛り上がって、プチ同窓会のようなつながりができることも。
何事も素早く決断し行動する姿勢に、運が味方するので、ノリや勢
いを大切にしてみるといいでしょう。

---

開運のつぶやき │ 挑戦すればするほど、自分のやれることが増え、やるべきことが見えてくる

### 恋愛&結婚運

## 恋のはじまりを予感したら自分から積極的に動くこと

気になる人ができたらモタモタしないですぐにデートに誘ったり、次に会う約束をしましょう。自ら交際するきっかけをつくるつもりで、積極的に行動することが大切です。新しい出会いは知り合いの縁によるつながりに期待できそう。飲み会などで顔見知りに遭遇して、そこから恋がはじまる場合も。 2022年に出会った人のなかで気になる人がいれば、今月からこまめに連絡して会うといいでしょう。結婚運は、本気で考えているなら自然と動きはじめるでしょう。

### 仕事運

## いい仲間に恵まれそう。教育にも力を入れてみて

先月まではやる気が出なかったり、転職を考えていた人でも、今月はやる気になるきっかけをつかめそうです。あなたの実力を評価してくれる人が現れることも。頼まれ事は、面倒でも素直に引き受けてみると、仲間や協力者が集まってきたり、自分の能力の活かし方に気づけることもあるでしょう。新人教育など、これまで学んできたことを次の世代に伝える仕事もはじまりそう。惜しみなく教えることで、あなたも周囲から守ってもらえるようになるでしょう。

### 金運&買い物運

## 体験にお金を使うといい月

高価なものや大きな買い物は2024年以降がオススメですが、服のイメージを変えたり、カバンや靴などの購入にはいい時期。おもしろい体験をすると運気がよくなるので、デートはテーマパークや体験教室に行ってみて。過去の旅先を再訪するのもいいでしょう。久しぶりのお店に行くと、発見があったり、お得なサービスを受けられそうです。保険やサブスクの契約を見直すにもいいタイミング。投資はポイントでできるものがオススメです。

### 美容&健康運

## ここから1年で体型が決まる

ここ1年くらいで体重が増えたり、筋力が落ちたと思うなら、今月から1年かけて元に戻すように努力をはじめるか、体を引き締める目標を立てるといいでしょう。この1年で今後の体型が決まってしまうので、今月から頑張ればいいスタイルを維持できるでしょう。まずは軽い運動からはじめて、間食や飲酒は控えるように。美意識を高めるには、友人や知り合いが行っているエステやサロンなどを紹介してもらうのがよさそうです。

開運のつぶやき | 人生を変えるチャンスはつねにある

# 10月 ○チャレンジの月

| | | |
|---|---|---|
| 1（日） | ◎ | 尊敬している先輩や、憧れの人に連絡してみると、遊ぶことができたり仲よくなれそう。しばらく遊んでいない友人とも、あなたから声をかければ、楽しい食事やおもしろい話ができそうです。 |
| 2（月） | ☆ | あなたの味方が集まり、協力してもらえる日。素敵な人を紹介してもらえることもありそうです。仕事関係者とも、いい話や前向きな話ができるでしょう。職場で、誰かと恋に発展することもあるかも。 |
| 3（火） | ▽ | 自分の頑張り以上に周りの人が頑張ってくれそうな日ですが、甘えていると夕方に厳しいことを言われてしまうかも。自分のやるべき仕事は最低限しっかり行い、周囲のサポートも忘れないように。 |
| 4（水） | ▼ | 年上の人から学べることがある日。礼儀や挨拶をこれまで以上にキッチリすると、好かれるようになりそうです。雑な感じを出すとお叱りを受けることもありますが、叱ってもらえることに感謝を忘れないようにしましょう。 |
| 5（木） | × | 幸運と不運が入り混じる日。ほめられてよろこんでいたら、調子に乗っていることを指摘されてヘコんでしまったり、「ご馳走してもらってラッキー」と思っていたら、面倒な仕事を引き受ける流れになってしまったりしそう。 |
| 6（金） | ▲ | 少しでもいいので、朝から身の回りを片付けてみると、やる気になれそうです。職場でも、汚れている場所を磨いてきれいにしてみて。気持ちがスッキリして、仕事もはかどるようになるでしょう。 |
| 7（土） | ○ | 気になる場所に行ってみたり、これまで遊んだことのない人に連絡してみるといい日。気になったことはなんでも行動に移すと、いい発見や、いい縁につながるでしょう。遠慮はしないように。 |
| 8（日） | ○ | フットワークを軽くすることで楽しめる日。昨日行けなかった場所やお店に行ってみたり、髪を切ってイメチェンするのもオススメです。変化を前向きにとらえて楽しんでみるといいでしょう。素敵な出会いもありそうです。 |
| 9（月） | □ | 勢いで行動することが多いタイプですが、今日は家に帰る時間だけは決めておきましょう。予想外に遅くなって、次の日に疲れが残ってしまうことがありそうです。飲酒も控えたほうがいいでしょう。 |
| 10（火） | ■ | 昨日の疲れが残ることや、寝不足を感じそうな日。とくにランチ後に眠気に襲われそうなので、休憩時間に少しでも仮眠をとったり、静かに目を閉じる時間をつくっておきましょう。 |
| 11（水） | ◇ | いい意味で目立ってしまう日。何気なく言ったことが、大事な意見として通ってしまったり、重要なポジションを任されたりしそう。大きな契約をとって、ノルマを一気に達成できるようなことも。 |
| 12（木） | △ | 忘れ物をしやすい日。定期券や財布を忘れたと思い家に戻ったら、「やっぱりカバンのなかにあった」などというドジをしやすいので、しっかり確認するようにしましょう。 |
| 13（金） | ◎ | 「自分よりも知識がある」と思う人に話を聞いてみるといいでしょう。「やっぱり本を読んでいる人はすごい」と感心していないで、自分でも努力すること。買っただけで読んでいない本は、斜め読みでもいいので目を通してみましょう。 |
| 14（土） | ☆ | 買い物をするにはいい日。買い替えを考えているものがあるなら、思い切って購入するといいでしょう。最新の家電を選んだり、最近できたお店に行くと、いいものを見つけられそうです。 |
| 15（日） | ▽ | 気になる人をランチデートやお茶に誘ってみるといい日。何気ない話が盛り上がるのはいいですが、熱く語りすぎてしまうことがありそう。夜は判断力が鈍ってくるので、早めに帰宅しましょう。 |

開運のつぶやき　幸せは、己の覚悟次第で簡単に大きくも小さくもなるもの

| | | |
|---|---|---|
| 16（月） | ▼ | やる気が出ない感じがしたり、余計な妄想が膨らんでしまう日。周囲にイライラしたり、ガッカリしないで、自分のやるべきことをキッチリ行いましょう。気持ちがスッキリしないときは、フルーツを食べると落ち着きそうです。 |
| 17（火） | × | 些細なことでムッとしたり、感情的な言葉が出てしまいそうな日。失言したと気づいたら、「気まずいから」などとそのままにしないで、しっかり謝ること。お詫びに何かプレゼントするといいでしょう。 |
| 18（水） | ▲ | 手先が器用そうに見えて、じつは不器用なタイプ。今日の細かな作業は、とくに失敗しやすいので気をつけましょう。うっかり指を汚してしまうこともありそうです。苦手なことは、ほかの人に素直にお願いするといいかも。 |
| 19（木） | ○ | 周囲がオススメするものを食べたり、評判の本を読んでみると、いろいろな発見があって楽しくなるでしょう。「好奇心の大切さ」をあらためて知ることができそうです。あえてふだんと生活リズムを変えてみるのもいいでしょう。 |
| 20（金） | ○ | 苦手だと思って避けるのではなく、違う角度から見てみるといいでしょう。おもしろい発見があったり、理解できるようになりそうです。「自分の考えが正しい」などと思わず、「相手も正しい」と考えを改めて。 |
| 21（土） | □ | 現状の不満や足りない部分に目を向けないで、いまある幸せや満足できるところに注目するようにしましょう。視点を変えれば、見える世界は簡単に変わるもの。いまに満足できると、前に進むことができるようになるでしょう。 |
| 22（日） | ■ | 心身ともに疲れがたまっていることに気がつく日。今日は1日ゆっくりしたり、昼寝をするなどして、体を休ませましょう。予定が入っている場合は、ゆとりをもって行動するようにしましょう。 |
| 23（月） | ◇ | 苦手な人と離れられたり、プレッシャーをかけてくる人と会わずに済みそうな日。気楽に仕事ができて、いい結果にもつながりそうです。自分の勘を信じて行動すると、いい縁もつかめるでしょう。 |
| 24（火） | △ | 自分でも「あっ!」と思うようなミスをしやすい日。メールを送ったあとに記入漏れが見つかったり、送り先を間違えていることに気づくかも。約束を忘れて遅刻することもあるので要注意。 |
| 25（水） | ◎ | 自分の癖をしっかり分析できれば、行動も上手にコントロールできるもの。「このパターンだと仕事をサボってしまう」と思ったら、スマホを触るのをやめたり、余計な妄想を控えるようにしましょう。 |
| 26（木） | ☆ | 勉強や、自分の成長につながることにケチケチしないように。仕事に役立ちそうな本を購入したり、後輩や部下にご馳走をしてみるといいでしょう。お金をうまく活かすようにしましょう。 |
| 27（金） | ▽ | 自分の考えを信じるのではなく、「憧れの人や尊敬できる人ならどうするか」と想像してから決断すると、うまくいくでしょう。冷静に判断するコツをつかめそうです。 |
| 28（土） | ▼ | 100%完璧にはいかない日。強引な人に振り回されたり、ガッカリするような出来事が起きてしまうかも。今日は過度な期待をしないで、のんびり過ごすといいでしょう。 |
| 29（日） | × | 恋人や身近な人の「残念な部分」に目がいってしまいそうな日。相手の雑な部分が見えるときは、自分の雑なところも相手に見えています。自分でも気をつけて、相手を許す気持ちを忘れないようにしましょう。 |
| 30（月） | ▲ | 小さな部品を失くしたり、小さな見落としが多くなりそうな日。何をするにも気をつけて、ていねいに行動しましょう。身の回りが散らかっていると失くし物をしやすいので、きれいに整えておきましょう。 |
| 31（火） | ○ | 苦手と思い込んで、いつまでも避けないこと。少しでも克服しようとする努力や、小さな勇気が、流れを変えるでしょう。「何事もなんとかなるし、誰かができているなら自分にもできる」と思って挑戦してみましょう。 |

☆開運の日　◎幸運の日　◇解放の日　○チャレンジの日　□健康管理の日　△準備の日
▽ブレーキの日　■リフレッシュの日　▲整理の日　×裏運気の日　▼乱気の日　＝運気の影響がない日

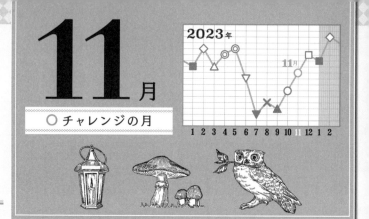

# 11月

### ○ チャレンジの月

**2023年**

11月

1 2 3 4 5 6 7 8 9 10 11 12 1 2

---

今月の開運3か条

- 懐かしい人に連絡する
- 予定を増やして、自ら忙しくする
- ダイエットや筋トレをはじめる

---

**総合運**

## 引っ越し、イメチェン、再会など
## 転職以外は変化を起こしていい月

興味のあることが増えはじめた先月に対し、今月は行動に移したくなってくる運気。引っ越しやイメチェン、生活リズムの変更など、転職以外はドンドン実行するといいでしょう。この1年で経験した、大小さまざまな失敗を本気で反省して、改善すべく努めることが大切です。また今月からは、しばらく会っていなかった人や、懐かしい人との縁もつながってきます。偶然の出会いを大事にして、ふと思い浮かんだ人には連絡してみましょう。

---

開運のつぶやき　｜　考えるヒマがあるなら、とりあえずやってみるといい

## 恋愛&結婚運

### 相手に不満があるなら スパッと別れるのも手

2023年に入って恋人ができた人は、相手への不満が増えたり、飽きてしまいそう。ズルズル付き合うより、嫌ならスパッと別れて、来年の出会いに期待したほうがいいでしょう。今月は新しい出会い運は薄いですが、すでに知り合っている人に連絡すると、いい関係に進めそうです。突然連絡がきた場合はチャンスなので、あなたからもこまめに連絡をして会うこと。結婚運は、来年の結婚に向け準備が大事になる時期。余計な一言で破談にならないように。

## 仕事運

### 昔の上司や先輩が チャンスをくれるかも

求められることが増えはじめ、やる気も自然にわいてくる時期。忙しいほうが心が安定するタイプなので、いろいろと予定を詰め込みたくなりそうです。ただし、雑な部分が出たり、不慣れなことに関しては相変わらずミスが減らないので、克服する努力は忘れないようにしましょう。昔の上司や先輩から連絡がきたときは、仕事に役立つ話や引き抜きの話など、いい情報を聞ける可能性があるため、会ってみるといいかもしれません。

## 金運&買い物運

### 無計画な出費は やめる努力を

欲しかったものを見つけては即購入したり、目新しいものを「なんとなく」で買っていては、いつまでもお金の苦労がなくなりません。今月からはお金の使い方を変えて、節約や、不要な出費を減らす工夫をしてみるといいでしょう。「なぜかお金がない」といった状況を避けるために、家計簿やお小遣い帳をつけて、使途不明金が出ないようにしましょう。投資などは、詳しい知り合いに教えてもらえるなら、はじめてみてもよさそうです。

## 美容&健康運

### ダイエットや 運動の再開が吉

したりしなかったりになっているダイエットや筋トレを、再開するにはいいタイミング。毎日でなくてもいいので、「なんとなくダイエットしている」くらいの感覚で、運気のいい日だけでも頑張ってみるといいでしょう。思ったより続いたり、効果が出たりしそうです。買ったままになっているジャージやダイエットグッズ、サプリなども使うように。ただ、過去にケガをした場所や、よくぶつける部位には要注意。ていねいに行動するようにしましょう。

---

開運のつぶやき | 努力する楽しさと、最後までやり抜くおもしろさを忘れない人が幸運をつかむ

# 11月

## ○チャレンジの月

| | | |
|---|---|---|
| 1（水） | ○ | 気持ちに変化が出はじめる日。これまで興味がなかったことが気になったり、急に誘いの声がかかりそう。乗り気でなくても、話は聞いてみましょう。相手を信頼できるならノリで進んでみるといいでしょう。 |
| 2（木） | □ | いまの仕事に全力で取り組んでみると、楽しくできるようになり、悩みや不安もなくなりそう。時間が短く感じるくらいに予定を詰め込み、自分で忙しくしてみるといいでしょう。周囲の役に立つこともいろいろとやってみて。 |
| 3（金） | ■ | しっかり体を休ませるといい日ですが、のんびりしながらも、ストレッチや体を少し動かす時間をつくるようにしましょう。健康的な食事も意識しておくといいでしょう。 |
| 4（土） | ◇ | 異性との関係に急な進展がありそうな日。昨年はじめて出会った人のなかに気になる人がいるなら、連絡をしてみましょう。新しい出会い運もいいので、知り合いや友人の集まりには顔を出しておきましょう。 |
| 5（日） | △ | 遊ぶときは思い切り遊ぶといいですが、忘れ物やドジなミスをしやすいため気をつけましょう。情報を集めきれていなかったり、準備不足を感じることも。事前に何が必要になりそうか、しっかり調べておきましょう。 |
| 6（月） | ◎ | おいしかった記憶のあるお店に行ってみるといい日。ランチやディナーには、久しぶりのお店を選ぶといいでしょう。新メニューが最高においしかったり、いい思い出ができたりしそうです。 |
| 7（火） | ☆ | 自分の気持ちに素直に従うといい日。お世話になっている人に、些細なものでもいいのでプレゼントをしてみると、思った以上によろこばれそうです。服や靴を買うにもいい日なので、仕事帰りにチェックしてみましょう。 |
| 8（水） | ▽ | 日中は、運を味方につけられて楽しく過ごせそう。うれしいときはしっかりよろこぶと、さらにうれしいことが起こるでしょう。人に愛されるよろこびを忘れないように。夜は、余計なことを考えすぎてしまうかも。 |
| 9（木） | ▼ | 誘惑に負けそうな日。「あれもこれも食べたい」と余計なものを買いすぎたり、注文しすぎたり、仕事終わりにお酒を飲みすぎてしまうことがあるので気をつけましょう。明日二日酔いになってしまうことも。 |
| 10（金） | × | 不慣れなことや苦手なことを任されてしまいそうですが、弱点を鍛える経験は、大きな成長につながります。気分で判断しないで、真面目に取り組んでみましょう。結果がイマイチでも気にしないように。 |
| 11（土） | ▲ | 気分転換や気持ちの切り替えも兼ねて、部屋の模様替えをし、年齢に見合わないものは一気に処分するようにしましょう。着ない服や置きっぱなしのものも片付けて。 |
| 12（日） | ○ | いつもと違う日曜日を過ごすといい日。いつもなら行かない場所や、気になっていたお店に足を運ぶといいでしょう。「新しい」と思えることがあったら挑戦してみましょう。 |
| 13（月） | ○ | 新しいアイデアやいい工夫が思いつく日。気になった方法を試したり、いつもと違うことに挑戦してみるといいでしょう。いい情報も入手できそうです。 |
| 14（火） | □ | まずは行動することが大切な日。動きはじめる前にいろいろなことを考えるのもいいですが、行動しながら考えて、失敗から学び、成長するきっかけにしましょう。「動き出す勇気」を忘れないで。 |
| 15（水） | ■ | 疲れをためやすい日。ハイペースで仕事を進めないようにしましょう。頑張りすぎは禁物です。調子がよくてもしっかり休憩したほうが、結果的に効率も上がるでしょう。 |

開運のつぶやき　不慣れを楽しむことが大事

| | | |
|---|---|---|
| **16**（木） | ◇ | 想像通りに物事が進んだり、いい意味で目立って注目されそう。自分の勘を信じて真剣に取り組むと、いい流れで進められるでしょう。求められたことにはできるだけ応えてみると、楽しくもなりそうです。 |
| **17**（金） | △ | 気持ちにゆとりができるのはいいですが、余裕をもちすぎてミスをしたり、事前準備や最終確認を怠ってしまいそう。恥ずかしいミスもしやすいので、気をつけて過ごしましょう。 |
| **18**（土） | ◎ | 懐かしい場所や外出先で、偶然の出会いがありそうな日。いい縁がつながるので、気になる場所に足を運んだり、連絡をくれた人とは会ってみるといいでしょう。片思いの恋にも進展があるかも。 |
| **19**（日） | ☆ | 買い物をするにはいい日。お得な買い物ができたり、ポイントをたくさんためられそう。ほかにも、人からご馳走してもらえたり、突然親からお小遣いをもらえるなど、ラッキーなことがありそうです。 |
| **20**（月） | ▽ | 日中は、順調に物事を進められそう。周囲の協力には感謝を忘れないようにしましょう。夕方あたりからは周囲に振り回されたり、誘惑に負けやすくなるので気をつけて。 |
| **21**（火） | ▼ | これまで頑張ってきたことがやり直しになるなど、疲れる出来事が起きそうな日。無理にあらがうよりも、流れに身を任せておくといいでしょう。 |
| **22**（水） | × | 都合の悪いことを無視していると、いつまでも力が身につかないままになってしまいます。耳の痛いことを言ってくれる人には感謝しましょう。「苦労した人ほど成長できる」ことを忘れないように。 |
| **23**（木） | ▲ | 少し早めの大掃除をするといい日。ふだんなかなか掃除できない場所をきれいにしたり、何年も使っていないものを一気に処分しましょう。まだ使えるものは欲しい人に譲るといいので、後輩や周りに聞いてみましょう。 |
| **24**（金） | ○ | いろいろな人と話してみると、いいアイデアにつながったり、のちに話のネタになりそうです。今日は、自分の話をするより、聞き役になってみるといいでしょう。はじめて会う人からも、おもしろい話が聞けそうです。 |
| **25**（土） | ○ | 少し図々しくなってみると、いい人脈ができる日。好きな先輩や仕事関係者に連絡をして、家に遊びに行ったり、食事に誘ってみるといいでしょう。積極的に行動する楽しさを学べそうです。 |
| **26**（日） | □ | 「何食べたい?」と聞かれて、「なんでもいい」とは答えないようにしましょう。自分が何をしたいか、しっかり決断することが大切です。自分の食べたいものややりたいことに、もっと素直になってみましょう。 |
| **27**（月） | ■ | 寝不足や疲れを感じやすい日。時間のあるときは、少し体を動かしてみるといいでしょう。ランチにスタミナのつくものを選ぶのもいいですが、食べすぎないように。 |
| **28**（火） | ◇ | 挨拶やお礼、礼儀をしっかりしておくといい日。元気に明るく笑顔で挨拶をしてみると、職場や周囲の空気がよくなるのを感じられるでしょう。周囲から憧れられる人になれるように過ごしてみましょう。 |
| **29**（水） | △ | 悪い癖が出てしまいそうな日。雑な行動をしたり、うっかりミスが増えるので気をつけましょう。ついつい仕事をサボってしまうことや、やる気のない感じを出して周囲から突っ込まれることもありそうです。 |
| **30**（木） | ◎ | 失くしたと思っていたものが出てきたり、約束していたことを思い出したりしそうな日。気になる場所は整理整頓し、掃除してみるといいでしょう。また、些細なことでも約束は守るようにしましょう。 |

☆開運の日 ◎幸運の日 ◇解放の日 ○チャレンジの日 □健康管理の日 △準備の日
▽ブレーキの日 ■リフレッシュの日 ▲整理の日 ×裏運気の日 ▼乱気の日 ＝運気の影響がない日

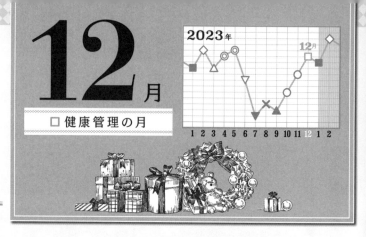

# 12月

□ 健康管理の月

今月の開運3か条

- 気になっていることに挑戦する
- お風呂にしっかり入って、長めに寝る
- 些細な約束もきちんと守る

## 総合運

### 一度体験したことに再挑戦すると いい結果につながる

10、11月あたりから気になっていることがあるなら、今月は思い切って挑戦してみるといい運気です。まずは行動することが大切ですが、まったく新しいことよりも、一度体験や経験をしたことのあるものにチャレンジしたほうがいい結果につながりやすいでしょう。冷静に判断しながら動いてみましょう。不思議と懐かしい人とのつながりも増える月。しばらく会っていない人に連絡したり、偶然再会したら遊びに誘ったりしてみると、いい運気の流れに乗れそうです。

開運のつぶやき　失敗を経験するから、その分野で成功している人を尊敬できる

## 「2022年以前に出会った人」に連絡してみて

今年知り合った相手とは、遊びの関係で終わるか、進展しても残念な結果になりやすい月。今月は、2022年以前に出会っていたなかで、気になっている人に連絡してみるといいでしょう。偶然会った場合は縁がある可能性が高いので、知り合いの集まりなどに誘われたら顔を出してみましょう。不思議な再会があるかも。結婚運は、一度話が進んでいたのにうやむやになっているカップルは進展しやすい運気。再度、将来の話をするといいでしょう。

## 長い付き合いの人と会うといいことが

なんとなくやる気が出なかった人も、今月あたりから前向きになれて、やるべきことが見えたり増えてきたりする時期。徐々に実力を発揮できる流れになるでしょう。チャンスをつくってくれる人や、大抜擢してくれる人も現れそうです。付き合いの長い人や以前からの知り合いが出世をして、あなたを引き上げてくれることもあるので、相談したり、食事や飲みに誘ってみるといいでしょう。新たな仕事や、転職のきっかけになる場合もありそうです。

### 金運＆買い物運
**交際費はケチケチしない**

高価なものや長期的に保有するものの購入は、来年以降がオススメ。いまは欲しいものをチェックしたり、価格を比較しておくように。今月は、いつものお店で服や靴などを買うのがオススメです。また、旧友や知り合いとの食事会には、ケチケチしないこと。わざわざ遠出をしたり、時間やお金をかけてでも会いに行く価値があるでしょう。投資などの資産運用は、今月から本格的に動き出すといいので、詳しい友人に話を聞いてみて。

### 美容＆健康運
**ストレッチや長めの入浴を**

中旬までは、多少無理をしても元気に過ごせそうですが、下旬からは風邪をひいたり、疲れを感じやすくなることが。年末年始に体調を崩した経験がある人は、とくに気をつけましょう。忘年会や飲み会が連日連夜にならないように調整することも大切です。しばらく筋トレやダイエットから遠のいている人は、今月からスタートするといい結果につながりそうです。美意識を高めるといいので、ストレッチをしたり、入浴時間を少し長めにとりましょう。

---

**開運のつぶやき** ｜ 魅力とはもって生まれたものではなく、己で磨き上げるもの

# 12月

## □健康管理の月

**1 (金)** ☆
無理に力を入れたり、結果を出そうとしないように。肩の力を抜いて自然体で取り組んだほうが、いい結果につながり、評価も変わってくるでしょう。できないことを強引に行うよりも、できる範囲で最善をつくしましょう。

**2 (土)** ▽
気になることがあるなら即行動に移すといい日。とくに日中は運を味方につけられて、いい縁がつながりやすいので、フットワークを軽くしておきましょう。ただし、夜更かしは避けて、次の日に備えるように。

**3 (日)** ▼
現状に満足できているはずなのに、ほかにおもしろいことや変化を欲しがってしまう日。刺激を求めて行動するのはいいですが、刺激的すぎることに足を踏み入れないように注意しましょう。浪費にも気をつけること。

**4 (月)** ×
行動が雑になってしまう日。スマホを落として傷つけたり、壁にぶつかって痛い思いをしたりしそう。言葉遣いも雑になりやすいので、品を意識して、ていねいに行動するよう心がけましょう。

**5 (火)** ▲
朝から身の回りを片付けたり、拭き掃除をするといい日。ゴミだとわかっているものはそのまま放置しないで捨てること。「誰かがやるだろう」の「誰か」に自分がなるようにしましょう。

**6 (水)** ○
毎日が同じような感じがしておもしろくないなら、自分でリズムを変えたり、新しいことに挑戦してみましょう。「苦手な感じがする」と思う人ほど、自ら話しかけてみるといいでしょう。

**7 (木)** ○
語ることが大好きですが、同じ話を何度もする癖があるタイプ。今日は違う角度から話をしたり、話の聞き役になってみるといいでしょう。知らないことを教えてもらえる楽しさを感じられそうです。

**8 (金)** □
昨日と今日の考え方が真逆になったとしても、いまの自分がいいと思った方向に進んでみましょう。「正しいこと」よりも、「自分も周囲も楽しめること」を目指して進むとさらにいいでしょう。

**9 (土)** ■
しっかり疲れをとるといい日。無理に予定を詰め込んだり、慌ただしくしないようにしましょう。家の用事や片付けが終わったら、昼寝をしたり、ゆっくり本を読む時間をつくるといいでしょう。スマホは少し離れた場所に置いてみて。

**10 (日)** ◇
急に遊びに誘われたり、予定が変更になりそうな日。「ただの友人」だと思っていた人から告白されることや、好意を伝えられることも。一緒にいて楽だと思える相手なら、交際をはじめてもいいでしょう。

**11 (月)** △
うっかりミスが増えそうな日。忘れ物を家に取りに帰ったら、じつはカバンやポケットのなかに入っていたり、余計な妄想をしていたら遅刻をする、なんてこともあるので気をつけましょう。

**12 (火)** ◎
出先で偶然の再会がありそう。話が盛り上がる相手なら、一緒に忘年会を企画して、久しぶりのメンバーを集めてみるといいでしょう。今後に役立つ話が聞けたり、いい流れに乗れそうです。

**13 (水)** ☆
真剣に仕事に取り組むといい日。思い通りの結果につながったり、楽しくなってきそうです。どんなことでも、工夫を加えてみるとドンドンおもしろくなってくるでしょう。仕事を続ける覚悟をもつことも大切です。

**14 (木)** ▽
日中は、問題もなく順調に進められそう。ただし、ゆっくりしていると夕方あたりから急に忙しくなってしまうので、やるべきことは早めに片付けておくといいでしょう。

**15 (金)** ▼
口が滑りやすい日。余計なことを言いすぎたり、「失敗した」と思ったときは、すぐに謝罪しましょう。失敗をいつまでも引きずらないで、気持ちを切り替えることも大切です。

開運のつぶやき　人の心の痛み、心からのよろこびが理解できる人間になるように

| | | |
|---|---|---|
| 16（土） | × | 思っていた通りには進みにくい日。楽しい場所に出かけたはずが、些細なことで不機嫌になってしまいそう。何事も「上機嫌でいるための試練」だと思って笑顔で乗り切りましょう。予想外の人から遊びに誘われることも。 |
| 17（日） | ▲ | 約束をすっかり忘れてしまったり、買ったものを置き忘れるなど、大きなドジをしてしまうかも。思っている以上に注意力が落ちているので、よく確認して、慎重に行動するようにしましょう。 |
| 18（月） | ○ | 頭の回転がよくなり、いい判断もできる日。自分の勘を信じて行動してみると、うれしい結果につながりそうです。未経験だからといって遠慮しないで、思い切って新しいことに飛び込んでみるといいでしょう。 |
| 19（火） | ○ | 長年付き合いのある人の話や、アドバイスが重要になる日。何気ない会話のなかに、いまのあなたに必要な言葉がありそうです。厳しい言葉でも前向きに受け止めるようにしましょう。 |
| 20（水） | □ | 日ごろの感謝や、今年1年のお礼を伝えることが大切な日。直接「ありがとう」と言ったり、会えない人にはメールを送ってみるといいでしょう。これがきっかけでいい出会いや、恋に発展する場合もありそうです。 |
| 21（木） | ■ | 急に重いものを持って腰を痛めたり、乾燥でのどを痛めてしまいそうな日。朝から軽くストレッチをするようにし、のどを潤す飲み物や飴を用意しておくといいでしょう。周囲にも飴を配ってみて。 |
| 22（金） | ◇ | 自分の能力や得意なことをアピールしてみるといい日。知っていることを伝えたり、教えてもらったことを話してみると、みんなによろこばれるでしょう。また、「ただの友人」と思っていた人から、告白されることもありそうです。 |
| 23（土） | △ | 遊びに行くことでストレス発散になったり、おもしろい体験ができそうな日。時間があるなら、友人や知人、先輩を誘って気になる場所に行ってみるといいでしょう。 |
| 24（日） | ◎ | 楽しいクリスマスイブを過ごせそう。期待以上のプレゼントをもらえたり、おいしい料理を食べられたりしそう。予定がなくても友人に連絡してみると、楽しい時間になるでしょう。 |
| 25（月） | ☆ | 少し贅沢をするといい日。気になっていたけれど、値段が高くて手が出せなかった食べ物や体験に、思い切ってお金を使ってみましょう。高級なお酒を飲んでみるのもいいかも。 |
| 26（火） | ▽ | 日中は運気がいいので、少し強気で行動したり、気になったことはなんでもやってみましょう。夜は、余計な妄想が膨らんで心配事が出てきそう。話しやすい先輩に連絡すると、気持ちが楽になるでしょう。 |
| 27（水） | ▼ | 自分の言ったことや約束したことをすっかり忘れてしまったり、提出予定の書類を出さないまま、家に帰ってしまうことがありそう。何事もしっかり確認しながら、1日を過ごしましょう。 |
| 28（木） | × | ドジなケガには要注意。「このくらいの段差なら」とジャンプして捻挫したり、転んで膝を打ったりと、余計なことをして痛い目に遭いそう。調子に乗らず、ていねいに行動しましょう。 |
| 29（金） | ▲ | 大掃除をするにはいい日。古くなったものはドンドン捨てて、なんとなく置きっぱなしのものも処分しましょう。「いつか使うかも」と思うものは、使わないので、「いらないもの」と判断しましょう。 |
| 30（土） | ○ | 年末年始に必要なものは、毎年恒例のお店で使い慣れたものを買うといいでしょう。「試しに」と思ってなじみのないお店に行ったり、はじめてのものを購入すると、大失敗することもありそうです。 |
| 31（日） | ○ | 例年とは違う大晦日にしてみるといい日。恒例のテレビ番組を見ていないで、友人と過ごしたり、気になる場所に出かけてみるといいでしょう。 |

☆開運の日　◎幸運の日　◇解放の日　○チャレンジの日　□健康管理の日　△準備の日
▽ブレーキの日　■リフレッシュの日　▲整理の日　×裏運気の日　▼乱気の日　＝運気の影響がない日

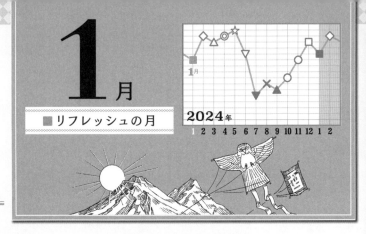

# 1月

■ リフレッシュの月

**2024**年

---

## 今月の開運3か条

◆ 健康的な食事を意識する

◆ 軽い運動をはじめる

◆ 睡眠時間を長くとる

---

**総合運**

## 健康的にストレス発散を。のんびりする時間も大切に

新年早々体調を崩したり、ドジなケガをしやすい運気。今年の「幸運の年」の運気のよさは来月あたりから感じられるようになるので、焦らなくて大丈夫です。今月は体をしっかり休ませ、無理のないスケジュールでのんびり過ごしましょう。また、新年会での飲みすぎや失言には注意が必要です。ストレスは健康的に発散したほうがいいので、飲酒するより体を動かして汗を流してみましょう。「少し体力をつけよう」くらいの気持ちで定期的に運動するのがよさそうです。

---

開運のつぶやき │ すべての人は失敗している。大きな失敗をしても、繰り返さなければいい

## 恋愛＆結婚運

### 進展を焦らず
### 自分磨きをしておこう

先月までいい感じになっていた人とタイミングが合わなくなったり、距離があいてしまいそう。ガッカリしたとしても、周囲に相手を悪く言うようなことはしないこと。本人に伝わると離れてしまう可能性があります。進展は下旬や来月以降だと思って、それまでは自分磨きをしたり、美意識を高めておきましょう。結婚運は、疲れが出やすい時期だけに、先の話をされても盛り上げられないかも。真剣な話は来月にするといいでしょう。

## 仕事運

### 忙しくなっても
### 焦らず自分のペースを守って

急に仕事量が増えたり、求められるレベルが上がってしまいそうな時期。焦って慌てるとミスをすることや、疲れから集中力が欠けてしまうことがあるので気をつけて。今月は、自分のペースをしっかり守って仕事をするといいでしょう。また、仕事の愚痴や不満を言ってばかりいると、いい流れを自ら止めてしまいます。仕事があることへの感謝を忘れず、終業後にはこまめにストレス発散をしておくとよさそうです。

## 金運＆買い物運

### 後悔する出費
### は避けよう

買い物がストレス発散になるなら、思い切って買い物をするといいでしょう。ただし、不要なローンを組むとのちのストレスになるのでほどほどに。飲酒や暴飲暴食など、その瞬間はよくても時間がたつと後悔する可能性のあることは避けましょう。心身を癒やしたいなら、マッサージや温泉などにお金を使うのがよさそうです。投資などは下旬から流れがよくなりそうなので、それまでは無理に進めないように。高額の投資もやめておきましょう。

## 美容＆健康運

### 不機嫌なとき
### ほど笑顔で

気を抜いていると風邪をひくことや、体調を崩すことがある時期。こまめに温かいものを飲んだり、健康的な食事を心がけるといいでしょう。また、疲れからイライラしやすく、不機嫌さが態度に出てしまうことも。機嫌の悪いときほど、笑顔を忘れないようにしましょう。スキンケアを怠ったまま寝てしまうなど、美意識にも油断が出そうです。時間にゆとりをもち、ゆっくり湯船に浸かってから、たっぷり寝るようにしましょう。

---

開運のつぶやき ｜ どんな人も、つねに調子がいいわけではない

# 1月

## ■リフレッシュの月

| | | |
|---|---|---|
| 1（月） | □ | 今年の目標を立てるにはいい日。この1年で達成できそうな、具体的&現実的な目標を掲げてみましょう。紙に書いて貼ったり、手帳にメモしてみるといいでしょう。 |
| 2（火） | ■ | 食べすぎ・飲みすぎに注意が必要な日。朝から調子の悪さを感じたり、疲れが残っている気がするなら、予定を変更してでものんびり過ごすようにしましょう。昼寝をするのもオススメです。 |
| 3（水） | ◇ | いい勘が働く日。気になる場所やお店に行ったり、思い浮かんだ人を遊びに誘ってみるといいでしょう。好きな人には好意を伝えてみると、いい関係に進むきっかけをつかめそうです。 |
| 4（木） | △ | 遊びに出かけるにはいい日。ただ、余計なものを衝動買いしたり、ノリで買い物をして後悔することにならないよう注意して。小さなケガもしやすいので、段差や滑りやすいところには気をつけましょう。 |
| 5（金） | ○ | 年始の挨拶をしていない人がいれば、電話やメールをしておきましょう。2022年に出会った相手なら恋に発展する場合もあるので、思い浮かんだ人に連絡してみて。 |
| 6（土） | ○ | 癒やしにお金を使うといい日。温泉やスパ、エステなどに行ってのんびりしたり、ゆっくり過ごすのがオススメです。ホテルのレストランで食事をして、贅沢な時間を楽しむのもいいでしょう。 |
| 7（日） | ▽ | 日中は、思い通りに物事が進みますが、ワガママな発言も出てしまいそう。夕方あたりからは、言動も雑になりやすいので気をつけましょう。 |
| 8（月） | ▼ | 面倒なことが増えたり、周囲に振り回されてしまう日。マイナス面を気にしてばかりいないで、プラス面を見つけるようにしましょう。行動が雑になることもあるので、気をつけること。 |
| 9（火） | × | 疲れを感じたり、体調を崩したりしやすい日。今日は無理せずこまめに休憩しましょう。体調に異変があったら頑張りすぎないように。ストレスもたまりやすいので、気分転換もするようにしましょう。 |
| 10（水） | ▲ | 身の回りをきれいに整理整頓しましょう。気分もスッキリして、目の前のことにも集中できるようになるはず。「また今度」と思って片付けていなかったところを、掃除するのもいいでしょう。 |
| 11（木） | ＝ | 対話のなかでいいヒントやアイデアが浮かびそう。あまり話したことのないタイプの人や、初対面の人と話してみるといいでしょう。思った以上に楽しい人に会えることもありそうです。 |
| 12（金） | ＝ | 語ることで気持ちが楽になる日。自分の話ばかりになってしまったときは、聞いてくれる人への感謝を忘れないように。 |
| 13（土） | ■ | しっかり情報収集するといい日。間違った情報に振り回されないように気をつけて、詳しい人の話を聞いてみるといいでしょう。夜は疲れやすいので、早めに帰宅しておいて。 |
| 14（日） | ■ | 今日は体を休ませて、のんびりするといいでしょう。ランチのあとに20分くらい昼寝をしたり、マッサージに行くなど、日ごろの疲れをしっかりとるようにしましょう。 |
| 15（月） | ◇ | あなたに注目が集まる日。意見が通りやすくなりそうですが、余計なことまで言わないように。礼儀やマナーはしっかり守りましょう。 |

開運のつぶやき　成長を急ぎすぎると失速する。ゆっくりだと持続して遠くまでいける

| | | |
|---|---|---|
| 16<br>（火） | △ | 適当な返事をすると、あとで面倒なことになってしまいそう。話を最後まで聞かないままスタートして困るケースも。余計な妄想をしないで、人の話はしっかり聞くようにしましょう。 |
| 17<br>（水） | ○ | よい習慣と言えないことを続けているなら、今日だけでもやめてみましょう。食事を腹八分目にしたり、間食やお菓子、ジュースなどを避けてみるのもオススメです。 |
| 18<br>（木） | ○ | 実力を評価される日。うれしいチャンスがめぐってきたり、ねらい通りの結果を残すこともできそうです。自分へのご褒美においしいものを食べに行ってみるといいでしょう。 |
| 19<br>（金） | ▽ | 日中は、周囲のおかげでスムーズに仕事を進められそう。周りへの感謝を忘れないようにしましょう。夕方あたりから疲れやすくなるので、早めに帰宅したほうがよさそうです。 |
| 20<br>（土） | ▼ | 急に重いものを持って腰を痛めたり、油断してうっかりケガをすることがあるので気をつけて。今日は、ていねいに行動するよう心がけましょう。 |
| 21<br>（日） | × | 難しそうな本に興味がわいたり、ふだんなら気にならないような場所に行ってみたくなる日。好奇心の赴くままに行動してみると、いい勉強になりそうです。ただ、体力的な無理はしないように。 |
| 22<br>（月） | ▲ | 忘れ物や失くし物、置き忘れなどのうっかりミスをしやすい日。大事な資料を失くして探すハメになったり、パスワードを忘れて再設定したりと、無駄な時間を使ってしまうこともありそうです。 |
| 23<br>（火） | ＝ | 今日は、意見や価値観が違う人の考えを聞いてみるといいでしょう。学べることがあったり、自分の成長にもつながりそうです。意見の違う人がいるからこそ、世の中はおもしろいのだということを忘れないように。 |
| 24<br>（水） | ＝ | 変化を楽しむといい日。新しいことやこれまでとは違うことに少しでも挑戦してみるといいでしょう。人生にもっとも必要なのは、「好奇心と行動」だと覚えておきましょう。 |
| 25<br>（木） | ■ | じっくり考えるのもいいですが、今日はまず行動してみることが大切。言葉ばかりで、行動がともなわないことのないように。夜は早めに寝て、明日に備えましょう。 |
| 26<br>（金） | ■ | 寝不足や疲れを感じやすい日。今日は無理をせず、健康的な生活を心がけましょう。スタミナのつくような食べ物を選んでみるのもオススメです。 |
| 27<br>（土） | ◇ | 服や靴を買いに行くにはいい日。明るく華やかなものや、値段の割に高そうに見えるものを選んでみましょう。気になったお店に入ってみると、いいものを見つけられるかも。 |
| 28<br>（日） | △ | 「安い」に飛びついて不要な買い物をしたり、食べきれないほど食品を買って結局処分することになりそう。買う前に本当に必要かどうか考えるようにしましょう。 |
| 29<br>（月） | ○ | しばらく連絡していなかった人からメールがきたり、偶然再会することがあるかも。そこからいい人を紹介してもらえたり、いいつながりができる可能性があるので、後日会う約束をしておくといいでしょう。 |
| 30<br>（火） | ◎ | 仕事運が好調な日。真剣に仕事に取り組んでみると、いい結果や評価につながりそうです。ときには勇気をもった決断と行動も必要になるので、「今日の自分は運気がいい」と信じて動いてみましょう。 |
| 31<br>（水） | ▽ | 行動が雑になってしまいそうな日。目の前のことになかなか集中ができなくなる場合も。お茶を飲んで気分をリセットしたり、ストレッチなどで体を動かしてみるといいでしょう。 |

☆開運の日 ◎幸運の日 ◇解放の日 ○チャレンジの日 □健康管理の日 △準備の日
▽ブレーキの日 ■リフレッシュの日 ▲整理の日 ×裏運気の日 ▼乱気の日 ＝運気の影響がない日

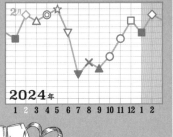

# 2月

◇ 解放の月

## 今月の開運3か条

- 得意なことで周囲をよろこばせる
- 異性の友人と遊ぶ
- しばらく行っていないお店に足を運ぶ

**総合運**

### これまでの縁を大切にすることで
### チャンスがつかめる

実力を発揮できたり、なんとなく続けていたことが役に立ちはじめる時期。「やめなくてよかった」と思えるような出来事もありそうです。周囲から求められたら素直に行動に移してみるといいでしょう。また、今月は、これまでの人脈や縁を大切にすることでチャンスをつかめる運気です。しばらく会っていなかった人から連絡がきたときは、会いに行ってみましょう。これまでの成功や失敗がいい経験として役立ってくることもありそうです。

開運のつぶやき │ 人に会うのは、自分の輝きに気づくため

**恋愛&結婚運**

## すでに関わっていた人と進展がありそう

いまはただの友人でも、過去に付き合いそうになった人や好意を寄せていた人がいる場合は、今月告白されたり、交際に発展する可能性があるでしょう。周囲から「結局付き合うんだ」と言われることもありそうです。新しい出会い運は期待が薄い時期ですが、下旬になると素敵な人が現れるかも。結婚運は、すでに婚約していたり、家族への挨拶を済ませていれば、今月から話が進展しそうです。もう一押しして、前向きな話をしておきましょう。

**仕事運**

## 実力を認められいい結果にも恵まれそう

勤続年数が長い人ほど、運を味方にできる時期。昨年やる気を失って転職を考えていた人も、今月は周囲から頼りにされたり、実力を認めてもらえるでしょう。仕事に集中することもできて、いい結果やチャンスにも恵まれそうです。ともに頑張っていた人が偉くなったり、ポジションが上がったことによって、仕事がこれまで以上にやりやすくなる場合もあるでしょう。いままでの経験を活かすために知恵をしぼることも忘れないように。

**金運&買い物運**

## 仕事関係にお金を使おう

運気がよくなり、金運も自然と上がってくる月です。今月、仕事関係者との付き合いや仕事道具に使うお金を増やしておくと、のちに収入がプラスになる可能性が高いでしょう。服や靴などの購入はほどほどに。新しいお店よりも、行きつけのお店や久しぶりのお店に行くと、お得なサービスを受けられたり、いいものを見つけられそうです。レアなチケットに久しぶりに応募したら、当選することも。投資や資産運用をはじめるのは避けておきましょう。

**美容&健康運**

## 鏡の前で笑顔の練習を

運動不足の解消やダイエットをしたいなら、今月からスタートするとうまくいきそうです。1年後に達成できるような現実的な目標を掲げてみましょう。毎日激しい運動をするよりも、なんとなく続けられることを試すのがオススメ。食事面でも、食べる量をいつもより一口減らすくらいが無理なくできてよさそうです。美意識も今月から高め、いい美容室で髪を切ってイメチェンしてみましょう。鏡の前で笑顔の練習をしてみると、表情も素敵になってくるはず。

---

**開運のつぶやき** 何があっても、「私は運がいい」と言う人のところに運は集まる

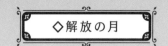

# 2月

## ◇解放の月

| | | |
|---|---|---|
| 1（木） | ▼ | 自分でも「アホだな」と思うような失敗をしやすい日。余計な妄想も膨らみやすいため、目の前のことに集中しましょう。言わなくていいことまでしゃべりすぎる場合もあるので気をつけるように。 |
| 2（金） | × | 面倒や苦労が増えそうな日。不運ではなく、何事もいい経験だと思うと成長につながるでしょう。「裏運気の日」は学べることが多いということを忘れないようにしましょう。 |
| 3（土） | ▲ | うっかりミスが増えそうな日。片付け中にまだ使えるものを捨ててしまったり、料理の手順を間違えて失敗してしまうことも。世の中に間違えない人などいないので、気にしすぎないように。 |
| 4（日） | ○ | はじめてのことに挑戦するなら、楽しく取り組むことを忘れないように。人生は、人に「楽しませて」もらうものではなく、自分の力や知恵で「楽しむ」ものだと心がけておきましょう。 |
| 5（月） | ○ | 積極的に行動することで、運を味方につけられたり、いい縁がつながる日。気になることがあるなら、少しくらい図々しくなってもいいので飛び込んでみましょう。 |
| 6（火） | □ | 計画的に行動するよりも、流れで動いたりなんとなく続けることが多いタイプですが、今日は、小さな目標を決めてみるといいでしょう。1日で達成できそうな内容がオススメです。 |
| 7（水） | ■ | おいしいものを食べるのはいいですが、食べすぎには気をつけましょう。脂っこいものを口にしすぎて胃もたれすることもありそうです。間食のお菓子にも注意しましょう。 |
| 8（木） | ◇ | あなたに注目が集まる日。求められたことにはできるだけ応え、遠慮せずもっている力を出し切ってみるといいでしょう。必死になることで運が味方してくれるはずです。 |
| 9（金） | △ | 目の前のことに集中できず、ミスが増えそうな日。気を引き締めてしっかり確認するようにしましょう。休憩時間に楽しい話やおもしろい話をすると、気持ちをうまく切り替えられそうです。 |
| 10（土） | ◎ | 久しぶりに「会いたいな」と思い出した人に連絡してみるといい日。恋に発展することもありそうです。外出先で偶然出会う場合もあるので、これも縁だと思って、食事やお茶に誘ってみましょう。 |
| 11（日） | ☆ | 買い物をするといい日。買い替えや引っ越しを考えているなら、思い切って決断してみて。今日手に入れたものはラッキーアイテムになるでしょう。 |
| 12（月） | ▽ | 午前中は、頭の回転もよく直感も冴えそう。即行動に移すといい結果につながるでしょう。15時くらいからは、眠気に襲われたり集中力が落ちてきそうです。大事な仕事は早めに片付けておくこと。 |
| 13（火） | ▼ | 時間に追われたり、急な仕事を任されたりと、予定の変更がありそうな日。上司や年上の人、お客さんに振り回されてしまうこともあるかも。無理に逆らうよりも、上手に流されておきましょう。 |
| 14（水） | × | 弱点や欠点を突っ込まれてしまいそうな日。ガッカリしたり、機嫌を悪くしたりするのはお互いにとってよくないので、言ってくれたことに感謝し、今後の課題にするようにしましょう。 |
| 15（木） | ▲ | 身の回りの掃除をしたり、きれいに整えることでやる気がわいて、いい流れで生活できそう。散らかったままの状態ではやる気も出ず、ミスも増えやすいので気をつけましょう。 |

開運のつぶやき　どんな人とも仲よくしゃべれるようになると、人生はまた楽しくなる

| | | |
|---|---|---|
| **16**<br>(金) | ○ | 「新しいこと」に注目すると楽しくなってくる日。新しいお店や新商品、新メニューなど、日々新しいことがドンドン生まれていると気がつくと、いい刺激になりそうです。 |
| **17**<br>(土) | ○ | 興味あることは素直に行動に移してみましょう。多少面倒なことや人から笑われそうなことでも、気になったなら勇気を出して挑戦すると、いい経験ができるでしょう。 |
| **18**<br>(日) | □ | 友人と明るい未来の話をするといい日。半分以上妄想でも非現実的なことでもいいので、先のことをいろいろ語ってみて。相手の話も聞いてドンドン盛り上げてみると、夢に一歩近づけるでしょう。 |
| **19**<br>(月) | ■ | 慌てると打撲や捻挫などのケガをしやすいので、ていねいに行動しましょう。思ったよりも疲れがたまっていたり、寝不足を感じる場合もありそうです。休憩中はしっかり体を休ませて。 |
| **20**<br>(火) | ◇ | 今日の頑張りがのちの人生を大きく変えていく大事な日。勇気を出して行動したり、思ったことを正直に言ってみるといいでしょう。素直な気持ちを大切にすると、運を味方につけられるでしょう。 |
| **21**<br>(水) | △ | ドジなミスをしそうな日。ミスはごまかさず、すぐに報告して問題を早く解決しましょう。誘惑にも負けやすい日です。儲け話やお得だと思った話に乗ると後悔する場合があるので、しっかり調べるようにしましょう。 |
| **22**<br>(木) | ◎ | やる気になれる曲や、思い出のある音楽を聴いてから外出すると、いい1日になりそうです。不思議と縁がつながりやすい日なので、懐かしい人に会えたり、一緒に仕事をする展開があるかも。 |
| **23**<br>(金) | ☆ | 現状の幸せに気づくことが大切な日。不満やマイナス面ばかりに注目せず、「いま、最高の人生を送れている」と思うと、仕事も恋もいい方向に進みはじめるでしょう。 |
| **24**<br>(土) | ▽ | 気になる人や会いたい人に連絡をとって、遊ぶ約束をしてみましょう。おいしいランチを食べに行くと、いい思い出もできそう。夕方以降は、予定が急に変わったり、家族に振り回されることがあるかも。 |
| **25**<br>(日) | ▼ | 余計な心配が増えたり、マイナスな情報に振り回されてしまいそうな日。小さなことでイラッとする場面もあるので、自分の機嫌は自分でしっかりコントロールするよう心がけておきましょう。 |
| **26**<br>(月) | × | 助けてほしいときは素直にお願いすることが大切です。なんでも自分ひとりでやろうとしないほうがいいでしょう。手助けしてくれた人への感謝の気持ちも忘れずに。 |
| **27**<br>(火) | ▲ | 整理整頓が大事な日。仕事道具やデスク周りなどを片付けましょう。自分の周囲だけでなく、共有スペースやみんなが使うところもきれいにすること。 |
| **28**<br>(水) | ○ | 前向きになれる言葉を探すといい日。昔の偉人がどんな苦労を乗り越えて成功したのか、調べてみるのもよさそうです。いい話や言葉を周りに教えてもらったら、あなたも人に教えてあげるといいでしょう。 |
| **29**<br>(木) | ○ | 新しいことに挑戦するときは、不安や心配がつきものですが、今日はチャレンジすることが大切です。少しの勇気が、いい人脈やいい経験を引き寄せるでしょう。 |

☆ 開運の日　◎ 幸運の日　◇ 解放の日　○ チャレンジの日　□ 健康管理の日　△ 準備の日
▽ ブレーキの日　■ リフレッシュの日　▲ 整理の日　× 裏運気の日　▼ 乱気の日　＝ 運気の影響がない日

## 3月

△ 準備の月

**2024年**

1 2 3 4 5 6 7 8 9 10 11 12 1 2

---

今月の開運3か条

・確認作業はしっかり行う

・遊び心を大切にする

・楽しい妄想の話をする

---

総合運

ミスや忘れ物に気をつけつつ
「遊び心」をもって行動しよう

妄想がもっとも激しくなる時期。余計なことを考えすぎたり、妄想の世界を楽しみすぎてミスや忘れ物をしやすくなるので気をつけましょう。連続で傘を置き忘れるなど、自分でも「またやってしまった」と思うようなドジをすることも。事前準備と確認をしっかり行っておけば、余計な問題は避けられるでしょう。遊び心も大切になる時期なので、興味がわいたら積極的に行動を。素敵な出会いがあったり、おもしろい経験ができたりしそうです。

---

開運のつぶやき ┃ よく笑っている人は、幸運をつかむもの

恋愛&結婚運

## ノリのいい人に出会えても浅い付き合いになりそう

テンションが自然と高くなる時期。周囲の注目を集められたり、チヤホヤされることが増えそうです。ただ、素敵な出会いというより、ノリのいい人と出会う可能性が高く、ここで出会った人とは浅い付き合いになってしまうかも。恋人がいる人は、浮気を妄想しやすくなり、その影響で実際に行動に移してしまう場合も。お酒の席での勢いには注意するようにしましょう。結婚運は、話が固まる運気ではないので、恋人と過ごす時間を楽しみましょう。

仕事運

## 目の前の仕事に集中し最終チェックは「完璧」に

小さなミスが増えてしまう時期。遅刻や寝坊をしたり、悪い癖が出やすいので油断しないようにしましょう。妄想していて話を聞いていないことや、何をしていいのかわからなくなって叱られることもありそうです。目の前の仕事にもっと集中しましょう。余裕をもって次の日の準備をしたり、1日のスケジュールをきちんと確認してから仕事に取り組むことも大切です。最終チェックをするときは、「まあOKかな」ではなく、「完璧」と言えるくらいしっかり行うこと。

金運&買い物運

## 財布のヒモを固く締めて

金遣いが荒くなったり、勢いで不要なものを買ってしまいそうな時期。おもしろそうなイベントやライブに行くといい経験ができますが、財布のヒモが緩みすぎないよう注意は必要です。飲み会や食事での出費も増えてしまうので、連日の参加は避けましょう。財布や鍵など、大事なものを落として不要な出費をすることもあるため気をつけて。投資などでも、判断ミスをしやすい時期。無理にはじめたり金額を上げたりしないようにしましょう。

美容&健康運

## ドジなケガに要注意

気持ちが緩みやすい月。ダイエットしていたことをすっかり忘れて暴飲暴食をしたり、間食が増えてしまいそうです。気づいたら一気に体重が増えていることも。寝る4時間前からは何も食べないルールをつくり、しっかり守るといいでしょう。カラオケやダンスなどは楽しみながら続けられ、いい運動にもなるのでオススメ。健康運は、ドアに指をはさんだり、段差で転んだり、体をぶつけたりと、ドジなケガをしやすいため気をつけましょう。

開運のつぶやき　面倒を押しつけられても、「人気者だな」と思える人が運を味方につけられる

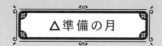

# 3月 △準備の月

| | | |
|---|---|---|
| 1（金） | □ | 迷ったら即行動するといい日。余計なことをあれこれ考えている時間があるなら、とりあえず手を動かして、いまできることを少しでも進めましょう。 |
| 2（土） | ■ | うっかりでのケガに注意が必要な日。慌てて動き体をぶつけてあざができたり、急に重いものを持って腰や膝を痛めてしまうことがありそうです。今日は慎重に行動しましょう。 |
| 3（日） | ◇ | 突然友人や知り合いから遊びに誘われたり、予定が急に埋まってしまいそうな日。みんなまとめて会って遊んでみると、いい縁がつながって楽しめるかも。おもしろい出会いもあるので、気になる場所に行くといいでしょう。 |
| 4（月） | △ | ドジな失敗をしやすい日。余計なことは考えすぎないようにしましょう。いいアイデアやおもしろいことが思い浮かぶ運気でもあるので、メモをしておくとのちに役立つでしょう。 |
| 5（火） | ◎ | わかっていると思っていたことでも、再度調べたり、詳しい人に聞いてみましょう。自分が間違った情報を信じていたことや、勘違いしていたことに気がつけるかも。ふと思い浮かんだことを調べてみるのもいいでしょう。 |
| 6（水） | ☆ | 仕事運が好調な日。真剣に取り組むだけでなく、仕事関係者の人をダメ元でも食事や飲みに誘ってみるといいでしょう。「今夜どうですか?」とさっそく声をかけてみて。 |
| 7（木） | ▽ | 日中は、いい流れで仕事ができたり、楽しく過ごせたりするでしょう。夕方あたりからは歯車が噛み合わなくなり、小さな失敗が増えてしまいそうです。失敗を笑い話にするとモテるようになるので、話のネタにするといいでしょう。 |
| 8（金） | ▼ | 珍しいミスをしそうな日。自分で失敗したり間違えたりすることで、他人がミスをしたときの気持ちもわかるようになります。今後どうすればいいのかをよく考えるようにしましょう。 |
| 9（土） | × | 勝手に諦めたり、つまらないと決めつけないように。「楽しい」や「おもしろい」は、自分で工夫し、ときには考え方を変えることで見つけられるもの。どんなときでも楽しめるように成長しましょう。 |
| 10（日） | ▲ | 掃除をするのはいいですが、手が滑って食器を割ったり、大事な部品を捨ててしまうことがあるので要注意。処分してから、「あの書類は必要だったかも」と後悔しないように。 |
| 11（月） | ○ | 体験してみないとわからないことはたくさんあるもの。少しでも興味がわいたら手を出したり、触れてみるといいでしょう。気になる人にも挨拶をして話しかけてみると、いい体験ができそう。 |
| 12（火） | ○ | 一歩踏み込むことが大切な日。少し図々しくなってみることで、いい人脈ができたりノリの合う人とつながれそうです。妄想話やみんながよろこびそうな話をしてみるといいでしょう。 |
| 13（水） | □ | 何事にも、多少の向かい風が吹いていたほうがやる気になれるもの。面倒なことからは逃げずに、自分を成長させるために必要な苦労だと思って前向きに受け止めましょう。 |
| 14（木） | ■ | 今日は、集中力が欠けてケガをしたり、転んでしまうことがあるので気をつけましょう。思った以上に疲れがたまっていることもありそうです。休憩中に仮眠をとるといいかも。 |
| 15（金） | ◇ | 気持ちが楽になる日。調子に乗るのはいいですが、夜は余計なことまで話してしまいがちになるので気をつけましょう。 |

開運のつぶやき｜人間関係の悩みの種は、必ず己がまいている

| | | |
|---|---|---|
| 16（土） | △ | 約束を忘れたり、買ったものを置き忘れるなど、自分でもドジだと思うようなミスをしてしまいそう。買うつもりだったものを買わずに帰宅してしまうことも。今日は注意深く過ごしましょう。 |
| 17（日） | ○ | なんとなく続けていたことや昔の趣味、これまでの経験をうまく活かせる日。いい話のネタになって盛り上がることもありそうです。仲のいい人に連絡して遊びに行くといいでしょう。 |
| 18（月） | ○ | 真面目に進めるよりも、いまの仕事を楽しんでみるといい結果につながります。何事も嫌々ではなく、自分から積極的に取り組み、楽しむ工夫をしてみましょう。 |
| 19（火） | ▽ | 行動が雑になってしまう日。未来の自分のために慎重に行動することが必要だということを忘れないように。「ていねいに品よく」を心がけて過ごしましょう。 |
| 20（水） | ▼ | 必要ないものを持ち歩かないよう、カバンや財布を一度整理してから出かけましょう。職場の机や引き出しのなかも、きれいに掃除するとよさそうです。もし、心当たりのない謎のものを見つけたら、勝手に処分せずに保管しておくこと。 |
| 21（木） | × | 無計画な行動に走ってしまいそうな日。しっかり考えずに突っ走ると失敗することになります。発言や行動をする前に、一度立ち止まって判断するようにしましょう。 |
| 22（金） | ▲ | 身の回りをきれいに整えてみましょう。気分がスッキリして、やる気も自然と出てくるはず。ふだんよりも5分早めに行動して、時間があいたら少しでも身の回りを片付けるといいでしょう。 |
| 23（土） | ○ | 今日と明日は、新しい経験や新しい出会いがある運気。フットワークを軽くして、ノリや勢いを大事にしましょう。これまで避けていたことに挑戦するのもいいかも。 |
| 24（日） | ○ | 友人に合わせてみると、自分とは異なる価値観や未知の世界を知ることができ、いい発見や刺激を得られるかも。おもしろい人を紹介してもらえて、縁がつながることもありそうです。 |
| 25（月） | □ | やるべきことを探すのもいいですが、「やりたくないこと」「できないこと」もハッキリさせておきましょう。自然と自分がやるべきことが見えてくるはず。 |
| 26（火） | ■ | 疲れから集中力が続かなくなってしまいそうな日。肌荒れや口内炎で悩むことも。旬の野菜を食べて体調を整えましょう。ドジなケガもしやすいので、行動は慎重に。 |
| 27（水） | ◇ | 魅力が自然とアップする日。異性からの視線を感じたり、急に目立つポジションに立たされることがありそう。悪目立ちしないよう、今日は上品さを意識しておきましょう。 |
| 28（木） | △ | 話半分で聞いていると、損をしたりあとで焦ってしまうことになります。人の話は最後までしっかり聞きましょう。条件の悪い仕事を受けてしまい、困ることもあるかも。 |
| 29（金） | ○ | 実力をうまく発揮できたり、これまでの経験や反省をうまく活かせそうです。偶然の出会いも楽しめるので、仕事帰りに遊びに出かけてみるといいかも。 |
| 30（土） | ○ | テーマパークや旅行に行くといい日。いい気分転換になるので、ほかにも気になる場所やイベントなどに行ってみましょう。おいしいお店を見つけて、楽しい時間も過ごせそうです。ただ、出費も増えてしまうかも。 |
| 31（日） | ▽ | ランチデートをするにはいい日。気になる人に連絡してみましょう。昼から少し贅沢をしてもよさそうです。夜は、うっかりミスをしやすいので気をつけましょう。 |

☆開運の日　◎幸運の日　◇解放の日　○チャレンジの日　□健康管理の日　△準備の日
▽ブレーキの日　■リフレッシュの日　▲整理の日　×裏運気の日　▼乱気の日　＝運気の影響がない日

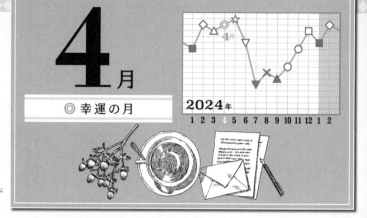

# 4月

◎ 幸運の月

**2024年**

1 2 3 **4** 5 6 7 8 9 10 11 12 1 2

---

今 月 の 開 運 3 か 条

- 地道な努力をはじめる
- 知り合いの輪を広げる
- 勝手に諦めない

---

総合運

## やり残していることに 全力で取り組むように

これまでの頑張りがいいかたちとなって表れる月。努力していた人ほど幸せを感じられたり、チャンスがめぐってきます。現状に満足できていないなら、すぐに日々の努力を積み重ねはじめることが大事です。人との縁もつながってくるので、新しい人との交流も楽しみながら知り合いの輪を広げてみるといいでしょう。「やり残している」と感じることがあるなら、今月はそれに力を注いでみることで、いい流れに乗れたり、おもしろい結果が出るでしょう。

---

開運のつぶやき どんな人にも課題があり、課題を解くことで成長できるもの

## 恋愛＆結婚運

### 友人と交際に発展する可能性が高い月

片思いの相手がいたり、付き合いの長い人に恋をしているなら、今月気持ちを伝えてみるといいでしょう。とくに、友人のような関係になっている相手とは交際に発展する可能性が高そうです。一緒にいると楽だと思えるなら「付き合ってみる?」と冗談半分で言ってみるといいでしょう。新しい出会い運は、下旬になると素敵な人が現れそう。結婚運は、2022年のうちに結婚の話を真剣にしていたなら、話が前に進みそうです。

## 仕事運

### 才能を発揮できそう。努力が報われるような出来事も

今の職場に長く勤めている人ほど「これまで頑張ってきてよかった」と思えそうです。2023年に仕事を辞めようと考えていた人や、モチベーションが下がっていた人も、今月からやる気になったり、能力や才能を発揮できるでしょう。うまくいかなかった仕事も、ここからいい流れに変わり、職場や取引先の人との関係も良好になっていきそうです。これまでの努力が報われるような出来事も増えるので、何事も簡単に諦めないようにしましょう。

## 金運＆買い物運

### 投資は今月からが吉

長年欲しかったものを購入できそうです。以前は高くて買えなかったものが手の届く値段になっている場合もあるので、チェックしてみるといいでしょう。しばらく行っていないお店に足を運ぶと、気になる品を見つけられたり、お得なサービスを受けられることも。下旬には収入アップにつながる流れもあるでしょう。投資信託など、気になっていたけれどなかなかスタートできていないものがあるなら、今月からはじめてみるとうまくいきそうです。

## 美容＆健康運

### 軽めの筋トレをはじめてみて

しばらく運動していなかった人ほど、今月から筋トレなどの運動やダイエットをはじめてみると長く続けられるでしょう。ハードなものよりも、なんとなく続けられそうなことにしておくといいでしょう。また、自分が一番モテていたときや輝いていたときと同じ髪型にしてみると、やる気もアップしそうです。一方で、過去にケガをした場所や体調を崩したところに不調が見つかりやすい時期なので、気をつけておきましょう。

# 4月

## ◎幸運の月

| | | |
|---|---|---|
| 1 (月) | ▼ | 文句を言いたくなるような日。ガッカリする出来事が起きやすいので、心構えをしておきましょう。自分のミスで迷惑をかけてしまうこともあるため、注意して過ごすように。 |
| 2 (火) | × | 年上の人に振り回されたり、弱点や欠点を突っ込まれて焦ってしまいそう。年長者に合わせることで得られる学びもあるので、上手に合わせてみるといいでしょう。 |
| 3 (水) | ▲ | 使わないアプリは消去しましょう。身の回りにある幼稚なものも、処分するか見えないところに片付けるように。年齢に見合ったものを持つことも大切です。 |
| 4 (木) | ○ | あなたに必要な情報が入ってきたり、おもしろい出会いがある日。フットワークを軽くし、誘われた場ではいろいろ話してみると、思った以上に気に入られそうです。 |
| 5 (金) | ○ | いい環境で仕事ができたり、思った以上にいい雰囲気や楽しい人間関係をつくることができそう。マイナス面ではなく、プラス面を探すようにすると、さらに楽しくなるでしょう。 |
| 6 (土) | □ | ゴールデンウィークの予定を立てるといい日。何も決まっていない人は、知り合いに連絡して、ホームパーティーやバーベキューを計画してみるといいでしょう。デートの約束をするにもいい日です。 |
| 7 (日) | ■ | しばらく体を動かしていない人ほど、軽い運動やストレッチをしてみましょう。少し汗を流すと体がスッキリしそうです。頑張りすぎてケガをしないよう気をつけて。 |
| 8 (月) | ◇ | チャンスがめぐってくる日。ただ、急な仕事やほかの人の穴埋めを頼まれてしまうこともありそうです。小さなことは気にせずなりゆきに任せてみると、評価されたりいい流れに乗れたりするでしょう。 |
| 9 (火) | △ | 小さな失敗をしやすい日ですが、「自分はダメな人間だ」と余計な妄想をしないように。妄想するヒマがあるなら、その時間で確認や報告をするなど、次のことを考えて行動しましょう。 |
| 10 (水) | ◎ | 自信をもって仕事に取り組むことが大切な日。自信に根拠はいりません。今日は堂々としておくことでいい結果につながってくるでしょう。実力を出し切ってみるとうまくいきそうです。 |
| 11 (木) | ☆ | これまでの積み重ねがいいかたちになって表れることや、経験してきたことが役立つことがありそう。自分のことだけでなく周囲の人の手助けをすると、感謝されたり、いつかあなたが困ったときにも助けてもらえるでしょう。 |
| 12 (金) | ▽ | 順調に物事が進む日ですが、終業間際に周囲のミスが見つかって、その対応で慌ただしくなったり、残業することがありそうです。ゆとりがあるときに後輩や部下の動きをチェックしておきましょう。 |
| 13 (土) | ▼ | うっかり約束を忘れてしまったり、操作ミスや判断ミスをしやすい日。今日は思った以上に油断しがちなので、気をつけて過ごしましょう。 |
| 14 (日) | × | 手先が不器用なことを忘れて細かい作業をしてしまい、イライラすることがありそう。得意な人にお願いして助けてもらうほうがいいでしょう。包丁で指を切ったり、ドアに指をはさんで痛い思いをすることもあるので要注意。 |
| 15 (月) | ▲ | 午前中は、やる気になれなかったり、気持ちが乗らない感じがありそう。ランチのあとも眠くなってミスが増えやすいので要注意。夕方以降のほうが、調子のよさを感じたりやる気になったりしそうです。 |

開運のつぶやき　希望を与えてくれる人に人はついてくる。自由な発想を忘れないように

| | | |
|---|---|---|
| 16（火） | ○ | どうしたらもっと効率よく仕事ができるのかを考えて行動するといい日。新しい方法を少し試したり、自らすすんで言われた以上のことをすると楽しくなってくるでしょう。 |
| 17（水） | ○ | 明るく元気に挨拶すると、いい1日を過ごせるでしょう。恥ずかしがらずに元気なフリをしてみることで、周りの空気も変わり、いい雰囲気で仕事ができそうです。 |
| 18（木） | □ | 世の中は、「成功する人と失敗する人」ではなく、「成功する人と何も挑戦しない人」でできているもの。即行動に移し、失敗から学んで成長しましょう。 |
| 19（金） | ■ | 疲れを感じやすい日。休憩をしっかりとり、アキレス腱を伸ばすストレッチなどをしてみるといいでしょう。レモンやクエン酸の入ったドリンクを飲むのもオススメです。 |
| 20（土） | ◇ | 片思いの相手がいるなら、思い切って今日連絡してみましょう。また、ただの友人だと思っていた人が恋人になることもありそうです。一緒にいて楽だと感じる相手なら、勢いで交際をはじめてみてもいいかも。 |
| 21（日） | △ | 笑えることがたくさんある日。親友や知り合いに連絡して遊びに行くと、いい思い出ができるかも。びっくりするようなドジな失敗もしそうですが、周囲が笑ってくれて楽しい時間に変わるでしょう。 |
| 22（月） | ☆ | これまでの経験をうまく活かすことができるでしょう。あなたに協力してくれたり、味方になってくれる人が集まってくることも。今日は、周囲の人のためにも最善をつくしましょう。 |
| 23（火） | ☆ | 多少出費が増えてもいいので、後輩や部下、お世話になっている人にちょっとしたものをプレゼントしてみましょう。飲み物や食事をご馳走するのもオススメです。お金を楽しく使うことで、運気もよくなるでしょう。 |
| 24（水） | ▽ | あなたのことを信じてくれる人のために、頑張ってみるといい日。自分のことを信じてくれる理由を考えるのではなく、信じてくれていることに感謝しましょう。 |
| 25（木） | ▼ | いろいろなことが面倒になってしまいそう。諦めたくなったり逃げたくなっても、投げ出さず、自分の課題が見つかったと思って受け止めましょう。どうしても逃げたいときは前に向かって逃げれば、前進していることになるでしょう。 |
| 26（金） | × | 馬鹿にされたということは、あなたに好感をもっていたり、これからの成長を楽しみに待っている人がいる証です。「すべての成功者は、他人から馬鹿にされた経験がある」ということを忘れないように。 |
| 27（土） | ▲ | 不要なものを処分するといい日。学生時代の懐かしいアイテムなど、昔の思い出が詰まっているものも、見えないところにしまいましょう。夕方は、買い物に行くといいものを購入できそうです。 |
| 28（日） | ◎ | 新しい店で買い物をするのがオススメの日。長く使えるものや服、靴など、年齢に見合うものを探しに出かけてみましょう。家やマンションの購入、引っ越しを検討するにもいい運気。 |
| 29（月） | ◎ | 日中はいい流れで過ごせそう。直感を信じて行動したり、思い浮かんだ人に連絡してみるといいでしょう。興味のあるものを見つけられることや、いい情報を入手できることもありそうです。 |
| 30（火） | □ | 悩んだら即行動に移してみるといい日。のんびりしていると時間だけがたってしまいます。動画を見ていても、1円にもならないどころか、人生や命さえも無駄にしているということに早く気がつきましょう。 |

☆開運の日　◎幸運の日　◇解放の日　○チャレンジの日　□健康管理の日　△準備の日
▽ブレーキの日　■リフレッシュの日　▲整理の日　×裏運気の日　▼乱気の日　＝運気の影響がない日

# 5月

☆ 開運の月

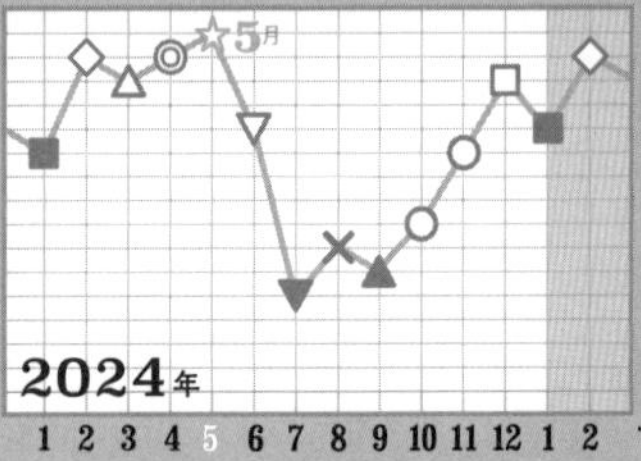

**2024年**

1 2 3 4 **5** 6 7 8 9 10 11 12 1 2

---

今 月 の 開 運 3 か 条

◆ 直感を信じて行動する

◆「知り合いの知り合い」に会う

◆ 長く使えるものを購入する

---

**総合運**

## 悩む時間がもったいない。
## 輪に飛び込み、仲間を増やそう

あなたの能力や魅力がもっとも輝く時期。周囲の注目が集まり、期待されることもありそうです。自分でも絶好調を感じられ、やる気もわいてくるでしょう。悩んでいる時間はもったいないので、直感を信じ即行動に移してみましょう。大事な人脈もできる運気です。多少図々しいと思われても、人のなかにドンドン飛び込み、仲よくなって、知り合いを増やしましょう。語りたいことを語ってみると、あなたのよさが伝わるはずです。

---

開運のつぶやき｜笑わせる力、感謝する力、認め許す力のある人が幸運をつかむ

## 恋愛＆結婚運

### 一緒にいて楽しい人なら交際に進んでもOK

素敵な相手を見つけられる時期ですが、複数の人から遊びやデートに誘われて、ひとりにしぼれなくなってしまいそう。本命とは違う相手でも一緒にいて楽しいと思うなら、交際をスタートさせてみるといいでしょう。とくに、長く友人関係だった人とはいい交際ができそうです。結婚運は、婚姻届を出したり婚約をするには最高のタイミング。一度でも真剣に結婚の話が出たなら、押してみると話が進みそうです。

## 仕事運

### 実力を出し切ってみると流れを大きく変えられそう

積極的に取り組むことで、運を味方につけられる最高の運気。今月から流れを大きく変えることもできるので、いまの実力を出し切り、これまでの経験すべてを活かすつもりで仕事に向き合ってみましょう。また、付き合いの長い人や懐かしい人から連絡がきたときには、会いに行ってみるといいでしょう。いい仕事を紹介してもらえたり、一緒に仕事をすることになる場合もありそうです。

## 金運＆買い物運

### 引っ越しや家の購入にいい月

長年欲しいと思っていたものを購入したり、新しいものに買い替える決断をするにはいいタイミング。引っ越しをするのもオススメなので、賃貸に長く住んでいるなら思い切って動いてみましょう。家やマンションの購入を検討してもよい運気です。今月からマネー本を読んで勉強したり、NISAなどをはじめてみるのもいいでしょう。すでに行っている場合は、ほかの投資に目を向けるのもよさそうです。

## 美容＆健康運

### ベッドや枕に投資しよう

健康のためにお金を使うといい月。スポーツジムや美容エステに通いはじめてみるといいでしょう。ベッドや布団、枕を変えて、いままでより睡眠をしっかりとれるよう工夫するのもオススメ。睡眠時間を30分でも増やす生活リズムをつくってみましょう。脱毛や歯列矯正をスタートさせたり、気になっていたホクロの除去なども、このタイミングで行うとよさそうです。髪を切るなら、少しいいサロンに行くとうれしいサービスを受けられるかも。

---

**開運のつぶやき** ｜ 受けた恩ややさしさのぶん、しっかり成長する。人生とはそういうもの

# 5月

## ☆開運の月

| | | |
|---|---|---|
| 1（水） | ■ | 体力を温存しておくといい日。今日頑張りすぎると、明日の運気のよさをうまく活かせなくなってしまいそう。早めに帰宅して、明日に備えましょう。 |
| 2（木） | ◇ | いろいろな人から注目されたり、遊びの誘いや連絡が増える日。魅力や才能が開花する運気でもあるので、思いっ切り調子に乗るといいでしょう。恋のチャンスもつかめそうです。 |
| 3（金） | △ | 自分も周囲も楽しませることで、運気がよくなる日。失敗談や妄想話で周りの人を笑わせてみるといいでしょう。ただし、楽しすぎて時間を忘れてしまう場合があるので、気をつけて。 |
| 4（土） | ☆ | 付き合いの長い人と会うことになりそう。偶然の出会いから話が盛り上がって、いい時間を過ごせるでしょう。片思いの相手に連絡してみるにもいい日です。夜に食事に誘ってみると、すんなりOKがもらえるかも。 |
| 5（日） | ☆ | 買い物をするには最高の日。長年欲しいと思っていたものや、購入するか考えていたものがあるなら、思い切って買ってみましょう。長く使えるものを選ぶとよさそうです。 |
| 6（月） | ▽ | 苦手だと思っていたことに少しでも挑戦してみると、思ったよりも楽しめたり、おもしろがれそう。ふだん行かないようなお店にも入ってみましょう。避けていたジャンルの映画やドラマを観たり、漫画を読むのもオススメです。 |
| 7（火） | ▼ | マイペースを通すのはいいですが、それを嫌がる人もいるものです。「親しき仲にも礼儀あり」を忘れずに、挨拶や敬語をもっと意識して過ごしましょう。 |
| 8（水） | × | 雑な行動が目立ってしまいそうな日。今日は、ていねいな行動を心がけましょう。うっかり余計なことまで話してしまう場合もあるので、しゃべりすぎにも気をつけて。 |
| 9（木） | ▲ | 嫌なことを忘れようと前向きに考えるのはいいですが、失敗から学んで成長することも大切です。同じ失敗は繰り返さないこと。 |
| 10（金） | ◎ | 変化を楽しむといい日。些細なものでもかまわないので、新しいことに挑戦したり、好奇心に素直に従って行動してみましょう。はじめて会う人と楽しく話せるなど、素敵な時間を過ごせそうです。 |
| 11（土） | ◎ | イメチェンするにはいい日。これまでとは違うサロンに行ってみましょう。服の雰囲気もこれまでとは違う感じにするといいので、ふだん行かないお店に入ってみましょう。 |
| 12（日） | □ | 買い物に適した日。とくに、健康になるためのものを選ぶといいので、歩きやすい靴や寝やすいパジャマ、寝具、サプリなどを買いそろえてみましょう。マッサージに行くのもいいでしょう。 |
| 13（月） | ■ | 疲れが残ってしまう日。些細なことでムッとしたり、イライラが態度に出てしまいそう。休憩をしっかりとって、甘いものを少し食べ、目を閉じてゆっくりする時間をつくるようにしましょう。 |
| 14（火） | ◇ | ただの友人だと思っていた人から告白されたり、好意を寄せられていることに気づきそう。いい人だと感じるなら、思い切って交際をスタートさせてもいいでしょう。仕事でも、実力をうまく発揮できそうです。 |
| 15（水） | △ | 忘れ物をしやすい日。家を出る前、席を立つ前には、持ち物をしっかり確認するように。余計な妄想をして時間だけがたってしまい、焦る場面もありそうなので気をつけましょう。 |

開運のつぶやき　人生はとても簡単。勝手に難しいと思うから難しくなるだけ

| 16 (木) | ☆ | 過去の経験が役立つ日。これまでの苦労は無駄ではなかったと思える場面もあるでしょう。また、周囲に自分の知り合いを紹介してみると、感謝されたり協力してもらえることがありそうです。 |
|---|---|---|
| 17 (金) | ☆ | いまの仕事に真剣に取り組むことが大切な日。細部までこだわってみると、いい結果につながるでしょう。欲しいものを購入するにもいい運気なので、仕事終わりに気になるものを買ってみましょう。 |
| 18 (土) | ▽ | 午前中は運気がいいので、用事は早めに片付けておきましょう。ランチデートをしたり、昼からお酒を飲んで贅沢な時間を過ごすのもいいでしょう。夜は、疲れやすいためダラダラしないほうがよさそうです。 |
| 19 (日) | ▼ | あなたの都合通りには進まない日。予定が乱れてしまいそうですが、乱れることを楽しんだり、プラス面を探してみるといいでしょう。何事も「不運」で片付けずに、学べることを見つけましょう。 |
| 20 (月) | ✕ | 「言った、言わない」のトラブルになりそうな日。あなたが自分の発言を忘れている可能性が高いので、「言ってない」と主張する前に、「すみません。忘れてました」とすぐに謝っておきましょう。 |
| 21 (火) | ▲ | 仕事をドンドン進めると、そのぶん雑になってしまい、やり直すことになりそう。急ぐのもいいですが、確認をしてていねいに取り組むことも大切に。 |
| 22 (水) | ◎ | 聴いたことのないジャンルの音楽や、最新の曲を聴いてみると、お気に入りが見つかりそう。後輩や部下など、若い人からいろいろと教えてもらえることもあるでしょう。 |
| 23 (木) | ◎ | 全力でやってみるといい日。自分のポジションがどのあたりなのか、今後何を頑張ればいいのかが見えてくるでしょう。手を抜くと、何を頑張っていいのかわからなくなってしまいそう。 |
| 24 (金) | □ | 午前中は、全力で取り組むことでいい結果につながったり、周囲からの協力も得られそう。15時くらいになると、眠気に襲われてしまうかも。ランチの食べすぎには気をつけておきましょう。 |
| 25 (土) | ■ | 今日は、日ごろの疲れをしっかりとるといいでしょう。温泉やスパに行ったり、軽く体を動かしてみて。昼寝をする時間もつくっておきましょう。予定を詰め込みすぎると、ヘトヘトになってしまいそう。 |
| 26 (日) | ◇ | あなたからの誘いは、思った以上によろこばれるので、気になる人に連絡してみるといいでしょう。食事や飲み、話題の映画に誘ってみると、恋のきっかけにもなりそうです。 |
| 27 (月) | △ | 寝坊や遅刻をしやすい日。うっかりミスをする可能性も高いので、今日はいつも以上に慎重な行動を。だまされやすい運気でもあるため、気をつけておきましょう。 |
| 28 (火) | ☆ | 自分でも悪い習慣だと思っていることがあるなら、今日からやめるようにしましょう。ちょっとした間食やドリンク代も「塵も積もれば山となる」ことを忘れないように。 |
| 29 (水) | ☆ | 仕事運がいい日。計算通りに物事が進んだり、これまでの苦労が実を結びそう。自分だけでなく、みんなで得する方法を考えるといいでしょう。 |
| 30 (木) | ▽ | 午前中は、頭の回転も速くなり、いい決断ができそう。とっておきのアイデアがあるなら発表してみましょう。夕方あたりからは、年配者や先輩に振り回されてしまいそうです。 |
| 31 (金) | ▼ | 苦手なことや不慣れなことに直面する日。実力不足や勉強不足を突っ込まれてしまいそうですが、素直に認めましょう。無理に取りつくろわず、不要なプライドを捨てられるときだと思うように。 |

☆ 開運の日　◎ 幸運の日　◇ 解放の日　○ チャレンジの日　□ 健康管理の日　△ 準備の日
▽ ブレーキの日　■ リフレッシュの日　▲ 整理の日　✕ 裏運気の日　▼ 乱気の日　＝ 運気の影響がない日

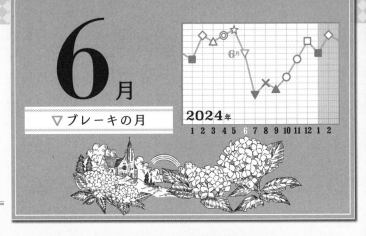

**6月**

▽ ブレーキの月

**2024年**

1 2 3 4 5 6 7 8 9 10 11 12 1 2

今月の開運3か条

- 時間をかけてきたことに自信をもって取り組む
- 中旬まではフットワークを軽くする
- 評価は素直に受け止める

総合運

## 中旬まではいい結果が出そう。何事も粘り強く取り組むこと

上旬は、今年頑張ってきたことや時間をかけてきたことに、結果や答えが出てくる時期です。満足できることが多いと思いますが、納得いかない場合は、自分の至らない点を素直に認めて学び、成長するよう心がけましょう。中旬まではいい結果につながりやすいので、簡単に諦めず、粘り強く取り組んでみる価値があるでしょう。下旬は、環境に飽きはじめたり、不満やマイナス面に目がいってしまいそうです。

開運のつぶやき ｜ 感謝と敬意を忘れない人に、幸運はやってくる

## 恋愛＆結婚運

### 妄想恋愛で終わらせず勇気を出してみよう

片思いをしている人は、中旬までにきっかけをつくることで、一気に交際に発展する可能性が高い時期。妄想恋愛で終わらせず、少し勇気を出すことをオススメします。新しい出会い運もいいので、中旬まではフットワークを軽くして知り合いの輪を広げておくと、いい縁がつながりそうです。下旬は、タイミングの悪さを感じてしまうかも。結婚運は、プロポーズされる可能性が高い運気。相手に感謝の気持ちを表しておきましょう。

## 仕事運

### 満足のいく成果を残せる時期。積極的な姿勢が大事

実力がしっかり評価される時期。本気で取り組んでいれば、キャリアが短くても満足のいく評価を得られたり、大事なポジションを任せてもらえそうです。先月あたりからいい流れを感じている人は、中旬までにさらにいい結果を残すこともできるので、積極的に仕事に取り組むようにしましょう。下旬になると、パワーダウンしたり、テンションが落ちてしまうことがあるため、飽きないよう工夫しておきましょう。

## 金運＆買い物運

### 大きな買い物は早めに決断を

長年欲しいと思っていたものがあるなら、中旬までに思い切って買うといいでしょう。奇跡的な値引きや臨時収入のおかげで購入できる場合もありそうです。ただし、買えないまま下旬になってしまったら、縁がなかったと思って諦めるように。家やマンションの購入、引っ越しも、早めに決断するのがいいでしょう。投資も、中旬までは予想以上に成功しやすいので、直感を信じてみてもよさそうです。

## 美容＆健康運

### 下旬は体調に要注意

月の前半くらいまでは、健康面で大きな問題はなさそうです。ただし、すでに体調に異変が出ていたり、不摂生をしている自覚があるなら、早めに病院でしっかり検査を受け、生活リズムも整えておきましょう。下旬からは、何も問題がなかった人でも、油断すると体調を崩してしまいがちに。とくに、以前病気やケガをしたことのあるところが悪くなってしまいそうです。美容面では、気になっていた美容法を中旬までに試してみるといいでしょう。

---

開運のつぶやき　ほかの人から「助かったよ」と言われるたびに、運気は少しよくなっている

# 6月

## ▽ブレーキの月

| 1<br>(土) | ✕ | 素直になれない1日。言いたいことが言えなくなってしまいそう。うれしいのに照れてしまい、よろこべないどころか冷めた態度になってしまう場合も。余計なことを考えず、もっと素直に生きてみましょう。 |
|---|---|---|
| 2<br>(日) | ▲ | マイナスな思い出があるものや、購入してからモテなくなったものなど、いいイメージがないものは、思い切って処分しましょう。髪を短くするにもいいタイミングです。 |
| 3<br>(月) | ◎ | 原理や理論を知ろうとするのもいいですが、余計なことは考えず、素直に行動したほうがうまくいくでしょう。もっと感じたままに動けるよう、意識して生活してみましょう。 |
| 4<br>(火) | ◎ | 積極的に行動することで、いい縁をつかめたり、大事な経験ができる日。自分よりも素敵な人や尊敬できる人にも会えるので、出会った人をしっかり観察してみるといいでしょう。 |
| 5<br>(水) | □ | 面倒だったり難しいと思う仕事は、自分が成長するための試練だととらえて前向きに取り組みましょう。これまでいろいろなことを乗り越えてきたからこそ、いまの自分がいることを忘れないように。 |
| 6<br>(木) | ■ | 目の疲れや肩こり、腰痛などが出やすい日。少しでも体調に異変を感じたら、無理をしないこと。生活習慣を見直したり、軽いストレッチをしてみるといいでしょう。 |
| 7<br>(金) | ◇ | 自分に足りない部分を気にするよりも、自分ができることにもっと集中するようにしましょう。他人に対しても、その人にないものを求めるのではなく、何が得意なのかを見抜けるようになりましょう。 |
| 8<br>(土) | △ | 今日は、のんびりするつもりだったのに、動画やSNSを見すぎて無駄な時間を過ごしてしまいそう。休むならしっかり体を休ませたり、思い切って遊びに出かけたほうがいいでしょう。「のんびり」と「ダラダラ」は大きく違うものです。 |
| 9<br>(日) | ☆ | 知り合いとの縁を感じられる日。外出先で偶然会った人や、久しぶりに再会した人と話す機会がありそう。これも何かの縁だと思って、後日食事に誘ってみるといいでしょう。 |
| 10<br>(月) | ☆ | 仕事でいい情報を入手できたり、うまく根回しができそうな日。自分が思っている以上に説得力が増して、いいプレゼンができるでしょう。素直な言葉が大事なので、変なウソはつかないようにすること。 |
| 11<br>(火) | ▽ | 周囲からのアドバイスを素直に聞いてみると、いい1日を過ごせそう。自分のやり方を守りすぎると無駄な時間が増えてしまうでしょう。 |
| 12<br>(水) | ▼ | 気を抜いて失敗しやすい日。「このくらいは大丈夫かな」と油断していると、思わぬミスをしてガッカリすることになるので気をつけましょう。今日は慎重に行動するくらいがちょうどよさそうです。 |
| 13<br>(木) | ✕ | 年上の人や上司、先輩に予定を乱されたり、急な仕事を押しつけられてしまいそう。逆らうよりも流れに乗ったほうがうまくいくでしょう。自分が偉くなったときに同じことをしないよう、反面教師にするといいでしょう。 |
| 14<br>(金) | ▲ | 甘えていた部分を指摘されてしまいそうな日。「成長できる部分があるとわかってよかった」と思うようにしましょう。身の回りをきれいに整えておくと、無駄な時間を上手に省けそうです。 |
| 15<br>(土) | ○ | 行動力が増す日。興味がわいた場所に行ってみると、うれしい出会いがあったり、おもしろい体験ができそう。気になる人がいるなら、思い切って誘ってみるのもオススメです。 |

開運のつぶやき | 利口なフリをして生きるより、不器用でもゆっくり前に進むほうがいい

| | | |
|---|---|---|
| 16（日） | ◎ | 観察力がアップする日。出会った人のいいところに気づけそうです。外出先で素敵な場所を見つけられることも。気になったところに行ってみるといいでしょう。 |
| 17（月） | □ | 興味のあることをすでに見つけているなら、今日即行動に移すといいでしょう。ダイエットや筋トレ、資格取得の勉強をスタートしてみると、思った以上にいい結果が出せそうです。 |
| 18（火） | ■ | 寝不足を感じたり、疲れやすくなる日。今日は無理をせず、ペースを落とした方がよさそうです。急な仕事も引き受けすぎないように。明日に回せることは明日に先送りしてもいいでしょう。 |
| 19（水） | ◇ | 判断力や行動力が増す日。大事な決断ができて、その後の流れもよくなりそう。気になる人がいるなら、デートに誘ったり好意を伝えてみて。 |
| 20（木） | △ | 失敗しやすい日。些細なことでも確認を怠らず、「なんとなく」で行動しないようにしましょう。ただ、失敗することで学べることもあるはず。他人の失敗を許せるようにもなりそうです。 |
| 21（金） | ◎ | 付き合いの長い人から大事な情報が入ってくる日。あなたの好みを知っている人が、お得なことを教えてくれそうです。懐かしい人と偶然出会って、いい情報を入手できる場合もあるかも。 |
| 22（土） | ☆ | 買い物をするにはいい日。服や靴など、気になるものを買いに出かけてみましょう。明るい感じのものを選ぶのがオススメです。夏物はここで一気に買っておくとよさそう。 |
| 23（日） | ▽ | 午前中は運気がいいので、気になる人に連絡すると、遊ぶ流れになりそう。昨日買いそびれたものがあるなら、今日早めに決断しましょう。夜は、予定を乱されてしまうことがありそうです。 |
| 24（月） | ▼ | 優柔不断になったり、頭の回転が鈍くなってしまいそうな日。若い人の意見を取り入れることや、周囲の反応をしっかり見ることを意識しましょう。人から学んで成長するよう心がけておくように。 |
| 25（火） | × | 思い通りに進まない日。過度な期待はせず、慎重に行動するといい方向にいきそう。欲張ると痛い目に遭うので、ほどほどにしておきましょう。 |
| 26（水） | ▲ | 失くし物に注意が必要な日。大事なものをどこかに置き忘れたり、約束を忘れて焦ってしまうこともありそう。予定やメールなどはしっかり確認しておくように。 |
| 27（木） | ○ | 新しい経験ができる日。フットワークを軽くして、気になる場所に出向いてみるといいでしょう。はじめて会う人からいい情報を得られたり、尊敬できる人に会えることもありそうです。 |
| 28（金） | ○ | もったいぶった話し方をしないように。ケチケチしていると、いい人脈も運も逃してしまいます。素直になんでも話して、多少の損は気にしないようにしましょう。 |
| 29（土） | □ | 1日の計画をしっかり立てて行動しないと、疲れてしまいそう。遊びすぎたり、予定を詰め込みすぎて、ヘトヘトになってしまうこともあるので気をつけましょう。 |
| 30（日） | ■ | 昨日の疲れが出てしまいそうな日。すでに予定が入っている場合は無理をしないように。30分でも昼寝をする時間をつくっておくといいでしょう。 |

☆開運の日　◎幸運の日　◇解放の日　○チャレンジの日　□健康管理の日　△準備の日
▽ブレーキの日　■リフレッシュの日　▲整理の日　×裏運気の日　▼乱気の日　＝運気の影響がない日

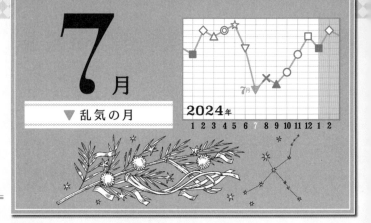

# 7月

### ▼ 乱気の月

**2024年**

---

┌─────────────────────┐
　　　今 月 の 開 運 3 か 条

◆ 些細なことにも感謝する

◆ 欲張らない

◆ 睡眠時間を長くする
└─────────────────────┘

総合運

## 流れに身を任せながら
## 周囲の人を観察しておこう

自分の至らない点が気になったり、人から弱点や欠点を突っ込まれたりして、やる気を失ってしまいそう。積み重ねや努力をしてこなかったことを後悔しても仕方がないので、流れに身を任せながら周囲の人をしっかり観察するといいでしょう。今月は、あなたの雑な部分が表に出てきてしまいますが、周りの人の雑な部分や自分とは合わないところも見えてくるでしょう。付き合いが長くても、合わなくなる人も出てきそうです。

開運のつぶやき ┃ 人生は、予定通りに進まないからおもしろい

金のインディアン座　幸運の年　2024年7月　乱気の月

## 恋愛＆結婚運

### 気のない態度の相手は無理に追いかけないこと

6月までいい関係だと思っていた相手と突然距離があいたり、連絡したのに素っ気ない態度をとられてしまうことが。「タイミングを逃した」と感じた場合は、無理に追いかけないほうがいいでしょう。新しい出会い運も、今月は気になる人が現れても距離をおいて接したほうがよさそうです。しっかりようすをうかがったり、周囲からの評判を聞いておくようにしましょう。結婚運は、恋人に押し切られそうになっても、今月の決断は避け、9月以降にしましょう。

## 仕事運

### 心身の調子が崩れやすい時期。心構えを

先月までの勢いが止まったり、やる気を失ってしまうような出来事が起きそうです。例年この時期は、ミスや気持ちの浮き沈み、体力の低下などが起こりやすいので、心構えをしておきましょう。上司や取引先に振り回されてしまうこともありますが、面倒でもしっかり受け止め、大人の対応をすること。自分ひとりだけの得を考えたり欲張ると、評価が下がってしまうので気をつけましょう。

## 金運＆買い物運

### 突然の儲け話には要注意

勢いでの買い物は、無駄になってしまったり、予想外の出費につながるので気をつけること。ふだんなら不要と判断できるものをつい買ってしまう場合もあるため、予算を決めて計画的にお金を使いましょう。悪友や、しばらく会っていない人からもちかけられた突然の「儲け話」にも要注意。うっかりだまされないで。投資にも不向きなタイミングで大損しやすいので、手を出さないようにしましょう。

## 美容＆健康運

### 異変を感じたらすぐ病院へ

夏にケガをしたり、病気になった記憶がある人は、同じような病気やケガをしやすいので注意が必要です。少しでも異変を感じたら、早めに病院に行って検査を受けましょう。夏の暑さに負け、バテてしまうこともありそうです。スタミナのつくものを食べたり、筋トレをして備えておきましょう。美意識も低下しやすい時期。日焼けをして肌が荒れたり、シミの原因になってしまうことがあるので、日傘や日焼け止めを忘れないように。

---

開運のつぶやき　心をしっかり成長させないと、大切なことは見えてこない

# 7月　▼乱気の月

| 日 | | |
|---|---|---|
| 1（月） | ◇ | 持ち前の明るさで、多少の問題は簡単に乗り越えられそう。遠慮したり臆病になりすぎず、少し図々しいくらいのほうがいいと思っておきましょう。 |
| 2（火） | △ | 期待外れな出来事が多くなりそうですが、あなたも相手から「期待外れ」と思われているかも。ていねいに仕事をして、「期待以上」と思ってもらえるように頑張りましょう。 |
| 3（水） | ＝ | 悪い癖が出たり、自分のダメなパターンにハマってしまいがちな日。友人からの誘惑にはとくに気をつけましょう。特技を活かせる場面では、注目されそうです。 |
| 4（木） | ＝ | ほめられたいと思うなら、まずはあなたが周囲の人をほめましょう。とくに、まだ結果が出ていないけれど頑張っている人を上手にほめるといいでしょう。相手の個性や才能を認めて伸ばすことが大切です。 |
| 5（金） | ▽ | 日中は順調に進みそうですが、自分だけが頑張ったと思わないこと。周囲の人への感謝とねぎらいを忘れないようにしましょう。恩着せがましくなると、周りから人が離れていってしまうかも。 |
| 6（土） | ▼ | 噛み合わなさや、タイミングの悪さを感じることが多い日。小さなことでイライラせずに、「今日はこういう日」と思っておきましょう。少し早めに行動しておくとよさそうです。 |
| 7（日） | × | 友人や知り合いを笑わせるつもりで言った冗談で、逆に気まずい空気になったり、不機嫌にさせてしまいそう。今日は聞き上手を目指すといいでしょう。 |
| 8（月） | ▲ | 忘れ物や遅刻、判断ミスをしやすい日。今日は落ち着いて行動しましょう。身の回りを片付け、事前にしっかり準備をしておくことも大切です。ゆとりをもって行動することで、余計な不運を避けられそうです。 |
| 9（火） | ＝ | 人の話は最後までしっかり聞くように。「前に聞いた」と思っても、いちいち言わないこと。あなたも同じように何度も同じ話をしていることを忘れないようにしましょう。相手が気持ちよく話せるような聞き方を心がけましょう。 |
| 10（水） | ＝ | 生活リズムを変えたくなるなど、変化を求めてしまう日。いろいろ試してみるのはいいですが、無駄な出費になりそうなことは避けましょう。 |
| 11（木） | ■ | 人との距離があいてしまいそうですが、気持ちは楽になるでしょう。夕方あたりから疲れやすくなるので、無理な残業や頑張りすぎには気をつけて。 |
| 12（金） | ■ | 疲れから集中力が切れたり、ミスをしやすいので気をつけること。しっかり休憩をとり、水分補給も欠かさないようにしましょう。 |
| 13（土） | ◇ | 予想外の人から遊びに誘われたり、仲よくなれそうな日。ただ、深い関係になると面倒なことになる場合があるので、ほどよい距離を保っておきましょう。 |
| 14（日） | △ | 勘違いや思い込みでミスをしやすい日。時間や場所を間違えたり、説明をきちんと聞かなかったせいで迷惑をかけてしまうことがあるかも。 |
| 15（月） | ＝ | しばらく会っていなかった人と会うことになったり、偶然再会することがありそうです。悪友や面倒な人に遭遇してしまうこともある運気なので、嫌な予感がしたらすぐに離れましょう。 |

開運のつぶやき　人生は、らせん階段。同じ風景のようでも、少しずつ上がっている

| | | |
|---|---|---|
| **16**（火） | ＝ | 頑張っている自分にご褒美をあげるのはいいですが、値段の高いものや見合わないものを購入しないように。今日契約をしたり、ローンを組んだりすると、のちに苦労に変わるだけなので気をつけましょう。 |
| **17**（水） | ▽ | 午前中は、いい流れや勢いで仕事や作業を進められそうです。午後からは、周囲に振り回されたり、誘惑に負けてしまうかも。無駄に疲れてしまうこともあるでしょう。 |
| **18**（木） | ▼ | 責任を問われることや、アクシデントに巻き込まれることがありそうな日。今日は余計なことに首を突っ込んだり、適当な発言をするのは避けておきましょう。あなたがトラブルを引き起こしてしまう場合もありそうです。 |
| **19**（金） | × | 風向きが急に変わってしまうかも。仲がいいと思っていた人と距離があいてしまうことや、順調だった仕事が白紙に戻ったりやり直しになるなど、予想外の出来事が起きそうです。 |
| **20**（土） | ▲ | 大掃除をしたり、身の回りを片付けておくといい日。置きっぱなしのものや使わないものは、「もったいない」と思っても処分しましょう。データを消すときは、消去しても問題ないか、確認を忘れないように。 |
| **21**（日） | ＝ | ふだんなら行かない場所やお店が気になりそうな日。行ってみるといい発見があるでしょう。何事からも学ぼうとする気持ちと、楽しむ姿勢を忘れないように。 |
| **22**（月） | ＝ | 慣れた仕事に手応えを感じられなくなりそう。新しい仕事を急にお願いされることも。初心を思い出し、気を引き締めて取り組みましょう。 |
| **23**（火） | ■ | なんでも本当のことを言えばいいというわけではありません。相手がよろこぶウソは、コミュニケーションのひとつだと思っておきましょう。「嘘も方便」を忘れないように。 |
| **24**（水） | ■ | ストレスを感じるような人と会ってしまったり、些細なことでイライラしやすい日。いらだちは疲れや夏バテが原因の場合もあるので、しっかり休憩をとりましょう。 |
| **25**（木） | ◇ | 小さなことを気にしなければ、楽しい1日を過ごせるでしょう。当たり前のことに感謝し、やさしく親切にしてくれる人の存在を忘れないようにしましょう。 |
| **26**（金） | △ | 寝坊や遅刻、勘違いをしやすい日。約束や締め切りなどを間違えていないか、しっかりチェックしておきましょう。とくに数字や金額は間違えてしまうことがあるので、気をつけましょう。 |
| **27**（土） | ＝ | 恋人がいる人は、ケンカをしたり気まずい空気になってしまいそうな日。家族など身近な人からあなたの至らない部分をハッキリ言われてしまうことも。図星なときほど、不機嫌な態度をとらないように。 |
| **28**（日） | ＝ | 経験にお金を使うといい日。物欲が増しそうですが、今日の買い物は失敗したり、無駄な出費になって後悔しやすいので、避けておきましょう。ご馳走するなど、周囲の人を笑顔にするためにお金を使うのはいいでしょう。 |
| **29**（月） | ▽ | 大事な仕事は、午前中から手をつけておくといいでしょう。午後からは、やる気を失ったり集中力が切れてしまいそう。夜は、エアコンがききすぎている場所にいるのは避けましょう。 |
| **30**（火） | ▼ | 体が重く感じたり、頭の回転が悪い感じがしそう。仕事に集中できず間違った判断もしやすいので、冷静になるように。周囲の意見を聞いてみるようにするといいでしょう。 |
| **31**（水） | × | 自分の考えだけが正しいと思っていると、イライラするだけ。いろいろな価値観やそれぞれの事情があることを忘れないようにしましょう。 |

☆開運の日　◎幸運の日　◇解放の日　○チャレンジの日　□健康管理の日　△準備の日
▽ブレーキの日　■リフレッシュの日　▲整理の日　×裏運気の日　▼乱気の日　＝運気の影響がない日

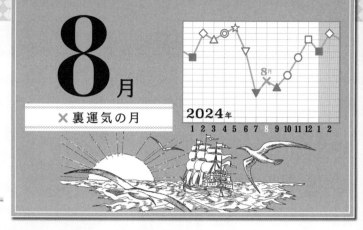

# 8月

× 裏運気の月

**2024年**

1 2 3 4 5 6 7 8 9 10 11 12 1 2

---

今月の開運3か条

- 何事からも学ぼうとする
- 年上の人と遊ぶ
- 周囲の人に感謝する

---

総合運

## 「遠回りに思える」ことこそが大事な月

現実的な不安を抱えることや気持ちが安定しなくなること、優柔不断になって決断に迷ってしまうことがある時期。自分の足りないところばかりを考えていても、前に進めません。いまは遠回りに思えるような努力をするタイミングだと思って、読書や勉強をしておきましょう。上司や先輩に振り回されたり、厳しいことを言われる場合もありますが、上下関係をしっかり意識しておけば、仲よくなれるでしょう。いい情報を引き出せることもありそうです。

開運のつぶやき ｜ 泣くときはスタートするときでもある。涙とともにスタートは切られている

**恋愛&結婚運**

## 今月出会った相手とは短期間で終わる覚悟を

片思いの相手とは進展しづらいタイミング。距離があいて気持ちが冷めたり、別の人に興味がわいてしまうこともありそうです。予想外の人と急に仲よくなれる場合もありますが、この縁は短期間で切れてしまう可能性が高いでしょう。新しい出会い運も期待が薄い時期。今月は、異性の友人に相談してみるといいアドバイスをもらえるかも。結婚運は、恋人とケンカしたり、マンネリを感じることがありますが、相手の粗探しをするのはやめましょう。

**仕事運**

## 予想外のチャンスに恵まれても執着は禁物

いまの仕事に不満を感じたり、転職や離職を考えてしまう時期。余計な妄想が膨らんで、不安な気持ちのまま仕事に向かうため、ミスも多くなってしまいそうです。周囲のアドバイスを素直に聞くことで予想外のチャンスをつかめる場合があるものの、ここでの成果は、自慢や執着をしないことが大切です。職場の人間関係にうんざりすることがあっても、反面教師だと思うといい勉強になるでしょう。

**金運&買い物運**

## 購入前によく考えて

ふだんなら欲しいと思わないものが急に気になってしまいそうです。勉強やスキルアップのための出費なら問題ありませんが、それ以外は後悔する買い物になる可能性が。数ページしか読まないような本や一度も着ることのない服を選ぶこともあるかも。本当に必要なのか、購入前にじっくり考えるようにしましょう。今月は、残るものより体験や経験、グルメにお金を使うのがよさそう。投資は判断ミスをしやすいので、無理をしないように。

**美容&健康運**

## 上手にストレス発散を

体調を崩したり、疲れを感じやすい月。これまで何度も調子を悪くしているところには、とくに注意しておきましょう。ストレスのたまる出来事も増えるので、上手に発散を。暴飲暴食は、逆に不調の原因になる場合もあるため気をつけましょう。美意識を高めるのはいいですが、無理なダイエットや急な運動はしないように。値が張るエステの契約や、スポーツジムへの入会も避けておきましょう。

# 8月 ×裏運気の月

| | | |
|---|---|---|
| 1（木） | ▲ | 考えがまとまらず、中途半端になってしまいそうな日。ハッキリさせられないときは、信頼できる人や先輩の意見を参考にしてみるといいでしょう。 |
| 2（金） | ＝ | 暑さを言い訳にして、適当に仕事をしたり雑な行動をとっていても、疲れてしまうだけ。短時間で集中してドンドン終わらせましょう。 |
| 3（土） | ＝ | 新たな体験や経験ができる日。ふだんなら興味のないことが急に気になってしまいそうです。学べることも多いので、思い切って行動してみて。 |
| 4（日） | ■ | ふだんなら選ばないジャンルの映画を観に行ったり、少しでも気になったお店に入ってみるといい日。いつもは注文しないメニューに挑戦してみるのもオススメです。失敗したとしても貴重な経験になるでしょう。 |
| 5（月） | ■ | 朝から体が重く感じたり、寝不足になりそう。集中力が続かない場合もあるので、しっかり休憩をとりましょう。ストレッチなどで、定期的に肩や首をほぐしてみるのもよさそうです。 |
| 6（火） | ◇ | 意外な人と仲よくなれる日。苦手だったり、つまらないと感じていた人の話も、思っていたより楽しく聞けるかも。相手のいいところにも気づけそうです。 |
| 7（水） | △ | 行動が雑になってしまう日。細かい作業ほど、大雑把になりやすいので気をつけましょう。忘れ物や寝坊、連絡漏れなどにも注意すること。 |
| 8（木） | ＝ | 嫌なことを思い出す時間があるなら、明るい未来のことや、これからできることについて話したほうがいいでしょう。過去をいじってくる人がいても、変わることのできない人だと思って、温かい目で見守っておきましょう。 |
| 9（金） | ＝ | 無駄な出費が増えてしまいそうな日。暑いからとすぐにタクシーに乗ったり、冷たいものを買いすぎたりしないように。節約を心がけて生活しましょう。 |
| 10（土） | ▽ | 午前中は運気がいいので、知り合いを誘ってランチに行ってみましょう。いい話やおもしろい情報が入ってきそうです。夜は、不安になる出来事があったり、現状に不満を感じてしまうかも。 |
| 11（日） | ▼ | 大きな不満があるというよりも、ただ現状の生活に飽きて投げ出したくなってしまいそう。余計なことを考えるときはヒマな証拠。気になる本を読んだり、ドラマや映画を観て楽しみましょう。 |
| 12（月） | × | 期待外れな出来事が多い日。他人にもその人なりの事情があることを忘れないように。お店で思い通りにならない店員に当たったときは、「新人ならしかたない」と思っておくといいでしょう。 |
| 13（火） | ▲ | 不要なものを処分するといい日。過去の嫌な思い出にしがみつかないようにしましょう。「許せない」ことも「許したことにする」と思って区切りをつけると、前に進めるでしょう。 |
| 14（水） | ＝ | 今日は苦手なことに少しでも挑戦してみましょう。視野が広がったり、いい経験になりそうです。自分の価値観だけで判断せず、周囲のオススメを素直に受け入れて行動してみて。 |
| 15（木） | ＝ | 新商品のアイスやふだんなら選ばないようなメニューに挑戦するといい日。新たな発見を素直におもしろがってみると、楽しい1日になりそうです。小さな勇気を大切にしましょう。 |

開運のつぶやき　過ぎたことにこだわってもしかたない。失敗や挫折から学べばいいだけ

| | | |
|---|---|---|
| **16**<br>（金） | ■ | 計画を立てて行動することが大事な日。無計画に動くと、疲れてしまったり体調を崩す原因になりそう。夜は家でのんびりして、早めに寝るようにしましょう。 |
| **17**<br>（土） | ■ | テンションが上がらない感じがするときは、疲れがたまっている証拠。スタミナがつきそうなものを食べたり、リラックスする時間をつくっておくといいでしょう。 |
| **18**<br>（日） | ◇ | 会いたいと思った人に連絡するといい日。多少図々しいと思われてもいいので、遠慮せずに家に遊びに行っていいか聞いてみて。一気に距離を縮めることができるかも。 |
| **19**<br>（月） | △ | 少しくらいサボっても、気づく人はいないと思っていると、しっかりその姿を見られていたり、気持ちを見透かされてしまいそう。仕事は手を抜かずにキッチリしておきましょう。 |
| **20**<br>（火） | ＝ | 過ぎたことをいつまでも気にしないように。失敗を反省したり原因を探るならいいですが、思い出すだけなら時間の無駄です。いまやるべきことに集中しましょう。 |
| **21**<br>（水） | ＝ | 勢い任せで余計な買い物をしたり、不要な出費をしやすい日。気分でお金を使わないようにしましょう。仕事でも、時間や数字のことをもっと真剣に考えて取り組んで。 |
| **22**<br>（木） | ▽ | 午前中は、自分の考えをしっかり伝えられ、いい判断もできるでしょう。昼食後は、やる気が出なくなったり、集中力が欠けてしまうことがありそう。お茶を飲んでゆっくりする時間をつくっておきましょう。 |
| **23**<br>（金） | ▼ | 今日は「ダメ元」が本当にダメになるので、無謀な行動はとらないように。礼儀や挨拶などをキッチリして、ていねいに行動するよう心がけましょう。 |
| **24**<br>（土） | × | 意外な人からの誘いがありそうな日。多少面倒に思っても、遊びに行ってみるといいでしょう。期待しないくらいのほうが、楽しい時間になりそうです。 |
| **25**<br>（日） | ▲ | この夏に、まだやっていないことをできるだけやって、思い残すことのないようにしましょう。友人や知人を誘って、プールやビアガーデンに行ってみるのもオススメです。 |
| **26**<br>（月） | ＝ | 情報を集めるのはいいですが、振り回されないように気をつけて。間違った情報や、自分の人生に関係ない情報まで入手して、モヤモヤしないように。 |
| **27**<br>（火） | ＝ | 不慣れなことや苦手なことに挑戦してみるといい日。予想外に手応えを感じられそうです。昔は嫌いだった食べ物をすんなり食べられるなど、自分の成長を感じられることがあるでしょう。 |
| **28**<br>（水） | □ | 白黒ハッキリさせることばかりがいいわけではありません。ときにはグレーやあいまいにしておいたほうがいいこともあるでしょう。自分の考えだけが正しいと思い込まず、周囲の意見や考えを尊重しましょう。 |
| **29**<br>（木） | ■ | 夏の疲れが一気に出てしまいそうな日。今日は、体力的な無理をしないように。ストレスもたまりやすいので、ソリが合わない人とは距離をおいたほうがいいでしょう。 |
| **30**<br>（金） | ◇ | 頼られることを素直によろこぶようにしましょう。面倒事を押しつけられたとマイナスに受け止めていると、苦しくなるだけです。厳しい意見を言われたときも、相手に真剣に考えてもらっているということを忘れないように。 |
| **31**<br>（土） | △ | 忘れ物やドジな行動に要注意。約束をすっかり忘れていたり、時間を間違えてしまうことがありそうです。食べこぼしで服を汚してしまう可能性もあるので、気をつけておきましょう。 |

☆開運の日 ◎幸運の日 ◇解放の日 ○チャレンジの日 □健康管理の日 △準備の日
▽ブレーキの日 ■リフレッシュの日 ▲整理の日 ×裏運気の日 ▼乱気の日 ＝運気の影響がない日

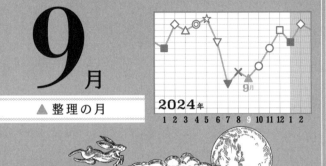

# 9月

## ▲ 整理の月

2024年

1 2 3 4 5 6 7 8 9 10 11 12 1 2

今 月 の 開 運 3 か 条

◆ 頑張っている自分をほめる

◆ 人との距離感を大切にする

◆ 長く続けられそうな運動をする

総合運

## 成長を実感できる月。
## 「壁」を乗り越え楽になれそう

先月までのモヤモヤした気持ちや、やる気のない状況から変化がある時期。現状にも慣れて、良くも悪くも開き直ることができ、不満が気にならなくなってくるでしょう。精神的に鍛えられたり、ひとつ壁を乗り越えて成長できそうです。面倒な人間関係からも上手に距離をとれて、楽になってくるでしょう。困ったときは頼れる人に相談すると、力になってもらえそうです。「自分の問題だ」と抱え込まないようにしましょう。

開運のつぶやき | 自分のことしか考えられない人は、いつまでも成功しない

恋愛&結婚運

## 気まずい関係が続いているなら本音で話してみて

片思いの恋を終わらせることになりそうな時期。告白してもフラれてしまう可能性が高いですが、ズルズルしている関係が嫌なら、あえて気持ちを伝えて終わりにしたほうがスッキリしてよさそうです。恋人と気まずい関係が続いている人は、本音を伝えてケンカしてみるといいでしょう。相性がよければいい結果となり、愛のない相手ならここで終わりそうです。結婚運は、相手のダメなところも受け入れられるなら話を進められるでしょう。

仕事運

## 下旬からやる気に。集中を妨げるものは処分しよう

仕事を辞めたくなったり、転職を考えたりする時間が徐々に減ってきそうです。ここ1~2か月の厳しい状況を乗り越えて強くなったことを実感でき、自分の至らない部分も認められるようになるでしょう。下旬になると「やるしかない」と開き直り、仕事に一生懸命になれそうです。付き合いの長い人と語る時間をつくると、前向きになれたり、励ましてもらえることもあるでしょう。集中を邪魔するものはできるだけ片付け、ときには処分することも大切です。

金運&買い物運

## ストレス発散にお金を使って

長く使うものや高価な品を買うのは、来月以降がオススメです。今月は節約に努め、気になるものの値段を比較しておくといいでしょう。ただ、ストレス発散をするのは大切なので、体験教室や軽い運動への出費は惜しまないように。気持ちがスッキリしないときは「おごるから」と付き合いの長い人を誘って、深く語り合ってみると心が軽くなりそう。投資は来月以降のスタートがいいので、ようすをうかがっておきましょう。

美容&健康運

## 朝と寝る前の白湯がオススメ

ストレス発散に運動することで、ダイエットや体力づくりにもなりそうです。なんとなく続けられそうなレベルの運動やストレッチなどを行うといいでしょう。動画を見ながらダンスやヨガをして軽く汗を流すと、思った以上にスッキリできそう。朝と寝る前に白湯を飲むなど、無理のない範囲で生活習慣を改善するようにしましょう。下旬に髪を切りに行くと、いい気分転換になりそうです。

開運のつぶやき　過去は過去。そこからどんなふうに成長して、何を見つけたのかが大事

# 9月

## ▲整理の月

| | | |
|---|---|---|
| 1(日) | ＝ | 付き合いの長い人を遊びに誘ってみるといい日。突然でもいいので連絡してみましょう。悩みや不安を聞いてもらったり、いろいろと語ると気持ちが一気に楽になりそうです。話を聞いてもらえることへの感謝を忘れないように。 |
| 2(月) | ＝ | いきなり大きなことをやろうとせず、小さなことをコツコツと進めることが大切。誰にもわからないような努力をこっそりはじめておくと、数年後に笑えるようになるでしょう。 |
| 3(火) | ▽ | 午前中は、何事も「できる」と思って挑戦してみると、いい経験になるでしょう。午後からは集中力が欠けたり、予定よりも作業が遅れてしまいそうですが、焦らないように。 |
| 4(水) | ▼ | ないものねだりをするから苦しくなってしまうだけ。「ないものはない」と諦めて、いまある幸せや、これまで親切にしてくれた人のために何ができるかを考えましょう。若者や次の世代に何を教えられ、託せるか、意識して行動しましょう。 |
| 5(木) | × | 投げ出したくなったり、逃げたい気持ちが強くなってしまいそうな日。マイナス面ばかりに焦点を当てず、できるだけプラス面を見るようにして過ごすといいでしょう。 |
| 6(金) | ▲ | 身の回りを整理整頓したり、キッチリ過ごすようにしてみましょう。自分の靴をそろえるなら、ほかの人の靴もそろえること。部屋を整えるなら、ついでに気になる場所もきれいにしておくように。 |
| 7(土) | ＝ | 今日と明日は、しっかり気分転換をするといいでしょう。ヒマがあっても余計な妄想をするだけなので、気になった場所に出かけたり、思い浮かんだ人を遊びや食事に誘ってみましょう。 |
| 8(日) | ＝ | 気になる映画やライブ、舞台などを観に行くといい日。頑張っている人からパワーをもらえそうです。希望をもっている人は、努力することをつねに楽しんでいると気づくといいでしょう。 |
| 9(月) | □ | 愚痴や不満、マイナスな発言は自分を苦しめるだけでなく、周囲からも信用されなくなったり、評価を下げてしまいます。ウソでも前向きな言葉や楽しい雰囲気を出したほうが、味方や応援してくれる人が増え楽になっていくでしょう。 |
| 10(火) | ■ | 一生懸命仕事に打ち込むのはいいですが、休憩をとることも仕事のひとつだと思っておきましょう。頑張りすぎるとヘトヘトになったり、体調を崩してしまうことがありそうです。目を閉じてゆっくりする時間をつくってみて。 |
| 11(水) | ◇ | あなたの個性が認められ、楽しく過ごせる日。いい感じに話を盛り上げられたり、仕事でも目立つポジションにつけそうです。意見が通りやすい運気なので、言葉を選んで発言しましょう。 |
| 12(木) | △ | 小さなミスをしやすい日ですが、気をつけておけば簡単に避けられます。あなた次第で、いい1日になるかどうかが決まるでしょう。事前準備と最終確認は怠らないように。 |
| 13(金) | ○ | 付き合いの長い人との縁がある日。偶然会ったり、仕事でつながることがありそうです。しばらく音沙汰のなかった人から連絡がくることも。最近の不安や悩みを話してみると、よいアドバイスや前向きな話が聞けそうです。 |
| 14(土) | ○ | 今日は、出費が増えてしまいそうですが、ストレス発散や楽しいことにお金を使うのはいいでしょう。ただし、高価なものの購入は来月以降がオススメです。 |
| 15(日) | ▽ | ボーッとしているのはもったいないので、午前中は家の用事を済ませたり、食料や消耗品などを買いに出かけましょう。午後からは少しペースを落として、ゆっくりするといいでしょう。 |

開運のつぶやき　相手に変化を望んではいけない。変わらなくてはならないのは、己のほう

| | | |
|---|---|---|
| 16（月） | ▼ | 予定が急に変更になったり、ドタキャンされてしまうことがありそう。思い通りにならなくてもヘコまず、予想外を楽しんでみて。 |
| 17（火） | × | イライラしたり、物事がうまくいかない原因は自分にあるもの。他人の責任にしていると、いつまでも成長できないままです。逃げずに困難を乗り越え、ステップアップしましょう。 |
| 18（水） | ▲ | うっかり大事なものを処分したり、データを消してしまうことがありそう。何事もていねいに確認してから判断しましょう。勢い任せの雑な行動も避けるように。 |
| 19（木） | ＝ | 不慣れなことや苦手なことを少しでも克服する努力が大切な日。ちょっと苦手だと思っている人に話しかけてみると、予想外に会話が弾み、楽しい時間を過ごせそうです。 |
| 20（金） | ＝ | 世の中には知らないことのほうが多いもの。いろいろな人と話してみると、自分とは異なる考え方や価値観の違いを知ることができて、いい勉強になるでしょう。周囲の人をもっと観察してみるにもいい日です。 |
| 21（土） | □ | 今日と明日は、ストレスを発散したり、体をしっかり休ませるといい日。スマホばかり見ていないで、読書や映画鑑賞などをしてゆっくり過ごしましょう。美術館に行くのもいいでしょう。 |
| 22（日） | ■ | 今日は、昼寝をしたり、マッサージなどに行ってゆっくり過ごしましょう。すでに用事が入っている場合は、これ以上予定を詰め込まないように。お茶をする時間をつくるのがオススメ。 |
| 23（月） | ◇ | 急に遊びに誘われることや、うれしい連絡がありそうな日。あなたからもお世話になった先輩や好きな人に連絡してみると、家に呼んでもらえたり一緒に遊ぶことができるかも。少し図々しくなってみると楽しめそうです。 |
| 24（火） | △ | 寝坊や遅刻をしやすい日。余計な妄想をしていると時間がドンドン過ぎてしまうので、ほどほどにしておきましょう。置き忘れをすることもあるため、席を立つときにはしっかり確認して。 |
| 25（水） | ○ | 学んできたことを上手に活かせる日。これまでの苦労や経験は、必要なことだったと気づけそうです。得意なことに自信をもって取り組んでみるといいでしょう。 |
| 26（木） | ○ | 仕事運のいい日。仕事を辞めたいと思ったりやる気の出なかった日々が、ウソのように感じられそうです。最善をつくしてみると、周囲から頼られ感謝されるようになるでしょう。 |
| 27（金） | ▽ | 自分の仕事が順調に進んでいるなら、ほかの人の仕事を手伝ってみて。邪魔にならないよう上手にサポートするといいでしょう。夜は、急な誘いがあったり、予定が乱れてしまいそうです。 |
| 28（土） | ▼ | 身近な人から厳しいことを言われてしまうことがありそう。悪いほうに受け止めず、よかれと思って言ってくれていると信じましょう。 |
| 29（日） | × | 意外な人と仲よくなれたり、予想外の経験ができそうな日。見慣れないメニューを注文してみると、驚くおいしさだったりすることも。ほかにも、話のネタになりそうな出来事が起きそうです。 |
| 30（月） | ▲ | 気持ちが落ち着き、「いい意味で諦める」ことができそうな日。完璧や理想を追い求めるよりも、いまの自分が納得できる仕事や生活を大切にするようにしましょう。 |

☆開運の日 ◎幸運の日 ◇解放の日 ○チャレンジの日 □健康管理の日 △準備の日
▽ブレーキの日 ■リフレッシュの日 ▲整理の日 ×裏運気の日 ▼乱気の日 ＝運気の影響がない日

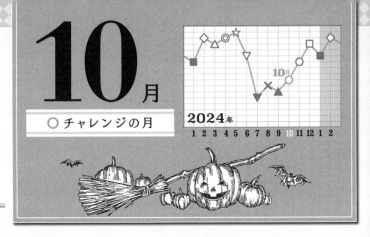

## 10月

○ チャレンジの月

**2024年**

1 2 3 4 5 6 7 8 9 10 11 12 1 2

今月の開運3か条

- 気になることはすぐに行動に移す
- 新しい出会いを求めて動く
- 質より量をこなす

総合運

### 勘を信じて
### あえて予定を詰め込んでみる

やる気と行動力が一気に出てくる時期。直感を信じて行動したり、興味がわいたことにドンドン挑戦してみることで、おもしろい体験や経験ができるでしょう。ここ1～2か月やる気がなかったりモヤモヤしていた人ほど、やることを増やして予定を詰め込んでみると、楽しく過ごせるはず。じっくり時間をかけて考えるよりも、行動しながら考え、人脈を広げていくことでよい出会いや縁につながるでしょう。

開運のつぶやき　何度も試しにやってみる人に幸運はやってくる

### 恋愛&結婚運

## 縁に恵まれるとき。出会いがほしい人はイメチェンを

気持ちが前向きになり、恋にも積極的になれそうです。ねらいが定まれば行動が早いタイプなので、片思いの相手がいるなら一押ししてみるといいでしょう。新しい出会い運もいいため、知り合いの集まりや職場の人との交流を楽しんでみましょう。良縁につながったり、いい人を紹介してもらえることもありそうです。しばらく恋人がいない場合は、思い切ったイメチェンをするといいでしょう。結婚運は、真剣に将来の話をすると進展しそうです。

### 仕事運

## 図々しいと思われるくらい積極的に交流しよう

質にこだわるよりも、量とスピードが大切な時期。じっくりゆっくり進めるのではなく、多少雑でもまずはドンドン場数を踏みましょう。ある程度のミスは仕方ないと思って、確認や修正作業など周囲のサポートしてくれる人に感謝すること。今月は人脈も広がり、取引先や仕事関係者との交流も増えて、楽しく仕事ができるようになりそうです。図々しいと思われるくらい積極的になって、いろいろと語ってみるといいでしょう。

### 金運&買い物運

## 仕事道具の購入がオススメ

身の回りで買い替えを考えているものがあるなら、ドンドン行動に移しましょう。長年欲しかったものを手に入れるにも適した運気なので、家の購入や引っ越しをするのもいいでしょう。服や靴を買うなら、年齢に見合うものを選ぶように。仕事のパフォーマンスが上がる道具やスーツ、カバンなどを購入するのもオススメ。投資をはじめるにもいい時期なので、インデックスファンドなどから検討してみるとよさそうです。

### 美容&健康運

## 運動不足を解消しよう

パワーがみなぎってくる時期なので、健康面は問題ないでしょう。ただ、元気がよすぎて行動が雑になり、小さなケガをしないよう気をつけましょう。しばらく運動していない人は、今月から本格的なスポーツジム通いや、家で継続できそうなダンス、筋トレをスタートするのもオススメです。新しい美容室やフェイシャルエステ、ネイルサロンなど、自分の気持ちが高まる場所に通いはじめるにもいいタイミング。

開運のつぶやき　直感で判断したいなら、たくさん失敗をして、そこから学ぶといい

# 10月

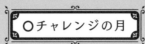

## ○チャレンジの月

| | | |
|---|---|---|
| 1（火） | ○ | やる気がわいてくる日。気になったことはすぐ調べてみたり、即行動に移すといいでしょう。今日は多少の失敗やうまくいかないことがあっても、好奇心に素直に従って行動することが大切です。 |
| 2（水） | ○ | 「できない」のではなく「やらなかった」だけ。勝手にできないと決めつけないようにしましょう。まずは動いてみることで、興味がわいてきたりおもしろいところを見つけられるようになりそうです。 |
| 3（木） | □ | 年内に達成できそうな目標を決めてみましょう。「恋人をつくる」「仕事で成果を出す」「結婚する」など、現実的に自分が頑張ったら実現できるものにしましょう。 |
| 4（金） | ■ | 一生懸命頑張りたい気持ちと、体力とのバランスが悪くなりやすい日。些細なことでイライラしたり、疲れが顔に出てしまいそうです。休憩や昼寝の時間をしっかりとるといいでしょう。 |
| 5（土） | ◇ | 好きな人や気になる人がいるなら、突然でもいいので連絡してみるといい日。「急な誘いだし、断られて当然」と思えば、気楽に声をかけられそうです。新しい出会い運もあるので、知り合いからの誘いもOKしてみて。 |
| 6（日） | △ | 恥ずかしい失敗をしやすい日。スマホを落としたり、ドリンクを倒したり、食べこぼしで服を汚してしまうことも。勢い任せではなく、ていねいな行動を心がけましょう。 |
| 7（月） | ◎ | 今日はなんとなく後回しにしていたことや不慣れなこと、苦手だと避けていたことに挑戦してみましょう。勝手にできないと思い込んでいただけで、久しぶりに取り組んでみると意外と簡単にできることもありそうです。 |
| 8（火） | ☆ | 仕事に真剣に取り組むことで、職場が楽しくなる日。適当に仕事をするほうが疲れてしまいそうです。どんなに些細なことにも感謝して本気でやってみると、仕事のおもしろさを見つけられるでしょう。 |
| 9（水） | ▽ | 日中は、忙しくも順調に物事が進みそう。多少難しいと思うことでも前向きに取り組んでみると、流れをいい方向に変えられるでしょう。夜は、先輩や年配の人に振り回されてしまうかも。 |
| 10（木） | ▼ | なんとなく失敗するのと、挑戦したうえで失敗するのとでは、大きく違うもの。挫折や失敗から学び、成長するパワーに変えるといいでしょう。問題を他人の責任にして逃げないことも重要です。 |
| 11（金） | × | 気分が乱れてしまいやすい日。自分のペースが崩れたり、余計な妄想が激しくなって、大事な話を聞き逃してしまいそう。今日は目の前のことに集中し、余計な発言にも気をつけましょう。 |
| 12（土） | ▲ | 部屋の掃除をするといい日。嫌々ではなくゲーム感覚で片付けてみると、心もスッキリするでしょう。おもしろくないことも楽しめるよう工夫してみましょう。 |
| 13（日） | ○ | 今日は新しいことに敏感になってみるといいでしょう。周囲をよく見ると、新商品や新メニュー、リニューアルしたお店など、いろいろな「新しいこと」があるはず。未体験のことを試してみると、話のネタやいい勉強になりそうです。 |
| 14（月） | ○ | 順調に進むから楽しいのではなく、意外性や思い通りに進まないことがあるから楽しめたり、おもしろくなったりするもの。多少の苦労や困難はいい刺激だと思って、前向きに受け止めましょう。 |
| 15（火） | □ | 自分の考えを伝えたほうがいい日。すぐに意見が通らなくても、周囲の人や環境が変わるきっかけになりそうです。伝えるときは、ていねいな言葉を選び、相手の立場や気持ちも考えて発言するようにしましょう。 |

開運のつぶやき　強さや賢さではなく、変化に対する対応力が大事

| | | |
|---|---|---|
| 16（水） | ■ | 目の疲れや肩こりなど、体調に少し異変がありそうな日。のどが痛いときはこまめにうがいをしたり、温かいものやショウガの入ったものを食べるようにしましょう。 |
| 17（木） | ◇ | 一生懸命になるのもいいですが、今日は無理せず続けられるくらいのことをするほうが、結果につながりそう。もともと、「なんとなく続けていくこと」が大事なタイプなので、肩の力を抜く大切さに気づけるでしょう。 |
| 18（金） | △ | 冗談半分に言ったことが面倒事を招いてしまいそう。「言わなければよかった」と後悔するようなことを、勢いで発言しないように。小さなミスや忘れ物にも気をつけておきましょう。 |
| 19（土） | ◎ | 親友と語ることで、気持ちが一気に楽になりそうな日。しばらく会っていない人に連絡をして、遊びや食事に誘ってみて。たくさん笑って、スッキリできるでしょう。 |
| 20（日） | ☆ | 買い物するのにいい日。買い替えを考えているものがあるなら、思い切って今日購入するといいでしょう。予想以上にお得な買い物ができる場合もありそうです。 |
| 21（月） | ▽ | 日中は運気の流れがいいので、積極的に行動してみるとうれしい結果につながりそう。夕方あたりからは、余計な妄想が膨らんでダラダラしたり、集中力が欠けてしまうかも。 |
| 22（火） | ▼ | 自分の弱点や欠点が表に出てしまいやすい日。至らない点は素直に認めて、今後の課題にするようにしましょう。周囲に迷惑をかけてしまったときは、素直に謝りましょう。 |
| 23（水） | × | 準備不足や勉強不足、経験不足を突っ込まれてしまいそうな日。できないことを隠すよりも、弱さを見せて周囲にお願いしたり、助けてもらいましょう。手を差し伸べてくれた人に感謝し、後日協力することも忘れずに。 |
| 24（木） | ▲ | 身の回りにある不要なものは、今日処分したほうがいいでしょう。なんとなく置きっぱなしになっているものは、捨てるか見えないところにしまうこと。身の回りをスッキリさせると、やる気も出てきそうです。 |
| 25（金） | ○ | チャレンジすることをもっと素直に楽しむといい日。どんな人でも、成功より失敗の数のほうが多いもの。失敗は嫌な経験や思い出になるかもしれませんが、成長のきっかけにもなるものだと思って行動してみましょう。 |
| 26（土） | ○ | ふだんなら行かない場所や、興味のなかったことが気になりそう。視野を広げたり、経験を増やすにはいい運気です。勇気を出して行動してみると、よい縁やおもしろいつながりができるでしょう。 |
| 27（日） | □ | 日中は、気になる場所に出かけたり、日用品を買いに行くといいでしょう。帰宅が夜遅くなると、明日に響いてしまいそうなので、今日はいつもより早めに寝るようにしましょう。 |
| 28（月） | ■ | 寝不足や疲れを感じそうな日。前日の疲労が顔に出てしまうことも。朝からストレッチなどで少し体を動かすと、スッキリしていい1日を過ごせそうです。 |
| 29（火） | ◇ | 意外なポジションを任されたり、周囲から頼りにされることが多くなりそうです。よろこんでもらえるようできるだけ応えてみると、感謝されて自分も満足できるでしょう。今日は、人の笑顔のために頑張って。 |
| 30（水） | △ | 珍しい失敗をしやすい日。忘れ物や連絡漏れのほか、うっかりミスや操作ミスなど、小さなミスが重なってしまいそう。入念な確認とていねいな行動を忘れないようにしましょう。 |
| 31（木） | ◎ | 実力をうまく発揮でき、パワーが出そうな日。いろいろ妄想したりモヤモヤしていたことを忘れて、前に進めるでしょう。前向きな言葉をもらえて、急にテンションが上がることも。ポジティブな言葉の大切さを学べそうです。 |

☆開運の日 ◎幸運の日 ◇解放の日 ○チャレンジの日 □健康管理の日 △準備の日
▽ブレーキの日 ■リフレッシュの日 ▲整理の日 ×裏運気の日 ▼乱気の日 ＝運気の影響がない日

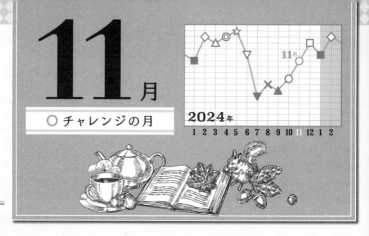

# 11月

○ チャレンジの月

**2024年**

1 2 3 4 5 6 7 8 9 10 11 12 1 2

## 今月の開運3か条

- ◆ 後輩や年下の面倒を見る
- ◆ 目標を決めて行動する
- ◆ イメチェンする

**総合運**

### 新たな経験ができる時期。
### 不慣れなことにも飛び込もう

行動力が増して、前に突き進むことができる時期。あなたのスピードに周囲がついていけない場合や、行動力は評価されても計画性のないところを突っ込まれてしまうこともありそうです。人脈が広がり新たな経験も増えるので、不慣れなことや苦手だと思い込んでいることにも思い切ってチャレンジしてみるといいでしょう。後輩や部下の面倒を見たり、休日に遊んでみると、これまでとは違う人間関係もつくれそうです。

開運のつぶやき｜数パーセントの可能性に賭けるから、人生はおもしろく、楽しくなる

## 恋愛＆結婚運

### 気になる人にはマメに会って。せっかちにはならないように

新しい出会いを求めている人は、後輩や部下と仲よくなってみると、いい縁がつながってきそうです。プライベートで遊んだり、仕事帰りに食事や飲みに誘ってみるといいでしょう。ただしいい出会いがあっても、せっかちになると機会を逃してしまうので気をつけること。少しでも気になっている人にはよく連絡をとって、マメに会えるようにしておきましょう。結婚運も押し通せる時期なので、計画を立てて相手に伝えてみるとよさそうです。

## 仕事運

### 新たな人脈ができ充実しそう。後輩指導も大事な仕事

多少身勝手と思われたとしても積極的に仕事に取り組んだり、これまでとは違った方法を取り入れることで、新たな人脈をつくれるでしょう。忙しくも充実した時間が増えて満足できそうです。少しでも部下や後輩の面倒を見て、指導をするといいでしょう。「自分の背中を見せておけばいい」と思っても、ハッキリ言われないと何をすればいいかわからない人もいるもの。教えることも大事な仕事だと思って、面倒くさがらず取り組んでみましょう。

## 金運＆買い物運

### 自己投資にお金を使って

勢い任せの買い物や衝動買いが増えてしまいそうな時期。それより、自分に投資するつもりで、習い事や勉強になることに少しでもお金を使うようにしましょう。また、年下の人にご馳走し、いい関係をつくっておくと、のちの人生にプラスの影響がありそうです。高級品や長く使うものは、来月もしくは2025年に購入したほうがいいので、今月は情報を集めて計画を立てておきましょう。投資は、少し強気になって額を増やしてみるとよさそうです。

## 美容＆健康運

### 外見も内面も磨くといい月

パワフルに行動でき、体調のよさを実感できそうな月。外出する前にちょっとしたストレッチや運動をすると、体が軽く感じられて1日のいいスタートが切れるでしょう。美意識を高めるためにも、後輩や年下の人にオススメの美容法や美容室を教えてもらうのが吉。思った以上にあなたに合うものが見つかりそうです。外見だけでなく、素敵な言葉を学んだり品のある言葉遣いを意識して、周囲の人にやさしく接するなど、内面も磨くようにしましょう。

開運のつぶやき｜本当にダメなことは続かない。いま続けられている力をもっと信じるといい

# 11月

## ○チャレンジの月

| 1 (金) | ☆ | あなたの能力や魅力をうまく発揮できる日。仕事に本気で取り組んでみると、楽しく働けそうです。頑張ったご褒美に、おいしいものを食べに行ったり、買い物をするといいでしょう。 |
| 2 (土) | ▽ | 午前中は運気の流れがいいので、気になる人をランチデートに誘ってみると、関係が進展しそう。素直に気持ちを伝えてもいいでしょう。夜は、家族や年上の人など、意外な人に振り回されてしまうかも。 |
| 3 (日) | ▼ | 口が悪くなってしまいそうな日。悪口や文句が出るのはヒマな証拠です。もっと本を読んだり映画やドラマを観たりして、楽しいことや前向きな言葉を口にするようにしましょう。 |
| 4 (月) | × | どんな人でも尊重するように。あなたのマイペースな部分はいいところでもありますが、相手を尊重しないと離れていってしまうでしょう。今日は雑な言葉が原因で、人間関係が崩れることもありそうです。 |
| 5 (火) | ▲ | 面倒だからと後回しにしないで、面倒だと思っていることから先に終わらせるとスッキリするでしょう。なんとなく置きっぱなしにしているものも、片付けておきましょう。 |
| 6 (水) | ○ | 気になることを即行動に移すのはいいですが、仕事を中途半端な状態で投げ出さないように。区切りがつくところまで終わらせるようにしましょう。行動力を発揮しすぎて信用をなくすようなことにならないよう気をつけて。 |
| 7 (木) | ○ | これまでとは違う方法を試したくなる日。多少失敗してもいいので挑戦してみることで、いい経験ができそうです。あまり話したことのない人に声をかけてみると、思った以上に盛り上がるかも。 |
| 8 (金) | □ | 新しいことに挑戦するときは、失敗して当然で、慣れるまでに時間がかかって当然だと思っておきましょう。あなたも後輩の失敗を許せるようになって。 |
| 9 (土) | ■ | 予定を詰め込むとヘトヘトになってしまう日。今日は何をするにもゆとりをもって行動しましょう。少しヒマな時間があるくらいのほうがよさそうです。 |
| 10 (日) | ◇ | 急に遊びに誘われたり、いい関係だと思っていた人から好意を伝えられることがありそう。あなたからのアプローチも成功しやすいので、思い浮かぶ人に連絡してみましょう。新しい出会いも期待できそうです。 |
| 11 (月) | △ | 軽はずみな言動が面倒事を引き起こしてしまいそうな日。今日は余計なことをせずていねいに行動したり、話の聞き役に回るよう努めましょう。 |
| 12 (火) | ◎ | 付き合いの長い人からいい情報を得られそう。あなたからもお得な情報を伝えてみると、それ以上にいい話を教えてもらえるかも。ケチケチしないで、相手の役に立ちそうなことを教えてみましょう。 |
| 13 (水) | ☆ | 後輩や部下に仕事を教えたり、面倒を見ることが大事な日。自分のことだけ、自分の仕事だけを考えないように。上手に教えるためにも、相手をしっかり観察しておきましょう。 |
| 14 (木) | ▽ | 午前中は、直感を信じて行動するといい結果が出たり、おもしろい人脈ができそうです。午後は、冷静に考えてから動くように。ときには立ち止まってしっかり考える時間も必要です。 |
| 15 (金) | ▼ | 小さなプライドを守ると、面倒なことが起きたり人間関係が悪くなってしまう日。小さなことは気にせず、「まあいいか」と思って取り組めば、嫌な空気が消えて前に進めるでしょう。 |

開運のつぶやき　自分と違う環境にいる人との関わりをおもしろがれると、運はひらける

| | | |
|---|---|---|
| **16**（土） | × | 自分の予想とは違うことが多くなる日。先輩や年上の人に急に遊びに誘われたり、予定通りに進まない場面が増えそうです。今日は流れに身を任せることを楽しみましょう。 |
| **17**（日） | ▲ | 身の回りにある不要なものは処分するように。「もったいない」と思っても、置きっぱなしにしているほうがもったいないので、フリマアプリで売ったり、欲しい人にあげるといいでしょう。 |
| **18**（月） | ○ | 面倒だからといって後回しにすると、もっと面倒くさくなってしまうだけ。苦手なことや不慣れなことから、先に終わらせるようにしましょう。今日は、苦手な人にも自分から挨拶してみて。 |
| **19**（火） | ○ | 若い人と話してみると、思った以上に楽しい時間を過ごせたり、おもしろい情報が聞けそう。自分と違う価値観や発想を楽しんでみるといいでしょう。 |
| **20**（水） | □ | 気になる人に会ったときは、自ら連絡先の交換をお願いしてみましょう。いい友人になれたり、ここから不思議な縁が広がっていくこともありそうです。 |
| **21**（木） | ■ | 頑張りすぎて疲れてしまったり、朝から体調に異変を感じそうな日。今日は無理せず、ゆっくりする時間をつくっておきましょう。慌てるとケガの原因になるので、落ち着いて行動するように。 |
| **22**（金） | ◇ | あなたに期待が集まりそうな日。いまある力を出し切ってみると、周囲の期待に応えられるでしょう。何も言われなくても、密かに期待されている場合があるので、今日は一生懸命取り組んでみましょう。 |
| **23**（土） | △ | デートや遊びに行くにはいい日。たくさん笑えたり、おもしろい思い出をつくれそうです。気になるお店に入ってみるなど、直感を信じて行動するといい体験ができるでしょう。 |
| **24**（日） | ◎ | しばらく行っていないお店に顔を出したり、いい思い出のある場所に行ってみましょう。友人やなんとなく会いたくなった人に連絡するのもオススメ。楽しい時間を過ごせそうです。 |
| **25**（月） | ☆ | 仕事運がいい日。今日は実力以上の結果を出せたり、楽しく仕事ができるでしょう。後輩や部下にご馳走してみると、お金の価値を学ぶこともできそう。 |
| **26**（火） | ▽ | 午前中は、自分の能力や才能をうまく発揮できそう。午後はミスをしたり雑な部分が出てしまうかもしれませんが、不得意なことは周囲にお願いし、手伝ってもらうといいでしょう。 |
| **27**（水） | ▼ | 真剣に取り組んでいたら、必ず結果に表れるもの。満足できなかったとしても、本気で向き合った結果なら素直に受け入れ、次に何をすべきかを考える判断材料にしましょう。 |
| **28**（木） | × | 素早い判断力と行動力があるあなたですが、周囲には「いい加減な人」に映ってしまうことがあるかも。ゴールを考えないまま突っ走らないようにしましょう。説明が必要な人には事前にしっかり話しておくように。 |
| **29**（金） | ▲ | 挨拶と掃除は言われる前にすすんで行うといい日。相手に言われる前に笑顔で挨拶し、散らかったところはきれいに整えましょう。不要なものも処分しておきましょう。 |
| **30**（土） | ○ | 仲間と一緒に遊んだり、ホームパーティーをするとよさそう。知り合いの知り合いを集めてみると、おもしろいつながりや、仲よくなれる人との出会いが生まれるでしょう。イメチェンをするにもいい日です。 |

☆開運の日 ◎幸運の日 ◇解放の日 ○チャレンジの日 □健康管理の日 △準備の日
▽ブレーキの日 ■リフレッシュの日 ▲整理の日 ×裏運気の日 ▼乱気の日 ＝運気の影響がない日

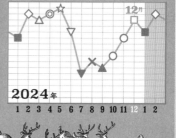

# 12月

□ 健康管理の月

**2024**年

1 2 3 4 5 6 7 8 9 10 11 12 1 2

**今月の開運3か条**

◆ 覚悟を決めて行動する
◆ 知り合いの輪を広げる
◆ 基礎体力づくりをはじめる

総合運

## フットワークを軽くして ドンドン挑戦してみよう

大事な出会いと経験に恵まれる月。これまで以上にフットワークを軽くして知り合いの輪を広げ、未経験のことや少しでも興味のわいたことに挑戦してみるといいでしょう。飲み会に誘われたときは多少面倒でも顔を出し、出会った人と連絡先を交換しておくように。下旬になると疲れが出やすくなるため、その前に基礎体力づくりをはじめましょう。健康的な生活習慣を意識しておくと、問題なく過ごせそうです。

開運のつぶやき｜自分の明るい未来を、もっと具体的に、現実的に想像してみるといい

### 恋愛&結婚運

## 新しい出会いは「知り合いの知り合い」に期待して

運命的な出会いがあったり、大事な人を紹介してくれる相手とつながる時期。新しい出会いを増やそうと意識するといいですが、マッチングアプリより「知り合いの知り合い」に期待したほうがよさそうです。後輩や部下と飲み会で仲よくなっておくことも重要。中途半端な関係の相手がいる場合は、 2025年の恋愛運を乱す原因になるため、今月中に白黒ハッキリつけましょう。結婚運は、親に挨拶する流れになるなど、本気で話を進められる時期です。

### 仕事運

## 努力が結果につながりレベルUPを実感できる

気持ちが引き締まり、やる気がわいてくる月。自分の頑張りや努力を認めてくれる人が現れたり、結果も出はじめるので、楽しく仕事ができるようになるでしょう。これまでなんとなく仕事をしてきた人も、覚悟を決めて本気で取り組めるようになりそうです。不慣れなことや苦手なことを克服できたり、レベルがひとつ上がった感覚を得られる場合も。重要なポジションを任されたら、最善をつくしてみると思った以上に実力を発揮できそうです。

### 金運&買い物運

## 高額な買い物は今月中に!

お得に買い物したいなら2025年まで待ったほうがいいですが、長年欲しかったものを購入するにはいいタイミングです。とくに家やマンション、土地、車など値が張るものは、今月中に購入や契約をするといいでしょう。引っ越しにも適した運気。仕事に便利な場所を選ぶのがオススメです。パーティーなど人との交流に使うお金はケチケチしないようにしましょう。投資にもいい時期なので、複利でゆっくり増やす計画を立てるとよさそうです。

### 美容&健康運

## 来年に備えて体をつくろう

体力づくりをはじめておくといい時期。2025年は「開運の年」に入り、これまで以上に慌ただしくも充実する運気です。楽しく過ごすには体力が必要になるため、いまのうちにスクワットなどの筋トレやスポーツジムで体を鍛えておきましょう。下旬は、連日の飲み会や予定の詰め込みすぎで疲れが出そう。睡眠を長めにとるよう意識しましょう。美意識を高めるには最適な時期なので、エステサロンや痩身エステに行ってみるのもいいでしょう。

# 12月 □健康管理の月

| | | |
|---|---|---|
| 1（日） | ○ | 気になっていたお店や場所に行くといい日。素敵な出会いや体験ができるでしょう。急な誘いにも即OKしてみると、楽しい時間を過ごせそうです。 |
| 2（月） | □ | いまのあなたにとって、何が必要で何が不要なのかが見えてくる日。過ぎて去ったから「過去」なのだと思って、つまらないことにこだわらず新しいことに挑戦しましょう。 |
| 3（火） | ■ | 多少疲れたとしても、心地よい疲労感を得られそうです。軽く体を動かすのはいいですが、筋トレなどを頑張りすぎると筋肉痛になったり筋を痛めてしまうことがあるので、ほどほどにしておきましょう。 |
| 4（水） | ◇ | 正直に生きてみるといい日。正直であることと、言いたいことをなんでも言うのとは違うので、言葉やタイミングを選ぶ知恵を身につけましょう。あなたの正直さや素直さを出してみると、運を味方につけられそうです。 |
| 5（木） | △ | うっかり忘れ物をしたり、単純なミスをしやすい日。周囲に迷惑をかけてしまうこともあるので、些細なこともしっかり確認しましょう。 |
| 6（金） | ◎ | 付き合いの長い人ほど、あなたの才能やおもしろさを理解してくれているもの。今日はあらためて、出会ったときの話をしてみると、忘れていたことを思い出せそうです。今後の仕事やアイデアにも活きてくるでしょう。 |
| 7（土） | ☆ | 買い物するにはいい日。服や靴を見に行ってみましょう。気に入ったものがお得な値段で手に入りそうです。引っ越しを考えているなら物件情報をチェックしてみると、いいところが見つかるかも。 |
| 8（日） | ▽ | 午前中は運気の流れがいいので、好きな人や気になる人に思い切って連絡してみると、遊ぶことができるかも。夕方以降は、優柔不断になってきっかけを逃してしまいそうです。 |
| 9（月） | ▼ | つまらない見栄を張ってしまいそうな日。知らないことは素直に教えてもらうようにしましょう。知ったかぶりや、できない約束はしないように。 |
| 10（火） | × | どんな仕事をしていても大変なことはあり、健康管理の大切さも変わりません。今日は、面倒なことが増えてヘトヘトになってしまいそうなので、早めに帰宅して、次の日に疲れを残さないよう工夫しましょう。 |
| 11（水） | ▲ | 同時にいろいろなことを進めたほうが能力を活かせるタイプのあなた。今日は一つひとつが雑になりやすいので注意が必要です。しっかり最終確認をして納得いかないところは修正したり、やり直すようにしましょう。 |
| 12（木） | ○ | なんとなく避けていたことに挑戦してみるといい日。ふだん選ばないメニューを注文したり、話したことがない人との会話を楽しんでみるといいでしょう。 |
| 13（金） | ○ | 何事も前向きにとらえることが大切な日。周囲にいる人の背中を押したり、いまの頑張りを認めてあげましょう。はじめて会う人と一気に仲よくなることもありそうです。 |
| 14（土） | □ | 友人や知人に誘われる前に、自ら気になるイベントやライブに誘ってみましょう。尊敬できる先輩の家に遊びに行ってみるのもよさそうです。少し図々しいのがあなたの魅力だということを忘れないで。 |
| 15（日） | ■ | 少し空腹くらいのほうが体にはいいもの。今日は、食べすぎや飲みすぎに気をつけ、間食も控えましょう。食べ物も胃腸にやさしいものを選ぶように。 |

開運のつぶやき　人生を邪魔しているのは己だと自覚して、いまやるべきことを見つけるといい

| | | |
|---|---|---|
| 16（月） | ◇ | いまをしっかり楽しむといい日。自分に「ない」ことを嘆くより、いま「ある」もので十分だと満足すれば、簡単に幸せになれるでしょう。出会いは、つねに自分に見合っているもの。 |
| 17（火） | △ | 多少のミスは仕方ないと思うのはいいですが、同じような失敗や単純なミスはしないよう気をつけて。どうせなら前向きに挑戦した結果の失敗をして、そこから学ぶようにしましょう。 |
| 18（水） | ◎ | 付き合いの長い人だからこそ言ってくれる言葉もあるので、しっかり聞くようにしましょう。あなたも思ったことを言ってみるといいでしょう。その人の長所を伝えると、相手もあなたの長所を教えてくれるはずです。 |
| 19（木） | ☆ | 挨拶やお礼はしっかりしておくといい日。今日のあなたの印象や行動が、のちの仕事運や金運に響いてきそうです。勉強をはじめたり、資格取得のために動き出してみるにもいい運気。 |
| 20（金） | ▽ | 午前中は頭の回転がよく、いい判断ができたり実力以上の結果を出すことができそうです。午後は、これまでお世話になった人に感謝と恩返しの気持ちを込めて取り組むといいでしょう。 |
| 21（土） | ▼ | 誘惑に流されてしまいそうな日。ついつい不要なものを買ったり、ダラダラして1日を無駄にしてしまうかも。気を引き締めて過ごすようにしましょう。 |
| 22（日） | × | 期待外れな出来事がある日。ガッカリするのではなく、「これはこれでおもしろい」と、なんでもおもしろがってみるといいでしょう。不運だと思わないことが大切です。 |
| 23（月） | ▲ | 時間があるときに身の回りをきれいに片付けたり掃除をすると、スッキリして仕事もはかどるようになるでしょう。夜は、はじめて行くお店でいい発見や出会いがありそうです。 |
| 24（火） | ○ | 自分や周囲のいいところを見るようにすると、自然とやる気がわいてくるでしょう。自分にも他人にも、「ないもの」を要求しないように。 |
| 25（水） | ○ | いい感じの忙しさで、あっという間に1日が終わりそう。いろいろなことをまとめてやってみると一気に仕事を片付けられ、いい勉強にもなるでしょう。 |
| 26（木） | □ | 仕事に集中するのはいいですが、遅くまで残業するなどの無理はしないように。明日に備えてゆっくり湯船に浸かり、睡眠を少しでも多くとるようにしましょう。 |
| 27（金） | ■ | 忙しくヘトヘトになってしまいそうな日。忘年会で飲みすぎて大失態を犯したり、ケガをすることもあるので気をつけましょう。 |
| 28（土） | ◇ | いろいろな人から遊びや飲み会に誘われそう。知り合いの輪を広げるといいので、みんなを集めてまとめて遊んでみて。おもしろい縁がつながってきそうです。イメチェンをするにもいい運気。 |
| 29（日） | △ | 階段や段差で転んだり、大掃除でケガをすることがあるので要注意。今日は、何事も慌てず、ゆっくりていねいに行うようにしましょう。 |
| 30（月） | ◎ | 毎年恒例のお店で年末年始の買い物をしてみましょう。懐かしい人に偶然出会えそうです。挨拶だけで終えずに食事や遊びに誘ってみると、おもしろい情報を教えてもらえるかも。 |
| 31（火） | ☆ | 大晦日に出費が増えすぎてしまいそう。見栄を張ったせいで予算オーバーになることもあるため気をつけましょう。一方で、クジが当たることもあるので、気になったときは挑戦してみて。 |

☆開運の日　◎幸運の日　◇解放の日　○チャレンジの日　□健康管理の日　△準備の日
▽ブレーキの日　■リフレッシュの日　▲整理の日　×裏運気の日　▼乱気の日　＝運気の影響がない日

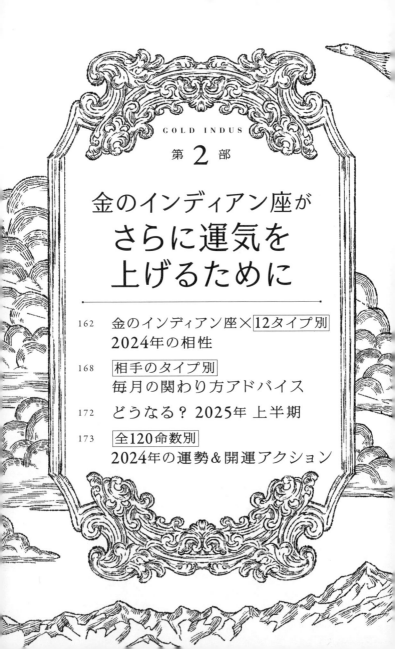

GOLD INDUS

# 第 2 部

# 金のインディアン座が さらに運気を 上げるために

占いを使いこなすには
自分を占うだけではまだ半分。
人を占い、人を思いやって行動してこそ
人間関係はよりよいものになっていきます。
この先のページを読んで
人付き合いに活かしていきましょう。

## 相手が 金の 羅針盤座 [解放の年]

「解放の年」の相手なので、一緒にいることで互いに満足のいく結果を残すことができそうです。2人が協力するとさらにレベルの高い幸せをつかめるため、マメに会うようにするといいでしょう。ただ、あなたから連絡しないと、なかなか会わなくなってしまうかも。

恋愛 2020年、 2022年に出会っている場合、 運命の相手の可能性が。 好きなら素直に気持ちを伝えることが大切です。 ストレートな告白で交際に進められるでしょう。 4~6月はチャンスが多いので、 遠慮しないように。

仕事 一緒に取り組むことで一段上の仕事ができる相手。 あなたとは仕事への向き合い方が違うため、 それが刺激となり、 いい力になるでしょう。 相手が上司なら、 求めるレベルまで仕事を極めてみましょう。 部下なら、 アイデアや個性を活かせるようにするといい結果につながりそう。

初対面 相手にとってはいいタイミングの出会いですが、 あなたから見ると少し距離ができやすいタイミング。 互いに相手を楽しませたり、 いい刺激を与える存在になれると長く続く関係になりそうですが、あなたのほうが先に飽きてしまうかも。

## 相手が 銀の 羅針盤座 [リフレッシュの年]

パワー全開でこの1年を過ごすあなたと、今年はゆっくりしたいと思っている相手とでは、気持ちの面で大きな差が出てしまいそう。あなたが相手を引っ張っていくといいですが、無理はさせないで。いろいろ言いすぎないよう気をつけておきましょう。

恋愛 すぐに付き合おうとするよりも、2025年に交際することを目指して、 今年のうちに仲よくなっておくといいでしょう。 相手をほめたり、うまくもち上げたり、ポジティブな話をたくさん伝えるようにすると、 上手に心をつかめそうです。

仕事 周囲があなたの力を必要とする年。 この相手もあなたを頼ってくるので、 受け入れるようにしましょう。 年末や2025年には、あなたの力になってくれ、 いい関係になれそうです。 相手が上司でも部下でも、 今年は疲れているため、 あなたが頑張って少し楽をさせてあげましょう。

初対面 あなたからは問題のないタイミングで出会っていますが、 相手はあなたと一緒にいると疲れたり、 ストレスを感じてしまいそう。 ネガティブな発言をしないよう心がけ、相手を元気にさせられるような関係をつくっておきましょう。

162 恋愛 恋愛相手との今年の相性 仕事 仕事相手との今年の相性 初対面 今年はじめて出会った人との相性

# 2024年の相性

今年の相性を知って、
付き合い方の参考に
しましょう。

金のインディアン座
2024年の相性

相手が

## 金のインディアン座

［幸運の年］

**同じ「幸運の年」の相手。付き合いが長い場合は、さらに大きな幸運をつかめるため、一緒にいることをオススメします。共通の目的があると、驚くような結果を生み出せることも。息も合うので、一緒にいる時間が最高に楽しくなりそうです。**

恋愛 2019～2020年、または2022年に出会っているなら、運命の人の可能性があるでしょう。片思いしているならマメに連絡を。定期的に会うようにすると、相手の恋心にも火がつきそうです。互いに似ているぶん、大きく盛り上がるというより自然と仲よくなり、友達のようなカップルになるでしょう。

仕事 力を合わせたら最強の2人。考え方やテンポが似ているので、楽しく仕事ができるでしょう。一方で、あなたたちのスピード感に周囲がついてこられなくなってしまうこともありそうです。相手が上司でも部下でも、互いがいいと思うならドンドン進めて、仕事を楽しんでみると、いい結果が出るでしょう。

初対面 上半期に出会うとつながりがやや弱くなりますが、10～12月に出会った場合は大切な人になるので、マメに会う機会をつくるといいでしょう。仕事でも恋でも、長い付き合いになりそうです。

相手が

## 銀のインディアン座

［準備の年］

**昨年のあなたのように、仕事にも勉強にも力が入らない感じになっている年。遊び友達としてはいいですが、真剣に仕事をしたり、真面目な交際をするには不向きなタイミングです。つられて遊びすぎないよう気をつけましょう。**

恋愛 一緒にいると楽しい相手。距離感もいい感じで会話も自然と盛り上がるでしょう。友人の延長のような付き合いができますが、盛り上がりには欠けるかも。真剣に交際し、2人きりの時間を楽しむことを忘れないようにしましょう。

仕事 あなたのほうが仕事運がよい年。相手もパワーや才能はあるものの、少しやる気を失ってしまっているでしょう。今年は少し支えてあげて、年末や2025年になってから本格的に協力し合うとよさそうです。相手が上司でも部下でも、仕事のあとの付き合いを大切にするといいでしょう。

初対面 遊び友達になるにはいいタイミングでの出会い。相手の仕事が忙しくなると、会わない時期もできそうですが、距離があいて久しぶりに会っても、楽しい時間を過ごせるでしょう。次の日には忘れてしまうような話を、いつまでも語り合えるような仲になりそうです。

相手が
**金の 鳳凰座**
**[ブレーキの年]**

**互いに目標を達成できたり夢を叶えられるような運気。協力することで、思った以上の結果を残すこともできそうです。とくに長年の付き合いだったり互いのことを理解しているなら、楽しい時間を過ごせるでしょう。相手のテンポの遅さは気にしないように。**

恋愛 片思いの相手なら、今年は素直に気持ちを伝えてみましょう。2020年か2022年にはじめて出会っている場合、最高に相性がいい可能性があります。とくに2~4月、10月、12月はマメに会うようにして、好意を伝えるといいでしょう。

仕事 あなたのペースを相手に乱されないことが大切です。相手は今年、不慣れなことや苦手な仕事を任されるなど、大変な思いをしているタイミング。手助けするのはいいですが、深く関わるとかえって縁が短くなりそうです。相手が上司なら、不慣れなポジションを無理して頑張っている時期だと思うように。部下の場合、不向きな仕事だと感じると辞めてしまうでしょう。

初対面 あなたからの縁はやや薄いですが、相手からは強いつながりができそうな年。互いに単独行動が好きなところは似ていますが、あなたのスピードと相手のリズムには大きな差があるため、来年以降は、一度距離があいてしまうかも。

相手が
**銀の 鳳凰座**
**[開運の年]**

**互いに運気の流れがよく最高の2人になりますが、ペースがまったく違うため、あなたからは判断がゆっくりすぎたり動きが鈍く見えてしまうこともありそうです。今年はどちらも正しい判断ができるので、小さなことは気にしないようにしましょう。**

恋愛 今年と来年は、いい付き合いや楽しい恋愛ができそう。2020～2021年に出会ったなら、縁がある相手だと思っていいでしょう。2~5月は仲よくなれるようマメに会ってみるとよさそうです。ただ、第一印象が悪いと前に進まないので、そのときはキッパリ諦めましょう。

仕事 仕事に対する考え方や手順がまったく違う相手なので、それぞれのやりたいようにするのがオススメ。どちらか一方だけに合わせないことが大切です。相手が上司なら、表面的には素直に従いつつ自分のやり方を通しましょう。部下なら、好きに仕事をさせると大きな結果を残してくれそう。

初対面 あなたからの縁は薄い時期ですが、互いに運気がいいぶん第一印象がよくなるため、相手が縁をつなごうとしてきそうです。自然と距離をとってくれる人なので、気にせずそのままいい距離を保ちましょう。

164 恋愛 恋愛相手との今年の相性 仕事 仕事相手との今年の相性 初対面 今年はじめて出会った人との相性

# 2024年の相性

今年の相性を知って、付き合い方の参考にしましょう。

相手が

**金の時計座**

[裏運気の年]

付き合いが長い相手の場合、今年はいつもと違う感じに見えそうです。密かに悩んでいることがあるので、いろいろ話を聞いてみるといいでしょう。まずはしっかり聞くだけでも、相手の気持ちが楽になるはず。あなたが居心地のいい場所をつくってあげましょう。

**恋愛** 出会ったのが2022年なら縁がありますが、それ以外なら進展が難しいどころか、今年か来年あたりで縁が切れたり距離があいてしまうかも。いいタイミングで出会っていたのなら2月、6月の中旬までか、10月、12月に気持ちを伝えてみると、交際に発展しそうです。一度フラれたことがある相手なら、さらにチャンスがあるでしょう。

**仕事** あなたは自分の力を出し切る気持ちで仕事に取り組みましょう。相手の気分に振り回されないように。相手が上司の場合は、不機嫌なときは近づかず、謙虚な姿勢を心がけておきましょう。部下の場合は、悩みを聞いてあげる時間をつくってみて。

**初対面** 本来の相手のよさが見えなかったり、最終的に自然消滅するようなタイミングの出会いです。自然と仲よくなれる場合もありますが、短期間だけの付き合いになると思って接しましょう。2人をつないでくれる友人や知人がいると、縁が長くなるかも。

相手が

**銀の時計座**

[乱気の年]

「乱気の年」の相手なので、ベッタリしない距離感を保つといいでしょう。相手の言葉に振り回されたり、協力したことが裏目に出てしまうこともありそうです。相手の苦手な部分が目立って見えやすいため、覚悟しておきましょう。

**恋愛** 友達のような関係だったのに、急に交際を申し込まれるなど、意外な展開がありそうです。ただ、今年は短い縁になる可能性が高いので、長期的な交際は望まないほうがいいでしょう。はじめて出会ったのが2022年なら、いい縁の可能性があるでしょう。

**仕事** 相手の気分に振り回されないことが大切です。相手の至らない点が見えてしまうかもしれませんが、本人が自ら気づいて学ぶべきことなので、あなたは自分のことに専念しましょう。相手が上司なら、気分で判断するため冷静に分析して。部下なら、雑な仕事はしっかり注意しましょう。

**初対面** 今年もっとも縁がない相手だと思っておきましょう。一時仲よくなれたとしても、互いの成長とともに気持ちが離れてしまいそうです。相手から執着されることはありますが、あなたが興味をもてなくなるでしょう。

## 相手が 金の カメレオン座 [チャレンジの年(1年目)]

互いに一歩前に出る年。あなたはこれまでの努力が実り、相手は今後のための種まきをする時期です。いろいろと変化があるなかで、あなたにない考えや価値観を学べるでしょう。相手があなたに欠けているところを補ってくれることも多そうです。

恋愛 2018年か2023年の年末に出会っているなら、縁のある相手です。そのタイミングに出会った人には、駆け引きするより素直に気持ちを伝えてみるといいでしょう。4~6月、または10~12月にチャンスをつかめそうです。

仕事 一緒に仕事をすることで前向きになれる相手ですが、結果的に得するのはあなただけになってしまいそう。相手にとっては、経験としてプラスになる程度でしょう。相手が上司でも部下でも、あなたはマイペースに仕事をしておきましょう。付き合いが長い人なら、プライベートでの交流も大切にするとよさそうです。

初対面 つながりはやや弱いものの、あなたに足りないものをいろいろもっている人なので、観察したり仲よくすることで、学びが多い相手だと知っておきましょう。3年くらい付き合いが続いたあとに距離ができそうです。

## 相手が 銀の カメレオン座 [整理の年]

今年結果を出すことができるあなたと、現状を投げ出したい相手では、なかなか噛み合わない年。付き合いが長いなら、年末あたりから関係が復活したり相手のよさが見えてくるでしょう。1~2年の付き合いなら、互いに見切りをつける形で縁が切れてしまいそうです。

恋愛 出会いが2020~2021年の場合は縁のある相手ですが、それ以外はつながりが弱いと思っておきましょう。いいタイミングで出会っているなら、10~12月にマメに会う機会をつくると、相手の気持ちをうまくつかめて交際に進めそう。

仕事 上半期はとくに関わりが難しい相手。相手のやる気がアップしてくる年末くらいから、一緒に仕事をしたり協力しはじめるといい流れになりそうです。相手が上司なら、いろいろ考えすぎているのでサポートしてあげましょう。部下なら、前向きな話をしつつ相手のよさをほめるように。

初対面 相手は「整理の年」なので、今年出会った人とはつながりが弱くなりますが、グルメなところが合うと仲よくなれる可能性が。食事や飲みに行ってテンポが合えば、縁が長く続きそうです。ただ、あなたからは相手の金遣いが派手に見えて、距離があいてしまうことがあるでしょう。

# 2024年の相性

今年の相性を知って、付き合い方の参考にしましょう。

---

相手が

### 金の イルカ座
[健康管理の年]

共通の目標があるとつながりが強くなる2人。とくに今年は、一緒にいることで長年の夢が叶ったり、流れを大きく変えることができるでしょう。相手のほうが我が強いので、ぶつかったときは相手に合わせるようにするとよさそうです。

恋愛 あなたの頑張りをしっかりアピールすることが大事。派手好きなところがあるので、仕事も趣味も頑張って輝いているところを見せておきましょう。出会いが2022年で、いま友人のような関係になっているなら、交際できる確率が高そうです。3〜4月、6月に告白するといいでしょう。

仕事 あなたのペースで仕事を進めていい人。ワガママを言ってくることがあっても、聞き流していいでしょう。相手が上司なら、いいライバルや目標だと思って仕事に取り組むとよさそう。部下なら、あざといところが気になるかもしれませんが、行動力をほめておきましょう。

初対面 一緒にいると明るく前向きになれる相手です。自然と長い付き合いになりそうですが、相手の自己中心的なところが目立つと、あなたが離れたくなってしまう場合も。「楽しく前向きに」をテーマにすると、いい付き合いができるでしょう。

---

相手が

### 銀の イルカ座
[チャレンジの年(2年目)]

相手は大きく前進するタイミング。ノリがよく勢いもありおもしろく見えるため、あなたのほうがこの人に興味をもちそうです。互いに新しいことや斬新なことを楽しめてノリが合うのはいいですが、金銭感覚がマヒしやすいので注意が必要です。

恋愛 華やかな相手ですが、今年はあなたに主導権があります。知り合ったのが2022年なら縁があるでしょう。4〜5月、10〜11月はチャンスがあるため、マメに会うことができれば自然と付き合う流れに。派手なプレゼントを贈ると、心をつかむことができそうです。

仕事 今年からドンドン結果が出るあなたと、楽しい仕事以外はやる気のないこの相手の場合、楽しく仕事ができるよう工夫すればいいコンビになるでしょう。相手が上司なら、明るく元気に仕事に取り組んで。部下なら、ほどよくサボる方法を教えたり、仕事以外の付き合いを楽しみましょう。

初対面 あなたは新しい人との縁が弱いときなので、気楽に会えるライトな関係のほうがいいでしょう。一緒に遊びすぎたり距離が近くなりすぎると、3年くらいで突然縁が切れてしまうことがありそうです。

相手のタイプ別
# 毎月の関わり方アドバイス

| | 相手が 羅針盤座 金 | 相手が 羅針盤座 銀 | 相手が インディアン座 金 | 相手が インディアン座 銀 | 相手が 鳳凰座 金 | 相手が 鳳凰座 銀 |
|---|---|---|---|---|---|---|
| 1月 | 最新の情報や流行を教えたり、おもしろい人を紹介するといいタイミング。 | 相手が新しいことに目を向けるきっかけをつくり、似合う髪型や服も提案してみて。 | 相手は体調を崩しがちな月。気遣いをして、温かい飲み物をあげるとよろこばれそう。 | 相手が最近ハマっていることを聞き、あなたもオススメの映画やドラマを伝えてみて。 | おもしろい情報を教えるといい月。ドジな失敗話を楽しく聞いてみるのもオススメ。 | 運気のよさを教えてあげると、いい流れに乗れそう。相手の長所はドンドンほめて。 |
| 2月 | 今年の目標や将来の夢のことを語り合ってみて。前向きな話でいい関係になれそう。 | ポジティブな話をしたり、信頼できる友人を紹介するといいでしょう。 | 魅力や才能を素直にほめ、苦労や頑張りを認めると、相手の才能が開花しそう。 | 体調を崩したり疲れをためている月。不調がないか観察しつつ、やさしく接して。 | 思い出話で絆が深まりそう。長い付き合いにしたいなら今月はマメに会うように。 | 話題のスポットやお店を教えてあげて。一緒に遊ぶとあなたの運気もアップしそう。 |
| 3月 | 疲れが顔に出ていたり元気のなさを感じるときは、負担を減らすようにしましょう。 | 相手は忙しく疲労がたまっている月。手伝えることを探し、話を聞くようにして。 | いい勢いですがミスやドジも増える月。フォローしたり、一緒に笑ったりしましょう。 | 急でも遊びに誘うとよろこばれそう。知り合いを紹介すれば、いい友達になるかも。 | 一緒にいると流れが大きく変わる出来事がある月。調子に乗せるくらいおだててみて。 | 久しぶりでも連絡してみましょう。思い出話をするといい関係になれそうです。 |
| 4月 | 才能や個性を素直にほめてみて。ポジティブな話をして、互いに前を向きましょう。 | 疲れや睡眠不足で不機嫌になっているかも。無理させず、少し休んでもらいましょう。 | 相手は実力を出せて忙しい月。付き合いが長いならこれまでの頑張りを認め応援を。 | 遊びに誘うといい月。気を使って自ら誘えないタイプなので、よろこんでもらえそう。 | やりたいことを応援し、一緒にいるとよさそう。互いに満足な結果を残せるでしょう。 | 「最高の運気」だと伝えてみましょう。一緒に過ごすことであなたにも幸運が訪れそう。 |
| 5月 | 相手は少し行動が雑になりがちな月。些細なことでヘコんでいたら、励ましてあげて。 | 一緒にストレス発散を楽しむといい月。スポーツやおもしろい話を積極的にしてみて。 | 大事な役割を任せるとよさそう。相手の魅力を周囲に伝えてあげるのもいいでしょう。 | 近況報告を兼ねて食事に誘いましょう。思い出話だけでなく、前向きな話も大切に。 | 相手が調子に乗りすぎて大失敗するかも。危険なときは注意するように。 | 相手に振り回されても一緒にいるのがオススメ。多少のワガママは受け入れましょう。 |
| 6月 | これまでの苦労や努力を聞いてみるといいでしょう。思わぬ才能を見つけられるかも。 | 失敗やケガをして元気がないかも。励ましたり、オススメの本を紹介するとよさそう。 | 明るい妄想話やアイデアをたくさん聞いてみると、相手のよさを上手に引き出せそう。 | お得な話がよろこばれる月。ポイ活や安くておいしいお店などの情報を教えてみて。 | 相手のワガママが出る月。失敗から学べるよう、距離をとって見守っておくこと。 | 相手は誘惑に流されたり、いろいろと雑になりがちな時期。うまくフォローして。 |

今月のほかのタイプはどんな運気？　全タイプの
相手について月ごとに接し方のコツをお伝えします。

| | 相手が 時計座 金 | 相手が 時計座 銀 | 相手が カメレオン座 金 | 相手が カメレオン座 銀 | 相手が イルカ座 金 | 相手が イルカ座 銀 |
|---|---|---|---|---|---|---|
| 1月 | ポイ活などのお得な情報で盛り上がりそう。節約や高見えするものの話をするのも吉。 | 相手の幸せな話をいろいろ聞いてみて。語り合うと感謝の気持ちがわいてきそう。 | 些細なことで悩んでいるかも。話を聞いたり「大丈夫」と言ってあげましょう。 | 相手は判断ミスをしやすい月。話をしっかり聞き、冷静になって考えるよう伝えて。 | お節介がすぎると縁を切られたり、距離があくことも。ほどよい距離を保つように。 | 相手は、思い通りにならずイライラしている時期。頑張っていることを認めましょう。 |
| 2月 | 雑談したり、話を聞く時間をつくることが大事。冗談を言って相手を笑わせて。 | 相手は「守り」の時期。楽しく過ごしつつも、調子に乗せたり無理をさせるのはNG。 | 悩んだり空回りしている時期。いろいろな考え方があることをやさしく教えてみて。 | 不安や心配事を聞くといいですが、多くは妄想なので「考えすぎ」と伝えましょう。 | 最近できたお店の話などをするとよさそう。旬の料理を食べに誘うのもオススメ。 | 今月は距離をおかれても気にしないで。掃除道具の情報を伝えるとよろこばれそう。 |
| 3月 | 悩みや不安を抱えている月。相談に乗ったり、些細なことでも手助けしてあげて。 | あなたの見えないところで問題が起きる可能性が。「困る前に相談してね」と伝えて。 | 別れて楽になることもあると伝えてみて。一流の人たちの苦労話を語るのもよさそう。 | 相手のマイナス面が見える月ですが、短所も見方を変えれば長所になると忘れないで。 | イベントやライブ、飲み会に誘ってみましょう。新商品の情報を教えるのもよさそう。 | 相手は気持ちが前向きになっている時期。小さなことでも挑戦をうながしましょう。 |
| 4月 | 相手の雑な部分が見える月。集中できない理由を聞いて前向きなアドバイスを。 | いつもと雰囲気が違うと感じたら、じっくり話を聞いて少しでも手助けするように。 | 友人との集まりに誘ってみましょう。最近ハマっているドラマなどを教えるのも吉。 | 成功でも失敗でも、過去に執着すると前に進めないということを伝えましょう。 | 相手の才能や個性をほめることが大切。友人を紹介するのもいいでしょう。 | おもしろそうな情報はドンドン伝え、イベントやライブにも誘ってみて。 |
| 5月 | 相手は悲しい別れがある月。まったく関係のない、楽しい話をする時間も大切です。 | 相手はだまされたり間違った方向に決断しやすい月。落ち着いて話す時間をつくって。 | 互いに行ったことのないお店に誘い、食べたことのないメニューを試すといい経験に。 | 知り合いの集まりに誘ったり、本やドラマ、映画を紹介するといい関係を築けそう。 | 不機嫌なのは疲れている証拠。お菓子を渡したり仕事を手伝うなど、やさしく接して。 | 10年後の明るい未来を語り合うといいでしょう。将来の夢を話してみるのもよさそう。 |
| 6月 | 相手の気持ちが徐々に前向きになる月。新発売のお菓子や話題のお店の話をしてみて。 | パーッと遊んで楽しみましょう。たくさん笑って過ごすことの大切さを教えてあげて。 | 3年後にどうなりたいかなど未来の話をすると、人生を考えるきっかけになりそう。 | 内面にも外見にも、いつもと違う変化がありそう。気づいてあげるといいでしょう。 | 将来の夢を応援してあげましょう。役立つ情報や前向きな話を伝え勇気を与えて。 | 疲れて元気がないかも。やさしく接し、カフェでゆっくり話を聞くといいでしょう。 |

### 相手のタイプ別

# 毎月の関わり方アドバイス

| | 相手が 羅針盤座 金 | 相手が 羅針盤座 銀 | 相手が インディアン座 金 | 相手が インディアン座 銀 | 相手が 鳳凰座 金 | 相手が 鳳凰座 銀 |
|---|---|---|---|---|---|---|
| 7月 | 相手の才能をドンドンほめて、前向きになれるよう背中を押してみましょう。 | 得意なことを任せるといい月。過去にハマった趣味の話をするのもオススメ。 | 愚痴が増えそう。前向きな話をしたり、過去の自慢話を聞いてみるといいでしょう。 | なんでも抱え込んでしまうとき。雑談がてら相談に乗り本音を聞くといいでしょう。 | 相手が反省していたら許すことが大切。気持ちの切り替え方を教えるといいでしょう。 | 予想外の出来事が増える月。話を聞いて、些細なことでも協力してあげましょう。 |
| 8月 | 互いに協力するといい結果が出せそう。相手を調子に乗らせてみるといいでしょう。 | 結果を求められて忙しくなっている月。無理のない範囲でサポートしましょう。 | 無謀な行動に走りやすいとき。話を聞いて不安や心配を取り除いてあげましょう。 | 相手は心配事や不満がたまる時期。おもしろい話で盛り上げるとよさそうです。 | 相手は新たなことへゆっくりと動き出す月。興味をもちそうな情報を教えてあげよう。 | 相手は不要なものを処分したい時期。あなたにとって価値があるならもらいましょう。 |
| 9月 | 相手はネガティブな情報に振り回されやすい月。明るい未来について語り合って。 | たくさん話を聞くのがオススメ。おいしいお店を教えたり、パーティーに誘うのも吉。 | 急に人との距離をとったり縁を切りたくなる月。ほどよい距離を保っておくこと。 | やる気が出ず小さなミスが増えるとき。相手の話を聞いてみるとうまく助けられそう。 | 前向きになれる話や成功者のエピソードを話してみると、やる気になってくれそう。 | 相手は新しいことに挑戦する時期。ドンドン背中を押してきっかけをつくってみて。 |
| 10月 | 情に振り回されやすい月。余計なことを考えないよう楽しい時間を増やしましょう。 | 相手は疲れやすい時期。すすんで相談に乗り、周囲と協力し合って手助けを。 | おもしろそうな情報をドンドン伝えましょう。人との出会いを増やす手伝いも大切。 | 無謀な行動に走りやすいとき。悩みを聞いたり、相手の長所を伝えてみて。 | 互いに将来の夢や未来の話をしてみると、頭も気持ちもスッキリ整理できそうです。 | いつもと違う友人の集まりに誘うなど、相手の人脈を広げるために協力しましょう。 |
| 11月 | 掃除や整理整頓を手伝って、相手のいらないものを譲り受けるとよろこんでくれそう。 | 無理は禁物。こまめに休憩をとるようにうながし、会うのも短時間にとどめて。 | 急でもいいので食事に誘ったり知り合いを紹介すると、おもしろい縁がつながるかも。 | しばらく集まっていないなら、あなたから連絡してプチ同窓会を開いてみましょう。 | 相手は元気そうに見えても疲れがたまりやすい時期。体調を気遣ってあげて。 | 将来の夢や人生の目標について話してみると、相手の気持ちが定まってきそうです。 |
| 12月 | 最新情報を教えたり、新たな人脈づくりの手伝いを。はじめての場所に誘うのも吉。 | 悩みを聞いて、別れを決めかねていたら背中を押して。笑える話をするのもオススメ。 | 1~2年先の目標を話してみましょう。大まかな方向をうまく定められそうです。 | 人脈を広げることが大切な月。知り合いを紹介したり、食事に誘ってみて。 | 相手は大きな幸せをつかむ月。うれしいことが起きたら一緒によろこびましょう。 | 疲れがたまる時期。相手が不機嫌なときは、甘いものや入浴剤を贈るのがオススメ。 |

あの人はいま、どんな月を過ごしているんだろう。
相手の運気のいいときに誘ってみよう!

| | 相手が 時計座 金 | 相手が 時計座 銀 | 相手が カメレオン座 金 | 相手が カメレオン座 銀 | 相手が イルカ座 金 | 相手が イルカ座 銀 |
|---|---|---|---|---|---|---|
| 7月 | 忙しい時期。愚痴や不満を漏らしていたら、前向きな話や未来の話に切り替えて。 | 新商品をプレゼントしたり話題のお店に誘うなど、未体験のことを一緒に楽しんで。 | 不機嫌そうにしていたら、「疲れてない?休んだら?」とやさしく気遣ってみましょう。 | 相手の好きなことを聞いてみるといい月。雑談から共通の趣味を見つけられるかも。 | 相手のミスをうまくフォローしつつ、しっかり確認を。ノリで遊びに誘うのもオススメ。 | 相手の話をリアクションよく聞き、うまく調子に乗せて楽しませるといいでしょう。 |
| 8月 | 感情的になりやすいとき。落ち着いてゆったりできる時間を一緒に過ごしてみて。 | 最近ハマっているおもしろい動画や芸人さんを教えると、相手もハマってくれそう。 | 才能や個性をほめて、相手が考え込む前に背中を押して動くきっかけづくりを。 | 疲れをためている月。おもしろい話をして笑わせてみると元気になってくれそう。 | あなたから食事に誘ってみましょう。思い出のお店に行くと楽しい時間を過ごせそう。 | 相手はミスをしやすいとき。ドジな失敗をしたら一緒に笑ってフォローしよう。 |
| 9月 | 疲れをためやすい月。無理させないようにして、いい健康情報を教えてあげましょう。 | 人知れず問題を抱え込んでいるかも。無理していないか気にかけ、話を聞いてみて。 | 相手は小さなミスをしやすい時期。気にせず「ご愛嬌」と思ってやさしく接すること。 | ポジティブな話を教えてあげるといい月。相手の人生を変えるきっかけになるかも。 | 相手の頑張りを認めて背中を押してみて。相談に応じると感謝してもらえそう。 | 「最近調子がいいね」と伝えたり、得意なことを任せると力をうまく引き出せるかも。 |
| 10月 | 前向きな話をたくさんしてみて。若手の芸能人やスポーツ選手の話題もよさそうです。 | 体の不調が出るとき。疲れていそうなら休ませて。栄養ドリンクを贈るのもオススメ。 | 子どものころの夢や昔の話を聞いてあげると、うまくやる気を引き出せるでしょう。 | 相手はドジな失敗をしやすい月。クヨクヨしていたら笑顔で接して、励まして。 | 中旬まではノリが大切。下旬は空回りしやすいので落ち着いて行動するよう助言を。 | 日ごろの感謝を伝えると、それをきっかけに相手が想像以上の活躍をしてくれそう。 |
| 11月 | 趣味や遊びの話をしてみて。相手が無謀な行動に走ったらあなたが止めるように。 | 上品な言葉遣いで話しかけてみて。言い方を変える遊びをしてみるといいかも。 | 相手をおだてて調子に乗せるとよさそう。いいところを素直に伝えてみましょう。 | 真面目に物事をとらえがちなとき。楽しく取り組めるようサポート役にまわって。 | 相手がイライラしていたら疲れている証。話を聞いて、できる範囲でフォローを。 | 長所をほめて頑張りを認めるように。いい本を見つけたら下旬に教えるといいかも。 |
| 12月 | 思い出の場所に誘うとよさそう。共通の知り合いがいるなら、みんなで集まるのも吉。 | 困ったときはお互いさま。ドジな失敗は一緒に笑い、笑えないミスは助けてあげて。 | 帰りの時間を決めてから会うようにしたり、食事やお茶をするなら短時間にすること。 | 才能や魅力が輝き、いい勢いもあるとき。悩んでいたら即行動するよう助言を。 | 意地を張って視野が狭くなってしまう時期。少しでも楽しい時間をつくるようにして。 | ポジティブな話をして、ひとつの考え方にこだわらないようアドバイスしてみましょう。 |

## どうなる？ 2025年上半期

このページでは特別に、2025年上半期の運気をお伝えします。ちょっと先の運気までのぞいてみませんか。

# 恋も仕事も絶好調！ 人生最高の1年に

### 総合運

2025年の上半期からさっそく最高の運気の流れに乗れて、人生が楽しくおもしろくなってきそうです。物事を同時進行できるあなたの能力も最大限に活かせるでしょう。忙しいくらいのほうが充実するタイプなので、ヒマな時間は極力なくすように。たくさんの人と会って話し、自分をアピールしておきましょう。目標や夢を達成できる運気ですが、この時期に叶わなかった場合はキッパリ諦めて、次の目標を探すことも大切です。健康運は、忙しくても筋トレなどの基礎体力づくりは欠かさないように。

### 恋愛＆結婚運

人生で最大のモテ期が到来します。好きな人にマメに会う機会をつくるだけで一気に関係を進められそう。自分でも驚くような人から告白されることも。複数の人からデートに誘われたり告白されたりして困ってしまう場合もあるでしょう。ノリや勢いだけで交際に進むこともありますが、できれば将来を考えられる人を選んだほうがいいでしょう。結婚運は、婚姻届を出すには最高のタイミングです。ここで結婚すると幸せが長く続くでしょう。

### 仕事＆金運

人生で一番仕事運のいい時期だと信じ、積極的に取り組みましょう。周囲と協力すると思った以上の結果を出せそうです。思ってもみなかったチャンスをつかめるので、あなたの得意なことを周囲に求められたら、全力で応えるように。また、大事な人との出会いもありそう。仕事関係者との付き合いはこれまで以上に大切にするといいでしょう。金運も最高によく、収入アップが期待できそうです。投資をはじめると大成功するかも。

命数ごとに
さらに詳しく占える

全120命数別

2024年の運勢
&
開運アクション

ここまでは12タイプごとに
運気を説明してきましたが
ここからは120命数ごとにさらに詳しく
開運のコツをお届けします。

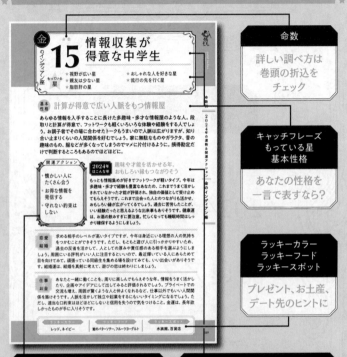

**命数**

詳しい調べ方は
巻頭の折込を
チェック

**キャッチフレーズ
もっている星
基本性格**

あなたの性格を
一言で表すなら?

**ラッキーカラー
ラッキーフード
ラッキースポット**

プレゼント、お土産、
デート先のヒントに

**開運アクション**

命数ごとにより詳細な開運のコツ

**2024年はこんな年**

今年1年間の過ごし方アドバイス

---

## STEP 2
### 気になる人を調べてみよう

**あの人は今年どんな1年になるんだろう**

※相手の生年月日から、タイプと命数を割り出してください(→巻頭折込)

# 金の羅針盤座

## 命数 1

### ネガティブな頑張り屋

もっている星
- ★ 負けを認められない星
- ★ 頑張りすぎる星
- ★ 友達の延長の恋の星
- ★ 空気が読めない星
- ★ スポーツをするといい星

| ラッキーカラー | ピンク イエロー | ラッキーフード | ささみのチーズカツ 明太子 | ラッキースポット | スポーツ施設 遊園地 |

**基本性格** サッパリとしているが、じつは人が苦手

負けず嫌いの頑張り屋。人と仲よくなることが得意ですが、本当は人が苦手。誰とでも対等に付き合いたいと思うところはありますが、真面目で意地っ張りで融通がきかないところがあり、人と波長が合わせられないタイプ。生意気なところが出てしまい、他人とぶつかることも多いでしょう。心が高校1年生から成長しておらず、サッパリとした性格ですが、ネガティブなことをすぐに考えてしまうところがあるでしょう。

**2024年はこんな年**
目標を達成し、同期やライバルに差をつけることができる運気。最高のパフォーマンスを発揮して、充実した日々を過ごせるでしょう。ハッキリとした目標を掲げたほうがより力を出せるので、年内に達成したい目標と、3～4年後に達成できそうな目標を立ててみるとよさそうです。また、今年はいい仲間もできるため、きつい言葉や言い方を出さないよう気をつけておきましょう。健康運は、スポーツをはじめて体力をつけるには最高の年です。

**開運アクション**
- ◆ 次の目標を掲げる
- ◆ 身近な人とのコミュニケーションを大切にする
- ◆ 後輩や部下の面倒を見る

---

# 金の羅針盤座

## 命数 2

### チームワークが苦手な野心家

もっている星
- ★ 合理主義の星
- ★ 派手な星
- ★ 話を最後まで聞かない星
- ★ 追いかける星
- ★ 内弁慶の星

| ラッキーカラー | レッド ダークブルー | ラッキーフード | かぼちゃコロッケ ウニ | ラッキースポット | コンサート リゾート地 |

**基本性格** ひとりで未知の世界に飛び込む行動派

頭の回転が速く、何事も合理的に物事を進めることが好きなタイプ。表面的な人間関係はできますが、団体行動が苦手で、好き嫌いが激しく出てしまう人。突然大胆な行動に走ってしまうことで周囲を驚かせたり、危険なことに飛び込んでしまったりすることもあるでしょう。ひとりでの旅行やライブが好きで、ほかの人が見ないような世界を知ることも多いはず。他人の話を最後まで聞かないところがあるので、しっかり聞くことが大事です。

**2024年はこんな年**
密かに自信をもって取り組んでいたことに、しっかり結果が出て満足できそうです。「やっぱり自分の思った通り」と感じるような出来事もあるでしょう。頑張りを隠すタイプですが、今年からは少しでもいいので前向きな姿勢を周囲に見せるとよさそうです。また、今年は憧れだったライブや旅行先に行けるようになったり、少しゆとりも出てくるでしょう。健康運は、いいスポーツトレーナーや指導者に出会い、体の調子を整えることができそうです。

**開運アクション**
- ◆ 頑張っている姿を少し見せる
- ◆ ライブや旅行に行く
- ◆ 人をしっかり観察する

金の羅針盤座

命数 3

# 上品でもワガママ

もっている星
★気分屋の星
★サービス精神の星
★スキンシップが多い星
★エロい星
★ダンスをするといい星

ラッキーカラー パープル ライトブルー
ラッキーフード 寿司 フレンチトースト
ラッキースポット レストラン 音楽フェス

## 基本性格 ネガとポジの矛盾を抱えた明るい人

**陽気で明るくサービス精神が旺盛。つねに楽しく生きられ、上品な感じをもっている人。人の集まりが好きですが、本音は人が苦手で、ポジティブなのにネガティブと、矛盾した心をもっているタイプ。真面目に物事を考えるよりも楽観的な面を前面に出したほうが人生がスムーズにいくことが多く、不思議と運を味方につけられる人でしょう。自分も周囲も楽しませるアイデアが豊富ですが、空腹になると何も考えられなくなるでしょう。**

## 2024年はこんな年

人生の楽しさやおもしろさを発見できる、最高の流れがはじまります。「金の羅針盤座」のなかでもっとも運がよく「明るい星」の持ち主のため、日々笑顔で過ごしていると心から笑えることや楽しい出来事が増えていくでしょう。多少空回りしてもいいのでサービス精神をドンドン出してみると、波長の合う友人ができたり、あなたをおもしろがってくれる人に出会えそうです。健康運は、楽しむのはいいですが、食べすぎ飲みすぎには要注意。食べたぶん運動するのも忘れずに。

### 開運アクション

- 明るさと笑顔を心がける
- 愚痴をやめて前向きな話をする
- コンプレックスを話のネタにする

金の羅針盤座

命数 4

# 余計な一言が多い真面目な人

もっている星
★情にもろい星
★センスがいい星
★恩着せがましい星
★情から恋に発展する星
★勘で買う星

ラッキーカラー ピンク ターコイズブルー
ラッキーフード 鯛の刺身 サンドイッチ
ラッキースポット 美術館 高級ホテル

## 基本性格 おしゃべりで勘が鋭く恩着せがましい人情家

**何事も素早く判断できる頭の回転が速い人。短気なところもありますが、おしゃべりが好きで勘が非常に鋭いタイプ。人情家で情にとてももろい人ですが、人間関係をつくるのがやや下手なところがあり、恩着せがましいところや、自分が正しいと思った意見を押しつけすぎてしまう癖があるでしょう。感性も豊かで芸術系の才能をもち、新しいアイデアを生み出す力もあります。寝不足や空腹で簡単に不機嫌になってしまうでしょう。**

## 2024年はこんな年

秘めていた才能が開花する年。直感が冴え、感性やセンスも活かせて楽しくなってくるでしょう。周囲が驚くようなアイデアを出せたり、ズバッとキレのいい発言をすることもできそうです。ただし、品のない言い方にならないよう、言葉はきちんと選ぶように。己の勘に従って行動することで、いい出会いや大きなチャンスをつかむことができるので、自分を信じて動いてみましょう。健康運は、ストレス発散のために運動すると、体力もついて一石二鳥になりそう。

### 開運アクション

- 直感を信じて行動する
- 言葉を選びつつハッキリ言う
- 運動をはじめてスタミナをつける

## 金の羅針盤座

命数

# 5

## ネガティブな情報屋

| ラッキーカラー | ピンク パープル |
| ラッキーフード | ローストビーフ すもも |
| ラッキースポット | 旅館 水族館 |

**もっている星**

★ 商売人の星
★ 計画を立てる星
★ 多才な星
★ 都会的な人が好きな星
★ お酒に注意の星

### 基本性格　アイデアは豊富だけど、適当でややネガティブ

多趣味・多才でいろいろなことに詳しく視野が広い人。根は真面目で言われたことを忠実に守りますが、お調子者のところがあり、適当なトークをすることがあります。一方で不思議とネガティブな面もある人。おもしろそうなアイデアを出したり、情報を伝えたりすることは上手です。好きなことが見つかると没頭しますが、すぐに飽きてしまうところもあるでしょう。部屋に無駄なものが集まりやすいのでマメに片付けたほうがいいでしょう。

**2024年はこんな年**

あなたの計算や計画の通りに物事が運びやすい年。情報収集力や、多趣味で多才なところをうまく活かせるでしょう。いろいろなことをやっておいてよかったと思える出来事もありそうです。自分ひとりだけが得する方向に進むより、周囲も得するように動くと、味方も増えて楽しく過ごせるようになるでしょう。あなたに必要な情報も入ってくるので、積極的に調べたり聞いたりしてみて。健康運は、ヨガやスポーツジムに通って体をしぼるといいでしょう。

**開運アクション**

◆ 人をほめる
◆ 互いに得することを考える
◆ 何事もプラス面を探す

## 金の羅針盤座

命数

# 6

## 謙虚な優等生

| ラッキーカラー | ピンク ラベンダー |
| ラッキーフード | たちうおの塩焼き 栗 |
| ラッキースポット | 温泉旅館 渓谷 |

**もっている星**

★ 真面目でまっすぐな星
★ ネガティブな星
★ 自信がない星
★ 押されたらすぐ落ちる星
★ 小銭が好きな星

### 基本性格　清潔感と品があり現実的だけど臆病者

真面目でおとなしく出しゃばったことをしない人。やや地味なところはありますが、清潔感や品格をもち、現実的に物事を考えられて、謙虚な心でつねに一歩引いているようなタイプです。他人からのお願いが断れなくて便利屋にされてしまう場合もあるので、ハッキリと断ることも必要。自分に自信がないのですが、ゆっくりじっくり実力をつけることができれば、次第に信頼・信用されるでしょう。臆病が原因で交友関係は狭くなりそうです。

**2024年はこんな年**

真面目にじっくり取り組んできた人ほど高く評価され、大きなチャンスをもらえる年。遠慮したり臆病になったりせず、思い切って行動しましょう。言いたいことをハッキリ伝えてみると、状況やあなたに対する周囲の扱いも変わってきそうです。完璧よりも場数を増やすことを目指すよう考え方を変えてみると、いい経験と人脈ができるでしょう。手先が器用なところも活かせそうです。健康運は、家でできる筋トレやストレッチをするといいでしょう。

**開運アクション**

◆ 開き直って言いたいことを言ってみる
◆ 恥ずかしいと思ったら行動する
◆ イメチェンや自分磨きにケチケチしない

金
の羅針盤座

gold pyxis
No.7-8

命数

# 7

## おだてに弱い
## 正義の味方

### もっている星
★ 正義の味方の星
★ 行動が雑な星
★ 恋で空回りする星
★ ほめられたらなんでもやる星
★ 細かな計算をせず買い物する星

| ラッキーカラー | レッド ネイビー | ラッキーフード | うどん ゴーヤチャンプルー | ラッキースポット | 動物園 空港 |

### 基本性格  抜群の行動力だけど、ちょっとドジ

自分が正しいと思ったことを貫き通す正義の味方のような人。人にやさしく面倒見がいいのですが、人と距離をあけてしまうところがあります。正しい考えにとらわれすぎて、ネガティブになってしまうこともあるでしょう。行動力と実行力があるのですが、おだてに弱く、ほめられたらなんでもやってしまうところもあります。基本的に、雑でドジなところがあるので、先走ってしまうことも多いでしょう。

**2024年はこんな年** もっとも正義感が強く、曲がったことが嫌いなタイプ。今年は大きな壁を乗り越えられて、あなた中心に世の中が動くと言ってもいいくらい、運を味方につけられるでしょう。自分の常識を周囲に押しつけず、いろいろな人の考えを認め、尊重しほめてみると、いい仲間も集まってきそうです。後輩や部下の面倒を見ることも大切なので、多少面倒でもプライベートで一緒に遊んでみるといいでしょう。健康運は、ヨガやストレッチをして体を柔らかくするとよさそう。

> 開運アクション
> ◆ 自信をもって行動する
> ◆「感謝・認める・ねぎらい」を忘れない
> ◆ 明るく笑顔でお願いをする

---

金
の羅針盤座

命数

# 8

## 上品で臆病な人

### もっている星
★ 上品な星
★ マイナス思考な星
★ 人が苦手な星
★ 品のある人が好きな星
★ 肌と精神が弱い星

| ラッキーカラー | ピンク ブルー | ラッキーフード | スズキのムニエル 麻婆茄子 | ラッキースポット | コンサート アミューズメントパーク |

### 基本性格  繊細でネガティブだけど、礼儀正しくお上品

真面目で上品、挨拶やお礼などの常識をしっかり守る人。ルールやマナーにもうるさく、できない人を見るとガッカリしてしまうことも多いでしょう。繊細な性格でネガティブな考えが強く、勝手にマイナスに考えてしまうところもあります。その点は、あえてポジティブな発言をすることで人生を好転させられるでしょう。臆病で人間関係が苦手、とくに初対面の人と打ち解けるまでに時間がかかってしまうことが多いでしょう。

**2024年はこんな年** 規則やルール、約束をもっとも守るキッチリしたタイプ。しっかり者ですが、メンタルの弱さが出てしまうことも。今年は、心も体も楽になり、あなたのこれまでの頑張りやしっかりやってきたことも評価されそうです。「真面目に取り組んできて正解だった」と思えますが、そのぶん周囲にいるだらしない人にイライラしやすいので、小さなことを気にして心を乱さないようにしましょう。健康運は、アロマを楽しんでみると、いいストレス発散になりそう。

> 開運アクション
> ◆ 度胸と勇気を出す
> ◆ 考える前に行動する
> ◆ 好きなアーティストのライブに行く

# 金 の 羅 針 盤 座

命数

# 9

上品な変わり者

もっている星
★ 発想力がある星
★ 海外の星
★ 時代を変える星
★ 恋は素直になれない星
★ 束縛から逃げる星

| ラッキーカラー | ピンク ブルー | ラッキーフード | にんにくのホイル焼き たけのこ | ラッキースポット | 海外旅行 映画館 |

**基本性格** 理屈と言い訳が多い、新たな価値の提案者

ほかの人とは違った生き方を自然としてしまいます。周囲から「変わってる」と言われることがありますが、自分では真面目に過ごしています。理論と理屈が好きですが、屁理屈や言い訳が多くなってしまうタイプ。芸術系の才能や新たなことを生み出す才能をもっているため、天才的な能力を発揮することもあるでしょう。頭はいいですが、熱しやすく冷めやすいので、自分の好きなことがわからずにさまよってしまうところがあるでしょう。

**2024年 はこんな年** あなたの才能やセンスを活かすことができる年。色彩感覚やアイデア、企画力をおもしろがってもらえそうです。これまでは「ちょっと変な人」と思われていた人も「天才」と言われるようになってくるので、自分の好きなことをアピールしてみるといいでしょう。屁理屈をこねるのもいいですが、今年からはおもしろい話に変えて周囲を楽しませてみると、人気や注目を集められそうです。健康運は、肩こりや片頭痛に悩まされそうなのでスポーツジムで筋トレをするのがオススメ。

> 開運アクション
> * アイデアや企画をドンドン出してみる
> * 恋には素直になっておく
> * 他人の才能をほめる

---

# 金 の 羅 針 盤 座

命数

# 10

真面目な
完璧主義者

もっている星
★ プライドが邪魔する星
★ 知的好奇心の星
★ 教える星
★ 専門職の星
★ 年上に好かれる星

| ラッキーカラー | ピンク 藍色 | ラッキーフード | かに 野菜炒め | ラッキースポット | 劇場 老舗旅館 |

**基本性格** 人に興味がなく我が道を突き進む職人気質

つねに冷静に物事を判断できる落ち着いた大人のような人。歴史や芸術が好きで、若いころから渋いものにハマっているでしょう。他人に興味がなく、距離をあけてしまうところや、上から目線の言葉が自然と出てしまうところもあるでしょう。ひとつのことを極めることができ、職人として最高の能力をもっているので、好きなことを見つけたらとことん突き進んでみるといいでしょう。ネガティブな発想になりすぎてしまうのはほどほどにしておきましょう。

**2024年 はこんな年** 探求心と追求心があり、「完璧主義の星」をもった人。自分が認めた人以外にはめったに心をひらきませんが、今年は尊敬できる人や心を許せる人との出会いがありそうです。気になった場所には積極的に足を運び、人との交流を面倒だと思わないようにしましょう。つながりや縁を大切にすれば、あなたの才能やセンスのすごさに気づく人にも出会え、他人のミスを許せるようにもなりそうです。健康運は、朝からウォーキングをすると体が軽くなるでしょう。

> 開運アクション
> * 人との交流を楽しんでみる
> * 相手の才能や個性をほめる
> * 生きるため以外のプライドは捨てる

銀の羅針盤座

命数

# 1 礼儀正しい頑張り屋

もっている星
- ★友人に影響を受ける星
- ★テンションが高校生の星
- ★少年っぽい人が好きな星
- ★胃が弱い星
- ★体力がある星

ラッキーカラー オレンジ ブルー
ラッキーフード 親子丼 りんご
ラッキースポット 公園 避暑地

**基本性格** 狭く深く仲間意識の強い、一生青春な若者

粘り強く真面目な頑張り屋タイプ。一度自分がこれだと見つけたことに最後まで一生懸命に取り組みます。仲間意識が強く友情を大切にしますが、友人に振り回されてしまうこともあるでしょう。心は高校1年生のまま、青春時代のままで生きているような人。友人の数は多くはなく、付き合いは狭くて深い人。反発心があり「でも、だって」が多く、若いころは生意気だと思われてしまうところがあり、他人からの言葉をネガティブにとらえることも多いでしょう。

**2024年はこんな年**

もともとパワフルなタイプですが、今年は疲れを感じやすく、イメージ通りに体が動かない感じになりそうです。同期やライバルに差をつけられて、イライラしたりストレスがたまることもあるかもしれませんが、いまは勝ちを譲るときだと思って、マイペースに過ごしましょう。スポーツや筋トレなどをして体を動かす習慣をつくると、うまくストレスを発散できるでしょう。健康運は、胃腸の調子を崩しやすいので、刺激の強い食べ物は控えるように。暴飲暴食も避けましょう。

開運アクション
- 意地を張って頑張りすぎない
- 異性の友人をつくる
- 周囲に協力する

銀の羅針盤座

命数

# 2 地道なことが好きな無駄嫌い

もっている星
- ★無駄が嫌いな星
- ★結論だけ聞く星
- ★上手にサボる星
- ★玉の輿に乗る星
- ★一攫千金の星

ラッキーカラー ブラック レッド
ラッキーフード 餃子 干し芋
ラッキースポット 温泉旅館 美術館

**基本性格** 合理的だけど先走る無謀な男の子

上品で控えめな性格に見えて、根は無駄なことが大嫌いな、合理的に生きる男の子のようなタイプ。団体行動が苦手で人付き合いも苦手ですが、表面的には人間関係を上手に築けるので、外側と中身が大きく違う人。頭の回転は速いのですが、話の前半しか聞かずに先走ることが多いでしょう。自分に都合が悪いことを聞かないわりには、ネガティブな情報に振り回されてしまうことも。一人旅に出るなど、大胆な行動に走る人でしょう。

**2024年はこんな年**

陰の努力が必要な最後の1年。周囲に知らせず密かに学んだり、地道に努力していることがあるなら、そのまま続けることが大切です。突然投げ出してしまうと、これまでの努力が水の泡になってしまいます。結果が出なくても焦らず、2025年から人生が変わると思って期待しておきましょう。健康運は、自己流の健康法が原因で体調を崩してしまうことがあるかも。極端なやり方はよくないと学べそうです。ヤケ酒などが原因で、ケガをしたり体調を崩しやすくなるので注意しましょう。

開運アクション
- 陰の努力や勉強を続ける
- ヤケを起こさない
- 遊園地に行く

# 銀の羅針盤座

命数 **3**

## 明るいマイナス思考

もっている星
★ ワガママな星
★ 愚痴と不満が多い星
★ 甘え上手な星
★ おもしろい人を好きになる星
★ 油断すると太る星

| ラッキーカラー | レッド ライトブルー | ラッキーフード | きのこのソテー オレンジ | ラッキースポット | サウナ 喫茶店 |

基本性格　おしゃべりで人気者だけど、人が苦手

サービス精神が豊富で明るく品のある人。自然と人が周りに集まってきますが、人が苦手という不思議な星の持ち主。自ら他人に振り回されにいってしまいながらも、自分も周囲を自然と振り回してしまうところがあるでしょう。おしゃべりでワガママな面がありますが、人気を集めるタイプです。超ポジティブですが空腹になるとネガティブな発言が多くなり、不機嫌がすぐ顔に出るでしょう。笑顔が幸運を引き寄せます。

**2024年はこんな年**

喜怒哀楽がすぐに言葉や態度に出るタイプですが、とくに今年は疲れてイライラした態度をとってしまったり、口の悪さが出やすくなりそうです。ストレスがたまって暴飲暴食し、急激に太ってしまうこともあるので気をつけて。定期的に体を動かして、ダイエットや体重維持に努めておきましょう。健康運は、気管や肺の調子を崩したり、痛風や糖尿病になる場合があるかも。水を多めに飲むよう心がけ、食事の栄養バランスが偏らないよう十分に注意しておきましょう。

開運アクション

◆ 自分の機嫌は自分でとる
◆ 欲望に流されない
◆ 手料理をご馳走する

---

# 銀の羅針盤座

命数 **4**

## 繊細でおしゃべりな人

もっている星
★ 専門家になる星
★ しゃべりすぎる星
★ サプライズに弱い星
★ ストレスをためやすい星
★ 基礎体力づくりが必要な星

| ラッキーカラー | ホワイト イエロー | ラッキーフード | ハンバーグ グレープフルーツ | ラッキースポット | 美術館 森林浴 |

基本性格　頭の回転が速く感性豊かで一言多い

好きなことをとことん突き詰められる情熱家。頭の回転が速く、なんでも勘で決める人。温和で上品に見えますが、根は短気でやや恩着せがましいところもあるでしょう。芸術的感性も豊かで表現力もありますが、おしゃべりで一言多いでしょう。粘り強いのですが、基礎体力がなく、イライラが表面に出てしまうところも。寝不足や空腹になると機嫌が悪くなり、マイナス思考や不要な発言が多くなってしまうでしょう。

**2024年はこんな年**

スタミナ不足を感じたり、疲れがなかなか抜けない感じになりそう。元気なときにスクワットなどの筋トレをして、体力をつけておくといいでしょう。水泳やランニングなどで体を鍛えるのもよさそうです。また、睡眠時間を増やしたり、日中仮眠をとるよう心がけておくこと。今年は些細なことでイライラして、周囲との関係が悪くなりやすいため、意識して上品な言葉を使うようにしましょう。健康運は、異変をそのままにしていると、入院や手術をすることになりかねないので要注意。

開運アクション

◆ 心が安らぐ音楽を聴く
◆ 愚痴を言うより人をほめる
◆ スクワットをして体力をつける

# 銀の羅針盤座

命数

## 5 品のある器用貧乏

もっている 星

★ お金も人も出入りが激しい星
★ 多趣味・多才な星
★ お金持ちが好きな星
★ 散財する星
★ 好きなことが見つけられない星

| ラッキーカラー | スカイブルー ネイビー | ラッキーフード | オムライス バナナ | ラッキースポット | 水族館 コンサート |

### 基本性格 多趣味すぎて好きなもののなかでさまよう

損得勘定が好きで、段取りと情報収集が得意な、幅広く物事を知っている上品でおしゃれな人。好きなことにはじっくり長くハマりますが、視野が広いだけに自分は何が好きなのかを見つけられずにフラフラすることもあるでしょう。多趣味なのはいいのですが、部屋に無駄なものがたまりすぎてしまうことも。お調子者ですが、ややネガティブな情報に振り回されてしまうのと、人付き合いはうまいのに、本音では人が苦手なところがあります。

**2024年はこんな年**

何かと予定以上に忙しくなり、疲労がたまってしまいそう。時間に余裕をもって行動し、ヒマな日をつくっておくようにしましょう。遊びの誘いや遅い時間帯の付き合いも増えそうですが、急な予定変更は避け、事前に約束しているものだけに参加するほうがよさそうです。興味がわくことを見つけると一気にパワーが出るタイプですが、今年は視野を広げすぎず、何事もゆったり楽しんでみましょう。健康運は、お酒が原因で体調を崩したり、ケガをしてしまうことがあるので気をつけること。

**開運アクション**

◆ 予定を詰め込まない
◆ 安請け合いをしない
◆ 趣味を楽しむ時間をつくる

---

# 銀の羅針盤座

命数

## 6 受け身で誠実な人

もっている 星

★ サポート上手な星
★ 尿路結石の星
★ 地味な星
★ 一途な恋の星
★ 根はMの星

| ラッキーカラー | ラベンダー スカイブルー | ラッキーフード | のり巻き キウイ | ラッキースポット | スパ 滝 |

### 基本性格 品があり臆病でゆっくり進む誠意ある人

真面目でやさしく、じっくりゆっくり物事を進めるタイプ。品はありますが、やや地味になってしまうところもあります。言われたことは完璧にこなすことができるでしょう。現実的に物事を考えるのはいいことですが、臆病になりすぎてしまったり、マイナス情報に振り回されてしまったりと、石橋を叩きすぎてしまうこともあるタイプ。初対面の人や人間関係を広げることが苦手で、つねに一歩引いてしまうところがあるでしょう。

**2024年はこんな年**

断ることが苦手で、損するとわかっていても面倒なことを引き受けてしまうタイプ。今年は想像以上に忙しくなり、精神的な疲れが一気にたまってしまいそうです。好きな音楽を聴いたり、気を使わずにいられる人と遊ぶ時間をつくるようにしましょう。話しやすい人や、たくさん笑わせてくれる人と一緒に過ごすのもいいでしょう。健康運は、冷えが原因で婦人科系の病気や尿路結石、膀胱炎などになりやすいので要注意。肌荒れに悩むこともありそうです。

**開運アクション**

◆ 断る勇気をもつ
◆ 湯船にしっかり浸かってから寝る
◆ 好きな音楽を聴く時間をつくる

銀の羅針盤座

命数

# 7

## ネガティブで正義感が強い人

もっている星
★無謀な行動に走る星
★人任せな星
★仕切りたがる星
★押しに弱い星
★下半身が太りやすい星

ラッキーカラー ブルー ホワイト
ラッキーフード わかめそば ぶどう
ラッキースポット 動物園 タワー

### 基本性格 面倒見がいいのに人が苦手で不器用な行動派

自分が正しいと思ったら突っ走る力が強く、せっかちで行動力はありますが、やや雑です。好きなことが見つかると粘り強さを発揮します。正義感があり面倒見が非常にいいのですが、不思議と人が苦手で人間関係をつくることに不器用な面があるでしょう。おだてに極端に弱く、ほめられたらなんでもやってしまうところも。年上の人から好かれることが多いのですが、その人次第で人生が大きく変わってしまうところもあるでしょう。

### 2024年はこんな年

持ち前の行動力とパワーが弱まりそうな年。これまで頑張ってきたぶん、一息つくタイミングです。無理をせず、しっかり休んで充電しましょう。慌てるとケガをしたり体調を崩してしまいそうです。おだてに弱いため、もち上げてくる人に便利屋のごとく使われないよう気をつけること。健康運は、腰痛や足のケガ、骨折などをしやすくなるので、雑な行動は避けるように。つねに品よく、ていねいな振る舞いを意識しましょう。

### 開運アクション

- 時間にゆとりをもって動く
- ふざけた行動は控える
- 助けてくれた人に感謝を伝える

銀の羅針盤座

命数

# 8

## 常識を守る高貴な人

もっている星
★気品のある星
★約束やルールを守る星
★人間関係が苦手な星
★精神的に頼れる人が好きな星
★スキンケアが大事な星

ラッキーカラー ブルー ライトブルー
ラッキーフード ウニのパスタ メロン
ラッキースポット 庭園 コンサート

### 基本性格 お金持ちから好かれるネガティブな貴婦人

礼儀正しく、上品で何事にも几帳面でていねいなタイプ。臆病で人間関係をつくることが苦手ですが、上司や先輩、お金持ちから自然と好かれてしまう人。やさしく真面目ですが、ネガティブに物事をとらえすぎる癖があり、マイナスな発言が多くなってしまう人でしょう。言われたことを完璧にできますが、一方で言われないとなかなかやらないところもあるでしょう。見栄っ張りなところもあり、不要な出費も多くなりそうです。

### 2024年はこんな年

キッチリした性格がアダになり、精神的な疲れがたまってしまいそう。自分のことだけでなく、ほかの人の雑な部分まで気になってイライラしてしまいそうです。コミュニケーションがうまくとれずにストレスになることも。困ったときは素直に助けを求め、周囲の人に甘えてみると楽になれそうです。健康運は、手荒れ、湿疹など疲れが肌に出てしまうかも。上手にストレスを発散するよう心がけましょう。好きな香りをかぐと、リラックスできそうです。

### 開運アクション

- 少しくらい雑でもいいと思う
- 楽しく話してくれる人に会う
- 好きな香りをかぐ

銀の羅針盤座 命数 9

# 斬新な生き方をする臆病な人

もっている星
★ 革命を起こす星
★ 超変態な星
★ 自由に生きる星
★ 長い恋が苦手な星
★ 飽きっぽい星

ラッキーカラー ホワイト ブルー
ラッキーフード スープカレー プリン
ラッキースポット 映画館 美術館

**基本性格** 人と違った才能をもつ、人が苦手な異端児

上品でていねいですが、自由を求める変わり者。芸術や美術、周囲とは違った才能をもっています。デザインや色彩の才能、企画やアイデアを出すことでひとつの時代をつくれるくらい、不思議な生き方をします。表面的な人付き合いはできますが、本音は人が苦手で束縛や支配から逃げてしまうところも。一族のなかでも変わった生き方をし、突然これまでとはまったく違った世界に飛び込んでしまう場合があり、熱しやすく冷めやすい人でしょう。

**2024年はこんな年**

いまの環境や仕事に飽きて、急に引っ越しや転職を考えてしまいそうな年。今年の決断はのちの苦労や疲れの原因になるため、2025年まではようすを見るようにしましょう。それまでは自分の得意なことや好きなことを磨いておくといいでしょう。芸術系の習い事をはじめたり、アート作品を観に行ってみると、気持ちも落ち着いてきそうです。また、他人を小馬鹿にするような言葉遣いをしないよう、十分注意すること。健康運は、視力の低下や目の疲れ、首の痛みなどが出てくるかも。

**開運アクション**
- 現状維持を楽しむ
- 小馬鹿にするようなことを言わない
- 芸術鑑賞に出かける

銀の羅針盤座 命数 10

# マイナス思考の研究家

もっている星
★ 年上から好かれる星
★ 完璧主義の星
★ 言い訳が多い星
★ 理屈と理論の星
★ 尊敬できないと恋ができない星

ラッキーカラー パープル ホワイト
ラッキーフード 鉄火巻き 干し柿
ラッキースポット 書店 神社仏閣

**基本性格** 物事を突き詰められて、年上に好かれる人間嫌い

つねに冷静に物事を判断して、好きではじめたことは最後まで貫き通し、完璧になるまで突き詰めることができる人。人になかなか心を開きませんが、尊敬すると一気に仲よくなって極端な人間関係をつくる場合も多いタイプ。ただし、基本的には人間関係が苦手です。考えが古いので、年上の人や上司から好かれることも多いでしょう。偏食で好きなものができると飽きるまで食べすぎてしまうところも。疑い深く、ネガティブにもなりやすいでしょう。

**2024年はこんな年**

疲れがたまって集中しづらくなったり、考えがうまくまとまらなくなりそう。人間関係の面倒事にイライラすることも増えてしまうかも。昼寝などをして睡眠を長くとり、できないときは目を閉じる時間を少しでもつくっておくといいでしょう。また今年は、プライドを手放してみましょう。周囲に頭を下げると、結果的に自分を守ることができるでしょう。健康運は、肩こりや首の痛み、片頭痛や目の疲れなどが原因で集中力が低下しそう。こまめに運動やストレッチをしておきましょう。

**開運アクション**
- 昼寝をする
- 言葉遣いをやさしくする
- 尊敬できる人に相談する

金のインディアン座

命数 **11**

# 好奇心旺盛な心は中学3年生

もっている星

- ★裏表がない星
- ★色気がない星
- ★浪費癖の星
- ★マメな人に弱い星
- ★胃腸が弱い星

## 基本性格 誰とでも親しくなれる裏表のない少年

負けず嫌いな頑張り屋。サッパリとした性格で、女性の場合は色気がまったく出ない人が多く、男性はいつまでも少年っぽい印象があるでしょう。心が中学3年生くらいからまったく成長していないので、無邪気で好奇心も旺盛。やや反発心をもっているので若いころは生意気なところがありますが、裏表の少ない性格と誰とでもフレンドリーなところから幅広い知り合いができることも多いでしょう。妄想が激しくなりすぎるのはほどほどに。

### 開運アクション

- 表現を学ぶ
- 親友を大切にする
- 自分も周囲も笑顔にする

## 2024年はこんな年 評価や信頼を得られる年。能力を最大限に発揮しよう

もっともマイペースですが、今年は自分のペースを守ったおかげで評価されたり、ほかの人が到達できない場所にまでたどり着くことができるでしょう。気力や責任感もあるタイプなので、信頼も集まってきそうです。付き合いの長い人と組むことで、楽しい時間も増えるでしょう。意見が食い違ったときは、言い方が悪かったと思ってよりよい言葉や表現を学ぶと、あなたの能力をもっと活かせるようになりそうです。健康運は、長く続けられそうな運動をはじめるといいでしょう。

### 恋愛&結婚

ただの友人だと思っていた人と交際がはじまることがある年。対等に付き合える恋が向いているので、身近な人に注目してみましょう。同窓会やしばらく会っていない同期、昔の同僚に会う機会にも必ず顔を出すように。また、何もせずにいると色気がドンドンなくなってしまうタイプのため、今年は美意識を高め、自分磨きに時間を使うことも重要です。結婚運は、あなたのペースを乱さない相手なら、話を進めるといいでしょう。

### 仕事&お金

あなたの能力やパワーを最大限に発揮できる1年。頑張りすぎて周囲からやっかまれることもあるかもしれませんが、今年は周りを引っ張っていくくらいの勢いで、全力で取り組みましょう。仕事仲間や関係者との交流も大切にするとよさそうです。ハッキリ言いすぎると気まずくなるので、「ほめる、認める、許す、ねぎらう」を心がけてみて。金運は、頑張ったぶん出費も激しくなってしまいそうです。

| ラッキーカラー | ラッキーフード | ラッキースポット |
| --- | --- | --- |
| ピンク、ブルー | たこ焼き、クリームシチュー | 運動場、キャンプ場 |

金のインディアン座 命数 12

# 冒険が好きな楽観主義者

もっている星
- ★単独行動の星
- ★一発逆転をねらう星
- ★逃げると追いかけたくなる星
- ★努力を見せない星
- ★独自の健康法にハマる星

## 基本性格　時代をつくる才能がある、無邪気なお気楽者

**刺激と変化を求める無邪気な人。心は高校1、2年生で止まったままの好奇心旺盛なタイプ。やや落ち着きがなく無計画な行動に突っ走ってしまうところもありますが、新しいことや時代の流れに素早く乗ることができ、ときには時代をつくれる人。誰も知らない情報をいち早く知っていたり、流行のさらに一歩先を進んでいることもあるでしょう。団体行動が苦手で少人数や単独行動のほうが気楽でいいでしょう。**

### 開運アクション

- 何事も全力で取り組む
- 付き合いの長い人を大切にする
- 思い出のあるアーティストのライブに行く

## 2024年はこんな年　秘めていた実力を発揮すると驚くような結果を出せる

**本領を発揮できる年。これまで陰で努力をし頑張りを表に出さないようにしてきた人も、能力の高さを見抜かれ、いよいよ秘めていた力を発揮する流れになりそうです。今年は、心の内で思っていたことや隠していた実力をできるだけ出してみるようにしましょう。周囲が驚くような結果を出せたり、今年から人生が大逆転するような流れをつくることができるでしょう。健康運は、格闘技や筋トレなど、ハードな運動をするのがオススメです。**

### 恋愛&結婚

知り合ってから長い友人を突然好きになったり、急に興味がわいてくることがありそう。仕事で結果を出そうと努力している向上心のある人を、身近で探してみるといいでしょう。懐かしい仲間に久しぶりに会うと、見違えるくらい変わっていて、恋心に火がつくケースもありそうです。好きになったら一直線のタイプですが、三角関係や不倫に走ってしまう場合もあるため、自分がされて嫌なことはしないように。結婚運は、好きだと思っているうちに婚姻届を出したほうがよさそうです。

### 仕事&お金

これまでの苦労や経験、反省をうまく活かすことができる年。仕事のコツや話の要点をしっかりつかんで、最短で最大の結果を出すことができたり、周囲の期待以上の成果をあげられそうです。単独の判断や行動が目立つタイプですが、付き合いが長い人とチームを組むことでさらに大きな結果を残すことができ、協力の大切さをあらためて学べるでしょう。金運は、一攫千金を目指すよりもNISAなどでゆっくり増やすようにしましょう。

| ラッキーカラー | ラッキーフード | ラッキースポット |
| --- | --- | --- |
| ブラック、ダークブルー | ぶりの照り焼き、ラズベリー | 古都、音楽フェス |

# 金のインディアン座 命数13 一生陽気な中学生

もっている星

- ★無邪気な星
- ★言ったことを忘れる星
- ★助けられる星
- ★夜の相性が大事な星
- ★扁桃腺が弱い星

## 基本性格 交友関係が広い無邪気な人気者

明るく陽気でおしゃべり、無邪気で楽観主義、見た目も心も若く中学2、3年生からまったく成長していないような人。楽しいことが好きで情報を集めたり、気になることに首を突っ込んだりすることが多いぶん、飽きっぽく落ち着きがないところもあるでしょう。ワガママな部分はありますが、陽気な性格がいろいろな人を引きつけるので、不思議な知り合いができて交友関係も自然と広くなるでしょう。空腹で機嫌が悪くなる点には気をつけて。

### 開運アクション

- 知り合いに知り合いを紹介する
- やさしい人を大切にする
- 礼儀や挨拶はしっかりする

## 2024年はこんな年 人との関わりが増える年。知り合いの輪を広げよう

おもしろいことや楽しいことを見つけるのがもっともうまいタイプ。今年は、忙しいながらもラッキーなことが多いでしょう。人との関わりも増えていろいろな縁がつながるので、知り合いの輪を広げてみて。多少ワガママを言っても問題ありませんが、冗談のつもりで発した余計な一言が原因で味方が減ってしまうことも。言葉遣いには気をつけ、礼儀や挨拶も忘れないようにしましょう。健康運は、のどを痛めやすいので、こまめにうがいをすること。

## 恋愛&結婚

モテ期に入りましたが、軽いノリや勢いでの恋を恋愛だと思い込んでいると、本気であなたを幸せにしてくれる人を逃してしまいそう。将来を考えられる人を見つけるためにも、今年からはやさしい人に注目するといいでしょう。華やかな服装や露出が多めの格好で目立ってみたり、よく笑うよう心がけると、ドンドンモテてきそうです。結婚運は、ノリだけでなく、安心もできる相手だとわかったら、結婚するといいでしょう。

## 仕事&お金

あなたに注目が集まる年。これまで怠けたりサボったりしすぎていた人は、厳しい指摘を受けてしまいそうです。一方、楽しみながら頑張ってきた人にはうれしいご褒美があるでしょう。努力を認められてこれまで以上に楽しく働けるようになり、いい仲間や懐かしい人と一緒に仕事ができることもありそうです。仕事関係者との付き合いでは、自ら集まりを主催してみると、いい時間を過ごせるでしょう。金運は、おいしいものを見つけたら周囲にプレゼントするとよさそう。

| ラッキーカラー | ラッキーフード | ラッキースポット |
|---|---|---|
| ピンク、ライトブルー | さんまの蒲焼き、ブルーベリー | コンサート、遊園地 |

金のインディアン座

命数 14

# 瞬発力だけで生きる中学生

もっている星
- ★語りたがる星
- ★勘で買い物する星
- ★頭の回転が速い星
- ★短気な星
- ★センスのいい人が好きな星

## 基本性格 根っから無邪気なおしゃべり

何事も直感で決め、瞬発力だけで生きている人。独特の感性をもち、周囲が驚くような発想をすることもあるでしょう。空腹になると短気になります。生まれつきのおしゃべりで、何度も同じようなことを深く語りますが、根っから無邪気で心は中学生のまま。気になることにドンドンチャレンジするのはいいですが、粘り強さがなく、諦めが早すぎてしまうこともあるでしょう。人情家ですが、執着されることを自然と避けてしまうでしょう。

### 開運アクション
- 品のいい言葉を選ぶ
- 直感を信じて粘ってみる
- ていねいに説明する

## 2024年はこんな年 言葉に気をつけつつ意見をドンドン言ってみよう

直感に従って行動することで幸運をつかめる年。遠慮せずに自分のアイデアや思いをドンドン発してみるといいでしょう。ただし、何事も言い方ひとつで変わるものなので、下品な言い方をしないよう気をつけて。品のいい言葉や、相手が受け入れてくれそうな表現を選びましょう。そのためにも、素敵な言葉を学んだり、語彙を増やす努力をすることが大事です。健康運は、筋トレやストレッチをしながら、明るい妄想をするといいでしょう。

### 恋愛&結婚

毒舌キャラだからと開き直って言いすぎていると、せっかくのモテ期を逃してしまいそう。一目惚れするタイプですが、新しい出会い運は2024年の10月以降に期待したほうがよく、それまでは知り合いや付き合いの長い人に目を向けてみるといいでしょう。しばらく会っていない人にピンときて素敵な恋がはじまる場合もあるので、急な誘いでも顔を出してみるように。結婚運は、出会ったときに「この人と結婚する」と思った相手なら、年内に婚姻届を出すとよさそうです。

### 仕事&お金

アイデアや企画を考える仕事や、アート系の仕事で最大の能力を発揮できる年。専門知識や資格を活かせる職に就いている人も、うれしい結果や大きなチャンスに恵まれそうです。発言力も増しますが、言葉はしっかり選ぶように。「アレさえ言わなければ」と反省した過去を活かしましょう。説明するときも、ていねいすぎるくらい言葉をつくしたほうがよさそうです。金運は、浪費が激しくなりやすいので要注意。積立式のNISAを少額からはじめるといいでしょう。

| ラッキーカラー | ラッキーフード | ラッキースポット |
|---|---|---|
| レッド、ターコイズブルー | 冷や奴、チーズ | アミューズメントパーク、美術館 |

# 金のインディアン座

命数 **15**

## 情報収集が得意な中学生

もっている星

★ 視野が広い星
★ 親友は少ない星
★ 脂肪肝の星
★ おしゃれな人を好きな星
★ 流行の先を行く星

---

### 基本性格 計算が得意で広い人脈をもつ情報屋

あらゆる情報を入手することに長けた多趣味・多才な情報屋のような人。段取りと計算が得意で、フットワークも軽くいろいろな体験や経験をする人でしょう。お調子者でその場に合わせたトークもうまいので人脈は広がりますが、知り合い止まりくらいの人間関係を好むでしょう。家に無駄なものやガラクタ、昔の趣味のもの、服などが多くなってしまうのでマメに片付けるように。損得勘定だけで判断するところもあるのでほどほどに。

### 開運アクション

- 懐かしい人にたくさん会う
- お得な情報を発信する
- 守れない約束はしない

### 2024年はこんな年

**趣味や才能を活かせる年。おもしろい縁もつながりそう**

もっとも情報集めが好きでフットワークが軽いタイプ。今年は多趣味・多才で経験も豊富なあなたの、これまでうまく活かしきれていなかった才能が評価され、独自の価値として受け止めてもらえそうです。これまで出会った人とのつながりも活かせ、おもしろい縁が広がってくるでしょう。過去に苦労したことが、いい経験だったと思えるような出来事もありそうです。健康運は、お酒の飲みすぎに要注意。忙しくなっても睡眠時間はしっかり確保するようにしましょう。

### 恋愛結婚

求める相手のレベルが高いタイプですが、今年は身近にいる理想の人の気持ちをつかむことができそうです。ただし、もともと遊び人に引っかかりやすいため、過去の反省を活かして、人としての厚みや責任感のある相手を選ぶようにしましょう。周囲にいる評判がいい人に注目するといいので、最近輝いている人にあらためて目を向けてみて。頑張っている同級生を集める場を設けてみても、いい出会いがありそうです。結婚運は、結婚を真剣に考えて、遊びの恋は終わりにしましょう。

### 仕事&お金

あなたと一緒に働くことを、周りに楽しんでもらえそうな年。情報をうまく活かしたり、企画やアイデアにして出してみると評価されるでしょう。プライベートでの交流も増え、周囲が驚くような人と仲よくなれるなど、仕事以外でもいい人間関係を築けそうです。人脈を活かして独立や起業をするにもいいタイミングになるでしょう。ただし、適当な口約束はほどほどにしないと信用を失うので気をつけること。金運は、長年欲しかったものが手に入りそうです。

---

| ラッキーカラー | ラッキーフード | ラッキースポット |
|---|---|---|
| レッド、ネイビー | 鮭のバターソテー、フルーツヨーグルト | 水族館、百貨店 |

# 金 のインディアン座

gold indus No.16

命 数

## 16 誠実で陽気な中学生

もっている星

★ 陽気だが自信はない星
★ 地道なことが好きな星
★ セールが好きな星
★ 妄想恋愛の星
★ お酒に注意の星

---

## 基本性格　新しもの好きで情報通の慎重派

真面目でやさしく地道にコツコツと積み重ねるタイプ。好奇心が旺盛で新しいことが好きですが、気になることを見つけても慎重なため情報ばかり集めて、ようす見ばかりで一歩前に進めないことが多いでしょう。断り下手で不慣れなことでも強くお願いをされると受け入れてしまい、なんとなく続けていたもので大きな結果を残すこともできる人。自信がなく、自分のことをおもしろくないと思い、ときどき無謀な行動に走っては後悔することも。

### 開運アクション

- 悩む前に行動する
- 言いたいことはハッキリ伝える
- 目立つことを恐れない

### 2024年はこんな年　遠慮したり臆病にならず大きな幸せを手に入れて

地道な努力をしてきたり、ときには遠回りして苦労や経験をたくさん積んできた人ほど、うれしいことが多い年。長く苦労してきた人は、今年でそれも終わりそうです。チャンスや評価を得られるので、遠慮したり臆病になったりせず、しっかり受け止めましょう。あなたがよろこぶことで周囲も笑顔になるはずです。大きな幸せを手にする順番が回ってきたと思って、積極的な行動や、自分ができることのアピールをしておきましょう。健康運は、白湯を飲む習慣を身につけるとよさそう。

### 恋愛＆結婚

片思いの恋が実る年ですが、思っているだけでは何も変わりません。自分をしっかり磨き、気持ちを伝えるようにしましょう。明るい色や春をイメージさせる色の服を着て、髪型もさわやかな感じにすると、好きな人に注目してもらえそうです。今年は、知り合いや仲のいいグループの人から告白されることも。いい人だと思うなら真剣交際をはじめてみると、トントン拍子で結婚まで進む場合もありそうです。婚姻届を出すなら年内がオススメ。

### 仕事＆お金

真面目に取り組んできたことが評価される年。これまでの苦労や経験をうまく活かすことができるので、遠慮したり消極的にならずに、気を引き締めて取り組みましょう。幸せになるには度胸がいると覚悟して飛び込んでみると、周囲の人たちも協力してくれるでしょう。困ったときも、ひとりで抱え込んだり責任を負いすぎたりせず、誰かに相談するように。金運は、買い替えを考えている家電や家具があるなら、購入するとよさそうです。

| ラッキーカラー | ラッキーフード | ラッキースポット |
|---|---|---|
| レッド、スカイブルー | 切り干し大根、ししゃも | 海水浴、デパート |

金のインディアン座 命数 17

# 妄想好きなリーダー

もっている星

- ★行動力がある星
- ★独立心のある星
- ★貸したお金は戻ってこない星
- ★顔の濃い人が好きな星
- ★腰痛の星

## 基本性格 おだてに弱く面倒見はいいが大雑把

実行力と行動力があり、気になることがあるとすぐに飛びつく人。視野が広くいろいろなことに興味を示しますが、ややせっかちなため飽きが早く、深く追求しないところがあり、雑な部分が増えてしまうでしょう。心が中学2、3年生のままでおだてに極端に弱く、ほめられたらなんでもやってしまうところがありますが、正義感があり面倒見がいいので先輩・後輩から慕われることも多く、まとめ役としても活躍するタイプでしょう。

### 開運アクション

- 目立つポジションを選ぶ
- 若い人と遊ぶ
- ハッキリ言うときほど言葉を選ぶ

## 2024年はこんな年 勘を信じて進むといい年。後輩や部下の面倒を見よう

自分でも驚くほど行動力が増し、結果もついてくる年。遠慮はいらないので、己の勘を信じてドンドン動いてみましょう。ただ、新たな挑戦は年末にするのがオススメです。それまでは、これまでの経験や人脈を最大限に活かして動くといいでしょう。後輩や部下の面倒を見ることで、いい仲間もできそうです。発言が雑になりやすいタイプなので、ていねいな言葉を選び、自分にしかわからないような言い方は避けるように。健康運は、腰痛に注意したほうがよさそうです。

### 恋愛&結婚

片思いの相手はもちろん、身近な仲のいい人を好きになったら、少し強引にでも押し切ってみるといいでしょう。相手の反応が悪いと勝手に諦めてしまうところがありますが、簡単に諦めずもう少し粘ってみると交際まで進めるようになるでしょう。年下からもモテはじめる年なので、これまで気にしていなかった人にも注目することが大切です。付き合いの長い人が運命の相手の可能性も。周囲をよく見ておきましょう。結婚運は、あなたからプロポーズするといいタイミングです。

### 仕事&お金

実力が認められてジワジワと忙しくなる1年。素早い判断と行動力が買われて、立場が上がることもありそうです。リーダー的なポジションや若手の育成を任されると、さらにやる気とパワーが出てくるでしょう。今年は「前に出すぎ」と思われてもいいので、自分をアピールし、目立つポジションを選んで頑張るように。ただし、ストレートな言い方は避けて、賢く言葉を使いましょう。金運は、派手に散財しやすいので、地道な貯金を忘れないで。

| ラッキーカラー | ラッキーフード | ラッキースポット |
|---|---|---|
| レッド、ネイビー | カルボナーラ、えびフライ | 動物園、ホテル |

金のインディアン座

命数

# 18 上品な中学生

もっている星

★他人と争わない星
★うっかりミスが多い星
★白いものを買う星
★外見で恋をする星
★日焼けに弱い星

## 基本性格 お金持ちから好かれやすい気遣い上手

無邪気ですが上品で礼儀正しい人。好奇心旺盛でいろいろなことに興味を示しますが、慎重に情報を集めてていねいに行動するタイプ。楽観的に見えても気遣いをすることが多く、精神的に疲れやすいところもあるでしょう。目上の人やお金持ちの人から好かれやすく、不思議な人脈もできやすいですが、根は図々しいところがあります。心は中学2、3年生から変わっていないのでどこか子どもっぽいところがあり、見た目も若い雰囲気でしょう。

### 開運アクション

- チャンスに臆病にならない
- 考える前に行動する
- 恋も仕事も両方頑張る

## 2024年はこんな年 真面目さが評価される年。臆せず全力で取り組もう

マイペースですが真面目で上品なところがあるタイプ。今年は、何事もていねいに進めてきたあなたが認められそうです。これまでの人脈がつながっていい縁ができたり、チャンスがめぐってくるので、臆病にならず、周囲の期待に応えるつもりで全力をつくすといいでしょう。尊敬や憧れの対象だった人とお近づきになれたり、運よく仲よくなれることもありそうです。健康運は、ヨガやダンスなどで汗を流すと、肌の調子も整うでしょう。

### 恋愛&結婚

モテる時期に入りましたが、責任感が強いため、「まずは仕事」と恋を後回しにしてしまいそう。2024年は仕事も恋も両方うまくいく運気なので、遠慮しないように。身近にいるやさしくて品のある人と結ばれやすい年でもあるため、職場の人や友人でやさしい人に注目し、気になる相手とはマメに会うといいでしょう。ガードが堅いと思われやすいので、自ら連絡したり、ボディタッチをしてみるといいかも。結婚運は、話を進めるには知り合いの協力が必要でしょう。

### 仕事&お金

真面目で几帳面な仕事ぶりが評価される年。職場の清掃や仕事道具の整頓、身の回りをきれいにするなどといった、あなたのこれまでの積み重ねや努力を、ちゃんと見ていた人がいるはずです。チャンスがきたら、その機会をつくってくれた人に感謝し、プレッシャーのかかるポジションでも受け入れてみましょう。余計なことを考える前に、行動に移すことが大切です。金運は、憧れのブランド品を購入すると、やる気につながるでしょう。

| ラッキーカラー | ラッキーフード | ラッキースポット |
|---|---|---|
| ピンク、ライトブルー | からあげ、空心菜 | コンサート、花火大会 |

# 好奇心旺盛な変わり者

**金のインディアン座**

**命数 19**

**もっている星**

- ★ 好奇心旺盛な星
- ★ 不思議な話が好きな星
- ★ 妙なものにお金を使う星
- ★ 特殊な才能に惚れる星
- ★ 束縛が大嫌いな星

## 基本性格 理屈っぽいが無邪気な子どもで自由人

好奇心豊かで、気になることをなんでも調べる探求心と追求心があるタイプ。熱しやすくて冷めやすく、つねに新しいことや人とは違う何かを追い求めてしまう人。理屈好きで屁理屈も多いので周囲から変わった人だと思われてしまうことも多いでしょう。心は小学6年生くらいで止まったままの子どものように無邪気な自由人。芸術や美術など創作する能力がありますが、飽きっぽいため好きなことが見つかるまでいろいろなことをするでしょう。

### 開運アクション

- ◆ ほめられたら素直によろこぶ
- ◆ ほかの人の個性や才能を認める
- ◆ 飽きても途中で諦めず、粘ってみる

### 2024年はこんな年 あなたの才能が認められる年。周囲の役に立てるよう努めて

あなたの個性的な発想力や才能が認められる年。ほかの人とは違う情報や知識をもっていたり、屁理屈が多いので、いままでは「変わり者」と思われていたかもしれませんが、今年は、それが「才能」だと気づいてもらえるでしょう。熱しやすく冷めやすい面もありますが、今年は簡単に諦めないように。これまでに得た知識や経験でほかの人の役に立てるよう工夫してみると、一気に注目を集められるでしょう。健康運は、目の病気になりやすいので、こまめに手を洗うこと。

### 恋愛＆結婚

仲のいい人や身近なところから恋がはじまる運気。友人の延長で付き合える人や一緒にいて楽な人を選ぶといいでしょう。ただ、恥ずかしがったりあまのじゃくな振る舞いをしていると、いつまでも交際をスタートさせられません。もっと自分に素直になり、好きな人にはストレートに気持ちを伝えるようにしましょう。交際がはじまったら、すぐに飽きてしまわないようベッタリしないなどの工夫も必要です。結婚運は、あなたの結婚願望が薄くても、結婚するには最適なタイミングです。

### 仕事＆お金

徐々にあなたの才能と個性が認められ、大きな仕事を任されたり、発言力や説得力が増してくる年です。忙しくなりますが、仕事の楽しさやおもしろさを見つけられ、いいチームワークで働けるでしょう。ひねくれたことを言っていないで、素直に取り組むように。アートのセンスやアイデアが求められる仕事、特殊な技術や資格が必要な世界で才能を活かせるので、転職するにもいいときです。金運は、価値があるものを見極めて購入しましょう。

| ラッキーカラー | ラッキーフード | ラッキースポット |
| --- | --- | --- |
| レッド、ブルー | ひつまぶし、甘納豆 | 映画館、美術館 |

金のインディアン座

命数 **20**

# 理屈が好きな中学生

もっている星

★他人に頼らない星
★尊敬できる人を崇拝する星
★知識のある人を好きになる星
★めったに心を開かない星
★目の病気の星

## 基本性格 探求心旺盛で上から目線になりやすい理屈屋

中学生のような純粋さと知的好奇心をもち、情報を集めることが好きな人。周囲から「いろいろ知ってますね」と言われることも多い人。探求心もあるので、一度好奇心に火がつくと深くじっくり続けることができます。見た目が若くても心が60歳なので、冷静で落ち着きがありますが、理屈が多くなったり評論したりと上から目線の言葉も多くなってしまいそう。友人は少なくてもよく、表面的な付き合いはうまいですが、めったに心を開かない人でしょう。

### 開運アクション

- 尊敬している人に会いに行く
- 仕事は細部までこだわってみる
- 経験や学んできたことを若い人に伝える

## 2024年はこんな年 これまでの苦労があなたの価値になる年

「金のインディアン座」のなかではもっとも冷静で落ち着いているタイプ。無邪気なときと大人っぽいときとで差がありますが、物事を突き詰める才能をもち、知的好奇心が旺盛で伝統や文化にも理解があります。今年は、これまでに得た知識や技術をうまく活かすことができたり、若手の育成や教育係としての能力に目覚めそう。苦労や困難を乗り越えた経験はすべて、話のネタやあなたの価値に変わっていくでしょう。健康運は、食事のバランスを整えるよう意識しましょう。

## 恋愛&結婚

尊敬できる人を好きになるタイプですが、深入りするのが苦手なので、自らチャンスを逃してしまうことが多いでしょう。今年は、長年付き合いのある先輩や同世代で頑張って結果を出している人、知的な人に興味がわきそうです。少しでも気になったら、マメに会って語る機会をつくってみましょう。プライドの高さが邪魔をしがちなので、いい関係に進むためにはあなたから歩み寄るよう心がけておくことも大切です。結婚運は、一緒にいて楽な相手なら結婚するといいでしょう。

## 仕事&お金

長く苦労をしていた人や、手に職がある人ほど、大きなチャンスや幸せを手に入れられる年。実力以上の仕事をお願いされることもありますが、今年は期待を上回る結果を出せそうです。いいアイデアや知恵も生まれるため、積極的に取り組みましょう。あなたの知識や経験を周囲に伝えてみると、いい指導者にもなれそうです。ただ、言葉が冷たく伝わりやすいタイプなので、あたたかい表現を学ぶように。金運は、お金の勉強をして知識を身につけるといいでしょう。

| ラッキーカラー | ラッキーフード | ラッキースポット |
| --- | --- | --- |
| レッド、ピンク | 鮭のおにぎり、オクラサラダ | 神社仏閣、劇場 |

銀のインディアン座

命数

# 11 マイペースな子ども大人

もっている星
★超マイペースな星
★反発心がある星
★指のケガの星
★身近な人を好きになる星
★胃腸が弱い星

ラッキーカラー イエロー ブルー
ラッキーフード たら鍋 柿
ラッキースポット キャンプ場 スポーツ観戦

## 基本性格 サバサバしていて反発心がある頑張り屋

超マイペースな頑張り屋。負けず嫌いなところがありますが、他人に関心は薄く、深入りすることやベッタリされることを避けてしまう人。心は中学3年生からまったく成長しないままで、サバサバした性格と反発心があるので、「でも、だって」が多くなってしまうでしょう。妄想が好きでつねにいろいろなことを考えすぎてしまいますが、土台が楽観的なので「まあいいや」とコロッと別のことに興味が移って、そこでまた一生懸命になるでしょう。

## 2024年はこんな年

「銀のインディアン座」のなかでもっとも勝ち負けにこだわる頑張り屋ですが、今年は負けたり差をつけられても気にせず、勝ちを素直に譲るようにしましょう。スポーツや趣味の時間を楽しむなどして、心と体をしっかり充電させておくと、2025年からの運気の流れにうまく乗れそうです。今年は「本気で遊ぶ」を目標にするといいでしょう。ただし、お金の使いすぎには要注意。健康運は、食べすぎで胃腸が疲れてしまうことがあるかも。

### 開運アクション

- 無駄な反発はしない
- スポーツや趣味を楽しむ
- 勝ちを譲る

銀のインディアン座

命数

# 12 やんちゃな中学生

もっている星
★斬新なアイデアを出す星
★都合の悪い話は聞かない星
★旅行が好きな星
★刺激的な恋をする星
★ゴールを見ないで走る星

ラッキーカラー ブラック オレンジ
ラッキーフード 穴子寿司 さくらんぼ
ラッキースポット リゾート地 イベント会場

## 基本性格 内と外の顔が異なる単独行動派

淡々とマイペースに生きていますが、刺激と変化が大好きで、一定の場所でおとなしくしていられるタイプではないでしょう。表面的な部分と内面的な部分とが大きく違う人なので、家族の前と外では別人のようなところもある人。他人の話を最後まで聞かずに先走ってしまうほど無謀な行動が多いですが、無駄な行動は嫌いです。団体行動が嫌いで、たくさんの人が集まると面倒に感じてしまい、単独行動に走ってしまうタイプでしょう。

## 2024年はこんな年

旅行やライブに出かける機会が増え、楽しい刺激をたくさん受けられる年。仕事を最小限の力でうまく回せるようにもなるでしょう。ただし、周囲からサボっていると思われないよう、頑張っている姿を見せることが大切です。連休の予定を早めに立てて、予約なども先に済ませておくと、やる気がわいてくるでしょう。ダラダラ過ごすくらいなら思い切って遠方のイベントに行ってみるなど、持ち前の行動力を発揮してみて。健康運は、睡眠時間を削らないよう心がけること。

### 開運アクション

- 相手をよく観察する
- 頑張っている姿を見せる
- 旅行やライブに行く予定を組む

銀のインディアン座

命数

# 13 愛嬌がある アホな人

もっている星
★超楽観的な星
★よく笑う星
★空腹で不機嫌になる星
★楽しく遊べる人を好きになる星
★体型が丸くなる星

ラッキーカラー パープル ライトブルー
ラッキーフード かれいの煮付け いちご
ラッキースポット コンサート 遊園地

## 基本性格 運に救われるサービス精神旺盛な楽天家

明るく陽気な超楽観主義者。何事も前向きにとらえることができますが、自分で言ったことをすぐに忘れてしまったり、気分で言うことがコロコロ変わったりするシーンも多いでしょう。空腹が耐えられずに、すぐに機嫌が悪くなってしまい、ワガママを言うことも多いでしょう。心は中学2、3年生からまったく成長していませんが、サービス精神が豊富で周囲を楽しませることに長けています。運に救われる場面も多い人でしょう。

## 2024年はこんな年

遊び心とサービス精神の塊のような人で、いつも明るく元気なタイプですが、今年はさらにパワーアップできる運気です。楽しいことやおもしろいことが増え、最高の年になるでしょう。一方で、忘れ物やうっかりミスをしたり、ワガママな発言が増えてしまうことも。食べすぎで急に体重が増えてしまうこともあるので、快楽に流されないよう気をつけておきましょう。健康運は、遊びすぎに要注意。疲れをためると、のどの不調につながりそうです。

### 開運アクション

- いつも明るく元気よく、サービス精神を忘れない
- 品よくていねいな言葉遣いを意識する
- 勢いで買い物をしない

銀のインディアン座

命数

# 14 語りすぎる 人情家

もっている星
★頭の回転が速い星
★一言多い星
★直感で行動する星
★スリムな人を好きになる星
★体力がない星

ラッキーカラー ホワイト イエロー
ラッキーフード ヒラメの刺身 ピーナッツ
ラッキースポット 劇場 旅館

## 基本性格 人のために行動するが、極端にマイペース

頭の回転が速いですが、おしゃべりでつねに一言多く、語ることが好きです。何度も同じ話を繰り返してしまうことも多いでしょう。極端にマイペースで心は中学3年生からまったく成長していない人です。短気で恩着せがましいところもあります。また、人情家で他人のために考えて行動することが好きなところがある一方で、深入りされるのを面倒に感じるタイプ。空腹と睡眠不足になると不機嫌な態度になってしまう癖もあるでしょう。

## 2024年はこんな年

何事も直感で決めるタイプですが、今年は気分で判断すると大きなミスにつながる場合があるので注意しましょう。とくに、寝不足や疲れた状態が続くと、勘が外れやすくなってしまいます。また、発言がキツくなることもあるため、言いすぎたり短気を起こさないよう気をつけること。相手のことを考えて言葉を選び、品のある伝え方を学んでみるといいでしょう。健康運は、楽しみながらスタミナをつけられる運動や趣味をはじめるとよさそうです。

### 開運アクション

- たくさん遊んでストレスを発散する
- 大事なことはメモをとる
- 口が滑ったらすぐに謝る

銀のインディアン座

命数

# 15 多趣味・多才で不器用な中学生

もっている星
- ★予定を詰め込む星
- ★視野が広い星
- ★知り合いが多い星
- ★趣味のものが多い星
- ★ペラい人にハマる星

ラッキーカラー　スカイブルー　ホワイト
ラッキーフード　あんこう鍋　ピスタチオ
ラッキースポット　水族館　アミューズメントパーク

## 基本性格　先見の明があり、妄想話を繰り返す情報通

多趣味・多才で情報収集能力が高く、いろいろなことを知っているタイプ。段取りと計算が得意ですが、根がいい加減なので詰めが甘いところがあるでしょう。基本的に超マイペースですが、先見の明があり、流行のさらに一歩先を行っているところもあります。家に無駄なものやガラクタが集まりやすいので、いらないものはマメに処分しましょう。妄想話が好きなうえに、何度も同じような話をすることが多く、心は中学3年生のままでしょう。

## 2024年はこんな年

もともと情報収集が好きですが、今年は間違った情報に振り回されてしまいそうです。遊ぶ時間や衝動買いが増え、出費もかさんでしまうかも。楽しむのはいいですが、詰めの甘さが出たり、欲張ると逆に損をすることもあるので注意しておきましょう。多趣味な一面もありますが、今年は趣味にお金をかけすぎないよう工夫し、自分だけでなく周囲も楽しめるアイデアを考えてみましょう。健康運は、お酒の飲みすぎや予定の詰め込みすぎで、疲労をためないように。

### 開運アクション
- 情報をよく確認する
- 自分の得だけを考えない
- 新しい趣味をつくる

銀のインディアン座

命数

# 16 やさしい中学生

もっている星
- ★なんとなく続ける星
- ★真面目で誠実な星
- ★謙虚な星
- ★片思いが長い星
- ★冷えに弱い星

ラッキーカラー　レッド　ホワイト
ラッキーフード　雑炊　鶏肉のカシューナッツ炒め
ラッキースポット　映画館　スパ

## 基本性格　社会に出てから才能が光る超マイペース

真面目で地味なことが好き。基本的に人は人、自分は自分と超マイペースですが、気遣いはできます。ただし遠慮して一歩引いてしまうところがあるでしょう。自分に自信がなく、中学まではパッとしない人生を送りますが、社会に出てからジワジワと能力を発揮するようになります。やさしすぎて便利屋にされることもありますが、友人の縁を思い切って切り、知り合い止まりの人間関係ができると才能を開花させられるでしょう。

## 2024年はこんな年

ケチケチせずに、しっかり遊んで楽しむことが大切な年。人生でもっとも遊んだと言えるくらい思い切ってみると、のちの運気もよくなるでしょう。旅行に出かけたり、気になるイベントやライブに足を運ぶのもオススメです。ただ、今年出会った人とは一歩引いて付き合うほうがいいでしょう。とくに、調子のいいことを言う人には気をつけておくこと。お得に思える情報にも振り回されないように。健康運は、手のケガをしやすくなるので注意が必要です。

### 開運アクション
- 明るい感じにイメチェンする
- 自ら遊びに誘ってみる
- 遊ぶときはケチケチしない

# 銀のインディアン座

## 命数 17 パワフルな中学生

もっている 星
★ 面倒見がいい星
★ 根は図々しい星
★ 無計画なお金遣いの星
★ ギックリ腰の星
★ ほめてくれる人を好きになる星

ラッキーカラー ホワイト ネイビー
ラッキーフード そうめん さばの塩焼き
ラッキースポット 遊園地 食フェス

### 基本性格 不思議な友人がいるマイペースなリーダー

実行力と行動力とパワーがあるタイプ。おだてに極端に弱く、ほめられたらなんでもやってしまう人です。面倒見のいいリーダー的な人ですが、かなりのマイペースなので、突然他人任せの甘えん坊になってしまうことも多いでしょう。行動が雑なので、うっかりミスや打撲などにも注意。何事も勢いで済ませてしまう傾向がありますが、その図々しい性格が不思議な知り合いの輪をつくり、驚くような人と仲よくなることもあるでしょう。

**2024年はこんな年**
雑な行動が目立ってしまいそうな年。勢いがあるのはいいですが、調子に乗りすぎると恥ずかしい失敗をしたり、失言やドジな出来事が増えやすいので気をつけましょう。ほめられると弱いタイプだけに、悪意のある人にもち上げられる場合も。相手が信頼できる人なのか、しっかり見極めるようにしましょう。後輩や部下と遊んでみると、いい関係をつくれそうです。健康運は、段差でジャンプして捻挫したり、腰痛になるかも。とくに足のケガには注意すること。

**開運アクション**
* おだてられても調子に乗らない
* 職場の人間関係を楽しむ
* 雑な言動をしないよう気をつける

---

# 銀のインディアン座

## 命数 18 マイペースな常識人

もっている 星
★ 性善説の星
★ 相手の出方を待つ星
★ 本当はドジな星
★ 肌が弱い星
★ 清潔感あるものを買う星

ラッキーカラー レッド ライトブルー
ラッキーフード うなぎの白焼き 甘酒
ラッキースポット 音楽フェス お祭り

### 基本性格 上品でキッチリしつつ楽観的で忘れっぽい

礼儀とマナーをしっかりと守り上品で気遣いができる人。マイペースで警戒心が強く、他人との距離を上手にとるタイプです。キッチリしているようで楽観的なので、時間にルーズなところや自分の言ったことをすぐに忘れてしまうところがあるでしょう。心が中学2、3年生から変わっていないので、見た目は若く感じるところがあります。妄想や空想の話が多く、心配性に思われることもあるでしょう。

**2024年はこんな年**
小さなミスが増えてしまいそうです。もともと几帳面なタイプですが、めったにしない寝坊や遅刻、忘れ物をして、周囲を驚かせてしまうことがあるかも。一方で今年は、遊ぶといい運気でもあります。とくにこれまで経験したことのない遊びに挑戦してみると、いい思い出になるでしょう。イベントやライブ、フェスでいい経験ができたり、遊び方やノリを教えてくれる人にも出会えるでしょう。健康運は、日焼け対策を念入りにしておかないと、後悔することになりそうです。

**開運アクション**
* イベントやライブなどに行く
* モテを意識した服を着る
* 遊ぶときは本気で楽しむ

# 銀のインディアン座

## 命数 19 小学生芸術家

もっている 星

★ 時代を変えるアイデアを出す星
★ 言い訳の星
★ 屁理屈の星
★ あまのじゃくな恋の星
★ お金が貯まらない星

| ラッキーカラー | ホワイト ブルー |
| ラッキーフード | 煮込みうどん シナモンロール |
| ラッキースポット | 劇場 イベント会場 |

### 基本性格　好きなことと妄想に才能を見せるあまのじゃく

超マイペースな変わり者。不思議な才能と個性をもち、子どものような純粋な心を備えていますが、あまのじゃくなひねくれ者。臆病で警戒心はありますが、変わったことや変化が大好きで、理屈と屁理屈、言い訳が多くなります。好きなことになると驚くようなパワーと才能、集中力を出すでしょう。飽きっぽく継続力がなさそうですが、なんとなく続けていることでいい結果を残せるでしょう。妄想が才能となる人でもあります。

**2024年はこんな年**

視野が広がり、おもしろい出来事が増える年。何もかも手放して自由になりたくなることがあるかもしれませんが、現状の幸せは簡単に手放さないように。海外旅行などをして、これまで行ったことのない場所を訪れたり未経験のことに挑戦すると、いい刺激になり人生がおもしろくなってくるでしょう。いままで出会ったことのないタイプの人と仲よくなって、楽しい時間を過ごすこともできそうです。健康運は、結膜炎になる可能性があるので注意しておくこと。

**開運アクション**

- 見知らぬ土地を旅行する
- おもしろそうな人を探す
- 美術館や劇場に行く

---

# 銀のインディアン座

## 命数 20 マイペースな芸術家

もっている 星

★ 深い話が好きな星
★ 理屈っぽい星
★ 冷たい言い方をする星
★ 芸術にお金を使う星
★ 互いに成長できる恋が好きな星

| ラッキーカラー | ホワイト 藍色 |
| ラッキーフード | ふぐ 梅干し |
| ラッキースポット | 美術館 老舗旅館 |

### 基本性格　不思議なことにハマる空想家

理論と理屈が好きで、探求心と追求心のある人。つねにいろいろなことを考えるのが大好きで、妄想と空想ばかりをする癖があります。表面的には人間関係がつくれますが、本音は他人に興味がなく、芸術や美術、不思議な物事にハマることが多いでしょう。非常に冷静で大人な対応ができますが、テンションは中学3年生くらいからまったく変わっていないでしょう。尊敬できる人を見つけると心を開いてなんでも言うことを聞くタイプです。

**2024年はこんな年**

完璧主義な性格ですが、今年は80点の出来でも「よくできた」と自分をほめるように。物事に集中しづらくもなりそうですが、遊びや趣味を楽しんでみると、やる気を復活させられるでしょう。ふだんならしっかり準備することも、今年は「このくらいでいいかな」と雑な感じになりそうです。ただ、それでもうまくいくことがわかって、少し余裕ができるかも。失言もしやすくなるので、エラそうな言い方はしないこと。健康運は、趣味にハマりすぎて睡眠時間を削らないよう注意して。

**開運アクション**

- やさしい言葉を使う
- 失敗をおもしろく話す
- 趣味の勉強をする

金の鳳凰座 命数

# 21 頑固な高校1年生

もっている星
★忍耐力のある星
★昔の仲間に執着する星
★計算が苦手な星
★好きなタイプが変わらない星
★夜が強い星

ラッキーカラー イエロー ブルー
ラッキーフード こんにゃくの煮物 スイートポテト
ラッキースポット スポーツ観戦 キャンプ場

## 基本性格 仲間意識を強くもつが、ひとりでいるのが好きな人

サッパリと気さくな性格ですが、頑固で意地っ張りな人。負けず嫌いな努力家で、物事をじっくり考えすぎてしまうことが多いでしょう。仲間意識を強くもちますが、ひとりでいることが好きで、単独行動が自然と多くなったり、ひとりで没頭できる趣味に走ったりすることも多いでしょう。しゃべりが苦手で反発心を言葉に出してしまいますが、一言足りないことでケンカになってしまうなど、損をすることが多い人でしょう。

## 2024年はこんな年

負けず嫌いを押し通して問題ない年。12月まで絶対に諦めない気持ちで頑張り続けるといいでしょう。すでに結果が出ている場合は、謙虚な姿勢を忘れないことが大切。上半期は、よきライバルやともに頑張る仲間ができるため、協力し合うことを素直に楽しんでみて。一緒にスポーツをすると、ストレス発散にもなってよさそうです。健康運は、下半期に胃腸の調子を崩しやすいので、バランスのとれた食事を意識しましょう。

### 開運アクション

- 協力を楽しんでみる
- 異性の友人を大切にする
- 年末まで諦めない

金の鳳凰座 命数

# 22 単独行動が好きな忍耐強い人

もっている星
★陰で努力する星
★孤独が好きな星
★豪快にお金を使う星
★刺激的な恋にハマる星
★夜無駄に起きている星

ラッキーカラー ブラック ダークブルー
ラッキーフード 麻婆豆腐 みかん
ラッキースポット ライブハウス スポーツジム

## 基本性格 内なるパワーが強く、やり抜く力の持ち主

向上心や野心があり、内に秘めるパワーが強く、頑固で自分の決めたことを貫き通す人。刺激が好きで、ライブや旅行に行くと気持ちが楽になりますが、団体行動が苦手でひとりで行動することが好きなタイプ。決めつけがかなり激しく、他人の話の最初しか聞いていないことも多いでしょう。心は高校3年生のようなところがあり、自我はかなり強いですが、頑張る姿や必死になっているところを他人には見せないようにする人です。

## 2024年はこんな年

長年の夢や希望が叶う年。がむしゃらに頑張る姿を見せないぶん、周囲からなかなか評価されないタイプですが、今年はあなたの実力や陰の努力を認めてくれる人にやっと出会えるでしょう。秘めていた力を発揮する機会も訪れそう。趣味や遊びで続けていたことが、無駄ではなかったと思えるような出来事が起きる場合もあるため、遠慮せず自分をアピールしてみるといいでしょう。健康運は、年末に独自の健康法がアダになってしまうことがあるので、気をつけるように。

### 開運アクション

- 秘めていた能力を出してみる
- フットワークを軽くする
- 仲間をつくって大切にする

金の鳳凰座

命数

# 23 陽気なひとり好き

もっている星
★おおらかな星
★楽しくないと愚痴る星
★とりあえず付き合う星
★間食の星
★趣味にお金をたくさん使う星

ラッキーカラー レッド ライトブルー
ラッキーフード ハヤシライス グレープフルーツ
ラッキースポット レストラン コンサート

## 基本性格 運に救われる明るい一匹オオカミ

ひとつのことをじっくり考えることが好きですが、楽観主義の人。頑固で決めたことを貫き通しますが、「まあなんとかなるかな」と考えるため、周囲からもどっちのタイプかわからないと思われがち。サービス精神はありますが、本音はひとりが好きなため、明るい一匹オオカミのような性格。空腹が苦手で、お腹が空くと何も考えられなくなり、気分が顔に出やすくなるでしょう。不思議と運に救われますが、余計な一言に注意は必要。

## 2024年はこんな年

運のよさを実感でき楽しく過ごせる年。自分だけでなく周囲も楽しませるつもりで、持ち前のサービス精神をドンドン発揮してみましょう。いい人脈ができ、おもしろい仲間も集まってきそうです。ただし、調子に乗りすぎて余計な発言や愚痴、不満を口にしていると、信用を失ってしまいます。冗談のつもりでも、笑えなければただの悪口で、自ら評判を落とすだけだと思っておきましょう。健康運は、下半期からはとくに運動するよう心がけ、食事は腹八分目を意識しましょう。

### 開運アクション

- おいしいお店を見つけて周囲に教える
- 調子に乗っても「口は災いのもと」を忘れない
- カラオケやダンスをする

金の鳳凰座

命数

# 24 冷静で勘のいい人

もっている星
★決めつけが強い星
★過去にこだわる星
★思い出にすがる星
★第一印象で決める星
★寝不足でイライラする星

ラッキーカラー オレンジ ターコイズブルー
ラッキーフード じゃがバター きなこ餅
ラッキースポット 神社仏閣 ショッピングモール

## 基本性格 機嫌が言葉に出やすい感性豊かな頑固者

じっくり物事を考えながらも最終的には「勘で決める人」。根はかなりの頑固者で自分の決めたルールを守り通したり、簡単に曲げたりしないタイプ。土台は短気で、機嫌が顔に出て、言葉にも強く出がちですが、余計な一言は出るのに、肝心な言葉が足りないことが多いでしょう。想像力が豊かで感性もあるため、アイデアや芸術系の才能を活かせれば力を発揮する人でもあるでしょう。過去に執着する癖はほどほどに。

## 2024年はこんな年

上半期は直感を信じて動き、下半期は嫌な予感がしたら立ち止まって冷静に判断するといいでしょう。頭の回転が速くなり、いい判断ができたりアイデアも冴えて、自分でも驚くような才能を開花させられる年になりそうです。とくに長く続けてきたことで大きな結果が出るので、評価をしっかりよろこんでおきましょう。ただし、順調に進むとワガママな発言が増えてくるため、言葉はきちんと選ぶように。健康運は、年末に向けてスタミナをつける運動をしておきましょう。

### 開運アクション

- 「過去は過去」「いまはいま」と切り替える
- いい言葉を口にする
- 資格取得のための勉強をはじめる

# 金の鳳凰座

## 命数 25

### ひとりの趣味に走る情報屋

**もっている 星**
- ★ 計画が好きな星
- ★ ひとりの趣味に走る星
- ★ 趣味で出費する星
- ★ おしゃれな人を好きになる星
- ★ 深酒をする星

| ラッキーカラー | オレンジ ネイビー | ラッキーフード | ラタトゥイユ グレープフルーツ | ラッキースポット | 温泉旅館 百貨店 |

**基本性格** 偏った情報や無駄なものまで集まってくる

段取りと情報収集が好きで、つねにじっくりゆっくりいろいろなことを考える人。幅広く情報を集めているようで、土台が頑固なため、情報が偏っていることも。計算通りに物事を進めますが、計算自体が違っていたり勘違いで突き進むことも多いでしょう。部屋に無駄なものや昔の趣味のもの、着ない服などが集まりやすいのでマメに片付けましょう。気持ちを伝えることが下手で、つねに一言足りないでしょう。

**2024年はこんな年**
計画していた以上の結果に、自分でも驚くことがありそうです。仕事もプライベートも忙しくなり、あっという間に1年が過ぎてしまうでしょう。ひとりの趣味を楽しむのもいいですが、今年は交友関係が広がるような趣味をはじめるのもオススメの運気です。また、美意識をもっと高めてみてもいいでしょう。健康運は、お酒の席が増えたり夜更かしが続くと、下半期に疲れが出るので気をつけましょう。予定を詰め込みすぎず、ゆっくり休む日をあらかじめつくっておくとよさそうです。

**開運アクション**
- ◆ フットワークを軽くする
- ◆ 趣味を増やす
- ◆ 価値観の違う人と話す

---

# 金の鳳凰座

## 命数 26

### 我慢強い真面目な人

**もっている 星**
- ★ 我慢強い星
- ★ 引き癖の星
- ★ 貯金の星
- ★ 温泉の星
- ★ つくしすぎてしまう星

| ラッキーカラー | オレンジ イエロー | ラッキーフード | おからの煮物 豚のしょうが焼き | ラッキースポット | 温泉 音楽ライブ |

**基本性格** ひとりで慎重に考えてゆっくり進む

頑固で真面目で地味な人。言葉を操るのが苦手です。受け身で待つことが多く、反論することや自分の意見を言葉に出すことが苦手で、一言二言足りないことがあるでしょう。寂しがり屋ですが、ひとりが一番好きで音楽を聴いたり本を読んだりしてのんびりする時間がもっとも落ち着くでしょう。何事も慎重に考えるため、すべてに時間がかかり、石橋を叩きすぎてしまうところがあります。過去に執着しすぎてしまうことも多いでしょう。

**2024年はこんな年**
結果が出るまでに、もっとも時間のかかるタイプ。注目されるのを避けすぎると、せっかくのいい流れに乗れなくなってしまうこともあるので、今年は目立つポジションも遠慮せずに受け入れてみましょう。何事もできると信じ、不慣れなことでも時間をかけて取り組むように。周囲の信頼に応えられるよう頑張ってみましょう。健康運は、下半期は冷えが原因で体調を崩しやすくなりそうです。基礎代謝を上げるためにも定期的な運動をしておきましょう。

**開運アクション**
- ◆ 勇気を出して行動する
- ◆ 自分をもっと好きになってみる
- ◆ 言いたいことはハッキリ言う

gold phoenix No.27-28

金の鳳凰座

命数

# 27 猪突猛進なひとり好き

もっている星
★パワフルな星
★行動が雑な星
★どんぶり勘定の星
★押しに弱い星
★足をケガする星

ラッキーカラー オレンジ ネイビー
ラッキーフード トマトソースパスタ メロン
ラッキースポット 映画館 空港

## 基本性格 ほめられると面倒見がよくなる行動派

自分が正しいと思ったことを頑固に貫き通す正義の味方。曲がったことが嫌いで、自分の決めたことを簡単には変えられない人ですが、面倒見がよく、パワフルで行動的です。ただし、言葉遣いが雑で、一言足りないケースが多いでしょう。おだてに極端に弱く、ほめられるとなんでもやってしまいがちで、後輩や部下がいるとパワーを発揮しますが、本音はひとりが一番好きなタイプ。自分だけの趣味に走ることも多いでしょう。

## 2024年はこんな年

実力でポジションを勝ちとれる年。一度決めたことを貫き通す力がもっともあるタイプなので、これまでうまくいかなかったことでも流れを変えられたり、強力な味方をつけることができそうです。おだてに乗れるときはドンドン乗り、自分だけでなく周囲の人にもよろこんでもらえるよう努めると、さらにいい縁がつながっていくでしょう。健康運は、パワフルに行動するのはいいですが、下半期は足のケガや腰痛に気をつけましょう。

### 開運アクション

- ほめられたら素直によろこぶ
- まとめ役やリーダーになる
- せっかちにならないよう気をつける

金の鳳凰座

命数

# 28 冷静で常識を守る人

もっている星
★安心できるものを購入する星
★親しき仲にも礼儀ありの星
★勘違いの星
★しゃべりが下手な星
★寂しがり屋のひとり好きな星

ラッキーカラー ブルー ホワイト
ラッキーフード ゆば あじフライ
ラッキースポット ホテル 美術館

## 基本性格 気にしすぎてしまう繊細な口ベタ

礼儀正しく上品で、常識をしっかり守れる人ですが、根が頑固で融通がきかなくなってしまうタイプ。繊細な心の持ち主ですが、些細なことを気にしすぎてしまったり、考えすぎてしまったりすることも。しゃべりは自分が思っているほど上手ではなく、手紙やメールのほうが思いが伝わることが多いでしょう。過去の出来事をいつまでも考えすぎてしまうところがあり、新しいことになかなか挑戦できない人です。

## 2024年はこんな年

順序や手順をしっかり守るのはいいですが、臆病なままではチャンスをつかめません。今年はワガママを通してみるくらいの気持ちで自分に素直になってみましょう。失敗を恐れて動けなくなってしまうところがありますが、今年は何事も思った以上にうまくいく運気なので、積極的に行動を。周りの人を信じれば、いい味方になってくれるでしょう。健康運は、ストレスが肌に出やすいので、スキンケアを念入りに。運動で汗を流すのもよさそうです。

### 開運アクション

- ビビらずに行動する
- 笑顔と愛嬌を意識する
- 他人の雑なところを許す

## 金の鳳凰座

### 命数 29 頑固な変わり者

もっている 星
★ 自由に生きる星
★ おもしろい発想ができる星
★ 束縛されると逃げる星
★ お金に縁がない星
★ 寝不足の星

| ラッキーカラー | オレンジ ブルー | ラッキーフード | カリフォルニアロール えだまめ | ラッキースポット | 美術館 劇場 |

**基本性格** 理屈っぽくて言い訳の多いあまのじゃく

自由とひとりが大好きな変わり者。根は頑固で自分の決めたルールや生き方を貫き通しますが、素直ではない部分があり、わざと他人とは違う生き方や考え方をすることが多いでしょう。芸術や美術など不思議な才能をもち、じっくりと考えて理屈っぽくなってしまうことも。しゃべりは下手で一言足りないことも多く、団体行動が苦手で、つねに他人とは違う行動を取りたがります。言い訳ばかりになりやすいので気をつけましょう。

**2024年はこんな年** 上半期は、あなたの自由な発想や才能、個性が評価される運気。遠慮せずドンドン自分の魅力をアピールするといいでしょう。独立したりフリーで活動したくなりますが、お金の管理ができないならやめておいたほうがいいでしょう。現状を維持しながら趣味を広げるのがよさそうです。時間を見つけて海外など見知らぬ土地へ行ってみると、大きな発見があるでしょう。健康運は、下半期に目の病気や視力の低下が見つかりやすいので注意して。

開運アクション

- アイデアをドンドン出す
- 異性の前では素直になる
- 現状に飽きたときほど学ぶことを探す

## 金の鳳凰座

### 命数 30 理屈が好きな職人

もっている 星
★ 年配の人と仲よくなれる星
★ 考えすぎる星
★ 同じものを買う星
★ 心を簡単に開かない星
★ 睡眠欲が強い星

| ラッキーカラー | 朱色 パープル | ラッキーフード | 大豆の煮物 バナナ | ラッキースポット | 神社仏閣 劇場 |

**基本性格** 好きな世界にどっぷりハマる頑固な完璧主義者

理論と理屈が好きで、探求心と追求心があり、自分の決めたことを貫き通す完璧主義者で超頑固な人。交友関係が狭くひとりが一番好きなので、自分の趣味にどっぷりハマってしまうことも多いでしょう。芸術や美術、神社仏閣などの古いものに関心があり、好きなことを深く調べるので知識は豊富ですが、視野が狭くなってしまう場合も。他人を小馬鹿にしたり評論する癖はありますが、人をほめることで認められる人になるでしょう。

**2024年はこんな年** 長い時間をかけて取り組んでいたことや研究していたことが役に立ったり、評価される運気。かなり年上の人とも仲よくなれ、味方になってもらえるでしょう。尊敬できる人にも出会えそうです。長らく評価されなかった人や誤解されていた人も、この1年で状況が大きく変わることがあるので、最後まで諦めず、粘り続けてみましょう。健康運は、年末にかけて肩こりや目の疲れが出やすいため、こまめに運動しておくこと。

開運アクション

- 尊敬している人と仲よくなる
- 言い訳をしない
- 頑張っている人をほめる

# 銀の鳳凰座

**命数 21**

## 覚悟のある意地っ張りな人

もっている星
★ 根性のある星
★ しゃべりが下手な星
★ ギャンブルに注意な星
★ 過去の恋を引きずる星
★ 冬に強い星

ラッキーカラー オレンジ ブルー
ラッキーフード 山芋ステーキ くるみ
ラッキースポット スポーツジム スタジアム

**基本性格** 一度思うと考えを変えない自我のかたまり

超負けず嫌いな頑固者。何事もじっくりゆっくり突き進む根性がある人。体力と忍耐力はありますが、そのぶん色気がなくなってしまい、融通がきかない生き方をすることが多いでしょう。何事も最初に決めつけてしまうため、交友関係に問題があってもなかなか縁が切れなくなったり、我慢強い性格が裏目に出てしまうことも。時代に合わないことをし続けがちなので、最新の情報を集めたり、視野を広げる努力が大事でしょう。

**2024年はこんな年** 目標をしっかり定めることで、パワーや才能を発揮できるタイプ。今年はライバルに勝つことができたり、目標や目的を達成できる運気です。何があっても諦めず、出せる力をすべて出し切るくらいの気持ちで取り組むといいでしょう。ただ、頑固な性格で、人に相談せずなんでもひとりで頑張りすぎてしまうところがあるので、周囲の話に耳を傾け、アドバイスをもらうことも大切に。いい情報を聞けたり、自分の魅力をもっとうまく出せるようになるはずです。

開運アクション
◆ 全力を出し切ってみる
◆ 目標をしっかり定める
◆ 協力することを楽しむ

---

# 銀の鳳凰座

**命数 22**

## 決めつけが激しい高校3年生

もっている星
★ 秘めたパワーがある星
★ 過信している星
★ ものの価値がわかる星
★ 寒さに強い星
★ やんちゃな恋にハマる星

ラッキーカラー オレンジ ダークブルー
ラッキーフード ねぎま ヨーグルト
ラッキースポット ライブハウス リゾート地

**基本性格** 人の話を聞かない野心家

かなりじっくりゆっくり考えて進む、超頑固な人ですが、刺激や変化を好み、合理的に生きようとします。団体行動が苦手でひとりの時間が好き。旅行やライブに行く機会も自然に増えるタイプでしょう。向上心や野心はかなりありますが、ふだんはそんなそぶりを見せないように生きています。他人の話の前半しか聞かずに飛び込んでしまったり、周囲からのアドバイスはほぼ聞き入れないで、自分の信じた道を突き進むでしょう。

**2024年はこんな年** 密かに頑張ってきたことで力を発揮できる年。今年は、一生懸命になることをダサいと思わず、本気で取り組んでいる姿や周囲とうまく協力する姿勢を見せるようにしましょう。周りに無謀だと思われるくらい思い切って行動すると、大成功や大逆転につながる可能性も。これまでの努力や自分の実力を信じてみるといいでしょう。多少の困難があったほうが、逆に燃えそうです。健康運は、ひとりで没頭できる運動をするといいでしょう。

開運アクション
◆ 得意なことをアピールする
◆ 手に入れたものへの感謝を忘れない
◆ 自分の理論を信じて行動する

# 銀の鳳凰座 命数 23 頑固な気分屋

もっている星
- ★楽天家の星
- ★空腹になると不機嫌になる星
- ★欲望に流される星
- ★ノリで恋する星
- ★油断すると太る星

ラッキーカラー オレンジ レッド
ラッキーフード 揚げ出し豆腐 みかん
ラッキースポット コンサート レストラン

## 基本性格 陽気で仲間思いだけど、いい加減な頑固者

明るく陽気ですが、ひとりの時間が大好きな人。サービス精神が豊富で楽しいことやおもしろいことが大好き。昔からの友人を大切にするタイプ。いい加減で適当なところがありますが、根は超頑固で、周囲からのアドバイスには簡単に耳を傾けず、自分の生き方を貫き通すことが多いでしょう。空腹になると機嫌が悪くなり態度に出やすいのと、余計な一言が多いのに肝心なことを伝えきれないところがあるでしょう。

## 2024年はこんな年

「銀の鳳凰座」のなかでもっとも喜怒哀楽が出やすいタイプですが、とくに今年は、うれしいときにしっかりよろこんでおくと、さらによろこべることが舞い込んできそう。遠慮せず、楽しさやうれしさを表現しましょう。関わるすべての人を笑わせるつもりで、みんなを笑顔にできるよう努めると、運を味方にできそうです。あなたに協力してくれる人が集まって、今後の人生が大きく変わるきっかけになることも。健康運は、ダンスやヨガをはじめると、健康的な体づくりができるでしょう。

### 開運アクション
- お礼と感謝をしっかり伝える
- 明るい色の服を着る
- 笑顔を意識する

# 銀の鳳凰座 命数 24 忍耐力と表現力がある人

もっている星
- ★直感力が優れている星
- ★過去を引きずる星
- ★情にもろい星
- ★一目惚れする星
- ★手術する星

ラッキーカラー オレンジ シルバー
ラッキーフード オニオンリング レモン
ラッキースポット 劇場 百貨店

## 基本性格 意志を貫く感性豊かなアイデアマン

じっくり物事を考えているわりには直感を信じて決断するタイプ。超頑固で一度決めたことを貫き通す力が強く、周囲からのアドバイスを簡単には受け入れないでしょう。短気で毒舌なところもあり、おっとりとした感じに見えてもじつは攻撃的な人。過去の出来事に執着しやすく、恩着せがましい部分もあるでしょう。感性は豊かで、新たなアイデアを生み出したり、芸術的な才能を発揮したりすることもあるでしょう。

## 2024年はこんな年

しっかり考えたうえで最後は直感で動くタイプ。今年は勘が鋭くなって的確な判断ができ、いいアイデアも浮かぶでしょう。運気の流れはいいですが、調子に乗りすぎると短気を起こし、余計な発言をしてしまう場合があるので十分注意すること。本や舞台などで使われている表現を参考にしてみると、伝え上手になり、さらにいい人脈ができそうです。トーク力のある人に注目するのもオススメ。健康運は、こまめにストレスを発散すれば、体調を崩すことはなさそうです。

### 開運アクション
- 直感を信じて行動する
- やさしい言葉や表現を学ぶ
- ひとつのことを極める努力をする

銀の鳳凰座

命数 **25**

## 忍耐力がある商売人

もっている星
- ★情報収集が得意な星
- ★夜はお調子者の星
- ★お得な恋が好きな星
- ★疲れをためやすい星
- ★お金の出入りが激しい星

ラッキーカラー オレンジ ネイビー
ラッキーフード きんぴらごぼう マスカット
ラッキースポット 旅館 ショッピングモール

### 基本性格 お調子者に見えて根は頑固

フットワークが軽く、情報収集も得意で段取りも上手にできる人ですが、頑固で何事もゆっくり時間をかけて進めるタイプ。表面的には軽い感じに見えても、芯がしっかりしています。頑固なため、視野が狭く情報が偏っている場合も多いでしょう。お調子者ですが、本音はひとりの時間が好き。多趣味で買い物好きになりやすいので、部屋には使わないものや昔の趣味の道具が集まってしまうことがあるでしょう。

### 2024年はこんな年

物事が予定通りに進み、忙しくも充実する年。計算通りに目標を達成して満足できるでしょう。ただしそこで油断せず、次の計画もしっかり立てておくことが大切です。自分の得ばかりではなく、周囲の人や全体が得する方法を考えてみると、いい仲間ができるでしょう。小さな約束でも必ず守ることで、いい人間関係も築けそうです。できない約束は、最初からしないように。健康運は、睡眠不足で疲れをためないよう、就寝時間を決めて生活リズムを整えましょう。

### 開運アクション

- 自分も周囲も得することを考えて行動に移す
- どんな約束も守る
- 新たな趣味を見つける

銀の鳳凰座

命数 **26**

## 忍耐力がある現実的な人

もっている星
- ★粘り強い星
- ★言いたいことを我慢する星
- ★ポイントをためる星
- ★初恋を引きずる星
- ★音楽を聴かないとダメな星

ラッキーカラー オレンジ スカイブルー
ラッキーフード ホルモン炒め 蜂蜜
ラッキースポット アウトレット 水族館

### 基本性格 じっと耐える口ベタなカタブツ

超がつくほど真面目で頑固。他人のために生きられるやさしい性格で、周囲からのお願いを断れずに受け身で生きる人ですが、「自分はこう」と決めた生き方を簡単に変えられないところがあり、昔のやり方や考えを変えることがとても苦手でしょう。臆病で寂しがり屋ですが、ひとりが大好きで音楽を聴いて家でのんびりする時間が欲しい人。気持ちを伝えることが非常に下手で、つねに一言足りないので会話も聞き役になることが多いでしょう。

### 2024年はこんな年

地味で目立たないタイプですが、今年は信頼を得られ、大きなチャンスがめぐってくるでしょう。ここで遠慮したり引いてしまうと、いい運気の流れに乗れないどころか、マイナスな方向に進んでしまいます。これまで頑張ってきたご褒美だと思って、流れを受け入れるようにしましょう。「人生でもっとも欲張った年」と言えるくらい幸せをつかみにいき、ときにはワガママになってみてもいいでしょう。健康運は、不調を我慢していた人は体調を崩しやすい時期。温泉に行くのがオススメです。

### 開運アクション

- 貪欲に生きる
- 言いたいことはハッキリ伝える
- 勇気と度胸を忘れない

銀の鳳凰座

命数

# 27 落ち着きがある正義の味方

もっている星
★行動すると止まらない星
★甘えん坊な星
★押しに弱い星
★打撲が多い星
★ほめられたら買ってしまう星

ラッキーカラー　オレンジ　ネイビー
ラッキーフード　担々麺　キウイ
ラッキースポット　動物園　デパート

## 基本性格　ほめられると弱い正義感のかたまり

頑固でまっすぐな心の持ち主で、こうと決めたら猪突猛進するタイプ。正義感があり、正しいと思い込んだら簡単に曲げられませんが、強い偏見をもってしまうこともあり、世界が狭くなることが多いでしょう。つねに視野を広げるようにして、いろいろな考え方を学んでおくといいでしょう。また、おだてに極端に弱く、ほめられたらなんでもやってしまうところがあり、しゃべりも行動も雑なところがあるでしょう。

## 2024年はこんな年

駆け引きや臨機応変な対応が苦手で、人生すべてが直球勝負のまっすぐな人。今年は持ち前の正義感や意志の強さを活かせて、目標や夢を達成できるでしょう。不器用ながらも、自分の考えを通し切ってよかったと思えることもありそうです。人とのつながりが大切な年なので、好き嫌いをハッキリさせすぎないように。相手のいい部分に注目したり、多少の失敗は大目に見るといいでしょう。健康運は、パワフルに動きすぎて疲れをためないよう、こまめに休むことが大切です。

### 開運アクション

- 自分の意志を通す
- 人をたくさんほめて認める
- 後輩や部下の面倒を見る

銀の鳳凰座

命数

# 28 ゆっくりじっくりで品のある人

もっている星
★ゆっくりじっくりの星
★人前が苦手な星
★割り勘が好きな星
★恋に不器用な星
★口臭を気にする星

ラッキーカラー　オレンジ　シルバー
ラッキーフード　卵焼き　桃
ラッキースポット　音楽フェス　ホテル

## 基本性格　気持ちが曲げられない小心者

上品で常識やルールをしっかり守る人ですが、根が超頑固で曲がったことができない人です。ひとりが好きで単独行動が多くなりますが、寂しがり屋で人のなかに入りたがるところがあるでしょう。自分の決めたことを曲げない気持ちが強いのに、臆病で考えすぎてしまったり、後悔したりすることも多いタイプ。思ったことを伝えるのが苦手で、一言足りないことが多いでしょう。ただし、誠実さがあるので時間をかけて信頼を得るでしょう。

## 2024年はこんな年

品と順序を守り、時間をかけて信頼を得るタイプ。今年はあなたに注目が集まる運気です。ただし、恥ずかしがったり失敗を恐れて挑戦できずにいると、チャンスを逃してしまいます。今年は失敗してもすべていい経験になるので、何事も勇気を出してチャレンジしてみるといいでしょう。周囲から頼られたり期待を寄せられたら、最善をつくしてみると、実力以上の結果を残せて、いい人脈もできそうです。健康運は、汗をかく程度の運動を定期的にしておきましょう。

### 開運アクション

- 心配や不安を手放す
- 年上の人に会う
- チャンスに臆病にならない

# 銀の鳳凰座

 命数 **29** 覚悟のある自由人

**もっている星**
★人と違う生き方をする星
★独特なファッションの星
★お金に執着しない星
★不思議な人を好きになる星
★睡眠欲が強いが夜更かしする星

| ラッキーカラー | オレンジ レッド | ラッキーフード | カレーライス みょうが | ラッキースポット | 劇場 海外旅行 |

**基本性格** 発想力豊かで不思議な才能をもつ変人

独特な世界観をもち他人とは違った生き方をする頑固者。自由とひとりが好きで他人を寄せつけない生き方をし、独自路線に突っ走る人。不思議な才能や特殊な知識をもち、言葉数は少ないですが、理論と理屈を語るでしょう。周囲から「変わってる」と言われることも多く、発想力が豊かで、理解されると非常におもしろい人だと思われますが、基本的に他人に興味がなく、尊敬できないと本音で話さないのでそのチャンスも少ないでしょう。

**2024年はこんな年**
変わり者ですが独特の感性をもっているタイプ。今年はあなたの発想力や個性、才能や魅力が認められる年です。とくにアイデアや芸術系の才能が注目されるため、自分の意見を素直に伝えてみるといいでしょう。プライドの高さとあまのじゃくなところが邪魔をして、わざとチャンスを逃してしまう場合がありますが、今年はしっかり自分を出すことが大切です。厳しい意見も、自分のためになると思って受け止めましょう。健康運は、睡眠時間を削らないように。

**開運アクション**
◆ 屁理屈と言い訳を言わない
◆ 恋も仕事も素直に楽しむ
◆ 学んだことを教える

---

 命数 **30** 頑固な先生

**もっている星**
★心が60歳の星
★冷静で落ち着いている星
★他人を受け入れない星
★賢い人が好きな星
★目の病気の星

| ラッキーカラー | オレンジ 藍色 | ラッキーフード | すき焼き アスパラ串 | ラッキースポット | 書店 劇場 |

**基本性格** 自分の好きな世界に閉じ込もる完璧主義者

理論と理屈が好きな完璧主義者。おとなしそうですが、秘めたパワーがあり、自分の好きなことだけに没頭するタイプ。何事にもゆっくりで冷静ですが、心が60歳なため、神社仏閣など古いものや趣深い芸術にハマることが多いでしょう。尊敬する人以外のアドバイスは簡単に聞き入れることがなく、交友関係も狭く、めったに心を開きません。「自分のことを誰も理解してくれない」と思うこともあるほどひとりの時間を大事にするでしょう。

**2024年はこんな年**
長年積み重ねてきたことや、続けていた研究・勉強に注目が集まる年。密かに集めていたデータ、独自の分析などが役に立つでしょう。身につけたスキルを教える立場になったり、先生や指導者としての能力に目覚めることも。プライドが高く自信家なのはいいですが、周囲に助けを求められないところや、協力してもらいたくてもなかなか頭を下げられない一面があります。今年は素直に助けてもらうようにしましょう。健康運は、栄養バランスの整った食事を意識しておくこと。

**開運アクション**
◆ 他人のいいところを見つけてほめる
◆ 資格取得に向けて勉強する
◆ やさしい表現や言葉を学ぶ

gold horologium
No.31-32

金の時計座

命数

# 31 誰にでも平等な高校1年生

もっている星
★誰とでも対等の星
★メンタルが弱い星
★友情から恋に発展する星
★肌荒れの星
★お金より人を追いかける星

ラッキーカラー ピンク イエロー
ラッキーフード かに ミックスナッツ
ラッキースポット 庭園 喫茶店

## 基本性格 仲間を大切にする少年のような人

心は庶民で、誰とでも対等に付き合う気さくな人です。情熱的で「自分も頑張るからみんなも一緒に頑張ろう!」と部活のテンションのような生き方をするタイプで、仲間意識や交友関係を大事にします。一見気が強そうですが、じつはメンタルが弱く、周囲の意見などに振り回されてしまうことも多いでしょう。サッパリとした性格ですが、少年のような感じになりすぎて、色気がまったくなくなることもあるでしょう。

## 2024年はこんな年

ライバルに先を越されたり、頑張りが裏目に出てしまいがちな年。意地を張るより、素直に負けを認めて相手に道を譲るくらいのほうがいいでしょう。あなたの誰とでも対等でいようとする姿勢が、生意気だと思われてしまうこともあるため、上下関係はしっかり意識するように。出会った人には年齢に関係なく敬語を使うつもりでいるとよさそうです。健康運は、胃腸の調子を崩したり、不眠を感じることがあるかも。ひとりで没頭できる運動をすると、スッキリするでしょう。

### 開運アクション

- 得意・不得意を見極める
- 旅行やライブを楽しむ
- 無駄な反発はしない

金の時計座

命数

# 32 刺激が好きな庶民

もっている星
★話の先が読める星
★裏表がある星
★夢追い人にお金を使う星
★好きな人の前で態度が変わる星
★胃炎の星

ラッキーカラー ピンク ダークブルー
ラッキーフード 焼き鳥 梨
ラッキースポット 避暑地 美術館

## 基本性格 寂しがり屋だけど、人の話を聞かない

おとなしそうで真面目な印象ですが、根は派手なことや刺激的なことが好きで、大雑把なタイプ。心が庶民なわりには一発逆転を目指して大損したり、大失敗したりすることがある人でしょう。人が好きですが団体行動は苦手で、ひとりか少人数での行動のほうが好きです。頭の回転は速いですが、そのぶん他人の話を最後まで聞かないところがあるでしょう。へこんだ姿を見せることは少なく、我慢強い面をもっていますが、じつは寂しがり屋な人です。

## 2024年はこんな年

物事を合理的に進められなくなったり、空回りが続いてイライラしそうな年。周囲とリズムが合わないからといって、イライラしないようにしましょう。また、今年だけの仲間もできますが、付き合いが浅い人からの誘いで刺激や欲望に流されないよう注意しておくように。今年はスポーツで汗を流してストレス発散することで、健康的でいい1年を過ごすことができそうです。ただし、色気をなくしたり、日焼けしすぎてシミをつくらないよう気をつけましょう。

### 開運アクション

- 周囲に協力する
- スポーツで定期的に汗を流す
- 本音を語れる友人をつくる

# 金の時計座

命数 **33**

## サービス精神豊富な明るい人

もっている星
★ 友人が多い星
★ 適当な星
★ 食べすぎる星
★ おもしろい人が好きな星
★ デブの星

 ラッキーカラー パープル ライトブルー
 ラッキーフード 餃子 玉子豆腐
 ラッキースポット 喫茶店 動物園

### 基本性格 おしゃべりで世話好きな楽観主義者

明るく陽気で、誰とでも話せて仲よくなれる人です。サービス精神が豊富で、ときにはお節介なほど自分と周囲を楽しませることが好きなタイプ。おしゃべりが好きで余計なことや愚痴や不満を言うこともありますが、多くはよかれと思って発していることが多いでしょう。ただし、空腹になると機嫌が悪くなり、それが顔に出てしまいます。楽観的ですが、周囲の意見に振り回されて心が疲れてしまうこともあるでしょう。

**2024年はこんな年**
感性が鋭くなる年。頭の回転が速くなったりいいアイデアが浮かぶなど、秘めていた才能が開花しそうです。一方で、人の考えや思いを感じすぎてイライラすることや、口が悪くなってしまうこともあるでしょう。イライラはスタミナ不足によるところが大きいので、しっかり運動をして体力をつけるように。愚痴や不満を言うだけの飲み会が増えてしまうことも体調を崩す原因になるため、前向きな話や楽しい話ができる人の輪に入るようにしましょう。

**開運アクション**
- 自分も相手もうれしくなる言葉を使う
- 軽い運動をする
- たくさん笑う

---

# 金の時計座

命数 **34**

## 最後はなんでも勘で決めるおしゃべりな人

もっている星
★ 直感で生きる星
★ 情で失敗する星
★ デブが嫌いな星
★ しゃべりすぎる星
★ センスのいいものを買う星

 ラッキーカラー ホワイト ターコイズブルー
 ラッキーフード お雑煮 とろろ
 ラッキースポット 神社仏閣 レストラン

### 基本性格 情に厚く人脈も広いが、ハッキリ言いすぎる

頭の回転が速くおしゃべりですが、一言多いタイプ。交友関係が広く不思議な人脈をつなげることも上手な人です。何事も勘で決めようとするところがありますが、周囲の意見や情報に振り回されてしまうことも多く、それがストレスの原因にもなります。空腹や睡眠不足で短気を起こしたり、機嫌の悪さが表面に出たりしやすいでしょう。人情家で人の面倒を見すぎたり、よかれと思ってハッキリと言いすぎてケンカになったりすることも多いでしょう。

**2024年はこんな年**
気分のアップダウンが激しくなる年。誘惑や快楽に流されてしまわないよう注意が必要です。自分も周囲も楽しめるように動くと、いい方向に進みはじめたり、大きなチャンスをつかめるでしょう。サービス精神を出し切ることが大切です。健康運は、疲れが一気に出たり、体重が急に増えてしまうことがあるので、定期的に運動やダンスをするといいでしょう。うまくいかないことがあっても、ヤケ食いはしないように。

**開運アクション**
- 前向きな言葉を口にする
- 気分ではなく気持ちで仕事をする
- 暴飲暴食をしない

# 金の時計座

## 命数 35 社交的で多趣味な人

もっている星
★ おしゃれな星
★ トークが薄い星
★ ガラクタが増える星
★ テクニックのある人に弱い星
★ お酒で失敗する星

 ラッキーカラー ピンク ホワイト

ラッキーフード 蒸し牡蠣 すいか

 ラッキースポット 温泉 映画館

**基本性格** 興味の範囲が広いぶん、ものがたまり心も揺れる

段取りと情報収集が得意で器用な人。フットワークが軽く人間関係を上手につくることができるタイプです。心が庶民なので差別や区別をしませんが、本音では損得で判断するところがあります。使わないものをいつまでも置いておくので、ものが集まりすぎてしまうところも。マメに断捨離をしたほうがいいでしょう。視野が広いのは長所ですが、そのぶん気になることが多くなりすぎて、心がブレてしまうことが多いでしょう。

**2024年はこんな年** 地道な努力と遠回りが必要になる年。非効率で無駄だと思っても、今年頑張れば精神的に成長する経験ができるでしょう。ただ、強引な人に利用されたり、うっかりだまされてしまうこともあるので警戒心はなくさないように。自分が得することばかりを考えず、損な役回りを引き受けることで、危険な場面を上手に避けられそうです。健康運は、お酒がトラブルや体調不良の原因になりやすいので、ほどほどにしておきましょう。

**開運アクション**
- 損な役割を買って出る
- 好きな音楽を聴く時間をつくる
- 節約生活を楽しむ

## 金の時計座

## 命数 36 誠実で真面目な人

もっている星
★ お人よしの星
★ 好きな人の前で緊張する星
★ 安い買い物が好きな星
★ 手をつなぐのが好きな星
★ 寂しがり屋の星

 ラッキーカラー ピンク ホワイト

ラッキーフード グラタン 目玉焼き

 ラッキースポット スパ 図書館

**基本性格** やさしくて真面目だけど、強い意見に流されやすい

とても真面目でやさしく誠実な人です。現実的に物事を考えて着実に人生を進めるタイプですが、何事も時間がかかってしまうところと、自分に自信がもてなくてビクビク生きてしまうところがあるでしょう。他人の強い意見に弱く、自分が決めても流されてしまうことも多いでしょう。さまざまなタイプの人を受け入れることができますが、そのぶんだまされやすかったり、利用されやすかったりもするので気をつけましょう。

**2024年はこんな年** 華やかにイメチェンしたり、キャラが大きく変わって人生が変化する年。言いたいことはハッキリ伝え、ときには「嫌われてもいい」くらいの気持ちで言葉にしてみましょう。あなたを利用してくる人や悪意のある人とは、バッサリ縁を切ることも大切です。ズルズルした交友関係を終わらせることができ、スッキリするでしょう。健康運は、体が冷えやすくなったり、肌が弱くなりそう。こまめな水分補給を心がけ、膀胱炎や尿路結石にも気をつけておきましょう。

**開運アクション**
- 言いたいことはハッキリ言う
- 別れは自分から切り出す
- 甘い言葉や誘惑に注意する

# 金の時計座 命数 37 面倒見がいい甘えん坊

もっている星
- ★責任感の強い星
- ★お節介な星
- ★ご馳走が好きな星
- ★恋に空回りする星
- ★麺類の星

ラッキーカラー ホワイト ネイビー
ラッキーフード 野菜タンメン かつおのたたき
ラッキースポット 展望台 映画館

## 基本性格 正義感あふれるリーダーだが、根は甘えん坊

行動力とパワーがあり、差別や区別が嫌いで面倒見のいいタイプ。自然と人の役に立つポジションにいることが多く、人情家で正義感もあり、リーダー的存在になっている人もいるでしょう。自分が正しいと思ったことにまっすぐ突き進みますが、周囲の意見に振り回されやすく、心がブレてしまうことも。根の甘えん坊が見え隠れするケースもあるでしょう。おだてに極端に弱く、おっちょこちょいなところもあり、行動が雑で先走ってしまいがちです。

## 2024年はこんな年

積極的な行動が空回りし、落ち込みやすい年。面倒見のよさが裏目に出たり、リーダーシップをとって頑張っているつもりが、うまく伝わらないこともありそうです。ヤケを起こして無謀な行動に走るのではなく、スポーツでしっかり汗を流したり、座禅を組んで心を落ち着かせるといいでしょう。今年は、心と体を鍛える時期だと思っておくのがよさそうです。厳しい指摘をしてきた人を見返すくらいのパワーを出してみましょう。

### 開運アクション

- 行動する前に計画を立てる
- 瞑想する時間をつくる
- 年下の友人をつくる

# 金の時計座 命数 38 臆病な庶民

もっている星
- ★温和で平和主義の星
- ★精神が不安定な星
- ★清潔にこだわる星
- ★純愛の星
- ★肌に悩む星

ラッキーカラー オレンジ ライトブルー
ラッキーフード チーズオムレツ パイナップル
ラッキースポット 庭園 花火大会

## 基本性格 上品な見栄っ張りだが、人に振り回されやすい

常識やルールをしっかり守り、礼儀正しく上品ですが、庶民感覚をしっかりもっている人。純粋に世の中を見ていて、差別や区別が嫌いで幅広く人と仲よくできますが、不衛生な人と権力者とエラそうな人だけは避けるようにしています。気が弱く、周囲の意見に振り回されてしまうことや、目的を定めてもグラついてしまうことが多いでしょう。見栄っ張りなところや、恥ずかしがって自分を上手に出せないところもあるでしょう。

## 2024年はこんな年

精神的に落ち込みやすい年。気分が晴れないときは、話を聞いてくれる人に連絡し本音を語ってみるとよさそうです。愚痴や不満よりも、前向きな話やおもしろい話で笑う時間をつくってみましょう。人との縁が切れてもヘコみすぎず、これまでに感謝するように。健康運は、肌の調子を崩しやすいので、白湯や常温の水をふだんより多めに飲むといいでしょう。運動して汗を流すのもオススメです。

### 開運アクション

- たくさん笑う
- 落ち着く音楽を聴く
- 白湯を飲む習慣を身につける

金の時計座 命数 39

# 常識にとらわれない自由人

もっている星
★芸術家の星
★変態の星
★独自の価値観の星
★才能に惚れる星
★食事のバランスが悪い星

ラッキーカラー ピンク ホワイト
ラッキーフード あじの開き オリーブ
ラッキースポット 美術館 劇場

## 基本性格 束縛嫌いで理屈好きな変わり者

自分ではふつうに生きていると思っていても、周囲から「変わっているね」と言われることが多い人です。心は庶民ですが常識にとらわれない発想や言動が多く、理屈や屁理屈が好きなタイプ。自由を好み、他人に興味はあるけれど束縛や支配はされないように生きる人でもあります。心は中学1年生のような純粋なところがありますが、素直になれなくて損をしたり、熱しやすく飽きっぽかったりして、心がブレてしまうことも多いでしょう。

## 2024年はこんな年

興味をもつものが変わり、これまで学んでいなかったことを勉強するようになる年。少し難しいと思う本を読んでみたり、お金に関わる勉強をしてみるといいでしょう。マナー教室に行くのもオススメです。また、歴史のある場所や美術館、博物館などに足を運んでみると気持ちが落ち着くでしょう。今年は人との関わりも変化し、これまで縁がなかった年齢の離れた人や、専門的な話ができる人と仲よくなれそうです。健康運は、目の病気に注意しておきましょう。

### 開運アクション

- 学んでみたいことに素直になる
- 年上の友人をつくってみる
- 歴史のある場所に行く

金の時計座 命数 40

# 下町の先生

もっている星
★教育者の星
★言葉が冷たい星
★先生に惚れる星
★視力低下の星
★勉強にお金を使う星

ラッキーカラー パープル 藍色
ラッキーフード さばの味噌煮 チーズケーキ
ラッキースポット 書店 美術館

## 基本性格 好き嫌いがハッキリした上から目線タイプ

自分の学んだことを人に教えたり伝えたりすることが上手な先生のような人。理論や理屈が好きで知的好奇心があり、文学や歴史、芸術、美術に興味や才能をもっています。基本的には人間関係をつくることが上手ですが、知的好奇心のない人や学ぼうとしない人には興味がなく、好き嫌いが激しいところがあります。ただし、それを表には見せないでしょう。「エラそうな人は嫌い」というわりには、自分がやや上から目線の言葉を発してしまうところも。

## 2024年はこんな年

発想力が増し、興味をもつことも大きく変わる年。新しいことに目が向き、仲よくなる人も様変わりするでしょう。若い人や才能のある人、頑張っている人といい縁がつながりそうです。あなたもこれまで学んできたことを少しでも教えるようにすると、感謝されたり相手のよさをうまく引き出すことができるでしょう。今年は、ひとり旅やこれまでとは違った趣味をはじめても楽しめそうです。健康運は、頭痛に悩まされがちなので、ふだんから軽い運動をしておくのがオススメ。

### 開運アクション

- 若い知り合いや友達をつくる
- 「新しい」ことに注目してみる
- 失敗から学ぶ

## 銀の時計座 命数 31

## 心がブレる高校1年生

もっている星
★平等心の星
★負けを認められない星
★同級生が好きな星
★胃に注意が必要な星
★友人と同じものを欲しがる星

ラッキーカラー イエロー ブルー
ラッキーフード 豆腐ステーキ しらす干し
ラッキースポット 公園 図書館

### 基本性格 仲間に囲まれていたいが、振り回されやすい

負けず嫌いの頑張り屋で、気さくでサッパリとした性格です。色気があまりなく、交友関係は広いでしょう。反発心や意地っ張りなところはありますが、本当は寂しがり屋でつねに人のなかにいて友人や仲間が欲しい人。頑張るパワーはありますが、周囲の人に振り回されてしまったり、自ら振り回されにいったりするような行動に走ってしまうことも。心は高校1年生くらいからほぼ変わらない感じで、学生時代の縁がいつまでも続くでしょう。

### 2024年はこんな年

期待していたほど結果が出ないことや評価されないことに、不満がたまってしまうかも。同期やライバルなど、自分と同じくらい努力してきた人に負けたり、差をつけられてしまう場合もありそうです。意地っ張りな一方でメンタルが弱く、一度落ち込むとなかなか立ち直れないタイプですが、気分転換にスポーツをして汗を流したり、じっくり読書する時間をつくると、気持ちが回復してくるでしょう。偉人の伝記を読んでみると、苦労しても「落ち込んでいる場合ではない」と思えそうです。

開運アクション
- 自分らしさにこだわらない
- 読書する時間をつくる
- 素直に謝る

## 銀の時計座 命数 32

## 雑用が嫌いなじつは野心家

もっている星
★野心家の星
★頑張りを見せない星
★ライブ好きの星
★ヤケ酒の星
★好きになると止まらない星

ラッキーカラー ピンク ダークブルー
ラッキーフード ごぼうの甘辛炒め よもぎ饅頭
ラッキースポット スポーツジム 博物館

### 基本性格 一発逆転の情熱をもって破天荒に生きる

庶民的で人間関係をつくることが上手な人ですが、野心や向上心を強くもっています。どこかで一発逆転したい、このままでは終わらないという情熱をもっていて、刺激や変化を好むところがあるでしょう。人は好きですが団体行動が苦手で、結果を出している人に執着する面があり、ともに成長できないと感じた人とは距離をあけてしまうことも。意外な人生や破天荒な人生を自ら歩むようになったり、心が大きくブレたりすることもある人です。

### 2024年はこんな年

合理的で頭の回転が速いタイプですが、今年は詰めの甘さを突っ込まれたり、締めくくりの悪さが表に出てしまいそうです。「終わりよければすべてよし」を心に留めて、何事も最後まで気を抜かず、キッチリ終わらせるようにしましょう。最初の挨拶以上に、別れの挨拶を大切にすること。お礼をするときは「4回するのがふつう」と思って、その場だけでなく何度でも感謝を伝えるといいでしょう。健康運は、太りやすくなるので、軽い運動をしておきましょう。

開運アクション
- 締めくくりをしっかりする
- ヤケを起こさない
- 運動して汗を流す

# 銀の時計座

## 命数 33 明るい気分屋

もっている星
★ 愛嬌のある星
★ 愚痴の星
★ 遊びすぎる星
★ スケベな星
★ 気管が弱い星

ラッキーカラー　レッド　ライトブルー
ラッキーフード　イクラ　ちりめん山椒
ラッキースポット　レストラン　コンサート

### 基本性格　天真爛漫に人をよろこばせると幸せになれる

誰よりも人を楽しませることが好きなサービス精神豊富な人。空腹が苦手で気分が顔に出やすいところはありますが、楽しいことおもしろいことが大好きです。不思議な人脈をつくることができ、つねに天真爛漫ですが、心がブレやすいので目的を見失ってしまい、流されてしまうことも多いでしょう。人気者になり注目を浴びたい、人にかまってほしいと思うことが多いぶん、他人をよろこばせることに力を入れると幸せになれるでしょう。

**2024年はこんな年**
これまで甘えてきたことのシワ寄せがきて、厳しい1年になりそうです。どんな状況でも楽しんで、物事のプラス面を探すようにすると、進むべき道が見えてくるでしょう。口の悪さが原因で、せっかくの仲間が離れてしまうおそれもあるため、余計なことは言わず、よろこんでもらえる言動を意識するといいでしょう。短気を起こして、先のことを考えずに行動しないよう気をつけること。健康運は、スタミナがつく運動をすると、ダイエットにもなってよさそうです。

開運アクション
- 「自分さえよければいい」と思って行動しない
- 周りをよろこばせる
- スタミナのつく運動をする

## 命数 34 一言多い人情家

もっている星
★ 表現力豊かな星
★ 短気な星
★ ストレス発散が下手な星
★ デブが嫌いな星
★ 疲れやすい星

ラッキーカラー　イエロー　ターコイズブルー
ラッキーフード　桜えび　豆腐の味噌汁
ラッキースポット　神社仏閣　劇場

### 基本性格　隠しもった向上心で驚くアイデアを出す

何事も直感で判断して突き進む人です。人情家で面倒見がいいのですが、情が原因で苦労や困難を招いてしまうことが多く、余計な一言や、しゃべりすぎてしまうところ、恩着せがましいところが表面に出やすい人でしょう。ストレス発散が苦手で些細なことでイライラしたり、機嫌が簡単に表情に出てしまったりすることも多いでしょう。向上心を隠しもち、周囲が驚くようなアイデアを生み出すことができる人です。

**2024年はこんな年**
直感力があるタイプですが、今年は勘が外れやすくなりそうです。疲れからイライラして、冷静な判断ができなくなることも。運動して基礎体力をしっかりつけ、上手にストレスを発散するようにしましょう。短気を起こして無責任な発言をすると、自分を苦しめる原因になってしまいそうです。余計な言葉を慎み、できるだけ相手の話を聞くようにしましょう。健康運は、体調に異変を感じたらそのままにせず、早めに病院で診てもらうように。

開運アクション
- 情に流されない
- 何事も長い目で見る
- 自分で自分の頑張りをほめる

# 銀の時計座

命数 **35**

人のために
生きられる商売人

**もっている星**
★ フットワークが軽い星
★ ウソが上手な星
★ 買い物好きな星
★ 貧乏くさい人が嫌いな星
★ 膀胱炎の星

| ラッキーカラー | ピンク スカイブルー |
| ラッキーフード | ライ麦パン 豚しゃぶ |
| ラッキースポット | スパ 科学館 |

**基本性格** 多趣味で視野が広く、計算して振る舞える

フットワークが軽く情報収集が得意な人で、ひとつ好きなことを見つけると驚くような集中力を見せます。視野が広いため、ほかに気になることを見つけると突っ走ってしまうことが多いでしょう。何事も損得勘定でしっかり判断でき、計算をすることが上手で、自分の立場をわきまえた臨機応変な対応もできます。多趣味・多才なため人脈も自然に広がり、知り合いや友人も多いでしょう。予定の詰め込みすぎには注意が必要です。

**2024年はこんな年**
これまでならおもしろがってもらえていたような軽い発言が、今年は「信頼できない人」と思われる原因になってしまいそうです。適当なことを言わないよう注意しましょう。また、あなたのフットワークの軽さや多才なところが裏目に出たり、ソリが合わない人と一緒に過ごす時間が増えてしまうことも。地味で不得意な役割を任される場面もありそうですが、いまは地道に努力して学ぶ時期だと思っておきましょう。健康運は、お酒の飲みすぎに気をつけること。

**開運アクション**
◆ 自分の発言に責任をもつ
◆ 計算や計画の間違いに気をつける
◆ 損な役割を楽しんでみる

---

# 銀の時計座

命数 **36**

世話が好きな
真面目な人

**もっている星**
★ 思いやりの星
★ 自信のない星
★ ケチな星
★ つくしすぎる星
★ 水分バランスが悪い星

| ラッキーカラー | ホワイト ラベンダー |
| ラッキーフード | 里芋の煮物 わかめのサラダ |
| ラッキースポット | 温泉 プラネタリウム |

**基本性格** 理想と現実の間で心が揺れやすい

何事も真面目に地道にコツコツと努力ができ、自分のことよりも他人のために生きられるやさしい人です。ただし、自己主張が苦手で一歩引いてしまうところがあるので、チャンスを逃しやすく、人と仲よくなるのにも時間がかかるでしょう。現実的に物事を考える面と理想との間で心が揺れてしまい、つねに周囲の意見に揺さぶられてしまうタイプ。真面目がコンプレックスになり、無謀な行動に走ってしまうときもあるでしょう。

**2024年はこんな年**
真面目に取り組むのがバカらしく感じてしまうことがありそうですが、今年は真面目にじっくり努力することを、もっと楽しんでみるといいでしょう。あえて遠回りをするのもよさそうです。自分磨きも楽しむことを忘れなければ、思った以上に輝くことができるでしょう。ときには開き直って言いたいことを伝えてみると、周囲が動いてくれることもありそうです。健康運は、ストレスが肌の不調につながりやすいため、こまめに気分転換をしましょう。

**開運アクション**
◆ 気分転換をしっかりする
◆ 地味で真面目なところをコンプレックスに思わない
◆ 後輩や部下の面倒を見る

## 銀の時計座 命数 37

# 世話好きな正義の味方

もっている星
- ★社長の星
- ★人に巻きつきたがる星
- ★勢いで買い物する星
- ★ほめられたら好きになる星
- ★膝のケガの星

ラッキーカラー　ピンク　ホワイト
ラッキーフード　クリームパスタ　バンバンジー
ラッキースポット　動物園　タワー

### 基本性格　ほめられるとパワーが出る行動力のある人

**自分が正しいと思ったら止まることを知らずに突き進む力が強い人です。とくに正義感があり、面倒見がよく、自然と周囲に人を集めることができるでしょう。ただし、せっかちで勇み足になることが多く、行動に雑なところがあるので、動く前に計画を立ててみることや慎重になることも重要です。おだてに極端に弱く、ほめられたらなんでもやってしまうことも多いでしょう。向上心があり、つねに次に挑戦したくなる、行動力のある人でしょう。**

### 2024年はこんな年

パワフルで行動力のあるタイプですが、今年は行動することで苦労や困難を引き寄せてしまいそうです。もともと面倒見がいいので自然と人が集まってくるものの、トラブルにもつながりやすいため用心しておきましょう。じつは甘えん坊で人任せな面や、行動が雑なところを突っ込まれてしまうこともありそうです。素直に非を認めたほうが、味方を集められるでしょう。健康運は、骨折や足のケガ、ギックリ腰などに十分注意しておきましょう。

### 開運アクション

- 仕切るなら最後まで仕切る
- 情で好きにならない
- 「憧れの存在」を目指す

## 銀の時計座 命数 38

# 見栄っ張りな常識人

もっている星
- ★誠実な星
- ★失敗ができない星
- ★百貨店の星
- ★恋に執着する星
- ★美肌にこだわる星

ラッキーカラー　ピンク　ライトブルー
ラッキーフード　アサリの酒蒸し　ごま団子
ラッキースポット　庭園　コンサート

### 基本性格　庶民的で親しみやすいが、心の支えが必要

**礼儀正しくていねいで、規則やルールなどをしっかり守り、上品に生きていますが、どこか庶民的な部分をもっている親しみやすい人。面倒見がよく、差別や区別なく交友関係を広げることができますが、下品な人や、権力者やエラそうな人だけは避けるでしょう。常識派でありながら非常識な人脈をもつ生き方をします。メンタルが弱く寂しがり屋で、些細なことでヘコみすぎてしまうこともあり、心の支えになるような友人や知人を必要とするでしょう。**

### 2024年はこんな年

キッチリした性格が、かえって自分を苦しめてしまう年。几帳面で真面目なタイプですが、今年は失敗やケアレスミスが増えてしまいそうです。どんな人にもミスはあるものなので、気にしないようにしましょう。また、急に行動的になることもありそうです。ふだんしないようなことにチャレンジするのはいいですが、危険な目に遭う可能性もあるため、ほどほどにしておきましょう。健康運は、肌の調子が乱れやすいので、スキンケアをしっかりするように。

### 開運アクション

- 失敗を笑い話にする
- 話を聞いてくれる人を大切にする
- 偉くなっている人を観察する

銀の時計座

命数

# 39 目的が定まらない芸術家

もっている星
- ★アイデアが豊富な星
- ★飽きっぽい星
- ★幼稚な星
- ★才能に惚れる星
- ★匂いフェチの星

ラッキーカラー　パープル　レッド
ラッキーフード　からしレンコン　もつ鍋
ラッキースポット　劇場　喫茶店

## 基本性格　理屈っぽくて飽きっぽいスペシャリスト

自由な生き方と発想力がある生き方をする不思議な人。探求心と追求心があり集中力もあるのでひとつのことを深く突き詰めますが、飽きっぽく諦めが早いところがあり、突然まったく違うことをはじめたり、違う趣味を広げる人でしょう。変わった人脈をつくりますが、本音は他人に興味がなく、理屈と屁理屈が多く、何事も理由がないとやらないときが多いでしょう。その一方で、スペシャリストになったり、マニアックな生き方をしたりすることがあるでしょう。

## 2024年はこんな年

いまの環境に飽きを感じると同時に、変化や刺激を楽しめる年。人間関係も変わってきて、これまでに出会ったことのないような人や年の離れた人と仲よくなれるでしょう。意外性を前向きにとらえることができる一方で、思った方向とは違う流れになったり、プライドを傷つけられることもありそうです。健康運は、体調を崩しやすくなるので、栄養バランスの整った食事を心がけましょう。とくに、目の病気には気をつけること。

### 開運アクション
- 現状に飽きたら探求できるものを見つける
- 年の離れた人と話してみる
- 学びにお金を使う

銀の時計座

命数

# 40 心がブレやすい博士

もっている星
- ★探究心の星
- ★プライドが高い星
- ★知識にお金を使う星
- ★目の疲れの星
- ★知性のある人が好きな星

ラッキーカラー　ピンク　ホワイト
ラッキーフード　たこ焼き　アボカドサラダ
ラッキースポット　神社仏閣　城

## 基本性格　他人のために知恵を役立てると人生が好転する人

好きなことを深く突き詰めることができる理論と理屈が好きな人。冷静に物事を考えられ、伝統や文化が好きで、大人なタイプです。自分が学んできたことや知識を他人のために役立てることができると人生が好転するでしょう。人間関係をつくることが上手ですが、本当はめったに心を開かない人。心は庶民ですが、プライドが高く、自分の世界観やこだわりが強くなってしまい、他人の評論や評価ばかりをすることが多いでしょう。

## 2024年はこんな年

プライドが傷つくようなことがあったり、積み重ねてきたことを投げ出したくなりそうな年。興味のあることを追求し研究する才能がありますが、今年は頑張ってきたことを否定されたりバカにされて感情的になり、自ら人との縁を切ってしまうことがあるかも。世の中、すべての人に認められるのは不可能です。「いろいろな人がいる」と思って、聞き流すようにしましょう。健康運は、目の疲れと片頭痛が出やすくなりそう。食事のバランスを整え、軽い運動をするようにしましょう。

### 開運アクション
- いらないプライドは捨てる
- 冷たい言い方をしない
- 学べることを探す

# 金のカメレオン座 命数 41

## 古風な頑張り屋

もっている星
- ★友情を大切にする星
- ★突っ込まれると弱い星
- ★みんなと同じものを購入する星
- ★同級生を好きになる星
- ★タフな星

ラッキーカラー　イエロー　ブルー
ラッキーフード　ピーマンの肉詰め　アーモンド
ラッキースポット　スポーツジム　キャンプ場

### 基本性格　真似することで能力が開花する

**大人っぽく冷静な感じに見えますが、サッパリとした性格で根性があります。ただし、突っ込まれると弱く、心配性なところを隠しもっています。女性は美人なのに色気がない人が多いでしょう。知的で、他人を真似することでその能力を開花させられるタイプですが、意地を張りすぎて真似を避けてしまうと、才能を発揮できない場合があります。友情や仲間をとても大事にするため、長い付き合いの友人がいるでしょう。**

### 2024年はこんな年

新たな仲間ができ、よきライバルや見習うべき人も見つけられる年。周囲や同期と差がついてしまっていることに驚く場面もありますが、興味のあることにはドンドン挑戦しましょう。趣味でスポーツや新たな習い事をはじめてみると、長い付き合いになる友人もできそうです。同世代で頑張っている人を見ることがあなたのパワーにもなるため、プロスポーツ観戦や観劇、ライブ観賞などに足を運んでみるのもいいでしょう。健康運は、定期的な運動がオススメです。

### 開運アクション

- プロスポーツを観に行く
- 習い事をはじめる
- 興味のあることに挑戦する

# 金のカメレオン座 命数 42

## 要領がいい高校3年生

もっている星
- ★学習能力が高い星
- ★優柔不断な星
- ★高級なものを持つといい星
- ★健康マニアな星
- ★向上心ある人を好きになる星

ラッキーカラー　オレンジ　レッド
ラッキーフード　いわしのマリネ　ぶどう
ラッキースポット　避暑地　リゾート地

### 基本性格　頭の回転が速いが、じつは心配性

**古風な考えをしっかりと理解でき、無駄が嫌いな合理的タイプ。派手に見えて古風か、知的に見えて根はやんちゃか、この2パターンに分かれるでしょう。どちらにせよ表面的に見せている部分と内面は大きく違います。自我が強く、自分に都合の悪い話はほぼ聞きません。他人の話の要点だけ聞くのがうまく、頭の回転はかなり速いのですが、じつは心配性。真似と要領のよさを活かすことで人生を渡り歩けますが、先走りすぎる癖には要注意。**

### 2024年はこんな年

「金のカメレオン座」のなかで、もっとも一歩一歩進むことが苦手なタイプ。頭のよさを活かした合理的な生き方を好み、無駄を避けがちですが、今年はあえて雑用や面倒事に取り組んでみましょう。いい人脈ができたり、苦労を経験することでパワーを得られそうです。自分の才能を発見するためにも、不慣れなことや苦手なこと、避けていた世界に飛び込んでみて。音楽ライブやフェス、知人のパーティーなどに足を運ぶのもオススメです。健康運は、定期的な旅行が吉。

### 開運アクション

- ホームパーティーに行く
- 不慣れなことや苦手なことに挑戦する
- 相手のおもしろいところを探す

金のカメレオン座

命数

# 43 明るい大人

もっている星

★楽しませることがうまい星
★地道な努力が苦手な星
★グルメな星
★愛嬌のある人を好きになる星
★ダンスをすると痩せる星

ラッキーカラー ピンク ライトブルー
ラッキーフード いか焼き いちご
ラッキースポット レストラン コンサート

## 基本性格 知的でしっかり者なのに、バカなフリをする

明るく元気で陽気な性格でありながら、知的で古風な考えをしっかりもっているタイプ。愛嬌があり美意識も高いので、自然と人気を集め、交友関係も広くなります。ふだんはかなり冷静ですが、空腹になると機嫌が悪くなり、思考停止することがあるはず。サービス精神が豊富なところは長所ですが、そのぶん口が悪くなったり、余計な話をしてしまったりすることも。人間関係においてはバカなフリをしていることが多いでしょう。

## 2024年はこんな年

「金のカメレオン座」のなかでもっとも明るく、何事もポジティブに考えられるタイプ。変化が多いこの1年も楽しく過ごせ、人との交流も上手に広げられるでしょう。自分と周囲を笑顔にするために何をするといいのか、よく考えて行動すれば運を味方につけられそうです。積み重ねが必要な年でもあるため、地道な努力や、のちに役立ちそうな勉強は少しでもはじめておくように。好きな趣味を極める覚悟をすると、道が見えてくるでしょう。健康運は、食事のバランスが大事です。

### 開運アクション

- 仕事に役立つ勉強をする
- 異性の友人をつくる
- 自分と周囲を笑顔にする

金のカメレオン座

命数

# 44 勘がいい頭脳派

もっている星

★表現が豊かな星
★毒舌家な星
★勘で買い物をする星
★サプライズに弱い星
★スタミナ不足になる星

ラッキーカラー ホワイト イエロー
ラッキーフード 牡蠣フライ バナナ
ラッキースポット 劇場 美術館

## 基本性格 おしゃべりで勘が鋭いけど、突っ込まれると弱い

頭の回転が速くおしゃべりで、つねに一言多いタイプ。真似がうまく、コツをつかむことが上手で、何事にも冷静に対応できますが、空腹や睡眠不足になると短気になる癖があるので注意が必要です。物事をいろいろな角度で考えますが、最後は勘でなんでも決めてしまうでしょう。おしゃべりなので攻めが強い感じに見られますが、突っ込まれると弱いところがあり、守りが手薄なところがあるでしょう。

## 2024年はこんな年

「金のカメレオン座」のなかで、もっとも直感で動くタイプ。今年は変化が多くなりますが、己の勘を信じて進むといいでしょう。自分が言葉を使うことに人一倍長けていると気づいていると思いますが、今年はもっと語彙を増やしたり、人がよろこぶ言葉や前向きになれる話を学ぶことが大切です。どんなときでも素敵な言葉を発せる人になれるよう成長していきましょう。話を上手に聞く訓練もしておくように。健康運は、スタミナをつけるための運動をはじめるとよさそう。

### 開運アクション

- 語彙を増やす
- 習い事をはじめる
- 基礎体力づくりをする

## 金のカメレオン座

命数

# 45 真似が上手な商売人

もっている星

- ★計画的に物事を進める星
- ★損得勘定で判断する星
- ★買い物が大好きな星
- ★過労になりやすい星
- ★おしゃれな人が好きな星

ラッキーカラー　ライトブラウン　スカイブルー
ラッキーフード　チンジャオロース　セロリの浅漬け
ラッキースポット　ショッピングモール　海水浴

**基本性格**　好奇心が強く、損得勘定ができるしっかり者

知的で都会的なおしゃれを心がける、情報収集と段取りがしっかりできる人。古風な考えをしっかりもち、知的好奇心がありながら根はお調子者で、損得勘定で物事を判断するタイプ。じっくり情報を集めすぎて時間がかかってしまったり、突っ込まれるととても弱くなってしまったりする優柔不断な性格でもあります。真似が上手で、「これは得」と思ったらじっくりと観察して自分のものにする能力が高いでしょう。

**2024年はこんな年**

計画を立てて行動することがもっとも得意なタイプ。今年は情報収集を楽しみながら人脈づくりもできる運気なので、おもしろそうなことがあればドンドン足を運んでみるといいでしょう。「多趣味ですね」と言われるくらい今年から趣味の幅を広げることが、のちの運命をいい方向に導く秘訣です。多少気乗りしなくても、誘われたことには積極的に挑戦してみるといいでしょう。健康運は、忙しくてもメリハリのある生活をするように。

**開運アクション**

- 趣味を増やす
- つねにフットワークを軽くする
- 「忙しい」を楽しむ

## 金のカメレオン座

命数

# 46 真面目で現実的な人

もっている星

- ★几帳面な星
- ★心配性の星
- ★価値にこだわる星
- ★結婚をすぐに考える星
- ★瞬発力のない星

ラッキーカラー　ホワイト　スカイブルー
ラッキーフード　いわしの蒲焼き　納豆
ラッキースポット　水族館　劇場

**基本性格**　慎重派だけど、ときどき無謀な行動に走る

落ち着いてじっくりと物事を進める静かで真面目な人。几帳面で地道にコツコツ積み重ね、石橋を叩いて渡るような性格です。親切でやさしく、他人に上手に合わせることができ、守りの要となる人でもありますが、自信や勇気がなく、なかなか行動できずに待ちすぎてしまうことも。計画を立てて行動することが好きですが、冒険やチャレンジ精神は低めです。真面目がコンプレックスになり、ときどき無謀な行動に走ることもあるでしょう。

**2024年はこんな年**

着実に努力や挑戦の積み重ねができる年。地道な努力が続くリズムをうまくつくれ、心地よく過ごせそうです。人との交流も大事な時期なので、内気になったり遠慮したりせず、自ら食事や飲みに誘ってみましょう。「あえて少し恥ずかしい思いをする」くらいの度胸を身につけておくと、のちのち役立つでしょう。言いたいことをのみ込みすぎず、ときにはストレートに発言してみて。健康運は、代謝を上げる運動がオススメです。

**開運アクション**

- 発言や失敗を恥ずかしがらない
- 聴く音楽のジャンルを増やす
- 役立ちそうな資格の取得を目指す

金のカメレオン座

命数 47

# 正義感のあるリーダー

もっている星
★上下関係を大切にする星
★人と衝突しやすい星
★乗せられて買ってしまう星
★ほめられると好きになる星
★腰痛の星

ラッキーカラー ライトブラウン グリーン
ラッキーフード にしんそば きのこのマリネ
ラッキースポット 動物園 博物館

**基本性格** おだてに弱く、上下関係を大事にするリーダー

正義感があり、パワフルなリーダータイプ。自分が正しいと思ったことにはまっすぐ突き進みますが、ややおっちょこちょいなところがあるため、先走ってしまうことが多いでしょう。知性があり、情報をしっかり集められる冷静さがありますが、おだてにとても弱い人です。古風な考え方をもち、上下関係をとても大事にするため、ほかの人にも自分と同じような振る舞いを求めるところがあります。また、後輩には厳しいことも多いでしょう。

**2024年はこんな年**

実行力があり、面倒見がいいタイプ。今年は関わる人が増え、行動範囲も広がるでしょう。後輩や部下ができ、頼れる先輩や上司にも恵まれるいい年になりそうです。一方で、あなたのパワフルな行動のなかで、雑な部分を突っ込まれることも。素直に受け止めて成長することで、人としての厚みが出てくるでしょう。上下関係は大切ですが、年下や後輩に厳しくしすぎず、「恩送り」の対象だと思うように。健康運は、膝や足首を動かして柔らかくしておくとよさそう。

**開運アクション**
- 年下には「恩送り」をする
- 何事も簡単に諦めない
- 「正しい」を押しつけない

金のカメレオン座

命数 48

# 清潔感のある大人

もっている星
★常識をしっかり守る星
★臆病になりすぎる星
★割り勘が好きな星
★安心できる人が好きな星
★緊張しやすい星

ラッキーカラー オレンジ ライトブルー
ラッキーフード 鯛めし ナッツ
ラッキースポット 花火大会 ホテル

**基本性格** 学習能力と吸収力はあるが、臆病なのがアダ

上品で知的な雰囲気をもった大人です。繊細で臆病なところはありますが、常識をちゃんと守り、礼儀やマナーもしっかりしている人です。学習能力が高く、不慣れなことや苦手なことはほかから学んで吸収する能力に長けています。ただし、臆病すぎるところがあり、慎重になりすぎてチャンスを逃すことや、順番を待ちすぎてしまうこともあるでしょう。手堅く守りが強そうですが、優柔不断で突っ込まれると途端に弱くなってしまいます。

**2024年はこんな年**

慎重に物事を進められる1年。変化が多くなりますが、礼儀や品を忘れなければ人との関係をしっかりつくることができるでしょう。今年は初対面の人と会う機会が多いほど運気の流れに乗れ、よい方向に進めると信じ、出会いの場に積極的に出向くとよさそうです。多少臆病だったり、失敗を恥ずかしがって行動を避けるところがありますが、小さなことは気にせず、経験を増やすよう心がけましょう。健康運は、定期的に温泉に行くのがオススメです。

**開運アクション**
- 初対面の人を増やす
- 失敗談を笑いのネタにする
- 挨拶とお礼はキッチリする

# 金のカメレオン座 命数 49

## 屈理屈が好きな大人子ども

もっている星
- ★変化や新しいことが好きな星
- ★芸術や美術にお金を使う星
- ★屁理屈が多い星
- ★個性的な人を好きになる星
- ★目の病気の星

ラッキーカラー ホワイト ブルー
ラッキーフード ブロッコリーサラダ ほうれん草カレー
ラッキースポット 映画館 書店

### 基本性格 マニアックなことを知るあまのじゃくな自由人

知的で冷静で理屈が好きですが、どこか子どもっぽく、自由人のスタイルを通すタイプ。周囲が知らないことに詳しく、マニアックなことも知っていて、芸術や美術、都市伝説などにも詳しいでしょう。指先が器用で学習能力が高く真似が得意ですが、あまのじゃくな性格が邪魔をして、素直に教えてもらわないことが苦労の原因になりそう。言い訳が多く、何事も理由がないとやらないところと、なんでも評論する癖があるところはほどほどに。

### 2024年はこんな年

変化をもっとも楽しめるタイプなので、体験や経験を増やせる年になるでしょう。おもしろい人にもたくさん会えそうです。ただ、飽きるのが早すぎる面があるため、少しマメになって人とのつながりを大切に。海外や見知らぬ土地など、ちょっとでも興味がわいた場所にもドンドン足を運んでみるといいでしょう。思い切った引っ越しや転職など、周囲を驚かせるような行動に走ってもいいですが、計画はしっかり立てておくように。健康運は、こまめに目を休ませるよう意識して。

### 開運アクション

- 新しい出会いを楽しむ
- 自分でも意外に思うような習い事をする
- 頑張っている人を認める

# 金のカメレオン座 命数 50

## 生まれたときから心は60歳

もっている星
- ★古風と伝統が好きな星
- ★冷たい言い方をする星
- ★古くて価値のあるものを買う星
- ★頭のいい人を好きになる星
- ★目の病気の星

ラッキーカラー ライトブラウン 藍色
ラッキーフード 焼きブロッコリー ブルーベリー
ラッキースポット 書店 劇場

### 基本性格 学習能力は高いが、上から目線でプライド高め

冷静で落ち着きがあり、年齢以上の貫禄と情報量があるタイプ。何事も論理的に考えられ、知的好奇心が旺盛で勉強熱心。学習能力がとても高く、手先が器用で、教えてもらったことを自分のものにするのが得意。ただし、プライドが邪魔をする場合があるので、つまらないプライドを捨てて、すべての他人を尊重・尊敬すると能力を開花させられるでしょう。上から目線の言葉や冷たい表現が多くなるので、言葉を選ぶようにしてください。

### 2024年はこんな年

大人の魅力を出せるようになる年。興味のあることを見つけられ、探究心にも火がつきそうです。気になったことはドンドン調べ、情報をたくさん集めてみるといいでしょう。尊敬できる人やこれまでにないタイプの人にも出会えるので、フットワークを軽くして、新たな交流をもっと楽しんでみましょう。知ったかぶりをしたり、エラそうな口調にならないよう、言葉遣いには十分注意しておくこと。健康運は、肩を動かす運動をこまめにするといいでしょう。

### 開運アクション

- 大人の魅力を磨く
- 他人を尊敬し尊重する
- 頑張っている人を認める

# 銀のカメレオン座

命数
## 41
## 一言多い高校生

| ラッキーカラー | オレンジ イエロー |
| ラッキーフード | ポークソテー 大根の味噌汁 |
| ラッキースポット | 映画館 書店 |

**もっている 星**
★ 頑張り屋の星
★ 本音を話さない星
★ お金の貸し借りがダメな星
★ 友達のような交際が好きな星
★ 運動がストレス発散になる星

### 基本性格 デキる人の近くにいるとグングン成長する

周囲に合わせることが得意な頑張り屋。「でも、だって」と一言多く意地っ張りなところはありますが、真似が得意で、コツをつかむとなんでもできるようになります。ただし、意地を張りすぎて自分の生き方ややり方にこだわりすぎると、能力を発揮できない場合があるでしょう。周囲に同化しやすいのでレベルの高いところに飛び込むと成長しますが、逆に低いところにいるといつまでも成長できないので、友人関係が人生を大きく分ける人でもあります。

**2024年はこんな年**

上半期は、素直に負けを認めることが大切。無駄なケンカや揉め事は、大事な縁が切れる原因になってしまいます。意地を張りすぎたり不要な反発心を見せず、生意気な発言もしないよう気をつけておきましょう。下半期は、軽い負荷をかけて自分を鍛える時期です。新しい「筋トレ」だと思って面倒事や地味なことも前向きにとらえ、未来の自分がよろこぶような努力を積み重ねていきましょう。

**開運アクション**
◆ 憧れの人を探す
◆ 出会いが増えそうな習い事をはじめる
◆ 悔しさを前向きなパワーに変える

# 銀のカメレオン座

命数
## 42
## 向上心と度胸がある人

| ラッキーカラー | ブラック ダークブルー |
| ラッキーフード | ジンギスカン 豚汁 |
| ラッキースポット | スポーツジム リゾート地 |

**もっている 星**
★ 要点をつかむのがうまい星
★ 都合の悪いことを聞かない星
★ 一攫千金をねらう星
★ 好きな人には積極的になる星
★ 健康情報が好きな星

### 基本性格 効率よく結果を出したい合理主義者

合理主義で無駄なことや団体行動が嫌いな人です。几帳面でていねいな感じに見える人と、派手な感じに見える人が混在する極端なタイプですが、地道な努力や下積みなど、基本を身につける苦労を避けて結果だけを求めるところがあります。真似が上手でなんでも簡単にコツをつかみますが、しっかり観察をしないでいるとその能力は活かせないままです。向上心があり、成長する気持ちが強い人と付き合うといいでしょう。

**2024年はこんな年**

切り替えが早く、沈む船とわかればすぐに違う船に乗り替える判断力と行動力をもっているタイプ。現状を不満に感じたり、会社や生活リズムに何か悪いところがあると思うなら、行動して変えてみるといいでしょう。ただし、後先を考えずに判断をする一面もあるので、動き出す前に一度「ゴールはどこなのか」を考えるようにすること。今後付き合う必要はないと思う人とは距離をおいたり、縁を切る決断をするのも大切です。健康運は、生活習慣を整えましょう。

**開運アクション**
◆ 行動する前にゴールを設定する
◆ スポーツ観戦に行く
◆ 別れに執着しない

# 銀のカメレオン座

命数

## 43

### 陽気で優柔不断な人

もっている星
★ 明るく華やかな星
★ 不機嫌が顔に出る星
★ 気分でお金を使う星
★ 異性に甘え上手な星
★ 顔が丸くなる星

| ラッキーカラー | オレンジ ライトブルー | ラッキーフード | 豚肉とキャベツの甘辛炒め えだまめ | ラッキースポット | レストラン 食フェス |

**基本性格** ちゃっかりしているけど、なんとなく憎めない人

愛嬌があり明るく甘え上手ですが、根はしっかり者でちゃっかり者。なんとなく憎めない人です。自然と好かれる能力をもちながら、お礼や挨拶などを几帳面にする部分もしっかりもっています。なにより運に恵まれているので、困った状況になっても必ず誰かに手助けしてもらえますが、ワガママが出すぎて余計なことをしゃべりすぎたり、愚痴や不満が出すぎたりして信用を失うことも。空腹になるととくに態度が悪くなるので気をつけましょう。

**2024年はこんな年** 「裏運気の年」が終わり、いつもの明るく元気な自分にゆっくりと戻ってくる年。ただ上半期のうちは、イライラしたり短気を起こしたりと、感情的な部分が出てしまう場面も。下半期は、「なんとかなる」と楽観的に物事を考えられるようになり、周囲を許すことや認めることができて、楽しく過ごせるでしょう。健康運は、食欲が増して急に太ってしまうことがあるので、食べすぎに注意すること。ダンスを習ったりカラオケに行くと、ストレス発散にもなっていいでしょう。

開運アクション

・笑顔を忘れない
・ダンスや音楽系の習い事をはじめる
・買い物は計画的にする

# 銀のカメレオン座

命数

## 44

### 余計な一言が目立つ勘のいい人

もっている星
★ 勘が鋭い星
★ 恩着せがましい星
★ 老舗ブランドの星
★ 手術する星
★ 運命を感じる恋が好きな星

| ラッキーカラー | イエロー シルバー | ラッキーフード | ヒレステーキ 焼き芋 | ラッキースポット | 市場 映画館 |

**基本性格** 深い付き合いを求めるのに親友が少ない

頭の回転が速く勘がいいため、要領よく生きることが上手なタイプ。頭がよく感性も豊かですが、おしゃべりをしすぎて余計な一言が多くなってしまったり、空腹になると短気を起こしてしまったりするので注意しましょう。情が深く、ときには依存するくらい人と深い付き合いをする場合もありますが、なかなか親友と呼べる人が見つからないことも。人生で困ったときは生き方に長けている人を真似してみると、自然といい流れになるでしょう。

**2024年はこんな年** 「口は災いのもと」だと心に留めておきましょう。とくに上半期は、感情的になることや、余計な発言が原因で人間関係が崩れてしまうことがあるかも。大事な人との縁が切れる場合もありそうです。下品な言葉は使わないようにして、たとえ本当のことであっても、なんでも口にしていいわけではないと覚えておきましょう。下半期になると直感が冴えて、気になることややりたいことを見つけられそうです。しっかり情報を集めてから、動き出すようにするといいでしょう。

開運アクション

・余計な発言をしない
・基礎体力づくりをする
・美術館に行く

銀のカメレオン座

命数

# 45 器用な情報屋

もっている星
★ 多趣味・多才な星
★ 心配性の星
★ ものがたまる星
★ 損得で相手を見る星
★ 婦人科系の病気の星

ラッキーカラー：オレンジ、スカイブルー
ラッキーフード：まぐろの刺身、豚ヒレとパプリカの炒め物
ラッキースポット：水族館、アウトレット

**基本性格** 無駄を省く判断と対応が早く、損得勘定ができる人

情報収集が好きで段取りや計算が得意。努力家ですが、無駄なことは避けて何事も損得勘定で判断するタイプです。いい流れに乗っていても、途中で得がないと判断すると、すぐに流れを変えられるほど臨機応変に行動できる人です。他人の真似が上手なため、他人と同じ失敗をしないので要領よく生きられる人ですが、ずる賢いと思われてしまうことも。お調子者で、お酒の席で余計なことをしゃべって大失敗をしやすいので注意が必要です。

**2024年はこんな年** 上半期は物事が計画通りに進みにくい時期ですが、あえて損な役割を引き受けてみると、学べることが増え、味方も集まってきそうです。「損して得とれ」を体感できるタイミングだと思ってみましょう。下半期になると流れが変わり、出会いや人と関わる機会が増えてきそうです。この時期に新たに出会った人には、できるだけ注目しておくといいでしょう。流行りのファッションや髪型を試すと、あなたらしく輝けるようにもなりそうです。話題のお店に行ってみるのもオススメ。

**開運アクション**
- 「損して得とれ」を忘れない
- 人気のお店に行く
- 流行に合わないものは処分する

銀のカメレオン座

命数

# 46 地道な大器晩成型

もっている星
★ 親切な星
★ 相手に合わせる星
★ 不動産の星
★ 片思いが長い星
★ 冷え性の星

ラッキーカラー：ラベンダー、スカイブルー
ラッキーフード：豆乳鍋、大根サラダ
ラッキースポット：渓谷、水族館

**基本性格** ゆっくり実力がついていく、自信のない現実派

真面目で根気強く、コツコツと努力できる人。何事にも時間がかかってしまい瞬発力に欠けますが、慎重に進めながらも現実的に考えられます。謙虚ですが、自分に自信がもてなくて一歩引いてしまったり、遠慮しやすく多くのことを受け身で待ってしまったりも。真似がうまく、コツを教えてもらうことで、ゆっくりとですが自分のものにできます。手先が器用なので、若いころに基本的なことを学んでおくと人生の中盤以降に評価されるでしょう。

**2024年はこんな年** 別れ下手なあなたですが、今年は嫌いな人や悪意がある人、自分を利用してくる人とは縁を切り、新たな人脈を広げる準備をしましょう。自分の気持ちに素直になって生きる勇気を出すことが大事です。あなたのやさしさに気づかない鈍感な人と一緒にいる必要はありません。また、ケチケチしていると、かえって不要なものが増えてしまうので、思い出があるものでも思い切って処分すること。気持ちがスッキリし、前に進めるようになるでしょう。

**開運アクション**
- ケチケチせず不要なものは捨てる
- 人との別れを覚悟する
- 自分が本当に好きなことを探す

# 銀のカメレオン座

命数 **47**

## せっかちなリーダー

**もっている星**
- ★ 正義感が強い星
- ★ 甘えん坊で人任せな星
- ★ お金遣いが荒い星
- ★ 押しに極端に弱い星
- ★ 下半身が太りやすい星

| ラッキーカラー | オレンジ ネイビー | ラッキーフード | おろしそば 鮭と野菜のクリームシチュー | ラッキースポット | 水族館 スポーツ施設 |

### 基本性格　いい仲間に囲まれる行動力のある甘えん坊

仕切りたがりの超甘えん坊で、人任せにするのが得意な人。正義感があり、上下関係はしっかりしていますが、地道な努力は苦手で、何事もパワーと勢いで突き進みます。「細かいことはあとで」と行動が先になるので、周囲の人が巻き込まれて大変なこともありますが、真面目で几帳面なところがあるので自然とリーダー的な立場になって、仲間のなかでは欠かせない存在でしょう。突っ込まれると弱いのですが、いい仲間をつくれる人です。

**2024年はこんな年**
上半期は、行動を制限されたり身動きがとれなくなってしまいそうですが、下半期からは徐々に動き出せるようになるでしょう。ただ、正義感を出しすぎると、揉め事の原因になってしまうため、言葉やタイミングを選んで発言するようにしましょう。正しいからといってなんでも言っていいわけではありません。行動力が高まりそうですが、動く前にしっかり情報を集めておくことが大切です。思い違いや勘違いで、無駄な苦労をするハメにならないよう気をつけましょう。

**開運アクション**
- ◆ 仕切るなら最後まで仕切る
- ◆ 行動する前に情報を集める
- ◆ 勢いで買ったものは処分する

---

# 銀のカメレオン座

命数 **48**

## 古風で上品

**もっている星**
- ★ ルールを守る星
- ★ 神経質になる星
- ★ 見栄で出費する星
- ★ チェックが厳しい星
- ★ きれい好きな星

| ラッキーカラー | オレンジ ブルー | ラッキーフード | イクラ レバーパテ | ラッキースポット | コンサート お祭り |

### 基本性格　あと一歩が踏み出せない、ていねいな努力家

礼儀正しく誠実で努力家なタイプ。自分の弱点や欠点をしっかり分析でき、足りないことは長けている人から学んで自分のものにすることができます。一方で臆病なところがあり、目標まであと少しのところで逃げてしまったり、幸せを受け止められずに避けてしまったりするところも。何事もていねいなことはよいのですが、失敗を恐れすぎて、チャレンジを避けすぎてしまうところがあるので、思い切った行動や勇気が必要でしょう。

**2024年はこんな年**
現状の不満や不安をそのままにせず、少しでも解決する勇気を出すことが大切な年。間違っていると思うことがあるなら、ハッキリ伝えましょう。たとえそれで問題になったとしても、気持ちの整理がつくでしょう。とくに上半期は、自分本位な人と縁を切ったり、距離をおく判断が必要になります。下半期は、次にやるべきことや興味がわくことを見つけられそうです。勇気を出して、好奇心に素直に従ってみましょう。人に会うことを楽しんでみると、縁がつながってきそうです。

**開運アクション**
- ◆ 下品な人と縁を切る
- ◆ 信頼できる年上の友達をつくる
- ◆ 不要なブランド品を売る

銀のカメレオン座

命数

# 49 器用な変わり者

もっている星
★独特な美的センスがある星
★突然投げ出す星
★不要な出費が多い星
★不思議な人に惹かれる星
★食事が偏る星

ラッキーカラー オレンジ ホワイト
ラッキーフード ガーリックシュリンプ いちご
ラッキースポット 映画館 美術館

## 基本性格 屁理屈が多く飽きるのが早い変人

常識をしっかり守りながらも「人と同じことはしたくない」と変わった生き方をする人。芸術や美術の才能があり、周囲が興味のもてないようなことに詳しいでしょう。屁理屈と言い訳が多く、好きなこと以外は地道な努力をまったくしない面も。人間関係も、深く付き合っていると思ったら突然違う趣味の人と仲よくなったりするため、不思議な人脈をもっています。何事もコツを学んでつかむのがうまいぶん、飽きるのも早いでしょう。

## 2024年はこんな年

人との縁が切れやすい年ですが、執着心が弱いタイプなので、かえって気持ちが楽になりそうです。ただし、何もかも手放しすぎてしまわないこと。本当に必要な縁や、せっかく手に入れたものまで失わないよう気をつけましょう。上半期は、面倒な人間関係に短気を起こしてしまいそうですが、余計な発言はしないように。下半期は、視野が広がって興味をもてることがドンドン見つかりそうです。見るだけで満足せず実際に体験や経験をしてみると、楽しく過ごせるでしょう。

### 開運アクション

- 手放しすぎない
- 視野を広げる
- 好奇心を忘れない

銀のカメレオン座

命数

# 50 理論と理屈が好きな老人

もっている星
★理論と理屈の星
★閉鎖的な星
★伝統に価値を感じる星
★年上が好きな星
★目に疲れがたまる星

ラッキーカラー ピンク 藍色
ラッキーフード うなぎの蒲焼き ヨーグルト
ラッキースポット 書店 古都

## 基本性格 知的で冷静だけど、やや上から目線

分析能力に長けた、冷静で理屈が好きな人。年齢の割には年上に見えたり、落ち着いた雰囲気をもちながらも、年上に上手に甘えたりすることができます。他人とは表面的には仲よくできますが、知的好奇心がない人や探求心がない人には興味がもてず、めったに心を開きません。神社や仏閣に行くことが好きで、ときどき足を運んでお祈りし、伝統や文化を大事にすることも。上から目線の言葉が強いので、言葉選びは慎重にしましょう。

## 2024年はこんな年

完璧主義で妥協ができないタイプですが、今年はいらないプライドを捨てるいい機会です。他人を認めることで、進む道や視野が変わってくるでしょう。意地になることや傷つくような出来事があっても、「まあいいや」と流したり手放すようにすると、気持ちが楽になるでしょう。「なんで意地を張り続けていたのか」と不思議に思えてくるはずです。尊敬する人と離れたり縁が切れることもありそうですが、新たな目標ができて、突き詰めたいことが変わるでしょう。

### 開運アクション

- 頑張っている人を認める
- 不要なプライドは捨てる
- 自分から挨拶する

# 金のイルカ座 命数 51

## 頑張り屋で心は高校1年生

もっている星
★部活のテンションで生きる星
★負けず嫌いの頑張り屋な星
★周りにつられて浪費する星
★身近な人を好きになる星
★運動しないとイライラする星

ラッキーカラー ダークブルー オレンジ
ラッキーフード お好み焼き ごぼうサラダ
ラッキースポット 公園 スタジアム

### 基本性格 少年の心をもった色気のない人

負けず嫌いの頑張り屋さん。ライバルがいることで力を発揮できる人ですが、心は高校1年生のスポーツ部員。つい意地を張りすぎてしまったり、「でも、だって」が多く、やや反発心のあるタイプ。女性は色気がなくなりやすく、男性はいつまでも少年の心のままでいることが多いでしょう。自分が悪くなくても「すみません」と言えるようにすることと、目標をしっかり定めることがもっとも大事。

### 2024年はこんな年

ハッキリとしたゴールを決めることでパワーや能力を発揮できるタイプなので、目標となる人を探してみるといいでしょう。何年後に追いつき、いつごろに追い越せそうか、具体的に考えることが大切です。とくに思い浮かばないなら、同期や同級生、同世代の有名人や成功者をライバルだと思って、少しでも追いつけるよう努力してみて。健康運は、スポーツをはじめるのに最高のタイミングです。ただ、頑張りすぎると年末に調子を崩してしまうため、疲れはため込まないように。

### 開運アクション

- 目標とする人を決める
- 運動をはじめる
- 異性の友人をつくる

# 金のイルカ座 命数 52

## 頑張りを見せないやんちゃな高校生

もっている星
★頭の回転が速い星
★団体行動が苦手な星
★ライブ好きな星
★刺激的な恋にハマる星
★健康情報が好きな星

ラッキーカラー ブラック オレンジ
ラッキーフード さばの塩焼き きんぴらごぼう
ラッキースポット スポーツジム 劇場

### 基本性格 団体行動が苦手な目立ちたがり

頭の回転が速く、合理的に物事を進めることに長けている人。負けず嫌いの頑張り屋さんで、目立つことが好きですが団体行動は苦手。ところが、ふだんはそんなそぶりを見せないように生きることが上手です。人の話を最後まで聞かなくても、要点をうまく汲み取って瞬時に判断できるタイプ。ときに大胆な行動に出ることや、刺激的な事柄に飛び込むこともあるでしょう。ライブや旅行に行くとストレスの発散ができます。

### 2024年はこんな年

頑張る姿や一生懸命さを表には出さないあなた。わざわざアピールする必要はありませんが、夢や希望は周囲に話してみるといいでしょう。黙っていては周りからの協力やいい情報は得られないので、自分がどこを目指しているのかなどを話す機会をつくるとよさそうです。雑用を避けるところもありますが、あえて面倒なことを引き受けるくらいの気持ちでいるほうが成長につながるでしょう。健康運は、ヤケ食いをして胃腸の調子を崩しやすいので注意すること。

### 開運アクション

- 自分の目標や夢を語ってみる
- 体験教室に行く
- 向上心のある友人をつくる

# 金のイルカ座

命数

## 53

### 陽気な高校1年生

もっている星
★ 笑顔の星
★ ワガママな星
★ 勢いで恋をする星
★ 簡単に太る星
★ 食べ物に浪費する星

| ラッキーカラー | ピンク ライトブルー | ラッキーフード | ねぎ焼き ポテトサラダ | ラッキースポット | レストラン 動物園 |

**基本性格** 不思議と助けられる運のいい人

「楽しいこと」「おもしろいこと」が大好きな楽観主義者。つねに「なんとかなる」と明るく前向きにとらえることができますが、空腹になると機嫌が悪くなります。サービス精神が豊富で自然と人気者になる場合が多く、友人も多いでしょう。油断をするとすぐに太ってしまい、愚痴や不満が出て、ワガママが表に出すぎることがあるので気をつけましょう。基本的に運がよく、不思議と助けられることも多く、つねに味方がいる人でしょう。

**2024年はこんな年**
人生を楽しもうとするあまり、目の前の快楽に流されないよう注意しましょう。計画や目標を立てるより、「いまが楽しければいい」と思ってしまうタイプなので、努力や地道な積み重ねがおろそかになってしまいがちです。人生を楽しみたいなら、「自分も周囲も楽しませて笑顔にする」を目標にしてみるといいでしょう。もっと夢を大きくして、「自分と関わる人すべてを楽しませる」くらいまで目指すといいかも。健康運は、年末に鼻炎になったり気管が弱くなりやすいので気をつけて。

開運アクション

◆ 自分も周囲も楽しませる

◆ 異性をしっかり観察する

◆ 定額預金をする

---

# 金のイルカ座

命数

## 54

### 頭の回転が速い頑張り屋

もっている星
★ おしゃべりな星
★ 勘がいい星
★ 短気な星
★ 一目惚れする星
★ スタミナがない星

| ラッキーカラー | イエロー ターコイズブルー | ラッキーフード | 焼き肉 ゆで卵 | ラッキースポット | 神社仏閣 劇場 |

**基本性格** 感性豊かでおしゃべり。一言多くて失敗も

直感が冴えていて頭の回転が速く、アイデアを生み出す能力も高く、表現力があって感性豊かな人。おしゃべりで、目立ってしまうことも多いのですが、一言多い発言をしてしまい、反省することも多いでしょう。負けず嫌いの意地っ張り。競争することでパワーを出せる面がありますが、短気で攻撃的になりやすく、ワガママな言動をしてしまうことも。根は人情家で非常にやさしい人ですが、恩着せがましいところがあるでしょう。

**2024年はこんな年**
頭の回転は速くても計画を立てるのは苦手なタイプ。自分の直感を信じて行動するのはいいですが、まずは2年後、5年後に自分がどうなっていたいかを考えてみましょう。現実的で具体的な目標を立てることが大切です。6月に突然夢ができて突っ走りたくなることがありますが、2か月間情報を集めてから本当に行動していいかを見極め、8月に動き出すといいでしょう。健康運は、スタミナが足りていないので、今年から定期的にランニングや水泳などの運動をするのがオススメ。

開運アクション

◆ ポジティブな発言をし周囲に感謝を伝える

◆ 勉強して語彙を増やす

◆ 直感で動く前に計画を立てる

## 金のイルカ座 命数 55 社交性がある頑張り屋

もっている星
- ★情報収集が得意な星
- ★トークが軽い星
- ★買い物が好きな星
- ★貧乏くさい人が嫌いな星
- ★お酒に飲まれる星

ラッキーカラー ダークブルー ブラウン
ラッキーフード 豚のしょうが焼き しじみの味噌汁
ラッキースポット 温泉 水族館

### 基本性格 興味の範囲が広くて目立ちたがり屋

段取りと情報収集が好きで、フットワークが軽く、交友関係も広くて華のある人。多趣味で多才、器用に物事を進められ、注目されることが好きなので自然と目立つポジションをねらうでしょう。何事も損得勘定で判断し、突然交友関係や環境が変わることも。興味の範囲が幅広いぶん、部屋に無駄なものが増え、着ない服や履かない靴などがたまってしまいがちです。表面的なトークが多いので、周囲から軽い人だと思われてしまうところもあります。

### 2024年はこんな年

多趣味・多才で情報好き、計画も立てられるタイプのあなた。今年は「行動」をもっと意識してみましょう。興味をもったことを調べて知識としては知っているものの、実際に体験や経験はしていないということも多いもの。行動してから考えてもいいくらいなので、周囲を誘ったり、意識してリーダー的な役割にも挑戦してみましょう。健康運は、過労や予定の詰め込みすぎ、お酒の飲みすぎに要注意。

### 開運アクション

- 情報収集より行動を優先する
- 感謝と恩返しを忘れない
- 夜遊びはできるだけ避ける

## 金のイルカ座 命数 56 現実的な努力家

もっている星
- ★真面目でやさしい星
- ★自分に自信がない星
- ★小銭が好きな星
- ★片思いが長い星
- ★冷えに弱い星

ラッキーカラー ホワイト スカイブルー
ラッキーフード さんまの塩焼き レバーの甘辛煮
ラッキースポット 温泉 コンサート

### 基本性格 几帳面に物事を進められる陰の努力家

現実的に物事を考えられ、真面目で几帳面で地道に物事を進めることが好きな人。負けず嫌いで意地っ張りな面もあり、陰で努力をします。些細なことでもじっくりゆっくりと進めるでしょう。そのため何事も時間がかかってしまいますが、最終的にはあらゆることを体得することになります。本心では出たがりなところもありますが、チャンスの場面で緊張しやすく、引き癖があり、遠慮して生きることの多い断りベタな人でしょう。

### 2024年はこんな年

未来に向けて地道な努力をはじめる年。多少遠回りでゆっくりでも、自分のゴールや夢に近づく方法を思いついたら実践するようにしましょう。周囲に小馬鹿にされても、「うさぎと亀」の亀のように最後に笑うことができると信じ、自分のペースで頑張ってみて。1日10分でもいいので、目標を達成するための勉強や運動をしてみると、早ければ2年後にはいまの周囲との関係をひっくり返すことができそうです。健康運は、基礎代謝を上げる運動をスタートするといいでしょう。

### 開運アクション

- 1日10分、勉強と筋トレをする
- 「嫌われてもいい」と覚悟する
- 仕事の予習・復習を行う

金のイルカ座

命数

# 57 おだてに弱い高校生

もっている星

★リーダーになる星
★おだてに弱い星
★後輩にご馳走する星
★恋に空回りする星
★よく転ぶ星

ラッキーカラー ダークブルー ブラウン

ラッキーフード 冷麺 トマトサラダ

ラッキースポット 商店街 空港

## 基本性格 物事を前に進める力があるけど、おっちょこちょい

実行力と行動力があるパワフルな人。おだてに極端に弱く、ほめられるとなんでもやってしまうタイプ。やや負けず嫌いで意地っ張りなところがあり、正義感があるので自分が正しいと思うと押し通すことが多いでしょう。行動は雑でおっちょこちょいなので、忘れ物やうっかりミスも多くなりがち。後輩や部下の面倒を見ることが好きで、リーダー的存在になりますが、本音は甘えん坊で人任せにしているほうが好きでしょう。

## 2024年はこんな年

多少せっかちなところがありますが、パワフルで行動力があるタイプ。今年は、計画をしっかり立てることが重要です。自分にとって最高に幸せなポジションや状況を想像し、そのためには何が必要でどんな人脈が大事なのかを考えてみましょう。周囲に相談してもよさそうです。尊敬できる先輩や上司がいるのであれば一緒にいるといいですが、あなたはリーダーとしての素質があるので、まとめ役になってみても能力を発揮できるでしょう。健康運は、足腰のケガに気をつけて。

### 開運アクション

- 計画を立ててから行動に移す
- 勝手に諦めない
- 後輩や部下の面倒を見る

金のイルカ座

命数

# 58 上品な情熱家

もっている星

★礼儀正しい星
★恥ずかしがり屋の星
★見栄で出費する星
★相手を調べすぎる星
★肌が弱い星

ラッキーカラー ピンク ライトブルー

ラッキーフード チーズ いちご

ラッキースポット 庭園 コンサート

## 基本性格 意地っ張りで繊細な心の持ち主

礼儀正しい頑張り屋。挨拶やマナーをしっかり守り、上品な雰囲気をもっていますが、根はかなりの意地っ張り。自我が強く出すぎるのに、繊細な心をもっているので、些細なことを気にしすぎてしまうことがあるでしょう。常識やルールを守りますが、自分にも他人にも同じようなことを求めるので、他人にイライラすることが多いでしょう。清潔感が大事で、つねにきれいにしているような几帳面なところがあります。

## 2024年はこんな年

品格があり礼儀正しいタイプですが、今年は勇気と度胸を身につけることを意識して過ごしてみるといいでしょう。武道や格闘技など、ふだんなら避けていたことにも恥ずかしがらずにチャレンジしてみて。あえて人前に立つことや、自分の発言に自信をもつことも大切です。何事も慣れが肝心なので、目立つ服や露出の多い服を着て、視線を集めてみるのもいい訓練になりそう。健康運は、スキンケアをしっかりしておきましょう。

### 開運アクション

- 自分の気持ちを素直に伝える
- 幸せになる勇気と度胸を忘れない
- 素直にほめて認める

金のイルカ座

命数

# 59 熱しやすく冷めやすい努力家

もっている星
★天才的なアイデアを出す星
★飽きっぽい星
★才能に惚れる星
★目の疲れの星
★マニアックなものにお金を使う星

ラッキーカラー　ホワイト　ブルー
ラッキーフード　うなぎの蒲焼き　鮭の塩焼き
ラッキースポット　劇場　工芸品店

基本性格　負けず嫌いのクリエイター

根っからの変わり者で自由人。斬新で新しいことを生み出す才能があり、つねに人と違う発想や生き方をする人。負けず嫌いの意地っ張りで、素直ではないところがありますが、芸術系や美術、クリエイティブな才能を活かすことで認められる人でしょう。理論と理屈が好きですが、言い訳が多くなりすぎたり、理由がないと行動しないところも。心は中学1年生で止まったまま大人になることが多いでしょう。

2024年はこんな年

自分の才能や個性を活かしたいと思っているなら、思い切って環境を変える勇気が必要です。都会や海外など、チャンスがありそうな場所がわかっている人は、引っ越してでも飛び込んでみるといいでしょう。お金が足りないなど、すぐに動けない事情がある場合は、9月の実行を目標に上半期は節約を心がけ、しっかり貯金しておきましょう。今年はあなたの人生観を変えるような体験や出会いもあるので、素直に行動に移すことが大切です。健康運は、目の疲れに要注意。

開運アクション
- 興味のあることを見つけているなら行動に移す
- 好かれることを楽しんでみる
- 他人の才能や個性を素直に認める

金のイルカ座

命数

# 60 理屈が好きな高校生

もっている星
★冷静な星
★エラそうな口調になる星
★アートにハマる星
★肩こりの星
★尊敬できる人を好きになる星

ラッキーカラー　ホワイト　藍色
ラッキーフード　エビマヨ　しめじの味噌汁
ラッキースポット　書店　美術館

基本性格　芸術の才がある冷静な理論派

理論や理屈が大好きで、冷静に物事を考えられる大人なタイプ。知的好奇心が強く、深く物事を考えていて対応力があり、文化や芸術などにも詳しく、頭のいい人でしょう。人付き合いは上手ですが、本音では人間関係が苦手でめったに心を開かないタイプ。何事にも評論や批評をする癖もあります。意地っ張りで負けず嫌いでプライドが高く、認めない人はなかなか受け入れませんが、何かを極める達人や職人、芸術家の才能があるでしょう。

2024年はこんな年

プライドが高い一方で、ユーモアセンスもある知的なタイプ。つねに冷静な対応ができますが、言葉が冷たく聞こえてしまうことも多いので、今年は柔らかい言い方や、伝わりやすい言葉を選ぶよう心がけましょう。周囲の人の頑張りをねぎらったり、結果が出ていない人の努力を認められるようになると、味方が集まってくるはず。先輩や年上の人の話を聞き、情報をしっかり集めておくとよさそうです。健康運は、食事のバランスを整えるようにしましょう。

開運アクション
- 頑張りを認め、ねぎらう
- 誰に対しても尊敬できる部分を探す
- やさしい表現や伝え方を学ぶ

銀のイルカ座

命数

# 51 華やかで心は高校生

もっている星

★サッパリとした性格の星
★負けを認められない星
★お金に執着がない星
★異性の友達を好きになる星
★胃腸が弱い星

ラッキーカラー ピンク ブルー
ラッキーフード かれいの煮付け アサリの味噌汁
ラッキースポット スポーツ施設 キャンプ場

## 基本性格 気持ちが若く、仲間から好かれる

負けず嫌いの頑張り屋で、目立つことや華やかな雰囲気が好き。やや受け身ですが、意地を張りすぎずに柔軟な対応ができ、誰とでもフレンドリーで仲よくなれます。心は高校1年生のまま、気さくで楽な感じでしょう。女性は色気があまりなく、男性の場合は少年の心のまま大人になった印象です。仲間や身近な人を楽しませることが好きなので、自然と人気者に。学生時代の友達や仲間をいつまでも大事にするでしょう。

## 2024年はこんな年

新たな友人や仲間ができる年。職場やプライベートで、これまでとは違ったタイプの人と仲よくなれるでしょう。親友や長い付き合いになる人に出会えることも。今年は、一歩踏み込んだ関係づくりに努めることが大切です。習い事をしたり、共通の目標がある人を探してみるのもいいでしょう。舞台や芝居を観賞すると刺激になり、表現力も学べそうです。努力している人を認めると、自分もパワーがわいてくるでしょう。健康運は、運動のスタートに最適なタイミングです。

### 開運アクション

- 新しい趣味をはじめる
- 舞台や芝居を観に行く
- 仕事関係者とプライベートで遊ぶ

銀のイルカ座

命数

# 52 刺激が好きな高校生

もっている星

★合理的な星
★刺激的な遊びに飛び込む星
★旅行で浪費する星
★野心のある人を好きになる星
★ヤケ食いで体調を崩す星

ラッキーカラー ブラック ダークブルー
ラッキーフード いか飯 くるみ
ラッキースポット リゾート地 ライブハウス

## 基本性格 頭の回転が速く、話題も豊富な人気者

家族の前と、外や人前とではキャラを切り替えることが上手な役者タイプ。目立つことが好きですが、全面的にそれを出すか、または秘めているか、両極端な人でしょう。何事も合理的に物事を進めるため、無駄と地味なことが嫌いで団体行動も苦手。一方で刺激や変化は好きなので、話題が豊富で人気を集めます。頭の回転が速くトークも上手ですが、「人の話の前半しか聞かない星」をもっているため、先走りすぎることも多いでしょう。

## 2024年はこんな年

興味のある場所にドンドン足を運ぶことで、いい刺激と学びを得られる年。多少出費がかさんでも気にせず、旅行やライブに行くなどして新たな経験を増やすと、素敵な出会いにもつながるでしょう。これまでとは違った目標ができることもありそうです。団体行動を避けていると大切な縁がつながらなくなってしまうため、苦手に感じても、人の輪に入るよう心がけましょう。雑用や面倒なことほど、率先して行うことも大切です。健康運は、ヤケ食いに注意すること。

### 開運アクション

- 団体行動を楽しんでみる
- 相手の内面を見るよう努力する
- 音楽フェスや食フェスに行く

銀のイルカ座

命数

# 53 陽気な遊び人

もっている星
- ★遊びが大好きな星
- ★文句が多い星
- ★かわいいものを買いすぎる星
- ★体の相性を大事にする星
- ★体が丸くなる星

ラッキーカラー　オレンジ　ライトブルー
ラッキーフード　麻婆豆腐　ロールキャベツ
ラッキースポット　音楽フェス　喫茶店

## 基本性格　欲望に素直な楽しい人気者

楽しいことやおもしろいことが大好きな陽気な人気者。人付き合いやおしゃべりが上手で、周囲を楽しませることが好きなタイプ。目立つことが好きで、音楽やダンスの才能があります。「空腹になると機嫌が悪くなる星」をもっているので、お腹が空くとイライラや不機嫌が周囲に伝わってしまいます。欲望に素直に行動し、つい余計なことをしゃべりすぎてしまうところがありますが、人間関係のトラブルは少ないほうでしょう。

## 2024年はこんな年

持ち前のサービス精神と人懐っこさが活かせる年。人気者のように注目が集まり、人とのつながりが増えて、慌ただしくなってくるでしょう。楽しく過ごすのはいいですが、もともと詰めが甘かったり誘惑に流されやすいところがあるので要注意。何かに取り組むときはメリハリをしっかりつけ、「やるときは最後までキッチリやる」ことを忘れないようにしましょう。また楽しむときは、自分も周りも、もっと楽しめるよう意識すること。健康運は、ダンスやヨガがオススメです。

### 開運アクション
- 締めくくりをしっかりする
- 周囲を楽しませる
- 本を読んで語彙を増やす

銀のイルカ座

命数

# 54 遊び好きの人情家

もっている星
- ★感性が豊かな星
- ★一言多い星
- ★気がついたら浪費している星
- ★デブが嫌いな星
- ★ストレスをためやすい星

ラッキーカラー　オレンジ　イエロー
ラッキーフード　ジンギスカン　大学芋
ラッキースポット　神社仏閣　お祭り

## 基本性格　根は人情家だけど、トークがうまい毒舌家

頭の回転が速く、何事も直感で決めるタイプ。遊び心がつねにあり、目立つことが大好き。トークが上手で、周囲を楽しませることが得意でしょう。しゃべりすぎて余計な一言が出てしまい、「毒舌家」と言われることもありますが、根は人情家で純粋な心をもっています。困っている人を見ると放っておけず、手助けをすることも多いでしょう。ストレートな意見を言えるので周囲からの相談も多く、自然と人脈が広がっていくでしょう。

## 2024年はこんな年

何事も人任せにしていると、愚痴や文句が増えて口が悪くなってしまいます。不満があるなら自ら動き、あえて愚痴の言えない状況をつくってみましょう。他人の努力や頑張りを認めると、あなたの才能や能力を認めてくれる人も現れるでしょう。年上の人からのアドバイスをしっかり受け止めることも大切です。直感を信じるのはいいですが、もともと短気を起こしやすい性格なので、早急に判断しないよう気をつけましょう。健康運は、基礎体力づくりが大切です。

### 開運アクション
- 他人の才能をほめる
- 上品さを意識する
- 周囲の見本となる人を目指す

銀のイルカ座

命数

# 55 華やかな情報屋

もっている星
★おしゃれで華のある星
★トークが薄っぺらい星
★ものが増える星
★流行に弱い星
★膀胱炎になりやすい星

ラッキーカラー オレンジ ネイビー
ラッキーフード まぐろ丼 レンコンのきんぴら
ラッキースポット 水族館 海水浴

基本性格 情報収集が得意でトークの達者な人気者

人当たりがよく、情報収集が好きで、流行に敏感なタイプ。おしゃれでフットワークが軽く、楽しそうな場所にはドンドン顔を出す人です。華やかで目立つことが好きなので、遊びや趣味の幅もとても広いでしょう。損得勘定で判断することが多いのですが、周囲の人間関係とのバランスを図るのもうまく、ウソやおだても得意。トークも達者で周囲を自然と楽しませる話ができるため、いつの間にか人気者になっているでしょう。

2024年はこんな年

あなたの社交性を活かせる年。フットワークがより軽くなり人脈が広がって、これまでにない新たな縁がつながるでしょう。損得勘定で人を判断すると相手に見抜かれてしまう場合があるので、「どんな人にもいいところがある」と思って接すること。また、気になる人ができたら、受け身にならず自分から遊びに誘ってみましょう。ゴルフをする、ジャズを聴く、BARに入るなどして「大人の時間」を楽しんでみると、いい経験と人脈ができそうです。健康運は、休肝日をつくること。

開運アクション

- 損得勘定で人付き合いしない
- 大人っぽい趣味をはじめる
- フットワークを軽くする

銀のイルカ座

命数

# 56 真面目な目立ちたがり屋

もっている星
★やさしい星
★チャンスに弱い星
★少しでも安物に目がいく星
★キスが好きな星
★むくみやすい星

ラッキーカラー オレンジ ラベンダー
ラッキーフード 納豆 杏仁豆腐
ラッキースポット 海 書店

基本性格 人に好かれるのに遠慮する癖がある

陽気で明るい性格ですが、とても真面目で受け身です。本音では目立ちたいと思っていますが、遠慮する癖があって自分を押し殺しているタイプでもあります。親切で、誰かのために役立つことで生きたいと思っていますが、根は遊びが大好きで、お酒を飲むとキャラが変わってしまうことも。几帳面で気がきくので、人に好かれ、交友関係も広げられますが、臆病になっているとチャンスを逃す場合もあります。

2024年はこんな年

華やかな「銀のイルカ座」のなかで、もっとも控え目でいつも受け身になりがちですが、今年は楽しそうだと思ったら素直に行動に移すといいでしょう。真面目な性格をコンプレックスに思う必要はありません。楽しみながら地道にコツコツできることに挑戦してみましょう。楽器の演奏や筋トレ、資格の勉強などをするのがオススメです。ケチケチせず、気になることに思い切ってチャレンジしましょう。健康運は、白湯を飲むとよさそう。

開運アクション

- 図々しくなってみる
- 自分磨きと自己投資をケチらない
- 新たなジャンルの音楽を聴く

# 銀のイルカ座

命数 **57**

## 華やかな リーダー

 もっている 星

★ 仕切りたがりの甘えん坊な星
★ ドジな星
★ どんぶり勘定な星
★ 押しに弱い星
★ 転びやすい星

| ラッキーカラー | グリーン ネイビー | ラッキーフード | 五目焼きそば 抹茶アイス | ラッキースポット | 動物園 球場 |

### 基本性格 人から注目されたい甘えん坊

面倒見がよくパワフルで、人から注目されることが大好きな人です。おだてに極端に弱く、ほめられるとなんでもやってしまうタイプ。行動力があり、リーダー気質ですが、本音は甘えん坊で人任せで雑なところがあります。それでもサービス精神があるので、自然と人気を集めるでしょう。注目されたくてドンドン前に出てしまうことも。正義感が強いので、正しいことは「正しい」と強く主張するところがあるでしょう。

**2024年はこんな年**
行動範囲が広がり、いい人脈ができる運気。ただし他人任せにしたり周囲に甘えすぎると、せっかくの運気を無駄にしてしまいます。誘いを待たず自ら周囲に声をかけ、積極的に行動しましょう。後輩や年下と遊んだり、「面倒見のいい人」を目指すのもよさそうです。いつも通りにしていると雑なところを見抜かれてしまうので、何事も「必要以上にていねいに」を心がけましょう。上下関係を気にしすぎないことも大切です。健康運は、足腰を鍛える運動をしましょう。

 開運アクション

✦ 後輩や部下と遊ぶ
✦ 何事も勝手に 諦めないで粘る
✦ ていねいな言動を 心がける

---

# 銀のイルカ座

命数 **58**

## 常識を守る 遊び人

もっている 星

★ 清潔感ある星
★ 打たれ弱い星
★ 品のあるものを欲しがる星
★ 上品な人を好きになる星
★ 肌荒れで悩む星

| ラッキーカラー | ピンク ライトブルー | ラッキーフード | ニラ玉 そらまめ | ラッキースポット | 映画館 公園 |

### 基本性格 上品で社交性がある負けず嫌いの頑張り屋

上品で華があり、ルールやマナーをしっかり守るタイプです。遊び心や他人を楽しませる気持ちがあり、少し臆病な面はありますが、社交性があり年上やお金持ちから好かれることが多いでしょう。そして下品な人は自然と避けます。やわらかい印象がありますが、根は負けず嫌いの頑張り屋で意地っ張り。自己分析能力が高く、自分の至らないところを把握している人です。しかし、見栄を張りすぎてしまうことも多いでしょう。

**2024年はこんな年**
視野を広げ、勇気を出して行動するといい運気。順序を守ってていねいに動くのもいいですが、慎重になりすぎたり失敗を避けてばかりいると、肝心の経験や体験をする機会が減ってしまいます。失敗や恥ずかしい思いをしたほうが、強く厚みのある人間になれると思って、勇気を出して行動してみましょう。気になる人がいるなら、自分から話しかけて友人になれるよう頑張ってみて。健康運は、好きな音楽を聴いてリラックスする時間をつくるとよさそう。

開運アクション

✦ 失敗から学ぶ気持ち をもって行動する
✦ 人生には努力と勇気 が必要だと忘れない
✦ 他人のいいところを 見る

# 銀のイルカ座

## 命数 59

### 屁理屈が好きな遊び人

もっている星
★ 独自の美意識がある星
★ 言い訳が多い星
★ 浪費癖の星
★ 不思議な人を好きになる星
★ 食事のバランスが悪い星

ラッキーカラー　パープル　ブルー
ラッキーフード　ひじきご飯　ほうれん草のごま和え
ラッキースポット　美術館　音楽フェス

**基本性格** 斬新なことを生み出す、自由が好きな変わり者

人と違う生き方や発想をする変わり者です。芸術や美術などが好きで、ほかの人とは違った感性をもち、新しいことに敏感で斬新なものを見つけたり生み出したりできるタイプ。屁理屈や理屈が多いのですが、人当たりがよく、ノリやおもしろいことが好きなので自然と周囲に人が集まります。ただ他人には興味が薄いでしょう。熱しやすく冷めやすく、自由と遊びを好み、芸能や海外など、周囲とは違った生き方を自然と選ぶでしょう。

**2024年はこんな年**

好奇心旺盛な性格を活かして、少しでも気になることは即行動に移し、いろいろ試してみましょう。周囲に「落ち着きがない」「飽きっぽい」などと言われても気にせず、視野や人脈、世界を広げるときだと思うこと。初対面の人にはしっかり挨拶し、礼儀や品を意識して「常識ある態度」をとるようにすると、才能や魅力を引き出してもらえ、チャンスをつかめそうです。発想力があるのはいいですが、自由と非常識を履き違えないように。健康運は、食事が偏らないよう注意して。

開運アクション
◆ 礼儀と挨拶をしっかりする
◆ 言い訳できないくらい自分を追い込む
◆ 他人の才能や個性を認める

# 銀のイルカ座

## 命数 60

### プライドの高い遊び人

もっている星
★ 知的好奇心豊かな星
★ 上から目線の言葉を使う星
★ 渋いものにお金を使う星
★ 尊敬できる人を好きになる星
★ 肩こりや目の疲れに悩む星

ラッキーカラー　パープル　ホワイト
ラッキーフード　中華丼　サーモンのカルパッチョ
ラッキースポット　劇場　美術館

**基本性格** 好きなことは追求するが、他人には興味ナシ

やわらかな印象をもたれる人ですが、根は完璧主義の理屈人間です。好きなことをとことん突き詰める力があり、すぐに「なんで？ なんで？」と言うのが口癖。人間関係をつくることが上手ですが、本音は他人に興味がなく、尊敬できない人には深入りしないでしょう。最初は仲がいい感じにしていても、次第に距離をとってしまうことも。冗談のつもりもありますが、上から目線の言葉が出やすいので、やさしい言葉を選ぶ心がけが必要でしょう。

**2024年はこんな年**

学ぶべきことを見つけられたり、尊敬できる人に出会える年。興味がわいたら待っていないで、すぐ行動に移しましょう。プライドは捨て、失敗から学ぶ姿勢を大切に。恥ずかしい思いをしても、それを上回る度胸をつけるつもりで挑戦し続けましょう。気になる人がいるなら、考えるより先に行動するくらいがちょうどいいと思って話しかけてみて。笑顔と愛嬌を意識してリアクションをよくすると、いい関係になれそうです。健康運は、歩く距離を増やすといいでしょう。

開運アクション
◆ 興味のあることを即行動に移す
◆ 失敗を恥ずかしがらない
◆ どんな人にも自分より優れている部分があると思う

## ゲッターズ飯田（げったーず いいだ）

これまで7万人を超える人を無償で占い続け、20年以上占ってきた実績をもとに「五星三心占い」を編み出し、芸能界最強の占い師としてテレビなど各メディアに数多く登場する。『ゲッターズ飯田の五星三心占い』は、シリーズ累計1000万部を超えている（2023年9月現在）。6年連続100万部を出版し、2021、22年は年間BOOKランキング作家別1位（オリコン調べ）と、2年連続、日本で一番売れている作家。

▶オフィシャルブログ　https://ameblo.jp/koi-kentei/

［チームゲッターズ］

| | |
|---|---|
| **デザイン班** | **装丁 星座イラスト**　秋山具義＋山口百合香（デイリーフレッシュ） |
| | **本文デザイン**　坂川朱音＋小木曽杏子（朱猫堂） |
| **DTP班** | 高本和希（天龍社） |
| **イラスト班** | INEMOUSE |
| **校正班** | 株式会社ぷれす、溝川歩、藤本眞智子、会田次子 |
| **編集班** | 伊藤美咲（KWC）、吉田真緒 |
| | 大谷奈央＋小坂日菜＋鈴木久子＋白石圭＋富田遙夏＋稲田遼祐（朝日新聞出版） |
| **企画編集班** | 高橋和記（朝日新聞出版） |
| **後方支援班** | 海田文＋築田まり絵（朝日新聞出版） |
| **資材調達班** | 井関英明（朝日新聞出版） |
| **印刷班** | 小沢隆志（大日本印刷） |
| **販売班** | 穴井美帆＋梅田敬＋村上"BIG"貴峰＋小林草太（朝日新聞出版） |
| **宣伝班** | 長谷川拓美＋和田史朋＋神作英香（朝日新聞出版） |
| **web制作班** | 川﨑淳＋松田有以＋浅野由美＋北川信二＋西村依泰（アム） |
| **企画協力** | 中込圭介＋川端彩華（Gオフィス） |
| **特別協力** | おくまん、ポリプラス、カルメラ、市川康久、生駒毅 |
| **超絶感謝** | 読者のみなさま |

※この本は、ゲッターズ飯田氏の20年以上におよぶ経験とデータに基づいて作成しましたが、必ずしも科学的な裏づけがされているものではありません。当然、ラッキーフードばかり食べればいいというわけではありませんし、アレルギーのある方は注意も必要です。健康に関連する記述についても、本書に書かれていなくても不調がある場合はしかるべき処置をとってください。投資などで損害を被っても、弊社は責任を負いかねますので、ご了承ください。また、戦争、暴動、災害、疫病等が起こった場合、必ずしも占い通りに行動することがいいとは言えません。常識の範囲内で行動してください。

---


ゲッターズ飯田の五星三心占い2024　金のインディアン座

2023年 9月 4日 第1刷発行
2023年12月10日 第5刷発行

著　者　ゲッターズ飯田
発行者　宇都宮健太朗
発行所　朝日新聞出版
〒104-8011 東京都中央区築地5-3-2
電話　03-5541-8832（編集）
03-5540-7793（販売）
こちらでは、個別の鑑定等には対応できません。あらかじめご了承ください。
印刷製本　大日本印刷株式会社


©2023Getters Iida, Published in Japan by Asahi Shimbun Publications Inc.

ISBN 978-4-02-251915-3

定価はカバーに表示してあります。落丁・乱丁の場合は弊社業務部（電話 03-5540-7800）へご連絡ください。
送料弊社負担にてお取り替えいたします。

ここから先は Bonus Page です。

「宝」にできるかは

あなた次第……。